나쁜 동물의 탄생

옮긴이 김명남

카이스트 화학과를 졸업하고 서울대학교 환경대학원에서 환경 정책을 공부했다. 인터넷 서점 알라딘 편집팀장을 지냈고 전문 번역가로 활동하고 있다. 제55회 한국출판문화상 번역 부문을 수상했다. 옮긴 책으로 『들풀의 구원』, 『행동』, 『우리 본성의 선한 천사』, 『명랑한 은둔자』, 『남자들은 자꾸 나를 가르치려 든다』, 『재밌다고들 하지만 나는 두 번 다시 하지 않을 일』 등이 있다.

깊이 있는 취재와 생생한 서술로 우리가 가장 미워하는 동물 이웃들을 탐구한 이 책은 자연을 보는 관점을, 또한 자연과의 관계를 완전히 바꿔 놓는다. 코끼리와 비단뱀에 곰까지, 와! 최고의 자연사 책이다.

— 라일리 블랙Riley Black (『공룡의 마지막 나날The Last Days of the Dinosaurs』 저자)

브룩셔는 우리가 유해동물의 탓으로 돌리는 많은 문제가 실은 그 동물 자체가 아니라 인간의 자기중심적 세계관에서 생겨난다는 것을 설득력 있게 보여 준다. 사람들이 제 서식지를 공유하는 동물들과 공존하는 방식, 혹은 충돌하는 방식에 우리의 문화, 전통, 행동이 어떤 영향을 미치는지를 흥미롭게 살펴본다.

— 크리스티 애시원든Christie Aschwanden (『수리 완료Good to Go』의 저자)

아무리 인구가 늘어나고 기후가 변해도, 이 동물들은 사라지지 않는다. 우리가 뱀에서 코끼리까지 온갖 동물과 대대적 갈등을 겪게 된 현실의 생태적 맥락을 흥미진진하고 개인적인 이야기로 풀어내는 능력이 대단하다.

— 존 시빅John Shivik (『포식자 패러독스The Predator Paradox』의 저자)

브룩셔는 동료 생물들과의 상호작용이 위험할 수도 있지만 그들과의 변화하는 관계를 명확하게 파악하지 못하면 더욱 위험해질 것임을 전문성과 재치를 겸비해 보여 준다.

— 《워싱턴포스트》

베서니 브룩셔의 이 책은 우리가 싫어하게 된 동물들과의 관계를 살펴본다. 쥐, 비둘기, 토끼 등 일반적인 용의자들만 다루지 않는다.

— 《뉴욕타임스》

어째서 특정한 동물들이 악마화되는지, 그 이유에 대한 눈이 휘둥그레지는 설명이다. 동물 애호가들은 이 영리한 탐구를 좋아하게 될 것이다.

— 《퍼블리셔스위클리》

널리 혐오받는 유해동물들에 대한 매혹적인 이야기를 들려준다. 아마도 우리의 생각을 바꿀 수 있는 탁월한 자연사 서적이다.

— 《커커스리뷰》

나의 첫, 밥으로게

목차 _____

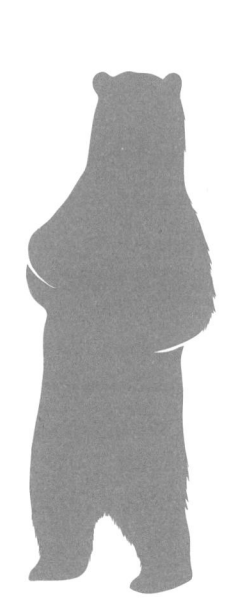

일러두기

1. 본문에 나오는 인명과 지명 등의 표기는 원칙적으로 국립국어원의 외래어 표기법을 따랐다.
2. 본문의 옮긴이 주 가운데 맥락상 내용 이해를 돕기 위한 부연 설명은 대괄호, 그 밖의 용어에 관한 뜻풀이나 첨언은 괄호로 표기하고 '-옮긴이'로 따로 표시했다.
3. 저자가 이탤릭체로 강조한 부분은 한국어판에서 볼드체로 처리했다.
4. 생물의 학명 및 미생물명은 이탤릭체로 표시했다.
5. 생물명은 원서에 표기된 영문명을 근거로 한국 동물학회 편 『세계의 주요 동물명집』 및 국가 생물종지식정보시스템을 참고해 쓰되, 현재 널리 쓰이는 다른 이름이 있는 경우에는 관례를 우선으로 했다. 국명이 없는 경우에는 널리 사용되는 영문명을 번역했고, 라틴어 학명만으로 지칭되는 경우에는 겨레말큰사전 외래어표기법 라틴어 표기 원칙을 따라 표기했다.

유해생물이란
_____이다?

청설모를 떠올려 보자.

많은 사람이 청설모를 사랑한다. 그 야무지고 복슬복슬한 몸이 나무와 전선 위를 달리는 것을 보면서 미소 짓고, 응원한다. 모든 대학 캠퍼스는 자기네 청설모가 다른 어느 캠퍼스의 청설모보다 더 대담하다고 확신한다. 내 친구 하나는 하루도 빼놓지 않고 매일 트위터에 청설모 사진을 올린다. 청설모는 우리 교외와 도시의 삶을 장식해 주는 복슬복슬하고, 활달하고, 귀여운 야생동물의 상징이다.

그리고 내가 있다. 나와 망할 케빈이 있다.

망할 케빈은 동부회색청설모*Sciurus carolinensis*다. 우리는 그를 그냥 케빈이라고 부른다. 케빈은 우리 집 앞 우아한 단풍나무에서 산다. 통통한 몸매의 잘생긴 청설모다. 그가 우리 집 주변을 자신만만하게 돌아다닐 때면, 유난히 분주한 꼬리가 등 위로 휙 하고 젖혀진다.

케빈은 내 철천지원수다.

내가 적어도 5년 동안 조그마한 정원에서 분투하면서도 토마토를 얻지 못한 건 바로 케빈 탓이다.

나는 아무리 잘 봐줘도 형편없는 정원사다. 하지만 매번 날이 푸근해지면 낙천주의가 되살아나고, 나는 다시 시도해 본다. 지난 몇 년간 나는 뒷마당에 큰 화분을 늘어놓고서 절실한 희망을 담아 묘목을 심었다. 바질, 주키니호박, 고추처럼 누구나 기르는 작물들은 거의 다 시도해 봤지만, 내 마음속에서 가장 특별한 것은 토마토다. 어린 시절, 작고 조금 건조한 엄마의 텃밭에서 7월 말의 열기를 받으며 몰래 덩굴을 헤쳐 입에 쏙 넣었던 방울토마토의 기억 때문이다. 토마토는 혀끝에서 기분 좋게 터졌다. 햇볕에 잘 익어 진한 맛을 내는 토마토는 내가 여태껏 먹어 본 최고의 건강식이었다.

봄마다 나는 그 완벽한 경험을 재현하려고 나선다. 희망을 품고 가벼운 발걸음으로 토마토 묘목을 심는다.

여름마다 나는 망하게 되어 있다. 망할 놈의 케빈 때문이다.

솔직히 말해서, 케빈은 분명히 한 마리 이상이다. 어쩌면 케빈은 청설모 마피아의 대부인지도 모른다. 어쩌면 케빈은 배트맨 같은 것이어서, 여러 청설모가 저마다 다른 시점에 가면을 쓰는지도 모른다. 어쨌든 내게는 그들 모두가 케빈이다.

케빈은 우리 집 마당의 주인이다. 나무에서 나를 보며 이래라저래라 찍찍대고, 보도에서 마주치면 위협하는 듯이 살짝 달려든다. 하지만 그가 저지르는 최악의 범죄는 내 소중한 토마토들이 열릴 무렵 벌어진다. 토마토는 희망적인 초록색으로 부풀어 오른다. 나는 매년 토마토들을 보면서 두 손 모아 성공을 기원한다. 화창한 날씨가 며칠만 더 이어지면, 저 작고 사랑스럽고 아름다운 것들이 내 것이 되겠지. 나는 카프레제샐러드, 라따뚜이, 살사소스 같은 메뉴를 짜기 시작한다.

그리고 매년 케빈이 덮쳐 온다. 그는 예쁘고 통통한 초록색 토마토를 하나 골라서 크게 한입 문다. 그러고는 자신이 토마토를 싫어한다는 사실을 갑작스레 깨닫는다. 케빈은 완벽한 초록색 구체에 비극적인 이빨 자국을 남겨서 썩게 만들고, 그것을 내가 볼 수 있게끔 반드시 그 자리에 그대로 둔다.

다음에도, 그다음에도, 케빈은 또 같은 짓을 한다. 그 또한 한결같은 낙천주의를 공격적으로 과시하는 것이다. 매일 저녁 새로운 토마토를 베어 물고 나서야 토마토가 별로라는 것을 기억해 내는가 보다. 케빈은 자신이 나보다 한 수 위라는 분명한 신호로, 내가 발견할 수 있게끔 희생자를 남겨 놓는다. 지난 5년 내내 케빈은 정원의 토마토를 한 알도 빼놓지 않고 모두 한 입씩 맛보았고, 그래서 나는 가게에서 산 살사소스를 먹을 수밖에 없었다.

그동안 나는 케빈을 물리치려고 온갖 방법을 시도해 보았다. 철조망으로 식물을 둘러싸 보았는데, 청설모의 손은 (그리고 방울토마토도)

보통의 철조망 구멍보다 작다. 한창 자라는 토마토에 카옌페퍼 용액을 뿌려서 놈의 자그마한 입을 화끈거리게 만들려고도 해 보았지만, 놈은 기다렸다가 늦여름 폭풍우에 용액이 씻겨 내려간 뒤에 토마토를 먹었다. 포식자가 한 마리나 세 마리쯤 있으면 놈이 못 다가오겠지 싶어서, 나는 뒷마당에서 길고양이에게 먹이를 주기 시작했다. 고양이들은 길이 들었고 그중 두 마리는 실내로 들어와서 우리의 새 반려동물이 되기도 했지만, 케빈은 고양이 사료를 자기 식단에 추가할 뿐이었다.

어느 해에 나는 극단적인 선택지를 시도했다. 토마토를 심지 않은 것이다. 대신 화분과 컵에 할라페뇨고추 씨앗만 잔뜩 뿌리면서, 케빈이 내 사악한 계략에 속기를 기대했다. 놈이 매워서 경악하며 찍찍거리는 모습을 황홀하게 상상하면서, 놈의 복슬복슬한 뺨에 눈물이 흐르고 놈이 급하게 물러나는 모습을 머릿속에 그렸다(사실 청설모는 울 수 없지만, 꿈은 꿔 볼 수 있는 것 아닌가).

케빈은 할라페뇨고추를 입에도 대지 않았다. 나도 마찬가지였다. 알고 보니 나는 너무나 형편없는 정원사여서 할라페뇨고추마저도 살리지 못했다.

내 친구들은 망할 케빈 이야기를 알고 있다. 이웃들도 놈을 안다. 우리는 이제 동네의 모든 청설모를 케빈이라고 부른다. 사람들은 대부분 이 이야기를 내 무능과 청설모의 지략을 잘 보여 주는 우스운 일화로 여긴다.

하지만 이것은 또한 유해동물 이야기이기도 하다. 남들에게 케빈은 그저 여느 설치류보다 약간 더 똑똑할 뿐인 평범한 청설모다. 케빈은 귀엽고, 복슬복슬하고, 심지어 상냥할지도 모른다.

하지만 내게 케빈은 끝없는 두통거리다. 케빈 때문에 나는 스스로 무력하고 바보 같다고 느낀다. 과학깨나 안다는 사람이, 그것도 멀쩡한 어른인 내가 어떻게 청설모 한 마리를 내 토마토에서 떼어 놓지 못한단 말인가? 죽어 버린 초록색 공들 하나하나가 제 정원 하나 살리지 못하는 한심한 교외 거주자인 나를 비난하는 것 같다. 이게 다 망할 놈의 케빈 때문이다.

나는 어른 청설모의 평균 수명을 찾아보았고(6년인데 그보다 2~3년 더 짧거나 길 수도 있다), 매년 올해가 놈의 마지막 해이기를 바란다. 어쩌면 올봄에는 놈이 옴에 걸릴지도 몰라. 어쩌면 놈이 내 토마토를 먹다가 배 터져 죽을지도 모르지. 또 어쩌면 내가 더 이상 참지 못하고 비비탄 총을 사게 될지도 모르고.

케빈은 내가 내 주변 환경을 통제할 수 없다는 것을 보여 주는 증거다. 우리가 안전한 카메라 렌즈 너머로 청설모를 관찰하거나 청설모가 원하는 것이 우리에게 없을 때, 청설모는 사랑스러운 야생동물이다. 하지만 청설모가 대담하게도 우리 집 굴뚝에 제 집을 지을 때, 집세도 안 내고 우리 다락으로 이사해 올 때, 혹은 우리 정원을 무제한 뷔페로 이용할 때, 그때는 얘기가 달라진다.

우리 삶에 침입하는 청설모의 존재는 동물의 성공을 알리는 지표이기도 하다. 여러 종의 청설모가 남극을 제외한 모든 대륙에서 살아가고 있다(말이 나왔으니 말인데, 청설모나 다람쥐 무리는 '스커리scurry' 또는 '드레이dray'라고 부른다). 주식은 원래 견과류나 씨앗이었지만, 이제는 감자퀴김과 베이컨으로까지 확장되었다. 청설모는 수직면을 머리부터 내려갈 수 있는 지구상 몇 안 되는 포유류 중 하나다. 청설모는 대부분 분산 저장가이다. 먹을 것이 적은 겨울에 대비하여 먹이를 여기저기 흩어서 묻어 둔다는 뜻이다.[1] 청설모는 공간 기억력이 뛰어나서, 소중한 견과를 묻은 지 몇 달이 지난 뒤에도 그 장소를 정확하게 짚어 낸다.[2] 나는 일주일에 적어도 한 번은 다른 사람에게 전화를 걸어 달라고 부탁해야 한다. 휴대폰을 어디에 뒀는지 기억하지 못하기 때문이다.

인정한다. 나도 청설모가 감탄스럽다.

도시의 귀염둥이일까, 교외의 골칫거리일까? 청설모는 둘 다다. 청설모의 지위는 그들이 하는 짓에 달려 있지 않다. 그들은 그저 청설모로서 최선의 삶을 살려고 애쓸 뿐이다. 청설모가 귀여운가 저주스러운가 하는 것은 우리가 그들을 보는 시각에 달려 있다.

스코틀랜드를 비롯한 몇몇 지역에서 청설모는 박해받는 유해동물 신세였지만, 지금은 국가의 자랑으로 거듭났다. 붉은청설모*Sciurus vulgaris*는 스코틀랜드 숲과 골짜기의 토착종이다. 학명의 '불가리스'는 '평범하다'는 뜻이지만, 이 청설모는 평범해 보이지 않는다. 붉은청설모의 비죽 솟은 귀 털과 흰 배와 복슬복슬한 꼬리는 비어트릭스 포터의 『다람쥐 넛킨 이야기』에 영감을 주었고, 전 세계 수천 종류 다람쥐 봉제인형의 패턴이 되어 주었다.

영국 케임브리지대학의 과학사학자인 매슈 홈스에 따르면, 스코틀랜드에서 붉은청설모의 역사는 굴곡이 심했다. 홈스는 청설모나 참새 같은 동물에 대한 인간의 견해가 어떻게 바뀌어 왔는지 그 역사를 추적해 왔다. 그의 주장에 따르면, 사람들이 처음부터 숲을 생물의 서식지로 바라본 것은 아니었다. 숲에서 사는 동물을 사냥할 때가 아니라면, 사람들은 숲을 생물이 사는 곳으로 보지 않았다. 그 대신 숲은 곧 나무였고, 나무는 배를 만들거나 불을 때거나 하는 데 쓰이는 목재로 사용되었다. 하지만 사람들이 지역의 숲을 벌목하기 시작하면서, 원래 숲속에서 살던 동물들은 집으로 삼을 공간을 잃어버렸다. 주로 나무에서 시간을 보내는 붉은청설모도 사라지기 시작했다. 18세기 말에는 스코틀랜드 대부분 지역에서 그 북슬북슬한 붉은색 꼬리가 더는 눈에 띄지 않았다.

청설모가 스코틀랜드에서 보전될 수 있었던 이유는 자연보호론자들이 아니라 귀족들의 유행 덕분이었다. 1778년경 버클루 공작부인 엘리자베스 스콧은 잉글랜드의 영지에서 붉은청설모를 몇 마리 보고는 스코틀랜드에서도 녀석들을 되살려야겠다고 결심했다. 공작부인뿐만 아니라 다른 귀족들도 똑같이 느꼈다. 청설모는 귀족들이 각자 자신의 영지에 조성하고 있는, 자연스러워 보이게끔 설계된 사슴 사냥터와 잘 어울렸다.[3] 그 신사 숙녀 들은 자연보호라는 너그러운 생각에 감화된 것이 아니었다. 그때는 아직 그런 개념이 제대로 존재하지도 않았다. 귀족들은 그저 그런 경치와 신설 사냥터에서 손님을 맞아들임으로써 벌어들일 돈을 좋아할 따름이었다. 부자들이 최악의 야생으로부터 스스로를 점점 더 떼어 놓을 수 있게 되자, 자연의 아름다움을 누리기도 한결 더 쉬워졌다. 그들은 새삼스레 자연에 열광하면서 청설모와 청설모의 서식지를 되살리기 시작했다.

청설모는 기회를 잡았고, 이제 청설모의 흥청망청이 시작되었다. 청설모는 숲을 망가뜨렸다. 새알을 먹어 치웠다. 홈스에 따르면 이것이 야말로 빅토리아시대 사람들에게 최악의 범죄였으니, 청설모가 새알을 차지하면 빅토리아시대의 열성적인 새알 수집가들의 몫이 적어지기 때문이었다.[4] 붉은청설모는 백 년 만에 총 든 삼림감독관과 성난 자연학자를 피해서 살아가야 하는 처지로 전락한 듯 보였다.

20세기 중순까지도 붉은청설모는 새알을 먹어 치우는 악당으로서[5] 사람들에게 인기가 없었다. 하지만 20세기 후반에 스코틀랜드인은(또한 잉글랜드인은)[6] 자신들의 토종 붉은청설모가 미국 출신에게 공격받는 모습을 보게 되었다.[7] 미국인을 말하는 게 아니라 미국 청설모를 말하는 것이다. 미국의 토종 동부회색청설모가 1876년에 아메리카대륙에서 잉글랜드와 스코틀랜드로 건너갔던 것이다. 케빈들의 군대는 진정으로 미국적인 의미의 '명백한 운명Manifest Destiny'(19세기에 미국에서 유행한 사상으로서 미국이 북아메리카대륙 전체로 확장할 운명을 신으로부터 부여받았다고 믿는 생각이다 – 옮긴이)을 달성하려는 듯 삽시간에 영국을 장악했다. 그들은 또 다람쥐수두바이러스를 갖고 있었는데, 동부회색청설모는 그 병을 견딜 수 있지만 붉은청설모는 견디지 못한다. 복슬복슬한 붉은색 꼬리들은 다시 한번 사라지기 시작했다.

한때 유해동물이었던 붉은청설모는 보전의 관심을 기울일 대상이 되었다.[8] "우리는 붉은청설모를 미워했지만, 이제 그들이 경쟁에서 지니까 (…) 그들 편을 듭니다." 홈스는 말한다. "온갖 형태의 이상한 국가주의와 외국인 혐오가 끼어들죠." 붉은청설모는 물론 나빴다. 하지만 미국 청설모는 더 나빴다. 그놈들은 스코틀랜드 출신이 아니었고, 심지어 영국 출신도 아니었다. 그놈들은 아마 심한 사투리로 찍찍댔을 것이다.

오늘날 붉은청설모는 영국제도의 상징이다. 붉은청설모는 찻잔과 머그를 장식한다. 붉은청설모 번식 프로그램과 보호구역이 있다. 붉은청설모 보호에 헌신하는 단체들이 있다. 붉은청설모는 박해받는 야생동물 반열에 오르기도 했었다.

붉은청설모는 이제 사랑받는다.

원치 않는 존재에서 보호받는 국가적 상징까지, 유해동물이란 결국 관점 문제다. 미나리아재비나 민들레와도 비슷하다. 이런 식물은 우리가 씨를 뿌려서 키운 값비싼 잔디밭에 솟아날 때는 잡초다. 하지만 다섯 살 아이가 지저분한 두 손으로 꽃다발을 만들어서 당신에게 건넬 때는 세상에서 가장 소중한 꽃이다.

'유해동물pest'은 청설모처럼 귀여운 존재에게 붙이기에는 좀 기분 나쁜 이름표처럼 보일 수도 있다. 그 동물을 쥐, 생쥐, 비둘기와 같은 범주로 묶는 셈이니까. 이들은 모두 우리가 그들의 자리로 배정한 곳에 가만히 머물지 않는 동물이다. 나무에 있는 청설모는 사랑스럽다. 당신의 정원에 있거나 지붕에 집을 지은 청설모는 짜증스럽다. 그것은 우리가 최소한 통제해야 하고 최악의 경우에는 박멸해야 하는 존재다.

이것은 곧 유해생물 개념이 보는 사람의 시각에 따라 크게 달라진다는 뜻이다. "대학생 때 지속 가능 농업 수업을 들었던 게 기억납니다." 미국 메인주 콜비대학의 환경학 교수 필립 나이후스는 말한다. "교수님이 유해생물이라는 용어를 가리키면서 이렇게 물었죠. '왜 이 식물은 유해생물이고 그것과 같아 보이는 저 식물은 유해생물이 아닐까요?' 왜냐하면 이 식물은 먹을 수 있어서 유용하다고 (…) 혹은 경제적 가치가 있다고 누군가 정했기 때문입니다. 그리고 저 식물은 사실상 그 가치를 침해하고 있다고 말입니다." 교수의 지적은 깊은 인상을 남겼다. 나이후스는 여태껏 인간과 동물의 갈등에 매료되어 있다.

일부 자연보호론자들은 유해생물이란 자연 생태계를 교란시키는 생물이라고 말한다. 그 말에 모두가 동의하는 것은 아니다. 양담쟁이는 건물 전면에 위엄을 부여하지만 토착 식물을 고사시키고 벽돌을 부스러뜨린다. 외출하는 집고양이는 이불에서는 껴안고 싶은 귀염둥이지만 길에서는 살해자다. 고양이는 미국 본토 48개 주에서 매년 10억 마리에서 40억 마리 사이의 새를 죽인다.[9] 하지만 대다수의 고양이 주인들은 우리가 그의 사랑하는 귀염둥이를 유해동물이라고 부르면 꽤 화를 낸다. '유해동물'과 '유해동물 아님'의 구분은 전적으로 주관적이다.

나이후스는 그 구분을 조금이나마 구체화할 수 있었다. 그는 삼차원 그래프를 그려, 인간과 야생생물의 갈등을 여덟 개의 범주로 나누었다.[10] 그래프의 가로축은 동식물과의 접촉이 (이 책의 목적에 비추어 볼 때) 얼마나 긍정적인가 혹은 부정적인가를 뜻한다. 세로축은 그 상호작용이 얼마나 강렬한 인상을 남기는가를 뜻한다. [가로축과 세로축을 수직으로 가로지르는-옮긴이] 세 번째 축은 그 종과의 만남 빈도를 뜻한다. 이렇게 해서 나이후스는 동물과 조우했을 때 인간이 판단하는 방식을 기준으로 삼아, 특정 동물과의 접촉을 여덟 개의 정육면체 속에 배치해 볼 수 있었다.[11] 예를 들면, 내게 호주로 여행 가서 웜뱃을 껴안는 것은 우상단 후방에 기입될 접촉이다. 그것은 드물고, 아주 긍정적이고, 감정적 영향이 큰 접촉으로 내 버킷 리스트에도 적혀 있는 일이다. 한편 우하단 전방에는 가까운 나무에서 울새를 보는 것처럼(혹은 동물원에서 공작을 보는 것처럼) 흔하고 약간 긍정적인 접촉이 있다. 기분은 좋지만 특별하지는 않고, 누군가의 삶에 깊은 영향을 미치진 않을 접촉 유형이다. 좌상단 후방 정육면체에는 (무지무지 드물지만) 상어나 불곰이나 호랑이와의 물리적 접촉처럼 드물고, 부정적이고, 나쁜 결과가 일어날 수 있는 만남이 있다. 그런 만남은 극히 드물지만(대체로 상어는 곁을 헤엄쳐 지나가고, 곰은 딴 길로 가 버리며, 직접적인 접촉은 벌어지지 않는다), 만에 하나 갈등이 벌어진다면 사람이 다치거나 심지어 죽을 확률이 높다.

좌하단 전방 정육면체야말로 상황이 흥미로워지는 지점이다. 이 지점에서 사람과 동물은 흔하고 부정적이되 작은 영향만을 미치는 방식으로 접촉한다. 우리 목숨이 위태롭진 않지만(보통은 그렇다) 그래도 짜증스럽다. 거위 똥을 밟는 것. 지하실의 쥐. 헛간의 생쥐. "보통 부정적으로 인식되는 흔한 종들인데, 농경지나 마당에서 출몰하는 동물들이 여기 포함됩니다." 나이후스는 말한다.

나이후스의 그래프에서 좌측 이분면에 속하는 동물들[인간이 마주쳤을 때 불쾌함을 느끼는 동물들-옮긴이]은 요즘 힘들게 살아가고 있다. 자연과의 부정적 상호작용을 겪을 때 우리는 종종 우리를 불쾌하게 만든 대상을 죽이는 것으로 반응한다. 그런 동물과의 상호작용을 '인간-야생동물 갈등'이라고 부르고, 동물들에게 기꺼이 싸움을 건다. 울타리를 세워서 밖으로 내쫓거나 안에 가두고, 다른 곳으로 이주시키고, 다른 방법들이 실패할 때는 총과 독을 꺼낸다.

어떤 때에는 단순한 짜증 수준이 아닐 수도 있다. 우리가 전쟁을 벌이는 대상에는 사자, 호랑이, 늑대처럼 그래프의 좌상단 후방에 출몰하며 교훈적 동화에 늘 출연하는 최상위 포식자도 있다.

유해동물은 그런 야생의 디즈니 악당보다는 한두 단계 밑에 있다. 유해동물은 대체로 인간을 간식거리로 여기지 않는다. 만약 유해동물이 인간에게 죽음이나 부상을 일으킨다면, 그것은 우연일 때가 많다. 사슴이 차에 부딪히고, 코요테가 고양이를 잡아먹고, 생쥐 똥이 질병을 퍼뜨리더라도 그 동물이 일부러 인간을 해친 것은 아니다.

전반적으로 짜증스러운 이러한 존재들은 사자나 불곰이나 상어와는 달리 보통 우리에게 강렬한 공포와 불안을 일으키진 않는다. 그들은 대체로 우리를 직접 해치지 않는다. 우리가 가진 것을 해친다. 우리 반려동물을 날름 잡아먹거나, 자동차 엔진에 둥지를 틀거나, 동상에 똥을 싸거나 하는 식으로.

우리는 그들의 약탈을 짜증스럽게 여긴다. 인간은 긴긴 세월 동안 따뜻한 보금자리로부터 비바람과 바깥세상을 몰아내고자 애써 왔으므로, 자연이 우리가 짜낸 최선의 꾀를 뛰어넘어 먹고 번식하고 앞지를 때 화가 나는 것도 무리가 아니다.

유해동물은 소유권만큼이나 오래된 문제다.

인간이 자연계에 완전히 포함되어 있어서 집도 없고 작물도 기르지 않았을 때는 '유해동물'이라는 단어가 큰 의미를 띠지 않았을 것이다. 다른 동물은 그저 경쟁자거나 우리를 위협하는 존재였다. 새들은 우리가 탐내는 달콤한 열매를 쪼아 먹었다. 큰 이빨을 가진 포식자들은 청소동물인 우리가 막 먹으려는 맛난 사체로부터 우리를 쫓아냈을지도 모른다. 우리는 자연계의 일부였고, 자원을 놓고 경쟁하는 것도 당연한 일이었다.

유해동물이 유해동물이 되려면, 사람들이 자신이 보호하고 싶은 물건에 대해 소유의 감각을 느껴야 하고 자신이 소유하는 것과 그렇지 않은 것을 구분할 줄 알아야 한다.

전 세계 유해동물에게는 다행히도, 사람들은 아주아주 오래전부터 물건을 쌓아 두고 살았다. 우리에게는 늘 곡식이 가득한 창고, 큼직한 고깃덩이, 바구니에 담긴 과일이 있었다. 우리는 다른 동물이 먹거나 활용할 수 있는 음식 찌꺼기, 똥, 동물 가죽, 털을 뒤에 남겼다. 한 생물에게 쓰레기인 것이 물론 다른 생물에게는 보물일 수 있다. 하지만 우리가 세심하게 저장해 둔 식량을 동물이 멋대로 먹는다면? 우리 음식을 건드리는 건 우리를 건드리는 것과 다름없다.

사람들은 물자를 저장하는 데 그치지 않고 정착을 하기 시작했다. 그리고 집을 지음으로써 주변 환경을 바꾸기 시작했다. 우리는 첫 오두막과 함께 인간중심적 생태계를 지었다. 다른 동물은 그 속에 들어오고 싶어 했고, 우리는 그들을 밖에 두고 싶어 했다.

서구 교육 제도에서 자란 사람들은 생태계라고 하면 학교의 과학

수업을 떠올릴지도 모른다. 교사는 숲을 보여 주고 이어서 먹이그물을 보여 준다. 땅은 나무를 지탱한다. 나무는 공기와 햇빛을 당으로 바꿔서 에너지를 얻고 성장하며, 새와 다람쥐에게 살 곳을 제공한다. 다람쥐와 새는 식물을 먹고, 여우와 올빼미는 다람쥐와 새를 먹는다. 찌꺼기는 벌레와 균류가 분해한다. 이것이 생명의 순환이다.

하지만 생태계는 먹이그물 이상이다. 생태계는 저마다 한 자리씩 차지한 모든 생물체의 총합이고, 그 생물체들이 제 서식지 및 다른 생물체와 상호작용하는 방식의 총합이다. 사막, 숲, 툰드라만이 생태계가 아니다. 대도시, 소도시, 농장도 생태계다. 인간이 창조하는 환경도 생태계일 수 있는데, 우리는 종종 자신이 그렇게 하고 있다는 사실을 의식하지 못한다.

모든 생태계에는 생물체가 번성할 수 있는 생태적 자리niche(생태계에 속하는 어떤 종의 지위 또는 해당 지위에 요구되는 조건 등을 가리키는 생태학 용어. 즉 해당 종이 특정 생태계에서 어떻게 살아가는지를 가리킨다. 본문에는 맥락에 따라 '생태적 지위', '생태적 자리', '생태적 조건' 등으로 번역하였다-옮긴이)가 있다. 어떤 생태적 자리는 최고급 부동산이다. 이를테면 열대우림, 산호초, 비옥한 늪지대가 그렇다. 좀 더 강인한 존재를 위한 자리도 있다. 뜨거운 기체가 보글보글 솟는 해저의 열수분출공은 우리에게 행복한 집처럼 보이지 않지만, 심해에 사는 게와 관벌레의 의견은 다를 것이다. 하수도는 취향 있는 도롱뇽에게 너무 구저분한 곳일지도 모르지만 쥐는 그렇게 까다롭지 않다.

인간이 다른 생물이 사용할 수 있는 생태계를 만드는 유일한 동물은 아니다. 빨판상어는 작고 헤엄치는 생태계라고 할 수 있는 상어를 따라다니면서 상어의 피부 부스러기를 먹고 산다. 비버는 댐을 지음으로써(몇몇 사람들은 이 댐을 욕하기도 한다) 물새에서 말코손바닥사슴까지 다른 종들에게 이로운 연못을 만든다. 박쥐가 가득한 동굴에는 구아노(새나 박쥐의 배설물이 쌓여서 굳은 것으로, 질소와 인 등의 함량이 높아서 예부터 비료나 화약의 원료로 쓰였다-옮긴이)가 산더미처럼 쌓이는데, 이것은 미생물과 균류에게 호화로운 메뉴다. 그런 분해자는 작은 벌레의 먹이가 되고, 벌레는 꼽등이의 먹이가 된다. 박쥐 엉덩이를 중심으로 하나의 생태계 전체가 구축되는 것이다.

비버나 박쥐와 마찬가지로, 인간은 인간끼리만 섬을 짓고 사는 것이 아니다. 우리는 주변 환경을 바꾼다. 콘크리트와 벽돌과 강철로 생태계를 짓는다. 땅속에 터널을 파고, 텃밭에 촉촉하고 맛있는 채소를 심고, 지붕 밑에 어둡고 그늘진 구석을 만든다. 심지어 유해동물을 잡아먹을 수도 있는 포식자를 죽임으로써 유해동물에게 안전한 섬 같은 공간을 만든다.

도시의 콘크리트 정글부터 드넓은 단일경작 유채밭까지, 인간이 만든 생태계는 생태계를 필요로 하는 동물을 불러들인다. 산호초에서의 화려한 삶 같은 것과는 비교할 수 없겠지만, 그래도 생물체는 알맞은 기술만 갖고 있다면 충분히 좋은 삶을 누릴 수 있다. 그래서 많은 종이 각진 돌 같은 우리 생태계로 이사해 왔다. 우리가 무시하거나 배제하거나 쓰레기로 남긴 것을 먹고 살기 시작했다.

하버드대학의 고고학자 로언 플래드는 인류가 일찍부터 유해생물을 구제해 온 흔적이 어디에나 있다고 말한다. 그에 따르면, 선사시대의 유해생물 구제 흔적을 찾고 싶을 때는 나중에 박물관에 소장될 것들을 살펴봐선 안 된다. 그 대신 변소와 쓰레기를 살펴봐야 한다. "우리가 쓰레기 구덩이를 집 안이 아니라 밖에 두는 것은 유해생물을 밖에 두고 싶어섭니다." 플래드는 말한다. "그리고 우리는 썩어 가는 똥이 집 안이 아니라 밖에 있기를 바랍니다." 과학자들이 초기 인류의 변소나 쓰레기통을 발견할 때마다, 인간이 자신들의 쓰레기에 꼬이는 파리와 쥐, 그리고 그 밖의 다른 동물들을 상대하기 싫어했다는 증거 또한 함께 발견된다.

담과 울타리도 그런 기능을 수행할 수 있었다. 고고학자들이 발견하는 그런 방어물은 다른 인간을 막기 위한 것일 수도 있겠지만, 인간의 식량을 탐내는 다른 동물을 막기 위한 것일 수도 있다는 게 플래드의 말이다. 울타리는 당신의 마당에 사슴도 다른 인간도 못 들어오게 막아 주고, 담은 도둑과 유해동물로부터 우리를 지켜 준다.

이처럼 인간과 인간이 살아가는 자연계 사이에 경계가 그어졌다는 것은 인간이 어떤 동물은 기꺼이 안으로 들였다는 뜻이기도 하다. 훗날 우리의 개와 돼지와 양과 소가 된 동물들 말이다. 그것은 또 포식자나 유해동물 같은 다른 동물들은 새롭게 개선된 우리 생활양식을 침범하는 달갑잖은 존재로 여겨지기 시작했다는 뜻이기도 하다. 그런 침입자는 사라져야 했다.

고고학자들은 각각 오늘날의 이란, 파키스탄, 아프가니스탄에 해당하는 지역에 있던 고대 도시 밤푸르, 모헨조다로, 문디가크에서 무려 4,000년 넘은 도자기 쥐덫을 발굴했다. 그 고대 도시 주민들은 점토를 성형해서 쥐덫을 만든 뒤에 여닫이문을 제어할 수 있도록 끈까지 달았다. (숨구멍이 나 있는) 작은 우체통처럼 생긴 쥐덫이다.[12]

유해동물에 관한 이야기는 고대부터 전해진다. 구약성서의 출애굽기를 읽어 본 사람은 하느님이 이집트에 내린 열 가지 재앙을 기억할 것이다. 강물이 피로 변하는 재앙이나 두렵게도 모든 장자가 죽는 재앙이 가장 극적이지만, 그 밖에도 파리와 각다귀와 개구리가 비처럼 쏟아지는 기이한 기상 사건들이 있다. 사무엘기에서, 언약궤를 차지한 블레셋인은 쥐와 '종기'의 역병을 겪는다(이것이 가래톳페스트로 인한 농양이었는지 치핵이었는지는 아직까지 의견이 분분하다). 궤를 돌려줄 때 블레셋인은 "너희 종기의 형상과 땅을 약탈하는 쥐의 형상을"[13] 금으로 다섯 개씩 만들어서 함께 보내야 했다. 고통에 추가로 더해진 대가였다. 기원전 6세기경부터 전해졌다고 하는 이솝우화에는 한 농부가 곡식을 먹는 학들을 잡으려고 그물을 친 이야기가 나온다. 정작 그물에 걸린 것은 학이 아니라 운 나쁜 황새였다. 황새는 농부에게 자신은 학이 아니며 못된 새들과 어울린 죄밖에 없다고 목숨을 애걸한다. 농부는 동정하지 않는다. 황새가 고약한 학들과 어울렸다면 마땅히 같은 운명을 맞아야 한다는 게 농부의 생각이다.[14]

시간이 지남에 따라, 우리가 사랑하는 동물과 미워하는 동물의 구분은 더욱 뚜렷해졌다. 특히 서구 문화에서 그랬다. 매사추세츠공과대학의 과학사학자 해리엇 리트보에 따르면, 집과 도시는 단순히 춥고

궂은 날씨로부터의 피난처가 아니었다. 그것은 "자연이 인간에게 가할 수 있는 모든 짓으로부터 스스로를 방어하려는" 사람들의 의지였다. 자연은 저 밖에 있는 것, 춥고 궂고 몹시 질척하고 거친 돌이 가득한 곳이었다. 피난처가 아니라, 피해야 하는 곳이었다. 리트보는 인간이 주변 환경을 보는 관점이 역사적으로 어떻게 변해 왔는지 연구한다. "자연계를 아름다움과 영감의 원천으로서, 우리가 그것을 피해 숨어야 하는 것이 아니라 추구해야 하는 것으로서 진정으로 음미하게 된 것은 [서구의, 주로 백인의] 근대성의 산물이었습니다."

유럽에서는 산업혁명 무렵까지만 해도 유해동물이 삶의 엄연한 일부였다는 것이 리트보의 설명이다. 헛간에는 쥐가, 집에는 생쥐가, 들에는 까마귀가, 닭장에는 여우가 있는 것이 당연했다. 사람들은 물론 그것들을 몰아내려고 많은 시간과 돈을 들였다. 하지만 사람들은 취약감에 익숙했고, 진정한 통제는 영영 이룰 수 없다는 느낌에도 익숙했다. 모든 유해생물을 깡그리 몰아낸다는 것은 누가 뭐래도 불가능한 일 아닌가.

하지만 리트보가 설명하듯이, 인간의 기술이 향상되자 "자연계가 만들어 놓은 모든 종류의 장애물이 줄어들었다." 우리는 늪의 물을 뺐고, 야생의 숲을 베었다. 가장 높은 산들의 꼭대기에 우리의 용감무쌍한 부츠 자국을 남겼다. 그 과정에서 우리는 갖가지 털과 깃털 달린 자랑거리가 가득한 자연을 저지하는 데 갈수록 능숙해졌다. 통제감이 커졌다. 인간은, 특히 유럽의 백인은 우리가 둘러보는 모든 것의 주인이 되었다.

당연한 소리지만, 실제로는 그렇지 않았다.

'유해동물' 개념은 우리 자신의 힘에 대한 감각과 관련이 많다고 리트보는 설명한다. 우리의 통제감이 커질 때, 동물은 성가신 유해동물에서 숭배해야 할 자연의 상징으로 바뀔지도 모른다. 붉은청설모가 그랬다. 또한 늑대가 그랬다.

늑대*Canis lupus*는 포식자다. 빨간 망토 소녀를 잡아먹었던 털북숭이 짐승으로서 그 누구보다 유명한 어린 시절의 악몽이다. 늑대가 그동안 인간을 남부럽지 않을 만큼 죽인 것은 사실이지만, 동화적 명성으로 빛나는 그 흰 이빨이 사람을 덮치는 경우는 실제로 아주 드물다. 대신 그 이빨은 우리가 지키는 양이나 저녁으로 사냥하려는 사슴을 덮친다. 요즘도 늑대는 많은 지역에서 양과 소를 노린다. 느리고 멍청하고 복슬복슬한 양이 아무 데도 안 가고 가만히 서 있는데, 왜 빠르게 달리는 사슴을 쫓겠는가?

인류 역사 내내 늑대는 두려움과 혐오의 원천이었다.[15] 늑대를 죽이는 것은 혼란에 질서를, 야만에 문명을 부여하는 일이었다. 12세기에 맘즈버리의 윌리엄이 쓴 글에 따르면, 평화왕 에드거는 959년에 잉글랜드 왕좌에 오를 때 삼촌 애설스탄이 웨일스에 부과했던 금은의 상납을 계속 요구할 수도 있었다. 하지만 에드거는 그 대신 늑대 가죽을 매년 300장씩 상납하라고 요구했다.

늑대 가죽이 에드거의 궁정에서 패션 아이템으로 사랑받았던 건 아닐 테다. 새로운 조공의 목적은 유해동물을 박해하는 것이었다. 늑대가죽이 많아질수록 늑대는 적어졌고, 늑대가 적어진다는 것은 아마도 더 많은 양들이 웨일스의 구릉지대 초원에서 풀을 뜯는다는 것을 의미했을 것이다. 늑대 가죽 조공은 3년만 이어졌다. 윌리엄에 따르면, 이후 웨일스에서는 늑대의 씨가 마른 듯했다.[16]

잉글랜드의 귀족들은 섬의 나머지 지역에서 이후 수백 년간 계속 늑대를 사냥했다. 학살은 소득이 있었다. 16세기 중순이면 빨간 망토 소녀는 잉글랜드와 웨일스 전역을 안전하게 여행할 수 있었을 것이다 (그래도 스코틀랜드와 아일랜드는 그 후 200여 년간은 더 피해 다니고 싶었을 것이다).[17]

대서양 건너 미국에서, 제임스타운 식민지의 굶주린 정착민들은 1609년에 늑대와 맞섰다. 1621년에 한 매사추세츠만 식민지 주민은 작대기 하나로 늑대를 물리쳤다.[18] 대륙을 가로질러 확장하던 식민지 정착민들은 소와 양을 보호하기 위해서 늑대를 총으로 쏴 죽였다. 하지만 사람들이 늑대를 죽인 것은, 사슴이나 엘크처럼 사람들의 식사거리가 될 동물들을 늑대가 잡아먹기 때문이기도 했다.[19]

위스콘신-매디슨대학에서 육식동물공존실험실을 이끄는 에이드리언 트리브스는 이것이 동물과 자연 양쪽에 대한 공리주의적 관점에서 비롯한 일이라고 말한다. 공리주의적 관점에서, 인간은 자연의 일부가 아니다. 자연과 자연에 딸린 동물은 인간에게 봉사하기 위해서 존재한다. 이 관점에서는 가축을 잡아먹는 동물이라면 늑대든 코요테든 다른 무엇이든 "민폐" 혹은 "문제" 동물이 된다고 트리브스는 말한다. 이 문제는 문제의 종을 제거함으로써 풀어야 한다.

그런 지배의 감각, 세상은 인간이 차지할 대상이라는 관념은 서구 역사의 대부분을 관통한다. "인간 대 자연의 이분법 자체가 서구가 만들어 낸 개념이라고 봐도 좋을 겁니다." 코넬대학의 문화심리학자 베서니 오얄레토는 이렇게 말한다. "우리 삶의 아주 많은 부분이 인간적인 것과 자연적인 것을 구분 짓는 방식으로 구성되어 있으며, 우리는 그 분리를 이해하려는 사상도 많이 만들어 냈습니다." 아리스토텔레스는 인간을 동물 위에 두었고, 데카르트는 동물이 살아 있는 기계일 뿐이라고 선언했다.

식민지 정착민들은 이런 공리주의적 관점을 품었다. 하지만 모든 사람들이 그런 것은 아니었다. 일부 원주민 집단은 늑대(아니시나베 언어로 "마잉간"이라고 부른다)를 친족으로, 같은 세상을 살아가는 동료 포식자로 본다. 아니시나베 부족 창조 설화에서, 창조주가 최초의 인간 남자를 만들었을 때 남자는 외로웠다. 그러자 창조주는 그에게 여자가 아니라 마잉간을 만들어 준다. 남자와 마잉간은 함께 살고, 함께 여행하고, 함께 세상에 이름을 붙였다.[20] 나중에 창조주는 둘에게 그들이 각자의 길을 가야 한다고 말했다. 하지만 또한 그들은 영원히 하나로 묶여 있다면서 이렇게 말했다. "무엇이든 한쪽이 겪는 일은 다른 쪽도 겪을 것이다. 훗날 이 땅에 나타날 사람들은 둘 모두를 두려워하고, 존경하고, 오해할 것이다."[21]

식민지 정착민에게 늑대는 포식자인 동시에 유해동물이었으며 현재까지도 가끔은 그렇다. 늑대는 육식동물다운 방식으로 목장의 수익을 탈취했다. 20세기까지도 여러 주들과 연방정부는 늑대를 덫과 독으로 잡거나 개로 사냥하는 사람들에게 현상금을 주었다. (주들은 늑대 한 마리당 20달러에서 50달러 사이를 주었는데, 오늘날의 280달러쯤 된다.)

늑대 현상금은 1973년 연방 멸종위기종보호법으로 늑대가 보호동물 지위를 얻을 때까지 지속되었다. 이즈음 본토 48개 주에서는 늑대가 근절되다시피 했다.[22] 인간이 포식자와 유해동물을 물리치고 승리한 것이다. 빨간 망토 소녀는 세계여행에 나설 수도 있었으리라.

그런데 그 후 묘한 일이 벌어졌다. 식민지 정착민은 자신만만한 승자가 되었다. 늑대는 취약해졌다. 힘의 균형이 이동했다. 리트보에 따르면, 늑대는 "더 이상 우리를 해치지 못하게 된 순간 유해동물이 아니게 되었다." 정착민들이 늑대를 워낙 많이 죽였기 때문에 그들의 가축은 이제 위험하지 않았고, 사슴은 평화롭게 번식했다.

리트보는 우리의 자신감이 커짐에 따라 관점이 바뀌었다고 말한다. 다른 동물들의 개체 수가 폭발적으로 늘자, 과학자들은 늑대나 불곰 같은 특정 환경 내 최상위 포식자의 중요성을 깨닫기 시작했다.[23] 이제 사람들은 늑대를 본 경험이 전혀 없을뿐더러 이전 세대의 공포와 좌절을 잊었다. 늑대는 순수하고, 감탄스럽고, 고귀한 존재가 되었다. 붉은 청설모와 마찬가지로 늑대는 유해동물에서 부당하게 핍박받는 동물로, 인간의 탐욕에 무력하게 희생된 동물로 바뀌었다.

21세기가 되자 미국인은 너그럽게 굴어도 될 만큼 강해졌다. 늑대는 옐로스톤국립공원 같은 지역에 다시 도입되었고, 콜로라도와 아이다호와 몬태나 같은 곳에서 돌아다니게 되었다.[24]

"대부분의 사람이 늑대에게 상당히 긍정적인 인식을 갖고 있는 것은 우리가 늑대를 직접 대할 일이 없기 때문입니다." 나이후스의 말이다. 하지만 목장주들은 우리만큼 열광하지 않는다. 늑대는 요즘도 소와 양을 잡아먹는다. 늑대의 아름다움은 모두가 누리는 이득이지만, 그 대가는 늑대와 더불어 사는 사람들만 치른다.

현재 그 대가는 늑대 수가 비교적 적다는 점, 그리고 가축을 잃은 목장주에게 보상하는 제도 덕분에 그럭저럭 관리되고 있다. 하지만 어떤 사람에게는 늑대가 단 한 마리라도 있으면 지나치게 많은 것이다. 2021년 1월 4일에 미국 어류·야생동물관리국이 멸종 위기 야생동물 목록에서 늑대를 지웠을 때, 사냥꾼들은 옳다구나 하고 기회에 뛰어들었다. 위스콘신주는 2월 말에 늑대 119마리를 잡으려는 계획을 세우고 사냥을 벌였는데, 불과 60시간 만에 목표를 훌쩍 넘겨서 늑대 218마리를 죽였다. 그 지역 아니시나베 원주민의 끈질긴 반대를 무릅쓰고 벌인 일이었다. 아니시나베 원주민은 선조 시절부터 오대호 주변에서 살아온 사람들로서 오지브웨, 포타와토미, 알곤퀸 등등의 부족을 아우른다. 위스콘신에서 2020년 한 해 동안 늑대가 약탈한 것으로 추정되거나 확인된 피해 동물 수는 총 147마리였다.

이제 늑대는 긍정적인 뉴스 보도, 문신, 진짜 별로인 티셔츠 디자인의 소재다. 자연의 상징이다. 하지만 사실은 우리 중 일부에게만 그렇고, 또 그들의 수가 너무 많아지지 않는 한에서만 그렇다. 늑대는 우리의 관용으로 살아가고 있다. 늑대는 우리 가축을 죽일 힘이 없을 때만 아름답다. 제자리를 알 때만 아름답다.

서구 사회가 자연계와 담 쌓고 분리되어 살게 되자, 자연계 거주자들은 두 그룹으로 나뉘었다. 우리가 거의 볼 수 없는 동물과 너무 자주 보는 동물이다. 드물게 보는 동물은 감상의 대상이다. 그들은 아름답고 자연적이고 보통 멀리 있다. 반면에 흔히 보는 동물은 너무 흔한 나머지, 최선의 경우에는 우리 눈에 들어오지도 않고 스쳐 지나갈 정도다. 최악의 경우에는 그들이 우리 의식과 일상을 침범해 들어온다. 그들은 유해동물이 된다.

더불어 살지만 통제할 수 없는 동물에게 우리는 갈수록 분노와 혐오를 느낀다. 그들은 이제 가난 및 부실한 인프라와 자주 연관된다. 사람들은 너저분한 마당이나 더러운 집을 볼 때와 같은 경멸감을 품고 유해동물을 본다.

하지만 어떤 면에서 그들은 동물의 성공을 보여 주는 상징이다. "인간은 공간을 차지하는 데 아주 능하죠. 우리는 전반적으로 아주 성공한 종입니다." 미국 메릴랜드대학 볼티모어카운티 캠퍼스에서 동물과 사회정의의 접점을 연구하는 돈 빌러는 이렇게 말한다. "동물들은 우리의 성공에 편승해 다양한 공간에서 번성하는데, 특히 사회적 불평등에 올라타는 데 능숙합니다."

빌러는 도시의 야생동물과 인간의 불평등의 관계를 파헤친 책 『도시의 유해동물: 파리, 빈대, 바퀴벌레, 그리고 쥐』를 썼다.[25] 빌러는 유해동물의 행동 자체를 비난하지 않는다. "그들이 그렇게 행동하는 것은 그들 잘못이 아닙니다. 그들은 살아남기 위해서 필요한 것, 즉 생태적 조건을 충족시키려고 할 뿐이에요."

인간의 인프라는 자연을 몰아내고자 설계되었지만, 모든 담벼락에는 균열이 있는 법이다. 유해동물은 우리가 세심하게 숨겨 둔 하수도로, 황금빛 미로의 옥수수 밭으로, 먼지 쌓인 다락으로 슬그머니 기어든다. 우리는 그동안 성공적으로 자연을 저지했다. 그런데도 기어코 자연이 우리에게 끼어든다면, 이는 우리가 실패했다는 뜻 아닐까?

가난한 지역은 우리 인프라의 균열이 가시화되는 지점이다. 미국을 비롯한 전 세계에서, 가난한 동네는 쓰레기 수거와 하수도 관리가 가장 늦게 이뤄지는 지역일 때가 많다. 가난한 동네의 건물은 더 낡았고, 구멍이 숭숭 나 있으며, 거기 사는 사람들은 건물을 잘 관리할 수 없을 만큼 가난하다. 공공 주택단지는 종종 싸구려로 지어지는 데다가 제대로 관리되지 않는다. 혹은 거주자의 안녕에는 무관심한 탐욕스러운 집주인이 주택을 운영한다.

쓰레기가 쌓인다. 하수가 넘친다. 울타리가 무너진다. 도처에 구멍과 은신처가 생긴다. 유해동물이 옮겨 온다. 빌러는 말한다. "인간 집단들이 서로를 형편없게 대우하는 현실을 [유해동물이] 활용한다는 사실이 내게는 정말 흥미로워 보입니다."

이처럼 먹음직한 기회가 가득한 서식지로 유해동물이 옮겨 오면, 그 사실에 대해 비난받는 것은 사람들이다. 유해동물은 그것과 함께 사는 사람들의 '악덕'을 암시하는 상징이 된다. 더 나은 환경에서 사는 사람들은 그곳에서 게으름과 범죄와 유해동물을 보지만, 실제 그곳에 있는 것은 인종차별의 영향과 기회의 부족, 또는 단순한 가난이다.[26] 우리는 심지어 서로를 비인간화할 때 유해동물에 관련된 언어를 쓴다.

나치는 유대인을 그냥 동물이 아니라 쥐에 비유했다. 억압받는 사람들은 종종 해충에 비유되는데, 해충으로 인한 피해 자체가 사실 그들이 당하는 억압의 부산물이다.

우리는 유해동물 관리에 온갖 방식으로 실패한다. 하지만 때로는 우리가 서로를 지지하지 않는다는 것이 실패의 이유다. 인간 거주지에 유해동물이 들끓는 것은 우리가 모든 사람에게 깨끗하고 잘 지어지고 해충 없는 집에서 살 존엄성을 부여하지 않기 때문이다. 우리는 사람들이 스스로 통제할 수 없는 유해동물에게 맞서도록 도울 수 있는 시스템을 정비하는 데 돈을 쓰고 싶어 하지 않는다. 우리의 사회계약이 실패하는 곳에서 다른 종이 성공한다.

인간이 지구 전체로 확장하고 있으니, 인간과 야생동물은 앞으로도 계속 부딪칠 것이다. 인간이 점점 더 많은 땅을 차지하며 그 땅을 분양지와 쇼핑가와 농장으로 바꾸고 있으니, 한때 그곳에서 살았던 동물들에게 남겨진 공간은 갈수록 적어질 것이다. 인간의 공원과 뒷마당으로 내몰린 그들이 고를 수 있는 선택지는 적응하느냐 죽느냐다.

그들이 죽으면, 우리는 탄식한다. 우리는 퓨마와 독수리와 판다가 사라지는 것을 슬퍼한다. 보전 계획을 세우고, 작은 성공만 거둬도 축하한다. 심지어 그들의 성생활을 추적한다. 코로나19 팬데믹으로 동물원들이 문 닫았던 2020년, 홍콩의 두 판다가 마침내 섹스를 했다. 그리고 전 세계 사람들이 유치하게도 그 판다들의 사진을 돌려 보았다.

하지만 동물이 너무 잘 적응하면(그리고 선정적인 사진을 찍을 일이 없어지면), 우리는 그다지 기뻐하지 않는 듯하다. 버려진 굴뚝은 가정을 꾸리기에 좋을 만큼 따뜻한 장소라는 사실을 라쿤이 알아낼 때, 아메리카흑곰이 캠핑장은 음식을 뜻한다는 사실을 알아낼 때, 코끼리가 국립공원 바깥의 들판도 자신들이 얼마든지 다닐 수 있다는 사실을 알아낼 때, 우리는 어떻게 하는가?

이론적으로 우리는 그 동물들이 살기를 바란다. 다만 그들이 **여기** 살기를 바라지 않는다.

셰익스피어를 멋대로 변주해서 말하자면, 어떤 동물은 유해동물로 태어나고, 어떤 동물은 스스로 유해동물이 되며, 어떤 동물은 '유해동물'의 지위를 떠안는다. 하지만 이것은 우리가 동물에게 붙이는 이름표일 뿐이다. 유해동물은, 이를테면 생쥐나 라쿤이나 갈매기 같은 동물은 본래부터 짜증스러운 존재가 아니다. 오히려 그들은 패배로 가득한 지구에서 승리한 동물들이다. 만약 당신의 서식지에 주차장과 벽돌 아파트 건물과 섬세하게 가꿔진 정원이 가득하다면, 생존은 얌전히 숲이나 풀밭에 머무는 것을 뜻하지 않을 것이다. 진화적 성공은 그 대신 인간의 쓰레기를 뒤지고, 인간의 건물에 둥지를 틀고, 인간의 정원을 모조리 먹어 치우는 일에 가까운 모습일 것이다.

내 친구들은 청설모 사진을 찍어서 내가 속한 단체 채팅방에 올린다. 이웃들은 망할 케빈의 범행 현장을 포착한다. 그런 모습은 우리를 웃게 한다. 이것은 나의 실패를 가볍게 놀리는 이야기다. 나를 골치 아프게 하는 저 청설모, 그물도 제대로 못 치고 식물도 보호하지 못해서 청설모에게 살기 좋은 환경을 만들어 주고 만 내 무능함의 신호다.

어쩌면 케빈은 내가 정원 가꾸기에 완전히 실패하고 말았다는 상징인 지도 모르겠다.

하지만 이야기의 틀을 바꿔 보면, 케빈은 다른 것이 된다. 케빈은 성공의 이야기이기도 하다. 나는 케빈에게 완벽한 환경을 조성했다. 여기에는 새 모이가 있다. 청설모가 둥지를 틀 큰 나무가 있다. 토마토가 많이 있다. 자동차를 제외한다면 그를 괴롭히는 포식자가 거의 없다.

케빈이 여기 와서 살고 싶어 하는 게 당연하지 않은가?

내가 그를 싫어하긴 해도, 망할 케빈은 내게 영감을 주었다. 케빈 덕분에 나는 궁금해졌다. 왜 나 같은 사람이 ─ 서구화한 사회에서 주로 자랐고, 도시와 교외에서 살며, 스스로 충분히 교육받았고 마음이 열려 있고 환경을 사랑한다고 느끼는 사람이 ─ 어떤 동물은 유해동물로 보고 다른 동물은 유해동물로 보지 않을까? 왜 어떤 동물은 우리와 함께 사는 데 끝내주게 성공하는 데 비해 다른 동물은 실패할까? 우리의 유해동물은 우리가 세상에 미치는 영향에 관해 무엇을 알려 줄까?

나는 역사, 과학, 종교, 쥐 둥지를 파 보았다. 과학자, 역사학자, 야생동물 관리자, 유해동물 구제업자, 철학자와 이야기해 보았다. 또한 나와는 전혀 다른 전통에서 자라난 원주민들과도 이야기해 보았다. 가능하다면 원주민 집단의 구성원을 직접 만났지만, 그럴 수 없는 때도 있었다. 서구 과학의 이전 작업들을 포함해서, 나의 관점이기도 한 서구적 관점은 그동안 원주민들과 그들의 땅에 해를 끼쳤다. 때로는 그들을 깡그리 몰아냈고, 때로는 그들로부터 제 생태계를 보호할 능력과 그들이 수많은 세대에 걸쳐 획득한 지식을 보전할 능력을 빼앗았다. 저널리스트도 늘 환영받는 존재는 못 되는데, 이들이 과거에 해 온 보도가 원주민들에게 공정하지 않았을뿐더러 예의도 없었기 때문이다.

원주민들이 너그럽게 나와 대화해 줄 때, 나는 그들의 말을 듣고 배웠다. 하지만 어떤 한 사람이, 혹은 열 사람이라도 모두를 대변할 순 없는 법이다. 집단은 다수로 구성되고, 다양한 세계관을 품고 있다. 그래도 우리는 누구나 각자 소속된 문화의 영향을 받기 마련이다. 그리고 우리가 다른 동물과 대립하는 처지에 놓였을 때, 상대를 비인간 이웃으로 볼 것인가 유해동물로 볼 것인가 하는 문제를 결정하는 요소는 보통 문화다.

배우고 듣는 것에 더하여, 나는 유해동물들을 직접 찾아갔다. 한밤중에 비단뱀을 사냥했고, 비둘기를 먹어 보았고, 쥐를 찾아 탐험을 떠났다. 길고양이를 길들였고, 약에 취한 흑곰을 추적했고, 코요테의 썩어 가는 위장을 들여다보았다. 코끼리 퇴치제 냄새를 맡아 보았고, 비둘기 이에 옮아 보았다. 그렇게 해 본 것은 왜 우리가 어떤 동물들을 끔찍하게 미워하고, 다른 동물은 그들이 해를 끼침에도 불구하고 사랑하는지 알고 싶어서였다.

우리의 혐오, 두려움, 경멸은 어디에서 비롯할까? 일부 동물이 다른 동물보다 우리 곁에서 사는 데 훨씬 능한 것은 왜일까? 우리의 신념은 어떻게 동물이 끼치는 피해를 간과하게 만들까? 왜 어떤 동물은 우리에게 심한 무력감을 안길까? 그리고 왜 어떤 동물은 우리가 그들의 서식지를 허물어뜨릴 때도 끈덕지게 살아남을까?

나는 조류와 파충류와 망할 케빈 같은 포유류를 포함하는 척추동물만을 이 유해동물 여행의 대상으로 골랐다. 서구화한 사람들은 벌레를 쥐나 고양이나 사슴만큼 복잡하게 느끼지 않는 편이다. 많은 사람에게 곤충은 내적 갈등을 일으키지 않는다. 대부분의 사람들은 자신이 싫어하는 벌레(바퀴벌레든 지네든 맘대로 고르라)를 신발로 뭉개고 작은 승리감을 느낄 것이다.

하지만 척추가 있는 유해동물은 다르다. 우리는 그들을 하나 이상의 관점으로 볼 줄 안다. 쥐를 죽이려고 쥐약을 놓으면서도 쥐가 실험동물로 쓰이는 데에는 항의한다. 가을에 사슴을 쏴서 사냥하면서도 봄에는 그들의 사랑스러운 새끼를 우리 아이들에게 보여 준다. 척추가 있는 유해동물은 우리 내면의 위선을 까발린다. 자연계가 그것과 분리되어 사는 사람에게 동경심과 당혹감을 둘 다 안긴다는 점을 보여 준다. 어쩌면 이것은 좋은 일이다. 우리에게는 이따금 우리를 겸손하게 만드는 동물이 필요한지도 모른다.

여러분이 이 책을 다 읽었을 때, 나처럼 경멸 대신 존경을 품게 된다면 좋겠다. 동물들의 순수한 적응력과 끈기에 감탄하여, 심지어 쥐 한두 마리를 응원하기까지 한다면 좋겠다. 유해동물은 자연이 우리를 못살게 군다는 증거가 아니라 자연이 우리 주변 어디에나 있다는 증거다. 자연은 우리 벽에서 살고, 우리 위에서 똥 싸고, 우리의 토마토를 먹어 버린다. 유해동물은 우리가 자연을 속속들이 이해한다고 자신할 때 자연이 우리에게 들어 올리는 가운뎃손가락이다. 이건 인간을 짜증나게 하는 이야기이지만, 동시에 동물이 승리하는 이야기다.

1부.

공포와 혐오

1장

역병 같은 쥐

사원 쥐 vs 집 쥐

인도 뉴델리에서 차로 아홉 시간 거리인 데슈노크시市에는 카르니 마타 사원이 있다. 사원의 화려한 은 대문은 정교하게 세공된 흰색 대리석에 둘러싸여 있다. 문에도 대리석 조각에도 그 안에서 숭배되는 존재가 묘사되어 있는데, 그것은 바로 2만 5,000마리의 곰쥐*Rattus rattus*다. 아니, 어쩌면 2만 5,000마리가 있을지도 모른다는 얘기다. 아무튼 사람이 셀 수 있는 수준보다 더 많다는 것은 분명하다.

사원 안에는 아름다운 대리석 바닥이 쥐들을 위해 깔려 있다. 쥐들은 커다란 그릇에서 우유를 마신다. 쥐들의 식사를 전담하는 부엌도 있다. 메뉴는 아침에 과일, 점심에 갈색 빵, 저녁에 싹 난 콩이다. 신자들은 쥐들의 식사를 거리낌 없이 함께 먹는다. 쥐들은 사방을 달린다. 틈새를 드나들고, 바닥을 가로지르며, 난간을 탄다. 삼삼오오 모인 숭배자들 옆을, 또 이 사원의 여신인 카르니 마타에게 기도할 때 켜는 신성한 불꽃 옆을 화다닥 달린다. 아무 데나 똥을 싼다. 신자들은(또한 많은 관광객은) 떼 지어 들어와서 쥐들에게 음식을 바치고 불을 피워 준다. 누군가는 오싹해질지도 모르는 규정인데, 사원에는 맨발로 들어가야 한다. 그래야 혹시 쥐를 밟아도 쥐가 다치지 않을 테니까.

의과대학생인 카르니 프라탑은 매일 사원에 와서 공물을 바친다. "난 태어난 순간부터 신자였어요." 그는 말한다. "우리 가족은 대대로 이 사원에서 참배했죠. 나도 어른이 된 후에 (…) 매일 와요." 어린 프라탑이 아팠을 때, 그의 어머니는 카르니 마타 여신에게 그를 낫게 해 달라고 기도했다. 그는 나았고, 그때부터 그의 이름은 여신을 기리는 의미에서 카르니로 바뀌었다.

프라탑을 비롯한 신자들에게 이 쥐들은 그냥 쥐가 아니다. 이들은 여신에 의해 쥐로 환생한 인간이다.

카르니 마타는 14세기에 태어난 인간 여성이었다. 그는 자라면서 주변에 현자로 알려졌다.[1] 그의 조카가 놀다가 물에 빠졌을 때, 그의 언니는 소년의 시체를 카르니 마타에게 가져와서 아이를 되살려 달라고 애원했다. 카르니 마타는 죽음의 신 야마에게 기도했다. 카르니 마타가 신과 싸웠다고 말하는 사람도 있고 신에게 자비를 호소했다고 말하는 사람도 있지만, 어느 쪽이든 그가 이겼다. 카르니 마타는 이제부터 제

가족의 남자들은 죽을 때 야마를 보지 않아도 된다고 말했다. 그들은 대신 쥐가 될 테고, 그 쥐가 죽으면 가족과 재회할 것이라고 했다. "이 쥐들은 평범한 쥐가 아닙니다." 프라탑은 이렇게 말한다. "쥐로 환생한 인간이에요."

카르니 마타의 후손들은 지금까지도 그를 섬긴다. 프라탑은 그 일족이 아니지만, 어쩌면 자신도 죽어서 쥐로 환생할 수 있을지 모른다는 희망을 품고 매일 사원에 와서 기도한다. 여신은 가끔 독실한 신자에게 연민을 베푼다고 프라탑은 말한다.

프라탑은 어릴 때부터 이 쥐들을 가까이 관찰했다. "이 쥐들은 행동이 인간과 아주 비슷해요." 그는 말한다. "이 쥐들은 사람처럼 먹고, 어떨 때는 화를 내요. 가끔은 슬퍼하기도 하죠. 서로 어울려 놀기도 하고, 싸우기도 해요."

이 이야기는 어느 정도 미신인 듯하다. 프라탑은 쥐들이 많이 번식하지 않기 때문에 절대 2만 5,000마리가 넘지 않는다고 말한다(세어 본 사람이 없으니 이 말이 사실인지 아닌지는 알 수 없다). 또 쥐들이 결코 사원을 벗어나지 않으며(쥐의 생활 반경은 때로 아주 좁으니까 이 말은 사실일 수도 있다), 이 쥐들은 죽어도 냄새가 나지 않고 사원 자체에서도 냄새가 나지 않는다고 말한다.

전 세계 관광객이 카르니 마타를 찾아온다. 어떤 사람들은 쥐를 섬기려고 오고, 다른 사람들은 담력을 시험하려고 온다. 사람들이 펄쩍 뛰고, 꺅 비명 지르고, 서로 쥐를 만져 보라거나 쥐를 몸에 태워 보라고 부추기는 장면을 찍은 동영상이 많이 돌아다닌다.

프라탑은 사원의 쥐들이 그의 몸을 기어오르는 것을 기꺼이 허락한다(다만 쥐가 사람을 선택해야지 사람이 멋대로 쥐를 집어선 안 된다고 강조한다). 나는 그에게 사원의 쥐들 덕분에 다른 쥐를 보는 시각이 바뀌었느냐고 묻는다.

"쥐를 보면 혐오감이 들죠." 그는 말한다. "집 안에서라도요…. 이 사원 신자인 나도 평범한 쥐가 집 안에 들어오면 비명 지르고 펄쩍 뛰어요. 쥐가 무섭거든요." 집 안의 쥐? 끔찍하다. 사원의 쥐? 그것들은 괜찮다고 그는 믿는다. 왜냐하면 그것들은 진짜 쥐가 아니니까.

여기서 다른 것은 쥐가 아니다. 그것들은 아마 둘 다 '라투스 라투스(쥐의 학명-옮긴이)'일 것이다. 부엌의 쥐는 혼란의 징표다. 더러움과 질병을 체화한 존재가 우리 집에 숨어든 것이다. 그것은 역겹고, 심지어 악하다. 사원의 쥐, 자연의 쥐, 혹은 반려동물로 키우는 쥐는? 그것은 전혀 다른 문제다. 그것은 유해동물의 맥락을 벗어난 쥐다. 그것은 깨끗한 장소, 더러는 신성한 장소의 쥐다. 그것은 영리하고, 사람 같고, 귀엽고, 심지어 껴안고 싶다.

쥐들의 세계사

쥐는 50종이 훌쩍 넘는다. 하지만 모든 종이 동등한 위치는 아니다. 분류학자들은 그간 여러 방식으로 상황을 정리하려고 애썼다. 그들은 일단 167개 종을 "시궁쥐족*Rattini*"에 집어넣었다(제발, 누가 라티니라는 칵

테일을 개발해 달라). 여기에는 동남아시아의 모든 종이 포함되는데, 개중 일부는 우리가 보통 쥐라고 부르는 종이지만 그렇지 않은 종도 있다. 족^{tribe}이란 분류학자들이 상황을 좀처럼 이해할 수 없을 때 과^{family}와 속^{genus} 사이에 만들어 두는 분류군이다. 문제는 뭔가 화다닥 달리면서 작고 꼬리에만 털이 없는 동물을 보면 그간 분류학자가 아닌 사람들이 대부분 쥐라고 명명해 왔다는 점이다. 북아메리카의 숲쥐(네오토마속^{Neotoma})와 캥거루쥐(디포도미스속^{Dipodomys})부터 인도아대륙의 큰반디쿠트쥐(반디코타속^{Bandicota})까지 말이다.

하지만 우리가 쥐라고 할 때 퍼뜩 떠올리는 전 지구적 종은 아마도 단 둘, 곰쥐나 검은쥐라고 불리는 '라투스 라투스'와 시궁쥐나 집쥐, 갈색쥐라고 불리는 '라투스 노르베기쿠스^{Rattus norvegicus}'다. 하지만 검은쥐가 늘 검은색이고 갈색쥐가 늘 갈색인 것은 아니다. 둘 다 검은색, 갈색, 회색, 살짝 적갈색을 띠는 색일 수 있고 심지어 멋진 반점을 가질 수도 있다. 흰쥐도 소수 있다. 보통은 시궁쥐가 곰쥐보다 더 크지만 개체마다 편차가 크다. 시궁쥐는 대체로 굴지성이라서 하수구나 지하실 같은 낮은 장소를 좋아하고, 지붕쥐라고도 불리는 곰쥐는 그에 걸맞게 지붕이나 나무 같은 높은 곳을 좋아한다. 하지만 저지대에도 곰쥐가 있고 고지대에도 시궁쥐가 있다.

기온이 비교적 낮은 장소에서는 시궁쥐가 곰쥐와의 경쟁에서 이기는 편이다. 일례로 뉴욕시에는 아마 시궁쥐만 살고 있을 것이다(이 사실은 쥐에 대해서 뭔가 말해 주는 것일 수도 있고 뉴욕에 대해서 뭔가 말해 주는 것일 수도 있겠는데, 어느 쪽이든 좋은 말은 아니다). 하지만 시궁쥐가 나타나서 곰쥐를 몰아낼 때까지, 곰쥐는 런던처럼 서늘한 도시에서 즐겨 살았고 요즘도 영국제도에, 주로 항구에 시궁쥐와 함께 살고 있으며 스코틀랜드의 외딴섬들에도 남아 있다. 로스앤젤레스나 시애틀 같은 곳에서는 두 종이 공존한다.

쥐의 종들은 종종 어슷비슷하기 때문에, 깐깐한 동물고고학자라면 오래된 쥐 뼈를 검사할 때 온전한 두개골이나 DNA 샘플이 있어야만 어느 종인지 확실히 말할 수 있다. 살아 있는 쥐라면 솔직히 제일 좋은 방법은 쥐 꼬리를 들어 올려서 등에 대 보는 것이다. 꼬리가 머리통 중간까지 온다면, 그놈은 시궁쥐다. 꼬리가 코를 넘어갈 정도라면, 그놈은 곰쥐다.

여러분이 이 시험을 직접 해 보길 바라지 않는대도 이해한다.

인간이 있는 곳 어디에나 쥐도 있는 듯 보인다. 하지만 약 5,000년 전까지만 해도 그렇지 않았다. 미국 테네시주 멤피스대학의 계통생물지리학자－서로 밀접하게 연관된 종들과 그들의 지리적 분포의 관계를 연구하는 학자다－에밀리 퍼킷에 따르면, 바로 그때부터 곰쥐가 인도로부터 서쪽으로 퍼지기 시작했다. 처음에는 곰쥐가 동쪽으로는 퍼지지 않았으니, 왜냐하면 동쪽에는 '라투스 타네주미*Rattus tanezumi*'라는 또 다른 종이 있었기 때문이다(동양집쥐라고도 불리는 이 종은 어쩌면 털색이 좀 더 갈색에 가까운 '라투스 라투스'인지도 모른다).

곰쥐는 인도에서 메소포타미아를 지나 지중해까지 오면서 서양에서 잘 살아남았고, 그러다가 로마인에게 히치하이킹했는데, 그 후 로마인은 그 밖의 모든 곳으로 진출했다. 그렇게 해서 곰쥐는 브리튼섬에

왔고, 이제 잉글랜드의 요크대학 동물고고학자 데이비드 오턴이 그 쥐들을 발굴하게 되었다.

하지만 로마인이 브리튼을 떠나자, 쥐들은 곤경에 처했다.[2] 로마제국 시대 브리튼의 수도였던 론디니움처럼 큰 도시는 모두 버려지거나 규모가 줄었다. 하지만 쥐들이 그곳을 떠난 것은 5성급 레스토랑들이 없어졌기 때문이 아니었다. "단순히 쥐는 도시에서만 살 수 있다는 식으로 말할 상황이 아닙니다." 오턴의 말이다. 쥐에게 필요한 것은 그보다도 시스템이다. 쥐에게는 인프라가 필요하다. 정말로 쥐를 이곳저곳으로 날라 주고 먹이가 끊임없이 드나들게 해 주는 네트워크가 필요하다. 오턴에 따르면, 로마인은 영국을 떠날 때 그동안 유지했던 인프라도 함께 가져갔다. 쥐들의 시스템이 붕괴했다.

네트워크가, 그리고 곰쥐가 영국에 돌아온 것은 바이킹족의 침략으로 정치적 교류와 물자 교류가 증가한 9세기였다. 이후 곰쥐는 1,000년 가까이 유럽의 절대적 쥐 지배자로 군림했다. "18세기까지 유럽에는 시궁쥐가 없었다는 게 거의 통설입니다." 오턴은 말한다.

곰쥐가 인도 남부 출신이었다면, 시궁쥐는 "그보다 더 동쪽에서, 아마도 중국 북부에서 왔습니다. 지금도 몽골에, 그리고 시베리아 동부 일부 지역에 야생 시궁쥐가 살고 있습니다. 시작점이 정확히 어디인지는 알 수 없습니다." 오턴의 말이다. 식민주의는 유럽 배들을 전 세계로 내보냈다. 그 배들은 새로운 사상과 새로운 재료와 새로운 쥐를 태우고 돌아왔다.

19세기는 또한 그 쥐들에 대한 새로운 생각을 가져왔다.[3] 이전에도 물론 사람들은 쥐를 좋아하지 않았다. 사람들의 곡식을 축내고 작물을 훔쳐 먹었으니까. 하지만 이상하게도 사람들은 쥐가 병을 퍼뜨린다고는 생각하지 않았다. "사람들은 쥐에게 '한 가지 봐줄 만한 특징이 있다고 여겼는데, 그것은 쥐에게는 병이 없고 병을 퍼뜨리지도 않는다는 점이었습니다." 스코틀랜드의 세인트앤드루스대학 의료인류학자 크리스토스 린테리스는 이렇게 말한다. "충격적이죠. 하지만 정말로 그랬습니다."

쥐는 경제적 문제였다. 음식을 훔치는 도둑이었다. 들끓는 쥐가 질병의 전조일 수는 있겠으나, 쥐가 직접 질병을 일으킨다는 의심은 없었다. 옛 작가들은 쥐가 역겨운 장소에서 산다고 묘사하면서도 쥐 자체는 깨끗하다고 덧붙이곤 했다.

더러움과 혐오 사이

그랬던 쥐의 이미지가 나쁘게 바뀐 것은, 조너선 버트가 자신의 책 『쥐』에서 지적했듯이 지하 하수도가 보급되면서부터였다.[4] 시궁쥐는 특히 하수도를 사랑한다. 특정 개체가 아무리 깨끗하더라도 뭔지 모를 것을 묻힌 채 하구수에서 기어 나오는 쥐의 이미지를 지울 순 없는 법. 쥐는 공식적으로 혐오스러운 것이 되었다.

미국 필라델피아의 펜실베이니아대학 심리학자 폴 로진은 질병이, 그중에서도 메스꺼움이 혐오의 핵심이라고 주장한다. 혐오는 (분노, 공포, 기쁨 등등과 더불어) 여러 문화에서 공통적으로 확인되는 인간의 기본 감정이다.[5] 사람들은 역겨운 물질을 보면 콧잔등을 찌푸린다. 입꼬리를 내리고, 가끔 혀도 내민다. "왝" "윽" "우웩" 같은 감탄사도 더러 뱉는다.

로진에 따르면, 이런 표현은 "구강 거부$^{oral\ rejection}$"를 뜻한다. 이것은 가령 일주일 전에 버려야 했는데 그러지 않아서 세균 왕국을 차린 것 같은 테이크아웃 음식처럼 병원균이 있을지도 모르는 음식을 마주할 때는 물론 합리적이다. 이때 그런 표정을 짓는 것은 "이걸 멀리 치워"라는 뜻이다. 혀를 내미는 것은 더 나아가 "뱉어!"라는 뜻이다. "나쁜 물질이 들어오지 못하게 입을 지키는 것은 아주 중요합니다." 로진은 이렇게 말한다. "혐오는 그 일을 하는 감정입니다."

하지만 어떤 것을 입에서 뱉고 싶은 욕구가 쥐에 대한 우리의 반응을 완벽하게 설명해 주진 않는다. 만약 당신이 쥐를 역겹다고 느낀다면, 쥐가 당신의 입 근처에 얼씬하게 두지 않을 것이다. 그런데 왜 혐오를 느낀단 말인가? 로진은 시간이 흐르면서 혐오의 용도가 확장되었기 때문이라고 설명한다. 이제 어째서인지 바퀴벌레, 생쥐, 쥐, 비둘기 등등도 역겨움과 연관된다. 시간이 흐르면서 더러움과 혐오가 서로 옮은 것이다.

그렇기에 이제 많은 것이 혐오를 유발한다. 우리는 똥, 고름, 구토물을 접할 때 혐오를 느낀다. 나쁜 음식도 혐오스럽다. 벌레나 쥐에게도 혐오를 느끼고, 뭔가 수상쩍게 물컹한 것을 만졌을 때도 그렇다. 심지어 근친상간, 인종주의, 식인 행위처럼 도덕적으로 불쾌하다고 느끼는 일에도 혐오감이 들 수 있다. 안타깝게도 또한 사람들은 젠더, 인종, 종교 때문에 미워해야 마땅하다고 배운 상대를 접했을 때도 혐오감을 느낀다고 보고한다. 편견을 육체로 받아들이는 것이다. "혐오감은 하나의 감정이 아닌지도 모릅니다." 영국 케임브리지대학의 인지신경과학자 커밀라 노드는 이렇게 말한다. "그리고 내가 볼 때 혐오감을 묘사하는 최선의 방법은 생리학적 묘사입니다."

어떤 과학자들은 감정을 피부 전도도 같은 잣대로 살펴본다. 이것은 단순히 말해서 우리가 특정 감정 때문에 땀을 얼마나 흘리는지 알아보는 방법이다. 하지만 이 방법으로는 감정들을 구별하기가 어렵다는 게 노드의 말이다. "그건 그냥 일종의 각성이거든요." 그래서 노드는 혐오를 연구할 때 혐오의 가장 깊은 기반과 연관된 현상, 즉 구역질을 살펴본다.

혐오감은 위장에 스민다. "위의 활동 리듬이 달라지는 걸 볼 수 있답니다." 노드는 말한다. "분당 3회라는 상당히 느리고 규칙적인 리듬이 그보다 좀 더 빨라지거나 느려집니다." 사람들은 또한 자신이 보고 있는 혐오스러운 대상에서 시선을 돌릴 것이다.

노드는 이 위장 활동 리듬을 바꿈으로써 사람들의 혐오 내성을 높일 수 있다는 것을 보여 주었다. 노드와 동료들이 피험자 스물다섯 명에게 돔페리돈이라는 구토 완화제를 주었더니, 피험자들은 혐오스러운 자극을 더 오래 응시했다.[6] 금전적 보상이 주어지는 상황에서는 특히 더 그랬다.

이런 육체적 감각이 도덕적 혐오에도, 혹은 쥐에 대한 혐오에도 적용되는지는 노드가 아직 연구해 보지 않았다. 하지만 혐오가 강력한 문화적 역할을 수행하는 신체의 반응인 것은 틀림없다. "혐오가 부분적으로나마 사회적 감정으로서, 즉 우리가 사회적 경계를 조절하는 데 쓰는 도구로서 진화했다는 게 내 이론입니다." 미국 펜실베이니아주 프랭클린앤드마셜대학의 도덕심리학자 조슈아 로트먼은 이렇게 주장한다. 우리가 타 문화의 음식에 혐오를 느끼는 것은 자신이 그 문화에 속하지 않는다고 구별 짓기 때문이라는 말이다.

혐오감은 또 사람들이 자신의 사회 내에서 좋은 평판을 얻기 위해서도 쓰인다. 로트먼은 이 측면에서 쥐 혐오가 사회적 경계를 강화하는 수단이 될 수 있다고 말한다. 만약 혐오가 당신을 더 인기 있게 만들어 주거나 당신이 선망하는 사람들과 더 닮게 만들어 준다면, "혐오는 우리가 접촉하기 싫은 것을 표시하는 역할을 할 수" 있다. 만약 사람들이 쥐를 정상적인 존재로 여기지 않는다면, 대신 불결함의 신호이자 열악한 살림살이의 신호로 여긴다면, 내가 쥐에게 혐오를 느끼는 것은 "나는 저렇지 않아." 하고 말하는 셈이다.

쥐를 잡아라!

과학자들은 당장 이 쥐를 머라이어 캐리라고 부르기로 한다. 이유는 명백하다. 머라이어 캐리는 다섯 옥타브를 아우르는 음역으로 유명한데, 이 작은 암쥐는 하늘을 찌를 듯한 목소리로 능히 그와 접전을 벌일 만하다. 미국 캘리포니아대학 어바인캠퍼스 농업자연자원부에서 인간과 야생동물의 상호작용을 연구하는 니암 퀸이 생포 덫에서 그 쥐를 꺼내어 두꺼운 천 가방에 담고 느슨한 등쪽 피부를 붙잡은 뒤로, 녀석은 내내 찍찍거리고 꺅꺅거리고 귀청이 터질 듯한 고음으로 비명 지르고 있었다.

머라이어는 어바인의 사우스코스트 연구·확장센터에 있는 퀸의 연구실로부터 불과 90미터 떨어진 곳, 연구 센터가 작은 건물 여러 채를 한 줄로 짓고 시범 조경을 해 둔 곳의 풀숲에서 잡힌 작은 곰쥐다. 건물마다 딸린 예쁜 정원은 각각 적은 양, 중간 양, 많은 양의 물을 사용한 결과물로서, 집주인들에게 물을 덜 먹는 식물로 마당을 꾸미라고 설득하고자 전시해 놓은 것이다.

오늘 잡힌 쥐 세 마리가 모두 많은 양의 물을 사용한 조경지에서 잡힌 것임을 안다면, 집주인들은 적은 양의 물을 사용한 예시를 더 적극적으로 따를 마음이 들지도 모른다.

이곳에서 사는 쥐들은 캘리포니아 남부의 근사한 생활양식을 즐긴다. 연구 센터에는 오렌지나무와 아보카도나무가 자라는 넓은 과수원이 있다. 근처 작은 텃밭에는 다종다양한 토마토와 고추가 자라고, 숙련된 정원사들이 그것을 가꾼다.

이처럼 건강한 식단은 아주 건강한 쥐를 낳는다. 머라이어는 덩치는 작을지언정 폐도 튼튼하고 다리도 튼튼하다. 녀석은 퀸과 동료 기술자 캐럴린 데이가 자신을 저녁상에 올리기라도 한 양 버둥거리고 꿈틀거리고 발길질하지만, 두 사람은 쥐에게 작은 무선 목걸이를 채우려는 것뿐이다. 머라이어는 사정을 봐주지 않고 연거푸 목걸이를 발로 차면서 내내 비명을 지른다. 데이가 숱한 시도 끝에 간신히 작은 목걸이를 그보다 더 작은 머라이어의 목에 두른다. 몸무게를 재고, 인식표를 달고, 질 마개를 검사당한(녀석이 쥐를 더 많이 생산할 준비가 되었는지 알아보는 방법이다) 머라이어는 이제 새 장신구까지 착용하고서는 다시 덫에 들어갔다가 보도로 풀려난다. 머라이어는 풀숲으로 사라진다. 그리고 자비롭게도 비명을 멈춘다.

머라이어의 비명이 다른 두 곰쥐에게 경고 신호라도 주었는지, 두 쥐는 심한 몸부림과 막강한 점프력으로, 굳건하지만 이미 피로해진 퀸의 손아귀를 탈출하여 덤불로 사라진다. 그들이 내일 다시 잡히기를 바라는 과학자들을 뒤로한 채.

이곳은 퀸의 연구에서 대조군에 해당하는 장소 중 하나다. 퀸은 이곳에서 쥐에게 작은 무선 목걸이를 채우는 것 외에는 그들의 삶을 방해하지 않는다. 하지만 다른 곳에서는 포살 덫을 설치하고, 때로 디페티알론이라는 쥐약도 쓴다. 디페티알론은 2세대 항응고 살서제다. 이런 살서제는 비타민 K 순환에 필요한 효소를 억제하는데, 혈전을 만드는 응고 단백질이 생성되려면 비타민 K가 있어야 한다. 비타민 K가 없으면, 살짝 부딪혀서 멍만 들어도 심한 내출혈로 이어져서 느리고 고통스러운 죽음이 찾아온다.

2020년, 캘리포니아주는 디페티알론을 포함한 2세대 항응고 살서제가 토착 야생동물에게 미치는 영향을 퀸 같은 과학자들이 연구로 확인할 때까지 2세대 항응고 살서제 사용을 금하기로 결정했다(농업용 건

물 주변은 예외다).[7]

항응고제의 효과는 설치류에 국한되지 않는다(많은 생명을 살린 항응고제 와파린도 처음에는 쥐약으로 개발되었다. 요즘도 와파린이 쥐약으로 쓰이지만, 일부 지역의 쥐들에게 내성이 생겼기 때문에 과학자들이 디페티알론처럼 더 강력한 차세대 쥐약을 개발해야 했다). 코요테, 새, 기타 종들이 항응고제 쥐약을 먹은 쥐를 잡아먹고 부지불식간에 중독될 수 있다. 마멋이나 반려 개 같은 종들이(슬프지만 가끔 인간도) 치명적인 미끼를 먹을 지도 모른다. 2세대 항응고 살서제가 쥐를 없애 줄지는 몰라도 그와 함께 다른 많은 종도 의도치 않게 죽일 수 있는 것이다.

머라이어는 살서제를 쓰거나 쓰지 않는 방식으로 어떻게 쥐를 통제할지 알아보는 퀸의 연구 중 일부다. 퀸은 머라이어의 서식지 같은 몇몇 장소에서는 아무런 개입을 하지 않는다. 다른 장소에서는 고전적인 포살 덫과 독을 쓰고, 세 번째 장소에서는 이른바 '혼합 관리' 기법을 쓰는데, 포살 덫으로 시작했다가 나머지를 디페티알론으로 청소하는 방법이다.

캘리포니아 남부에는 쥐가 바글거린다. 따뜻하고 건조한 환경이어서 '라투스 라투스'와 '라투스 노르베기쿠스'가 둘 다 산다(퀸은 '라투스 타네주미'도 살 것 같다고 본다). 하지만 여러 장소에서 연구 허가를 받기란 쉽지 않다. 퀸은 디즈니랜드 근처의 "진짜 쥐 소굴인 호텔에서 연락이 오기를 기다리는 중"이라고 한다.

사람들이 쥐약을 깔아 놓는 곳도 있고 아닌 곳도 있지만, 어디서든 쥐는 환영받지 못한다. 쥐는 물론 사람을 깜짝 놀라게 하지만, 사람들이 쥐를 이토록 혐오하는 이유 중 하나는 쥐가 질병과 연관되기 때문이다.

퀸이 제일 염려하는 질병은 렙토스피라증이다. 렙토스피라증은 동물에게도 인간에게도 치명적일 수 있고, 특히 진단이 내려질 시점에는 더 그렇다. 렙토스피라증은 동물 소변으로 퍼지는 세균 감염병으로(렙토스피라속 세균이 일으킨다), 이것은 곧 사람이든 동물이든 소변에 노출되는 개체는 모두 위험하다는 뜻이다. 도살장이나 하수관에서 일하는 노동자가 종종 감염되지만, 사실 인간이 이 병에 걸리는 일은 아주 드물다. 캘리포니아 사람들의 걱정거리는 그들의 개다. 개는 물론 오줌 냄새 맡기를 사랑하고, 쥐가 많으면 쥐 오줌도 많은 법이다.

로스앤젤레스카운티에서는 개의 렙토스피라증 발병 건수가 계속 증가해 왔다(다만 2014년에야 렙토스피라증 발병 보고가 의무화되었으므로, 2016년에서 2020년 사이의 증가는 보고 편향일 수도 있다). 하지만 2021년에는 개의 렙토스피라증이 201건이나 발생한 데다가 개중 13건은 사망으로 이어졌다.[8] 개의 렙토스피라증을 막는 백신이 있지만 활용이 저조했는데, 퀸에 따르면 아마도 가격이 비싸고 코로나19 팬데믹 동안 반려동물의 동물병원 방문이 적었기 때문일 것이다. 개들은 보통 야생에서 렙토스피라균에 노출되었고, 개들이 가장 많이 접촉한 야생동물은 라쿤과 쥐와 생쥐였다. 이 렙토스피라증은 쥐가 옮기는 여러 질병 중 하나일 뿐이다. 쥐는 인간의 쓰레기 근처에서 살기에, 살모넬라균이나 대장균처럼 쓰레기에 있는 세균이라면 뭐든지 쥐가 지닐 수 있다.

그런데 사람들이 쥐를 보고 의자로 뛰어올라서 비명을 지를 때, 모르면 몰라도 렙토스피라증을 떠올리지는 않았을 것이다. 처음 터져 나오는 비명은 아마도 그냥 놀라서 나왔을 것이다. 하지만 만약 우리가 구체적으로 물어본다면, 거의 모든 사람이 쥐에게서 진짜 두려워해야 할 질병은 따로 있다고 대답할 것이다.

페스트다.

여러분은 페스트가 — 예르시니아 페스티스*Yersinia pestis* 균이 일으키고, 겨드랑이와 사타구니에 '가래톳(농양)'이 부어오르는 증상과 중세에 수백만 명을 죽인 것으로 유명한 가래톳페스트가 — 과거의 일이라고 생각할지도 모른다. 그렇지 않다. 사실 우리는 현재 제3차 페스트 범유행 시대를 살고 있다.[9] 제1차 범유행은 여러분이 '유스티니아누스 페스트'라는 이름으로 들어 봤을지도 모르는 사건이다. 제2차 범유행은 그 유명한 흑사병이다. 제3차는? 지금이다. 페스트는 19세기 말에 세계를 휩쓸어 인도, 중국, 홍콩에서 수백만 명의 사망자를 낸 뒤에 미국에 퍼졌다. 미국에서 이 질병은 중국인 이민자에 대한 인종주의와 외국인 혐오증이라는 강력한 혼합물에 공포를 덧입힘으로써 중국인배척법Chinese Exclusion Act 영구 연장에 기여했다. 오늘날 미국에서 페스트균은 마멋이나 프레리도그 같은 설치류의 몸속에 있다. 하지만 그걸로 끝이 아니다. 마다가스카르, 몽골, 그리고 물론 미국에서는 아직도 매년 페스트에 걸리는 사람이 나온다.

페스트는 엄밀히 말하면 사람 질병이 아니다. 미국 몬태나주 해밀턴 소재 국립알레르기전염병연구소에서 페스트 부서를 맡고 있는 의

료미생물학자 조 힌네부시에 따르면, 페스트는 기본적으로 설치류나 벼룩이 걸리는 질병이지만 가끔씩 인간에게 넘어와서 치명적인 결과를 낳는다.

벼룩이 페스트에 걸린 숙주를 만나서 물면, 피와 함께 페스트균을 마신다. 만약 그 벼룩이 감염되기 쉬운 상태라면, 페스트균이 벼룩의 상부 위장관 안쪽을 덮는 생물막을 형성한다. 생물막은 벼룩의 위를 사실상 밀봉하는 효과를 낳는다. 배고픈 벼룩은 물고 또 물지만, 피를 마시자마자 도로 토해 낼 뿐이다. 벼룩은 굶어 죽는다.

굶주리는 벼룩을 딱하게 느끼는 사람이 있더라도, 그 굶주린 벼룩이 다른 동물을 물 때마다 놈이 먹으려고 애쓰는 피와 함께 생물막 일부를 게워 냄으로써 상대에게 페스트를 퍼뜨린다는 사실을 알면 생각이 바뀔 것이다.

벼룩은 보통 설치류를 물고 그 설치류는 주로 쥐이지만, 가끔은 대상이 청설모, 마멋, 다람쥐, 기니피그, 프레리도그, 생쥐, 심지어 토끼일 수도 있다. 이런 동물들도 병에 걸려서 죽고, 그러면 그 동물에게 붙었던 벼룩은 근처의 다른 설치류에게로 옮겨 간다. 이렇게 감염 주기가 반복된다.

인간은 쥐가 가득한 도시를 짓기 전부터 페스트를 오랫동안 겪었다. 과학자들은 라트비아에서 발굴한 5,000년 전 유골과[10] 러시아에서 발굴한 3,800년 전 유골에서 페스트균을 발견했다.[11] 균을 유전적으로 분석한 결과, 러시아 유골은 벼룩으로부터 페스트에 옮았을 가능성이 있는 것으로 드러났다. 하지만 5,000년 전 유골이 들려주는 이야기는 달랐다.

사람이 페스트에 걸리는 방법은 하나가 아니다. 엄밀히 따지면 세 가지다. 사람은 쥐벼룩에 물려서 걸릴 수도 있고, 사람벼룩에 물려서 걸릴 수도 있으며(그렇다, 벼룩이라고 다 같은 벼룩이 아니다), 사람에게 기생하는 이에 물려서 걸릴 수도 있다. 운이 정말로 나쁜 사람은 폐가 감염되는 폐페스트에 걸릴 수도 있는데, 그러면 감염 조직이나 마른기침을 통해서 주변에 직접 퍼뜨리게 된다. 이 마지막 방식이 압도적으로 가장 무섭지만 또한 가장 드물다. 많은 사람에게 콜록거릴 경황도 없이 피해자가 순식간에 죽어 버리기 때문이다. 어쩌면 라트비아의 5,000년 전 유골은 이런 방식으로 – 혹은 감염된 설치류에게 직접 물리는 방식으로 – 페스트에 걸렸을지도 모른다.

흑사병 같은 대대적 팬데믹을 일으킨 것은 어느 방식이었을까? 아무도 모른다. 역사학자들과 과학자들은 이 문제로 격렬하게 다투는 중이다. 문제에 직접 관련된 사람들이 몇백 년 전에 죄다 죽고 없는 상황이어서 가능한 토론이지만, 아무튼 많은 사람이 답을 찾으려고 애쓰고 있다. 일례로 노르웨이 오스에 있는 국립수의학연구소의 캐서린 딘은 흑사병 시절 사망률을 여러 장소별로 지도화함으로써 서로 다른 페스트 전파 모형을 비교해 보았다. 가장 그럴듯한 결과를 낳는 것은 인간 외부 기생충이 – 사람벼룩과 이가 – 주 원인인 모형이었다.[12]

하지만 페스트균이 쥐벼룩의 위장은 쉽게 막아도 사람벼룩의 위장은 쉽게 막지 못하므로, 사람벼룩은 페스트를 효율적으로 옮기지 못한다. 어찌나 비효율적인지, 힌네부시는 사람벼룩이 사람 숙주에게 페스트를 옮기려면 너무나도 많은 벼룩이 필요할 것이라고 지적한다. 벼룩이 그야말로 담요처럼 사람을 다닥다닥 뒤덮어야 할 텐데, 그것은 일상을 영위하는 사람이라면 무시할 수 없는 상황일 것이다.

딘은 자신도 대안적 해석에 열려 있다고 말한다. 그러면서도 이가 페스트를 옮길 수 있다는 사실을 다른 과학자들이 보여 주었다는 점, 게다가 이는 옷 솔기 같은 곳에 숨어 있을 수 있다는 점을 강조한다.

캐나다 온타리오주 맥매스터대학의 수리생물학자 벤 볼커는 그렇게 확신하지 못하는 편이다. "나는 외부 기생충 이론 전반에 약간 회의적입니다." 그의 말이다. 그는 더 정확한 데이터를 제공하는 제3차 페스트 범유행의 통계를 써서, 장소마다 서로 다른 확률이 나오도록 여러 모형을 시뮬레이션해 보았다. 그 결과 몇몇 도시에서는 인간 외부 기생충이 원인이었고, 다른 도시는 쥐벼룩이 원인이었다. 폐페스트로 나온 곳도 있었다.[13] "우리가 답을 알게 될 것 같진 않습니다." 볼커는 이렇게 말한다. 학자들은 언제까지라도 언쟁을 이어 갈 수 있으리라.

흑사병을 겪었던 사람들은 비록 쥐와 벼룩과 페스트의 관계를 알아내진 못했어도 아무튼 쥐를 죽였다. 그들은 또 고양이와 개를 죽였고, 그들이 생각하기에 우물에 독을 풀었거나 도시와 마을에 병을 들여왔을지도 모르는 사람이라면 누구든 죽였다. 하지만 과학자들이 마침내 병원균을 분리하고(알렉상드르 예르생이 1894년에 '이에르시니아 페스티스'를 분리하여 이름을 알렸으나, 같은 해에 기타자토 시바사부로도 균 분리에 성공했다) 연관성을 깨닫자(폴-루이 시몽이 1898년에 감염된 쥐벼룩과 페스트의 연관성을 알아냈다고 인정받지만, 1897년에 오가타 마사노리도 그 관계를 알아냈다), 쥐와의 전쟁은 본격적으로 시작되었다. 이제 쥐는 공식적으로 병원성 동물이었다.

베트남 하노이에서는 1902년에 프랑스 식민지 행정가들이 공식적으로 쥐 사냥을 개시하여 쥐 꼬리에 현상금을 걸었다.[14] 하지만 식민지 관리들은 당황할 수밖에 없었는데, 베트남인들이 이를 돈벌이의 기회로 삼았기 때문이다. 베트남인들이 시골에서 쥐를 번식시켜서 꼬리를 도시로 보냈던 것이다. 프랑스 관료들은 심지어 하노이 거리에 꼬리 없는 쥐가 달리는 것을 목격했는데, 사람들이 더 많은 쥐와 더 많은 돈을 얻기 위해서 도로 풀어 준 것이었다.

인도네시아 자바섬에서는 쥐 사냥이 건설 사업이 되었다. "네덜란드 식민지 의사들은 쥐의 이동 통로인 대나무에 집착했습니다." 크리스토스 린테리스는 이렇게 설명한다. 당시 토착민들의 집은 대나무로 지어졌다. 그런데 네덜란드 의사들은 쥐가 대나무 속에서 산다는 사실을 발견하자마자 집 자체가 페스트균에 오염되었다고 판단하고, 자바의 집들과 사람들을 살균해야 한다고 결정했다. 그래서 네덜란드인들은 마을을 파괴했다.[15] 백만 채가 넘는 집을 허물었다. 그러고는 자바 사람들에게 그 대신 나무로 집을 지으라고 요구했다. 지역민에게 이것은 크나큰 부담이었다. 집을 허물고 다시 지어야 할 뿐 아니라 지역에서 구할 수 있는 재료인 대나무를 쓸 수 없었던 것이다. 목재를 구입해야 했다. "목재를 살 돈이 없으니 빚을 져야 했지요." 린테리스의 말이다. "사실상 빚의 노예를 만드는 제도였습니다." 건물 파괴는 말짱 헛일이었고, 네덜란드인이 철수한 뒤에도 쥐는 오랫동안 자바인을 괴롭혔

다. 그 모두가 질병을 일으키는 역겨운 쥐를 없애자는 취지에서 행해
진 일이었다.

폴리네시아의 단백질 공급원

도시환경에서 쥐와 질병을 연관 짓는 것은 질병을 피하는 데 도움
이 될 수 있다. 하지만 만약 우리가 그 혐오감을 모든 장소와 모든 시기
의 모든 쥐에게 적용한다면, 우리는 쥐의 또 다른 존재 양식과 쥐를 바
라보는 또 다른 관점으로부터 아예 단절되고 만다.

13세기와 14세기 무렵에 마오리족의 조상(투푸나라고 부른다)이 처
음 아오테아로아^{Aotearoa}(마오리족이 뉴질랜드를 부르는 이름이다)로 건너왔
을 때, 그들은 긴 항해에 단단히 대비하고 왔다. 자신들에게 필요한 동
식물을 다 챙겨서 왔다는 뜻이다. 그들은 고구마, 코코넛, 빵나무 같은
식량을 배에 싣고 왔다. 그들이 키오레^{kiore}라고 부르는 폴리네시아쥐
*Rattus exulans*도 챙겨 왔다.

키오레는 신도 정령도 반려동물도 아니었다. 키오레는 보통 특별한
상황에서 먹는 음식이었다. 이 동물은 섬 전역에서 살았다. 각각의 부
족은 저마다 알맞은 계절에 키오레를 덫으로 잡을 수 있는 특별 구역을
두었다. 마오리 지식 체계 전문가이자 응아티 아와 부족의 일원인 브
래드 하미에 따르면, 전통적으로 사람들은 키오레를 덫으로 잡아서 껍
질을 벗기고 구웠다. 지방은 따로 챙겨 두었다가 다 익은 키오레를 담

은 속 빈 박 안에 녹여서 부었는데, 그러면 지방이 방부제 역할을 했다.

하미는 그것을 먹어 보았다. 스스로 파케하(폴리네시아인이 아닌 사람, 특히 유럽계 백인을 일컫는 마오리족의 용어-옮긴이)와 마오리 혈통을 둘 다 갖고 있다고 여기는 생태학자 메레 로버츠도 먹어 보았다. 그 당시 로버츠는 키오레 연구로 박사 논문을 쓰고 있었다. "당시 우리 대학 동물학부에는 자기가 연구하는 동물을 먹어 봐야 한다는 비공식 규칙이 있었답니다." 그는 이렇게 말한다. "그래서 나는 티리티리마탕이섬에서 시도했죠. 우리는 키오레를 몇 마리 요리해서 먹었어요. 고백하자면, 적포도주를 콸콸 부어서 익혔죠. 그리고 적절하게도 그걸 라따뚜이라고 불렀어요. 아주 맛있었답니다."

(쥐를 요리해 먹는 사람들이 결코 마오리족뿐만은 아니다. 중국, 필리핀, 태국, 그 밖에도 전 세계 많은 나라에서 쥐를 먹는다. 나도 솔직히 꼭 먹어 보고 싶었지만, 지구적 팬데믹 탓에 태국으로 미식 여행을 떠날 수가 없었다.)

키오레는 물론 음식이다. 하지만 하미에 따르면, 마오리족이 뉴질랜드에서 보고 명명하고 연구한 다른 모든 것들과 마찬가지로 키오레는 또한 마오리족의 먼 친척이었다. 마오리족에게는 창조자 랑이누이와 파파투아누쿠까지 거슬러 올라가는 상세한 계보도(와카파파 whakapapa)가 있다. 그 둘은 여러 자식을 낳았다. "그들은 모두 형제였고, 그 형제들이 각자 생태계로부터 무언가를 만들어 냈죠." 하미의 설명이다. 한 명은 고구마의 조상이고, 다른 한 명은 물고기의 조상이다. 또 다른 한 명은 인간의 조상이고, 또 다른 한 명은 키오레의 조상이다.

마오리 전통에서 키오레는 존중받는 위치였다. 마오리족은 식민화

이전에 밭을 가꾸거나 작물을 거둘 때 수확의 일부를 키오레를 위한 뷔페로 떼어 두었다. 그 나머지가 인간의 몫이었다. 여기에는 실용적 측면이 있었다. 하미에 따르면, 사람들은 키오레가 인간 몫의 밭에 얼씬대지 않게 해 달라는 주문도 곁들여서 "그들의 간섭을 막고자 최선의 조치를 취했다." 창고를 땅에서 띄워 지음으로써 쥐가 식료품에 접근하는 것을 막기도 했다. 착하고 맛있는 이웃을 아무리 존중하더라도, 약간의 관리는 필요한 법이다.

사람들은 대개 쥐를 - 모든 쥐를 - 외부자로, 밀항자로 여긴다. 마오리족에게 키오레는 자신들과 마찬가지로 뉴질랜드 생태의 일원이다. 응아티와이족의 장로 호리 파라타는 이렇게 말한다. "키오레는 이곳에 몰래 숨어들지 않았습니다. 사람들이 의도적으로 데려왔죠. 키오레는 우리와 함께 떳떳하게 이곳에 존재합니다."

하지만 서구 과학자들은 폴리네시아쥐를 전형적인 유해동물로, 뉴질랜드 생태계를 잠식하는 많은 쥐 중 한 종으로 여긴다. 폴리네시아쥐는 포섬, 페럿, 북방족제비, 족제비와 함께 뉴질랜드의 '포식자 없는 2050년Predator Free 2050' 전략의 근절 대상 목록에도 올라 있다.[16]

키오레는 시궁쥐와 곰쥐가 뉴질랜드에 도착한 뒤로는 본토에서 그다지 잘 살아가지 못했다. 덩치가 훨씬 작은 키오레는 현재 본토 앞바다 섬들에서 과일과 달걀을 먹으면서 버티고 있다. 그런 섬 중 두 곳, 마우이타하섬과 아라라섬은 키오레 보존 지역이다. 하지만 마오리족은 다른 섬에서는 키오레를 박멸해도 좋다는 허가를 받았다. "녀석들이 섬 생물군에 나쁜 영향을 미치고 있었거든요." 파라타의 말이다.

파라타는 키오레가 번성할 수 있는 두 섬을 보존하기 위해서 힘겹게 싸웠다. 과학자들은 키오레를 계속 연구하고 있다. 키오레의 건강상태를 평가하고, 언젠가 마오리족이 다시 덫으로 잡아도 될 만큼 섬 개체 수가 관리되기를 바라고 있다.[17]

"키오레가 왜 중요하냐고요? 그건 내 언어가 왜 중요한지 묻는 것과 마찬가지입니다." 파라타는 이렇게 말한다. 키오레는 마오리족 생활과 문화의 일부다. 마오리족이 전통 음식의 하나로 뉴질랜드에 데려온 존재다. 여기에는 많은 사람이 공감할 수 있을 것이다. 사과와 호박 없는 가을이 무슨 소용인가? 햄버거와 수박과 옥수수가 없는 여름 바비큐는? 햄 없는 영국식 아침 식사는? 사람마다 입맛은 다르겠지만, 아무튼 많은 사람에게 음식과 문화는 서로 깊게 얽혀 있다. 마오리족에게 고구마와 키오레가 없는 만찬은 만찬이 아니다.

하지만 현대 마오리인은 서구식 사고에 갇혀 있을 때가 많다고 파라타는 말한다. "키오레가 어떻게 생겼는지도 모르는 사람이 많습니다. 서구의 패러다임에서 쥐는 쥐일 뿐이죠. 우리는 쥐라고 부르지 않습니다. 우리는 키오레라고 부릅니다."

쥐 사파리

오후 다섯 시 반, 나는 뉴욕주 1심법원 건물에 면한 토머스페인공원에 있다. 늦가을이고 벌써 어둡지만 따뜻한 밤이다. 나는 만나기로 한 사람을 어렵지 않게 알아보고 그에게 다가가는데, 그가 유일하게 안전모와 안전조끼를 착용한 사람이기 때문이다. RMC유해동물관리 컨설팅 회사를 운영하는 보비 코리건은 도시 설치류학에서 거의 신으로 여겨지는 인물이다. 코리건과 함께 기다리는 사람은 크리스 시우로다. 뉴욕시의 통합유해동물관리 사업을 감독하는 시우로는 어떻게 하면 도시의 쥐를 잘 다룰 수 있을지 연구하는 코리건을 자주 돕는다.

코리건과 시우로와 나는 우리의 '쥐 사파리'에 동참하기로 한 말리스 테일리와 캐리 베이커를 만나러 간다. 그들은 공원 반대편에서 우리를 기다리고 있다. 베이커는 들떠서 얼굴이 환하다. 그는 로버트 설리번의 책 『쥐들』을 읽고 쥐에 집착하게 되었다고 한다(정말로 누구든 읽으면 약간 집착하게 되는 책이긴 하다).[18] 테일리가 친구 베이커의 생일을 맞아 코리건과 함께하는 쥐 사파리를 계획했는데, 코로나19 때문에 실행이 1년 가까이 미뤄졌다. 오늘이 드디어 기다리던 밤이다.

코리건은 아직 이른 밤이니 쥐들이 조심스러울 수 있다고 모두에게 경고한다. "고래 관찰과 비슷합니다." 그가 말한다. 손전등 불빛, 높은 건물, 쉼 없는 경적 소리, 곳곳에 쌓인 쓰레기를 제외한다면 과연 비슷하다고 나도 생각한다.

우리는 토머스페인공원에서 시작한다. 전에는 우거진 주목들이 땅까지 가지를 드리웠지만, 지금은 사람들이 가지를 가차 없이 베어 버린 곳이다. 쥐가 숨을 곳을 남겨 두지 않기 위해서였다. 코리건에 따르면, 쥐는 땅까지 빽빽하게 늘어진 덤불을 사랑한다. 맥문동, 수호초, 긴병꽃풀도 쥐들에게 인기가 있다. "수면에 물결이 이는 걸 보고 '저기 물고기다!' 하는 것처럼, 수호초가 한 줄로 물결치는 걸 보면 거기 쥐가 있는 겁니다." 코리건이 말한다.

식물은 쥐에게 필요한 세 가지 중 하나, 즉 숨을 곳을 제공한다. 쥐는 땅을 아늑하게 덮는 관목이나 풀숲 밑에 약 2미터 길이로 굴을 판다. 굴에는 입구가 하나, 멋진 보금자리가 하나, 만약을 위한 뒷문이 하나 있다. 식물을 바짝 가지치기한 효과인지, 토머스페인공원에서는 우리가 볼 수 있는 최근의 쥐구멍은 없다.

쥐에게는 물과 음식도 필요하다. 물이라면 많다. 코리건에 따르면, 로어맨해튼은 미로처럼 얽힌 개울과 연못 위에 지어진 도시라서 사실상 모든 곳이 복개지다. 유수관도 많고, 사람들이 버린 음료도 많다. 물론 음식도 열린 쓰레기통, 버려진 베이글, 수많은 쓰레기봉투의 형태로 어디에나 있다.

아니나 다를까, 커널가의 공원에서 우리는 쥐를 목격한다. 쥐는 뭔가 시련을 겪은 듯, 등이 베인 상처투성이고 피가 흐르는 꼬리도 부러진 게 분명하다. 시우로는 자신이 몇 달 동안 이 공원에서 굴에 이산화탄소를 주입하고 독이 든 미끼를 집어넣는 작업을 했다고 설명한다. 하지만 쥐들은 계속 돌아온다. 그리고 새로 온 개체들은 주도권을 놓고 싸움을 벌이기 마련이다.

이 공원에는 쥐가 판 굴이 미로처럼 얽혀 있다. 무성한 풀과 지피식물 밑에 살짝 숨은 굴은 손전등의 도움을 받는다면 못 보고 지나칠 수 없다. "얼마 전에 여기를 처리했는데!" 시우로가 말한다. "바로 여기서 굴 열네 개를 처리했는데!" 그는 손짓으로 돋움 화단을 가리킨다. 지금 그곳에는 굴이 확실히 열네 개 넘게 있다.

　코리건은 쥐 문제의 핵심은 쓰레기 관리라고 말한다. 몇몇 공원에는 다이아몬드형 그물망이 덮인 금속 쓰레기통이 놓여 있는데, 쥐에게 그것은 완벽한 등반용 벽이다. 가게들과 주민들은 쥐가 씹기에 좋은 부드러운 비닐봉지에 쓰레기를 담아서 수거 전날 밤에 내놓는다. 쥐에게 새벽까지 즐길 뷔페를 제공하는 셈이다. 코리건은 단단하고 뚜껑이 달린 쓰레기통을 쓰면 상황이 달라질 것이라고 말한다. 하지만 아마 주민들은 쓰레기차가 수거해 갈 때 소음이 나는 걸 싫어할 것이다. 코리건은 시 당국이 규정을 바꿔서 쓰레기를 전날 밤이 아니라 아침에 내놓게 할 수도 있다고 말한다. 하지만 원래 일어나는 시간보다 일찍 일어나고 싶어 하는 사람은 아무도 없다.

　공원이 더 나은 쓰레기통, 가령 빅벨리 쓰레기통 같은 것을 쓸 수도 있다. 커다랗고 넓적하고 각진 빅벨리 쓰레기통은 뚜껑이 서랍형이고, 태양열로 구동되는 압축 기능도 있다. 코리건에 따르면, 시 당국이 빅벨리 쓰레기통을 일부 배치했지만 충분하지는 않다. 2019년 기준으로 한 통에 약 4,000달러에 달하는 쓰레기통의 비싼 가격이 한 가지 이유다.[19] 또 다른 이유는 압축된 쓰레기가 공간을 덜 차지한다는 점이다. 그러면 쓰레기통을 이전만큼 자주 비우지 않아도 된다. 그런데 쓰레기통을 덜 자주 비우면 미화원들이 초과근무 수당을 덜 받게 되고, 그것은 분명 미화원들이 원하는 바가 아니다. 사람들은 쥐가 줄어드는 건 못 알아차릴 수도 있다. 하지만 더 시끄러운 아침, 짜증 나는 규정, 줄어든 임금은 확실하게 알아차릴 것이다.

아무리 자주 수거해도, 뉴욕시에는 쓰레기가 쌓이기 마련이다. 어떤 곳은 다른 곳보다 더 심하다. "쥐가 들끓는 곳은 부자 동네에도 있고 중산층 동네에도 있죠." 『도시의 유해동물』의 저자 돈 빌러는 이렇게 말한다. "하지만 특정한 종류의 창궐, 즉 사람들이 아주 많은 쥐와 아주 가깝게 접촉하는 형태는 오늘날 미국 사회에서 목격되는 주거 투자 불평등에서 생겨납니다."

그런 불평등 중 일부는 허술하게 지어지고 관리도 되지 않는 주거용 건물에 있다. 하지만 주거 측면에서 최대의 불평등은 따로 있으니, 주거지가 있는 사람과 아예 없는 사람 사이의 불평등이다.

쥐와 한동네에 산다는 것

하늘이 납빛이다. 시애틀앤드킹카운티 공중 보건 부서의 보건교육 활동자원팀 감독관인 헤더 바는 눈이 올지도 모른다는 소식을 들었지만, 그런 낌새는 없다. 그저 12월의 시애틀답게 춥고 습하고 우울한 날이다.

바와 팀원들은 교차로의 이름을 따서 '십번가와 디어본가'라고 부르는 야영지로 나를 데려왔다. 언덕 위와 도로를 따라 수많은 텐트와 방수포가 덮인 판잣집이 서 있고, 그 사이사이 빽빽하고 고약한 가시덤불이 자란다. 가시덤불 사이는 주로 진흙 땅이고, 텐트는 보통 낡은 팰릿 위에 설치되어 있다. 땅으로부터, 또한 쥐로부터 떨어지기 위해서라는 게 바의 설명이다. 바의 팀은 코로나19 검사를 실시하고(수요가 많다) 백신을 원하는 사람이 있으면 그것도 주려고 여기 왔다. 그들은 나르칸(펜타닐, 헤로인 등 아편제 과다 복용의 해독제인 날록손의 브랜드명 - 옮긴이)부터 깨끗한 크랙 코카인용 유리관까지 갖가지 피해 완화 물질을 나눠 준다. 텐트, 침낭, 방수포, 모자, 장갑, 양말, 손난로, 물, 간식, 개인 위생용품, 심지어 기증받아 마련한 귀한 휴대전화도 몇 대 나눠 준다. 바깥에서의 삶을 조금이라도 낫게 만들어 줄 물건이라면 뭐든지 나눠 준다.

팀원들이 시에서 내준 밴을 주차하고 뒷문을 연다. 납작한 물통들을 꺼내어 수레에 싣고 보도로 나른다. 팀 소속 간호사 도라 헨릭슨이 신속 검사 준비를 마친다. 사람들이 줄을 선다. 그때 보건 공무원 펠리샤 스테일리가 내 팔을 살짝 당긴다.

"방금 쥐 봤어요?"

얼른 몸을 돌리니, 잎사귀 하나가 여태 팔랑거리는 것이 보인다. 가시덤불을 빠져나온 쥐가 야영지 옆 철조망 밑을 기어 도랑으로 달아나면서 남긴 흔적이다.

한 여자가 목줄 맨 작은 개를 데리고 우리에게 온다. 요크셔테리어와 시추가 섞인 것처럼 생긴 타이거는 사람을 좋아하는 개로, 플리스 소재 강아지 원피스로 추위에 야무지게 대비했다. 타이거의 주인인 알렉시스는 놀랍도록 크고 아름다운 눈을 가졌다. 하지만 또한 그는 창백하고 지쳐 있다. 전날 밤에 이곳에 불이 나서 텐트 몇 채가 전소했고, 시 소속 작업자들이 길 저편에서 불에 그을고 물에 젖은 물건들을 트력에 던져 넣고 있다. 알렉시스는 우리에게 모자와 장갑을 청하고, 혹시 밤을 보낼 곳이 있겠느냐고 묻는다. 날이 그만큼 춥다.

팀원들이 용품을 나눠 주는 동안, 가장 가까운 텐트 뒤에서 뭔가 움직인다. 또 다른 쥐가 언덕 경사면 구멍을 쏙 빠져나와서는 먹이를 찾아 텐트 뒤를 여기저기 쑤석거린다. 백주 대낮인데도 쥐는 주변에 널린 사람들을 개의치 않는 듯하다. 쥐는 원래 이 시간대에 활동해선 안 되지만, 개체 수가 아주 많고 먹이 공급이 원활하다면 얘기가 다르다.

알렉시스와 남자 친구는 6년째 간간이 이곳에서 살았다고 한다. 쥐는 늘 골칫거리다. "이 쥐들은 겁이 전혀 없어요." 알렉시스는 이렇게 말한다. "끔찍한 소리 같겠지만, 우리는 비비탄을 쏴서 쥐를 잡아요. 사실 좀 재밌어요." 쥐들은 두 사람이 마지막으로 살았던 텐트의 모서리를 씹어서 구멍을 냈다. "우리는 구멍에 치즈를 놔두고 쥐를 기다렸어요. 오면 쏴서 잡으려고요." 쥐는 두 사람이 겨우 몇 초 등을 돌렸을 때 잽싸게 들어와서 치즈를 물고 도망쳤다.

"일단 텐트에 들어온 쥐는 절대 안 나가요." 알렉시스는 말한다. "쥐가 사람을 쫓아내죠." 알렉시스와 남자 친구는(그리고 타이거는) 텐트를 포기해야 했다.

보건교육활동자원팀은 야영지를 돌면서 혹시 코로나19 검사나 간식을 원하는 사람이 있는지 텐트마다 정중하게 묻는다. 진흙탕과 쓰레기 사이에서 쥐 한 마리가 맥주 캔에 기대어 몸을 말고 죽어 있다. 텐트는 길 건너편 언덕 꼭대기까지 계단을 양쪽으로 끼고 이어진다. 또 다른 보건 공무원 파티마 굴레드가 내게 텐트 사이를 달려가는 또 다른 쥐를 보라고 알려 준다.

스테일리에 따르면, 이곳이 야영지 중 최악의 쥐 소굴은 아니다. 어떤 곳은 언덕 전체에 마맛자국처럼 쥐구멍이 나 있다고 한다. 스테일리는 보비 코리건이 가르치는 사흘짜리 '쥐 아카데미' 과정을 듣기 전에는 그 구멍이 뭔지 몰랐다. "처음엔 아, 여기는 뱀이 참 많네 했어요." 이제 스테일리는 구멍의 실체를 알고, 팀 전체가 쥐의 신호를 포착하는 데 능숙하다.

"사람들이 자주 그 문제를 꺼내요. 쥐 문제가 심각하다고 말이죠." 굴레드는 말한다. "우리에게 '당신들이 어떻게 좀 해 줄 수 없나요?' 하고 묻죠." 바와 팀원들은 유해동물 담당 부서가 아니기 때문에 할 수 있는 일이 별로 없다. 하지만 바는 팀에 환경보건 담당자를 영입하기를 바라는데, 그러면 유해동물 관리 측면에서 그들이 할 수 있는 일이 더 생길 수도 있다. 지금으로서는 야영지 거주자들이 기존의 수단으로 대응하도록 돕고 있다. 쓰레기봉투를 나눠 주고, 쉽게 구할 수 있는 재료로 음식물을 안전하게 보관하는 방법을 알려 준다.

어느 텐트 사이 땅바닥에 빗자루가 있다. 누가 그곳을 쓴 뒤에 떨어뜨리고 갔다. "누군가는 청소하려고 애썼다는 뜻이죠." 바가 말한다. 바는 노숙 생활을 겪는 이들에게 힘을 실어 주기를 바라고, 또 쥐에게 맞설 도구를 쥐여 주기를 바란다. "사람이 문제 해결의 발판을 찾지 못하면 심한 무력감을 느끼게 되니까요."

쥐와 함께 사는 것은 그러잖아도 무거운 짐을 진 사람에게 스트레스 요인이 또 하나 더해지는 셈이다. 집이 없거나 부실한 주거 환경에서 사는 사람에게는 특히 그렇다고, 캐나다 야생동물건강협동조합 브리티시컬럼비아주 지부 부국장 케일리 바이어스는 말한다. 쥐는 그 자체로 스트레스 요인이지만, 스트레스를 안기는 생활환경의 신호이기도 하다.

바이어스와 동료들은 가난, 많은 노숙인, 마약으로 유명한 밴쿠버의 다운타운이스트사이드 주민들이 쥐를 어떻게 대하는지 조사해 보았다. 밴쿠버 지역마약사용자네트워크와 협력하여 주민 스무 명을 인터뷰한 결과 그중 절반은 노숙할 때든 집에서 살 때든 쥐와 동거했다고 말했고, 대부분은 매일 쥐를 본다고 말했다.[20]

쥐와의 접촉은 사람들에게, 특히 노숙하는 사람들에게 짙은 영향을 미쳤다. 정신적 영향뿐 아니라 물리적 영향도 미쳤다. "사람들이 쥐 소리를 언급한다는 점이 제일 인상적이었어요." 바이어스는 말한다. 사람들은 무서워하는 데 그치지 않고 나아가 잠을 이루지 못한다. 그 말을 들으니, 영화에서 누가 쥐 소리를 들었다고 생각하고 벌떡 일어나 앉아서 이불을 움켜쥐고 있다가 그것이 다른 무해한 소리임을 깨닫는 장면이 내 머릿속에 떠올랐다. 그러나 다운타운이스트사이드에서는 그것이 진짜 쥐이고, 사람이 다시 누운 뒤에도 사라지지 않는다.

바이어스에 따르면, 쥐는 주민들이 자기 동네를 열등하다고 느끼고 다른 밴쿠버 시민들이 자기 동네를 깔본다고 느끼는 데도 기여한다. 인터뷰 참가자들은 "다른 동네였다면 시에서 쥐 관리 조치를 더 많이 시행했을 것"이라고 의혹을 제기했다. 그들은 시가 자신들을 신경 쓰지 않는다고 느꼈고, 자신들이 중요하지 않다고 느꼈다.

황폐한 동네에서 산다는 기분, 쥐와 함께 살 수밖에 없다는 기분에 주민들은 화가 나고, 무력감을 느끼고, 갇혔다고 느낀다. "아무 방법이 없는 거예요. 그렇잖아요, 달리 어디서 살겠어요?" 한 주민은 말했다. "어차피 이 똥통 같은 곳을 벗어날 수 없잖아요."

인간의 실패는 쥐의 성공

쥐 사파리로 돌아가자. 코리건과 시우로는 둘 다 민첩하게 걷지만 걸음걸이에 특징이 있다. 그들은 수북이 쌓인 쓰레기봉투를 지나칠 때면 먼저 한 발을 내딛고 뒤이어 다른 발로 축구공 차듯이 봉투를 찬다. 내딛고, 차고. 내딛고, 차고. 봉투 속에 들었을지도 모르는 쥐를 놀래서, 놈들을 쓰레기 연회장에서 놈들이 사는 배수관으로 돌려보내려는 것이다.

"뉴욕시를 통틀어 쥐가 제일 많은 공원이 여깁니다." 우리가 콜럼버스공원에 들렀을 때 코리건이 말한다. "많았던!" 시우로가 대꾸한다. 시우로는 자신과 팀원들이 이 공원의 모든 쥐구멍에 이산화탄소 처리를 했다고 자랑스럽게 말한다. 두세 달 연속으로 이산화탄소 처리를 한 뒤, 시우로는 이곳에 쥐가 한 마리도 남지 않았다고 기꺼이 선언할 수 있을 것 같았다.

그들이 여느 쥐약 대신 이산화탄소를 쓴 것은 이 공원에 매도 살고 있기 때문이다. 2세대 항응고 살서제는 잘 듣는다. 하지만 가끔은 너무 잘 듣는다. 매 같은 포식자가 중독된 쥐를 먹으면, 포식자도 그만큼 중독된다. 그리고 뉴욕의 매들은 거의 쥐만 먹는다. 지금까지 캘리포니아주와 브리티시컬럼비아주가 주거지역에서는 2세대 항응고 살서제를 못 쓰게 금지했다. 코리건과 시우로는 드라이아이스를 비롯한 다른 기법들도 시험했지만(드라이아이스를 쥐 구제에 쓸 때는 '랫아이스'라고 부르는데, 왜 그런지는 미국환경보호국에게 물어봐야 할 것이다), 이제는 실린더에 담긴 이산화탄소를 쥐구멍에 펌프질해 넣는 방법을 쓴다.

그들은 콜럼버스공원에도 이산화탄소를 썼다. 하지만 코로나19가 도시를 장악한 이래 1년 넘게 손을 놓은 상태다. 나는 시우로에게 지금도 이곳에 쥐가 없다고 자신하느냐고 물었다. 팬데믹 초기에는 식당들이 다 문을 닫았으니 쥐들도 이곳을 떠나 다른 곳으로 갔을 수 있겠지만, 지금은 광장 주변 가게들이 다시 활발하게 영업하고 있다. "전혀 자신 없는데요." 시우로가 대답한다.

우리가 뒤로 돌아 공원을 마주하는 순간, 크고 건강한 쥐 한 마리가 우리 앞을 달려간다. 시우로가 웃음을 터뜨린다.

말리스 테일리와 캐리 베이커는 멋진 시간을 보냈다. 베이커는 코리건에게 질문을 퍼부었고, 테일리마저도 쥐 사파리의 분위기에 취했다. 우리는 공원을 어슬렁거리면서, 쥐의 신호를 포착할 때마다 신나서 가리킨다. 여기 굴이 있고, 저기 땅을 덮은 식물이 움직이고 있으며, 벽 귀퉁이의 짙고 번들거리는 얼룩은 쥐들이 미끄러지듯 지나갈 때 쥐 털에서 묻은 기름이다.

나는 코리건에게 왜 시가 쥐 문제에서 한 발짝도 나아가지 못하느냐고 거듭 묻는다. 사람들은 계속 미끼를 뿌리고, 하수구 덮개에 작은 쥐약 꾸러미를 매달고, 굴 파는 것을 막기 위해서 땅에 금속제 그물망을 덮어 두고, 쥐구멍에 이산화탄소를 퍼붓거나 독이 든 먹이를 넣는다. 그래도 티가 안 난다. 쓰레기는 계속 쌓이고, 쥐는 계속 쓰레기에 모인다. 주민들은 쥐를 뉴욕살이의 여러 끔찍한 특징 중 하나로 받아들이는 듯하다.

코리건이 고개를 저으면서 말한다. "[쥐 문제를 해결하려면] 페스트라도 돌아야 할 겁니다."

페스트라. 우리는 그와 아주 비슷한 것을 코로나19라는 형태로 겪었다. 하지만 코로나19는 호흡기 바이러스여서, 쥐들의 삶은 거의 달라지지 않았다. 식당들이 문 닫아도 쥐들은 괜찮았다.[21] 쥐들에게는 배달음식도 식당에서 먹는 음식만큼 맛있으니까.

코리건은 쥐들에게 책임을 물을 수 있는 전염병을 말한 것이었다. 하지만 나는 설사 그런 일이 벌어진대도 도시들이 그저 하던 대로 미끼와 독약과 이산화탄소로 문제를 풀려고 할까 봐 걱정된다. 코리건이 도시들에게 계속 당부하지만 도시들이 대개 직면하기를 거부하는 사실은 그냥 독약과 이산화탄소만으로는 효과가 없다는 것이다. 인간이 쓰레기 관리 기법을 바꾸지 않는다면, 쥐는 몇 번이고 다시 돌아올 것이다. 쥐와 함께 사는 사람들이 쓰레기 내놓는 방식을 바꿔야 하고, 건물과 하수도 짓는 방식을 바꿔야 한다.

최근 뉴욕시는 길에 떨어진 쓰레기나 여느 쓰레기통에서 나오는 쓰레기를 담아 둘 컨테이너를 별도로 마련해 두는 새 사업을 실시하기 시작했다. 쓰레기를 수거 전에 한곳에 모아 둠으로써 타임스스퀘어 광장 같은 곳을 깨끗하게 만들자는 것이 목표다.[22] 시는 이 조치로써 이 상징적 도시의 길거리가 덜 지저분해지고 쥐 개체 수가 억제되기를 바란다.

혹시 그렇게 되더라도, 쥐는 여전히 존재할 것이다. 그저 수가 훨씬 적어질 뿐이다. 왜냐하면 인간이 밀집해서 사는 곳이라면 어디든 사회질서 밑바닥으로 떨어져서 남들의 무관심을 사무치게 겪는 사람이 있을 터이기 때문이다. 그들이 구할 수 있는 주거지는 부실한 곳뿐이기에, 그들은 그런 주거 환경에 갇히거나 혹은 주거지를 아예 구할 수 없을 것이다. 그런 곳에서 쥐가 매력을 느끼지 못할 만큼 주변을 깨끗하게 관리하는 일은 거의 불가능하다. 우리는 어떤 지역에서는 다른 지역에서보다 위생 관리를 더 열심히 할 것이다. 어떤 사람은 쓰레기를 마구 버리려 들 테고, 어떤 사람은 제 주변을 청소하지 않으려 들 것이다. 사람들은 눈에 띄지 않는 하수도에 신경 쓰지 않을 테고, 그것이 썩어 가게 내버려둘 것이다. 우리는 각자의 위생뿐 아니라 도시를 관리하고 동료 시민을 대하는 방식을 개선해야 한다. 그러지 않는다면, 인간이 실패하는 곳에서 늘 쥐가 승리할 것이다.

나는 이제 쥐가 그 자체로 역겨운 존재는 아니라는 사실을 안다. 쥐는 그저 기회가 있는 곳으로 자신들의 길을 찾아갈 뿐이다. 숲에서 마오리족에게 사냥될 때, 쥐는 식량이다. 카르니 마타 사원에서 선조로서 숭배될 때, 쥐는 깨끗하고 성스럽다. 쥐가 혐오스럽다면, 그것은 쥐가 사는 장소와 그곳에서 쥐가 사는 이유 때문이다. 쥐가 혐오스러운 것은 인간이 혐오스럽기 때문이다. 우리가 쓰레기와 하수를 발생시키기 때문이고, 우리가 타인의 괴로움에 무관심하기 때문이다.

　나는 집으로 가는 길에 있는 모든 쓰레기봉투를 발로 찬다.

2장

미끄러지는 뱀

니가 왜 거기서 나와?

2007년 12월 말, 마이클 코브는 길이 약 2.5미터의 버마비단뱀을 제 바지에 넣어 두고 있었다. 사실 두 마리였지만, 다른 한 마리는 2미터도 안 되니 쳐줄 것도 없었다.

미국 노스캐롤라이나 자연과학박물관의 포유류 연구 학예사인 코브는 에버글레이즈국립공원 백컨트리(일반적으로 도로나 개발지에서 멀리 떨어진 시골을 뜻하며 특히 국립공원 내에서도 편의시설로부터 먼 지역을 가리킨다 – 옮긴이)를 하이킹하다가 땅에서 뱀 비늘을 보았다. "그걸 보고 생각했죠. '와, 이놈 아름답네!' 하지만 갈 길이 3~4 마일쯤 더 남았거든요. (…) 그러다 문득 '잠깐, 그놈 침입종이잖아!' 싶은 거예요." 코브의 말이다. 당시 코브는 동물원 사육사였고, 그래서 뱀을 잡기 위해 왔던 길을 돌아갔다.

뱀을 잡는 것은 막상 쉬운 부분이었다. "찬찬히 생각하진 않았죠." 그는 이렇게 인정한다. "셔츠를 뱀의 머리 위로 던졌습니다." 그는 무엇으로든 얼른 뱀의 머리를 덮음으로써 물리지 않기를 바랐다. 그랬더니 상황이 난처해졌다. 그는 웃통을 벗은 채였다. 손에는 뱀을 쥔 채였다. "아드레날린으로 흥분해서 그놈을 손에 쥐었단 말이죠. 몸이 덜덜 떨렸습니다. 놈의 이빨을 봤어요. 놈은 풀려나서 나를 콱 물어 버리려고 애쓰고 있었죠. '좋아, 이제 어쩐담' 싶었습니다."

코브는 윗도리가 없을지언정 바지는 없지 않았다. 아직까지는. 그는 한 손으로 청바지를 벗고 다리 부분을 매듭지어서 가방으로 만들었다. 그 속에 비단뱀을 쑤셔 넣고, 벨트 고리에 고무 끈을 둘러서 단단히 조이고 가던 길을 계속 갔다. 나중에 그보다 작은 두 번째 뱀을 만나서 그놈도 급조한 가방에 담았다.

코브는 새 파충류 동료들과 함께 계획했던 캠핑 여행을 마쳤고, 이튿날 습지를 빠져나와서 속옷 차림으로 백컨트리 야영 허가증을 반납하러 갔다. "관리소 여자 직원에게 물었습니다. '있잖아요, 여기서 비단뱀 본 적 있습니까?'" 여자는 더 중요한 질문을 했다. "당신 바지가 왜 저래요?!" 뒤쪽 보도에 놓여 있는 코브의 바지는 속에 든 뱀들로 꿈틀거리고 있었다.

그때부터 비단뱀은 계속 증식했다. 과학자들은 사우스플로리다를 미끄러져 다니는 버마비단뱀*Python bivittatus*이 수만 마리라고 추정한다.[1] 뱀들이 어떻게 거기로 갔는지 정확히 아는 사람은 없다. 사람들이 뱀을 반려동물로 키우다가 너무 커지자 유기했을 수도 있다. 번식 시설에 있던 뱀들이 폭풍 때문에 습지로 방출되었을 수도 있다. 어쩌면 둘다일 수도 있다. 아무튼 코브가 발견한 개체가 결코 최초는 아니었다. 에버글레이즈에는 1979년 무렵에도 비단뱀이 있었다. 그리고 그 뱀들은 뭔가를 먹어야 했다.

알고 보니 비단뱀은 꽤 많이 먹는 놈들이었다. 2003년에서 2011년 사이의 관찰을 근거로 한 과학자들의 연구 결과, 버마비단뱀이 늘어나면서 붉은스라소니는 88퍼센트, 라쿤과 주머니쥐는 99퍼센트가 줄어들었으며 토끼는 아예 자취를 감췄다.[2] 이 정도 규모의 절멸은 쥐나 고양이 같은 외래종이 [고립된 생태계를 유지하던-옮긴이] 섬에 유입됐을 때에나 볼 수 있는 수준이었다.

하지만 이 게걸스러운 포식자는 다름 아닌 뱀이다. 에버글레이즈의 버마비단뱀을 논할 때 신사적인 생포 덫이나 붙잡은 개체를 입양시키는 방법을 이야기하는 사람은 없다. 아무도 버마비단뱀을 울타리로 막거나, 피임 시술을 시키거나, 뭔가 다른 걸 먹도록 가르치려고 들지 않는다. 전혀. 에버글레이즈의 비단뱀을 없앨 방법을 논하는 사람들은 총, 단검, 마체테를 입에 올린다. 사유지나 일부 야생동물 관리지역에서는 허가조차 받지 않아도 된다.

나는 에버글레이즈의 뱀 문제를 사람들과 이야기할 때 종종 사람들의 분노에 놀란다. 사람들의 두려움에도 놀란다. 내가 대화한 사람들은 대부분 에버글레이즈에 가 본 적도 없지만, 사우스플로리다에 최장 7미터의 비단뱀이 돌아다닌다는 사실을 아는 것만으로도 바짝 겁을 먹는다. 그 상태에서는 생각이 "비단뱀이 그곳을 떠나야 한다"로부터 "비단뱀은 죽어야만 한다"로 쉽게 넘어가는 듯하다.

나는 그 분노와 미움 중 얼마만큼이 우리가 뱀을 접할 때 느끼는 공포로부터 비롯하는지 궁금하다. 버마비단뱀은 의심의 여지 없이 침입종이다. 이 뱀은 분명 생태계를 교란시키고 있고, 여러 종을 마구 잡아먹어서 비록 멸종까지는 아니지만 국지적 절멸에 이르게 한다. 하지만 이 뱀이 많은 고양이, 페럿, 북방족제비, 여우, 기타 포유류처럼 인간에 의해 고향을 떠나 그들에게 아주 잘 맞는 새 환경에 안착한 다른 동물들보다 더 심한 짓을 저지르는 것은 아니다.

우리의 공포는 때때로, 우리가 유해동물이라고 부르는 동물들의 사악한 평판에 의도치 않게 보탬이 되기도 한다. 현명한 스승 요다가 말했듯이, "두려움은 분노로 이어진다. 분노는 미움으로 이어진다. 미움은 고통으로 이어진다." 이 경우에는 우리가 미워하는 동물의 고통인 셈이지만. 이것이 바로 다크사이드(요다가 등장하는 영화 〈스타워즈〉 시리즈에서 자연계에 흐르는 보이지 않는 에너지인 포스의 악한 측면을 뜻하는 용어-옮긴이)로 가는 길이다.

뱀 잡으러 가는 길

마이크 코브는 비단뱀과 우연히 마주쳤다. 그런데 만약 의도적으로 비단뱀을 잡고 싶다면, 여러분에게는 도구와 전략과 상당한 행운이 필요하다.

새벽 한 시가 좀 넘은 시각, 나는 1998년식 포드 익스페디션의 지붕 플랫폼에 서 있다(내부를 비단뱀 무늬로 꾸미고, "뱀잡이SNAKER"라고 적힌 과시용 번호판을 단 차다). 차는 에버글레이즈의 제방을 천천히 달리고 있다. 척척하고 습한 바람이 불고, 나는 에버글레이즈의 모든 곤충이 한 마리도 빠짐없이 내 얼굴로 달려들고 있다고 거의 확신한다. 이튿날 나는 한쪽 귓구멍에서 온전한 모기 한 마리를 꺼낸다. 아무튼 그게 전부였기를 바란다.

엔진 소리는 개구리들의 합창에 묻히다시피 한다. 황소개구리의 트림 소리, 귀뚜라미청개구리의 꾸르륵 소리, 쿠바청개구리의 끽끽 소리도 있다. 차 양옆에서 뿜어져 나가는 투광등 빛에, 에메랄드색으로 윙크하듯이 반짝이는 수천 마리 거미들과 덤불을 어슬렁거리는 악어들의 검은 형체가 드러난다.

좋은 의미에서 마술적인 분위기다.

"스톱!" 제이나 파슬리 콘스가 플랫폼 반대편에서 외친다. 콘스는 낮에는 메이크업 아티스트이자 헤어 스타일리스트다. 밤에는 열렬한 에버글레이즈 어벤저, 즉 에버글레이즈에서 비단뱀을 제거하는 일에 헌신하는 팀의 일원이다.

'사우스플로리다 비단뱀 사냥의 여왕'이자 에버글레이즈 어벤저의 창설자인 도나 칼릴이 확 브레이크를 밟고, 우리는 꽉 붙잡는다. 칼릴은 콘스가 조심조심 뒤를 봐 주는 동안 손전등으로 방향을 겨누면서 천천히 후진한다. 거기 길가에 작대기라기에는 너무 밝고 너무 우아한 곡선을 그리는 물체가 놓여 있다. 체장 2미터에 가까운 버마비단뱀이다. 놈은 아마도 길을 건널 생각이었던 모양이다.

칼릴이 차에서 내려 덤불로 들어가서 뱀의 뒤쪽으로 조심스레 접근한다. 뱀이 돌아보는 순간 칼릴이 홱 뱀을 붙드는데, 어찌나 빠른지 내가 동영상을 찍고 있었던 게 다행이다. 코브는 셔츠와 바지가 필요했다. 칼릴은 한 손이면 된다. 칼릴은 뱀 머리를 잡고, 놈이 자기 다리를 친친 감게 놔두며, 어기적어기적 차로 돌아온다.

이날 밤 콘스가 발견한 첫 비단뱀이다. 우리는 차례로 승리의 셀카를 찍는다.

우리는 데이터를 기록한 뒤, 뱀을 자루에 담고 자루를 상자에 넣어서 잠근다. 아침에 칼릴은 뱀을 죽인 뒤(승인되는 기법으로 캡티브볼트총, 공기총, 참수가 있다) 그것을 제출해서 자신의 점수에 보탤 것이다.

칼릴은 사우스플로리다 물관리지구와 계약을 맺고 일하는 비단뱀 제거 업자다. 이 주에는 플로리다비단뱀챌린지에 참가하고 있었는데,[3] 행사가 2013년 시작된 이래 매년 참가했다. 이 해에는 비단뱀을 제일 많이 잡은 사람에게 1만 달러가 수여되었다. 하룻밤에 한 마리를 잡으면 운이 좋은 것이고 대회 기간이 고작 열흘이니, 포획 수가 많을 순 없다. 전년도 우승자는 여덟 마리를 잡았다. 크기도 중요하지만, 최대의 상금은 제일 많이 잡은 사람에게 돌아간다. 칼릴은 갓 부화한 새끼를 발견한 사람이 수상 가능성이 높다고 말한다. 새끼 뱀들은 앞다투어 둥지를 빠져나오므로, 한 마리를 봤다면 더 많은 뱀을 발견할 가능성이 있다.

우리는 계속 전진하면서 다른 사냥꾼들을 지나친다. 칼릴은 매번 차를 세우고 인사를 나눈다. 칼릴은 이 남자들(모두 남자다) 중 다수를 직접 훈련시켰고, 그들은 깊은 존경심으로 칼릴을 맞는다. 하지만 그저 예의상 인사를 나누는 것은 아니다. 한 팀이 지나간 뒤에 몇 분간 멈춤으로써 비단뱀이 더 많이 나타날 시간을 주는 것이다. 가십을 나누기도 좋다. 사냥꾼들은 오전 여덟 시에 행사 관리소가 열릴 때까지 안 자고 기다려야 한다며 불평한다. 뱀을 잡은 장소에 관한 정보를 주고받고, 자신이 슬럼프에 빠졌다며 한탄한다. 누가 새끼를 스무 마리 발견했다더라 하는 소문이 돈다.

우리는 그날 밤에 비단뱀을 딱 한 마리 잡았다. 하지만 몇 주 뒤 발표된 결과를 보니, 칼릴이 다시 기량을 증명했다. 그는 총 열아홉 마리를 잡음으로써 2021년 플로리다비단뱀챌린지 프로 부문에서 우승했다. 정말로 갓 부화한 새끼들을 발견했다고 한다.

2021년 플로리다비단뱀챌린지에는 사냥꾼 600명이 등록하여 뱀 223마리를 제거했다.[4] 223마리라니, 많은 수다. 하지만 이것은 일인당 겨우 3분의 1마리 남짓인 셈이다. 심지어 대부분의 사냥꾼은 한 마리도 잡지 못했다. 습지를 미끄러져 다니는 수만 마리 비단뱀을 떠올리면, 이 수가 더욱 한심하게 느껴진다. 비단뱀이 그렇게 깔리다시피 많으니, 한 명당 적어도 한 마리는 잡을 수 있지 않나? 열 마리라도?

하지만 하룻밤이라도 뱀 사냥을 나가 보면 포획 수가 그렇게 적은 이유를 알게 될 것이다. 우리가 켠 투광등은 제방 양옆의 풀과 덤불을 넓게 밝힌다. 한 면당 10여 미터까지 밝힌다. 그 너머에는 사이프러스 나무와 덩굴이 뒤엉켜 있고, 한없이 많은 물이 있다. 밝혀진 땅은 나뭇가지로 덮여 있고, 투광등 빛줄기 속에서는 그 모든 것이 다 뱀처럼 보인다. 사람들은 밤에 위험을 무릅쓰고 물에 들어간다.

비단뱀은 또 '은폐색'을 띤다. 온 세상의 군사용 위장색 디자이너들이 부러워서 울게 만들 수 있다는 뜻이다. 짙고 옅은 색들이 얼룩진 무늬는 알아보기가 무진장 어려우며, 뱀이 움직이지 않는다면 더욱 그렇다. 열화상 카메라로 찾아본다고? 행운을 빈다. 과학자들이 그 기법을 개발하는 중이지만, 비단뱀은 변온동물이라서 녀석이 몸을 덥히고자 일광욕을 하고 있지 않은 한 열화상 카메라로 봐도 주변 땅에서 두드러지지 않는다. 지금으로서는 버마비단뱀이 사람에게 붙잡히려면 길가로 나와야 한다. 특유의 비늘 윤기 때문에 정체가 발각될 정도로 나무에서 멀리 떨어져야 한다. 그리고 물론 녀석을 잡을 만큼 용감한 사람이 있어야 한다.

두려움은 유전일까 학습일까

그만큼 용감한 사람은 많지 않다. 많은 사람이 뱀을 두려워한다. 영국 같은 곳에서 조사한 결과를 보면, 성인 응답자의 절반가량이 건전한 수준의 두려움을 품는다.[5] 전체 인구의 2퍼센트에서 3퍼센트 사이에서는 그 두려움이 공포증 수준으로 높다(뱀 공포증을 전문 용어로 "오피디오포비아ophidiophobia"라고 하니, 파티에서 멋진 단어를 쓰고 싶은 분은 참고하라). 스르르 미끄러지는 뱀 비늘을 보면 신경이 곤두서는 사람이 엄청 많은 셈이다. 그렇지만 세상에는 뱀을 사랑하는 사람, 뱀을 반려동물로 삼는 사람도 있다. 나머지 대부분의 사람들은 둘 중 어느 쪽도 아니다.

어떤 과학자들은 왜 이토록 많은 사람들이 뱀을 무서워하는지 의문을 품기도 했다. 과학자들은 특히 인간의 뱀 공포가 선천적 특질인지 아니면 진화의 경향성에 의해 뱀과 공포를 연관시키게 된 것인지 알고 싶어 한다. 같은 얘기로 들릴 수도 있겠지만, 미묘한 차이가 있다. 만약 그 공포가 진화의 경향성이라면, 우리는 [태어날 때부터 두려워하는 것이 아니라-옮긴이] 뱀을 무서워하는 법을 학습해야 한다. 미국 뉴저지 럿거스대학의 심리학자 버네사 러브는 그렇게 말한다.

만약 당신이 뜨거운 난로를 한 번 건드렸다면, 당신은 두 번 다시 그렇게 하지 않을 것이다. 이글이글 달아오른 난로를 보면 당장 예전에 데었던 기억이 떠오른다. 이것이 바로 파블로프의 침 흘리는 개를 유명하게 만든 기법, 즉 고전적 조건화다. 이것은 신호(가령 뱀)와 반응(예전에 뱀에 물렸다가 죽을 뻔했던 기억이 떠올라서 비명 지르며 달아나는 것)이 직접적으로 연결되는 학습이다. 만약 우리가 모든 공포를-화상에 대한 공포도 뱀에 대한 공포도-이렇게 학습한다면, 우리는 그 모두를 똑같은 정도로 쉽게 학습해야 한다. 개에게 한 번 물렸거나 뱀에게 한

번 물렸거나, 대상을 두려워하게 되는 정도가 비슷해야 한다는 것이다. "하지만 실제 공포는 그렇지 않습니다. 우리가 다른 것보다 더 쉽게 무서워하는 대상이 따로 있죠. 우리는 뱀이나 거미 같은 것을 더 쉽게 무서워합니다. 그런데도 뱀 공포가 고전적 조건화 때문일까요?" 러부의 말이다.

고전적 조건화가 [신호와 대상의-옮긴이] 연결을 직접 학습할 때 형성되는 것이라고 보면, 이런 가능성은 낮다. 뱀을 무서워하는 사람 중 대부분은 뱀에 물려 본 적이 없다. 하지만 만약 이것이 우리가 뱀과 공포를 연결시키기 쉬운 경향으로 진화해 온 탓이라면, 뱀의 위험성을 학습하는 것이 이를테면 개나 고양이 같은 다른 대상을 두려워하는 학습보다 훨씬 쉽게 이뤄질 수 있을 것이다.

반면 선천성 이론에서는 당연히 우리가 아무것도 학습할 필요가 없다. 모든 아기는 났을 때부터 뱀을 보면 그것이 뱀인 줄 알아차릴 것이다. 이 생각은 인기가 있지만, 러부는 이 이론이 사실이 아님을 보여 주는 증거를 몇 가지 발견했다. 러부는 주로 아기들을 대상으로 공포를 연구했는데, 아기들에게 뱀 그림이나 영상을 보여 주면 그들이 뚫어져라 집중한다는 것을 확인했다.[6] "아기들은 화면의 뱀을 움켜쥐려고 합니다." 러부는 만약 아기들이 뱀 공포를 품고 태어났다면 절대 이렇게 행동하지 않으리라고 지적한다.[7]

원숭이 연구 결과도 선천성 이론을 늘 지지하진 않는다. 야생에서 나고 자란 원숭이는 분명 뱀을 무서워한다. 그래야 마땅하다. 원숭이들은 심지어 모형 뱀이나 '굴곡진' 고무 관도 수상쩍게 여긴다.[8] 하지만 실험실에서 자란 원숭이는 보통 공포를 적게 드러내며, 뱀처럼 생긴 관 따위는 무서워하지 않는다.[9] 다만 근처의 다른 야생 원숭이가 뱀이 나쁜 신호임을 알려 주면, 실험실에서 자란 원숭이도 금세 주의를 기울이게 된다.[10]

러부는 여전히 뱀에 대한 반응이 사람마다 다르다고 생각하지만, 그것이 공포 때문은 아니라고 본다. "연구하면 할수록, 뱀이나 거미 등 등은 특별하다는 생각이 듭니다. 하지만 그 특별함의 이유는 그것들이 아주 이상하다는 점, 우리가 익숙한 여느 동물들과 너무 다르다는 점이에요."

우리는 태어난 순간부터 다른 인간, 포유류, 새에게 둘러싸여 지낸다. 이런 동물들은 모두 특정한 방식으로 움직인다. 다들 네 다리나 두 다리로 움직이며, 네 다리나 두 다리에 연관된 걸음걸이를 갖고 있다. "그런데 뱀은 그렇게 움직이지 않죠." 러부는 말한다. "거미도 그렇게 움직이지 않고요. (…) 이 주장을 뒷받침할 데이터는 없지만, 그것들의 움직임은 대단히 변칙적이에요. (…) 그것들의 움직임은 예측하기가 어렵게 느껴집니다."

러부에 따르면, 뱀 영상을 본 아기들은 화면을 빤히 응시한다. 하지만 응시가 곧 공포는 아니다. 아기들이 빤히 보는 것은 이상하고 낯선 움직임 때문일지도 모른다는 게 러부의 추측이다. "그게 뱀이라서, 거미라서가 아닐 거예요. 새로움 때문일 겁니다."

독뱀들이 자주 뽐내는 형태 중 일부가 이상함을 가중시키는지도 모른다. 이것은 프랑스 물리 소재 국립과학연구센터 진화생물학자 파비앙 오브레의 주장이다. 세 살에서 열한 살 사이의 아이들을 대상으로 한 연구에서, 오브레는 다양한 동물을 보여 주며(토끼, 개, 뱀, 혹은 웃고 있지만 뾰족한 이빨을 가진 얼굴) 그것이 '착한' 동물인지 '못된' 동물인지 말해 보라고 시켰다. 머리가 동그랗고 아무 무늬가 없는 뱀과 머리가 뾰족하고 지그재그 무늬가 있는 뱀을 비교할 때, 아이들은 뾰족한 뱀을 못됐다고 분류하는 경우가 많았다.[11] 으르렁거리는 개와 웃고 있지만 뾰족한 이빨을 가진 개를 비교할 때도 마찬가지였다. "우리가 환경에서 접하는 형태 중 일부에 대해 선천적 반응을 타고난다고 말해도 될 겁니다." 오브레의 말이다. 이건 이상한 방식으로 움직이네, 이건 '못된' 뾰족 무늬를 갖고 있네, 하는 식이다.

"그런 무늬와 (…) 뱀의 움직임에는 확실히 시각적으로 자극적인 면이 있습니다." 러부는 말한다. 뱀은 시선을 사로잡는다. 독뱀은 아마도 자신의 위험한 지위를 광고하려는 듯 선명한 색을 띠곤 한다. 우리가 눈을 떼지 못하는 것이 당연하다.

선천적 공포 이론은 상식의 시험도 완벽하게 통과하지 못한다. 만약 우리 모두에게 선천적 뱀 공포가 있다면, 지금보다 더 많은 사람이 무서워해야 하지 않을까? 물론 서구인으로 구성된 표본 중 절반은 뱀이 불편하다고 대답했다. 아마도 그보다 더 많은 수가 야생에서 문득 뱀이 꿈틀거리는 것을 보면 펄쩍 뛸 것이다. 단순히 놀라서라도. 하지만 절반은 전부가 아니다. 그렇다는 것은, 만약 선천성 이론이 사실이라면, 우리 중 절반가량은 살면서 어느 시점에 그 유명한 뱀 공포를 잃었다는 뜻이다. 하지만 뱀 공포를 세심하게 탈조건화하는 과정 같은 건 없으므로, 아마도 우리는 애초에 그것을 타고나지 않았을 것이다.

대신 이것은 실험실에서 자란 원숭이와 마찬가지로 조심성의 문제인지도 모른다. 다른 사람들이 뱀에게 느끼는 공포를 접하면서 조심성이 점차 공포로 바뀌는 것이다. 러부의 실험 중, 아기들에게 뱀을 보여줄 때 누가 무서운 목소리로 아무 말이나 지껄이는 소리를 함께 들려주면 아기들이 더 오래 응시하더라는 결과가 있었다.[12] 러부와 동료들은 또 동물원 파충류관에 온 부모와 아이를 몰래 관찰하여, 부모들이 코모도왕도마뱀보다 비단뱀에 대해 부정적인 정보를 더 많이 제공한다는 것을 확인했다. 부모들은 비단뱀이 작은 아이를 잡아먹을지도 모른다고 농담했다. 반면 코모도왕도마뱀은 아이에게 뽀뽀할지도 모른다고 말했다.[13]

아이는 빨리 배운다. 취학 전 아동을 대상으로 한 조사에서, 러부는 아동의 64퍼센트가 벌써 어느 정도 뱀을 무서워하고 65퍼센트가 벌써 거미를 두려워한다는 것을 발견했다. 아이들은 또 개구리나 거북보다 뱀이나 거미에 대해서 부정적인 정보를 더 많이 말하는 편이었다.[14]

부모가 정보를 제공하지 않는다면, 할리우드가 흔쾌히 그 빈자리를 채운다. 〈인디아나 존스와 잃어버린 성궤의 추적자들〉, 〈해리 포터〉, 〈스네이크 온 어 플레인〉 등등, 영화에는 스르르 미끄러지는 악당이 차고 넘친다. 그것들은 우리가 뱀의 움직임에서 느낄지도 모르는 불안감을 증폭하며, 그런 동물은 죄다 나쁜 놈이라고 말해 준다.

뱀이든 곰이든 카멜레온이든 극락조든, 우리는 보통 동물에 관한 정보를 문화와 주변 사람에게서 얻는다. 많은 사람이 애니멀플래닛 채널에 나오는 동물들의 대다수를 현실에서는 한 번도 못 볼 테니, 우리는 매체의 묘사에 의존하여 그 빈틈을 메운다. 그리고 그 매체란 대체로 자신의 문화에 속한 매체다. 러부가 살펴본 공포가 백인의 공포였다는 점은 지적해 둘 만하다.

진화와 민속에 대한 미국적 사상만이 그런 공포의 근원은 아니다. 종교도 그 근원이다. 일례로, 기독교적 환경에서 자란 사람들은 뱀이라고 하면 퍼뜩 에덴동산을 떠올리기가 쉽다. 그곳에서 뱀이 이브를(그리고 릴 나스 X를) 유혹했다(미국의 유명 래퍼인 릴 나스 X의 2021년 노래 〈몬테로〉 뮤직비디오에 그가 이브처럼 뱀에게 유혹당하는 장면이 나온다-옮긴이). 이브는 선악과를 먹었고, 인류에게는 불행의 운명이 주어졌다.

원죄 때문에 인간은 뱀에게 원한을 품게 되었지만, 신은 거기에 그치지 않고 추가적인 처벌을 뱀에게 가했다. "네가 이런 일을 저질렀으니, 온갖 집짐승과 들짐승 가운데서 너는 저주를 받아, 죽기까지 배로 기어다니며 흙을 먹어야 하리라. 나는 너를 여자와 원수가 되게 하리라. 네 후손을 여자의 후손과 원수가 되게 하리라. 너는 그 발꿈치를 물려고 하다가 도리어 여자의 후손에게 머리를 밟히리라." 유대-기독교의 뱀 증오는 생물학적인 것이 아니라 신에게 하사받은 것이다.

기독교가 퍼지자, 이전에는 사랑받았던 뱀도 악의 상징이 되었다. 에마 매리스가 『야생의 영혼: 비인간 세계에서 자유와 번영』에서 들려주듯이, 한때 유럽인은 작은 풀뱀*Natrix natrix*을 명계의 작은 신으로 여겼다.[15] 리투아니아와 라트비아 사람들은 겨울이면 그 작고, 까맣고, 눈 뒤에 예쁜 크림색 반점이 있는 뱀이 온기를 찾아 집 안에 머물도록 허락했다. 발트해 인근 사람들은 그 뱀이 조상의 영혼이 환생한 것이라고 여겼다. 뱀에 대한 북유럽인의 시각을 역사적으로 추적한 글에서, H. J. R. 렌더스와 잉고 얀선은 그 뱀이 집 안의 "좋은 영혼"이었다고 말한다.[16] 풀뱀이 사악한 이미지를 갖게 된 것은 사람들이 기독교로 개종하고 난 뒤였다. 새 종교는 무해한 작은 뱀을 바실리스크, 곧 적그리스도의 상징으로 바꿔 놓았다.

두려움에서 숭배로, 숭배에서 존중으로

하지만 우리의 모든 공포와 미움이 창세기의 몇 줄에서 기원한다고 보는 것은 너무 단순한 시각이라고, 홍콩대학에서 생태보전학을 연구하는 펠릭스 란드리 위안은 지적한다. 종교에는 사실 뱀을 긍정적으로 언급한 대목도 많다. "뱀 숭배는 전 세계에 있습니다." 란드리 위안의 말이다. "마야족이 그랬고, 마야 이전, 즉 올멕족도 그랬죠. 호주 토착민들에게는 심지어 무지개 뱀 신화가 있잖습니까. 고대 메소포타미아인, 고대 이집트인도 그랬습니다. 중국과 일본의 일부 문화에서는 뱀신을 섬기죠. 모두 기독교보다 앞선 오래된 신앙 체계를 가진 오래된 종교들입니다." 유럽에서도 신앙에 기초하여 뱀을 보는 시각이 늘 부정적이진 않았다. 풀뱀이 한 예이려니와, 고대 그리스인은 치유와 의학의 신 아스클레피오스의 지팡이에 뱀을 그려 넣었고 헤르메스의 지팡이에도 구불구불 얽힌 뱀 두 마리를 그려 넣었다.

란드리 위안과 그 동료인 인도 케랄라주 중앙대학의 생태학자 팔라티 알레시 시누는 특히 인도 남서부 같은 곳에서 사람들이 뱀을 어떻게 보는가에 흥미가 있다. 그곳에서는 뱀이, 그것도 치명적인 독뱀이 일상생활의 일부이다. 인도에는 뱀이 300종 가까이 있고, 그중 약 60종이 독뱀이다.[17] (독뱀에게 물리는 것을 전문 용어로 독사교상snakebite envenoming이라고 하는데, 꼭 캘리포니아의 피부과 클리닉들이 주름을 대번에 없애 준다며 권하는 시술명처럼 들린다.) 여기에는 인도코브라Naja naja, 중앙아시아코브라N. oxiana, 외알안경코브라N. kaouthia, 킹코브라Ophiophagus hannah가 포함된다. 일부 분류학자는 마지막 킹코브라를 가리켜서 엄밀히 따지자면 이 뱀은 코브라가 아니라고 말하겠지만, 그 뱀에게 물리는 사람은 그런 사실 따위에 신경도 안 쓸 것이다. 그 지역에는 살무사와 우산뱀도 있다.

이 뱀들이 사람을 적극적으로 사냥하진 않는다. 하지만 인도는 사람의 밀도도 뱀의 밀도도 높은 나라다. 과학자들은 2000년에서 2019년 사이에 인도에서 매년 평균 5만 8,000명이 뱀에 물려 죽었다고 추산한다.[18] 대조적으로 미국은 1989년에서 2018년 사이에 뱀에 물린 사망자가 총 101명이었다.[19] 인도 같은 곳에서는 독사교상이 워낙 흔하고 치명적이어서, 2017년에 세계보건기구WHO는 독사교상을 우리가 최우선으로 대응해야 할 방치된 열대병으로 선언했다.[20]

만약 인도가 미국 같다면 어떨까? 뱀에 물리고 죽는 사람이 그렇게 많다면, 온 인구가 괭이와 마체테를 들고 숲으로 나서지 않을까? 시누에 따르면, 인도 남서부 끝이자 그가 살고 일하는 곳인 케랄라주에서는 사람들이 그러지 않는다. "케랄라 남부는 인구의 54퍼센트가 힌두교도, 46퍼센트가 기독교도와 이슬람교도입니다." 그는 이렇게 말한다. "그런데 사람들, 공동체, 뱀에 대한 태도 사이의 관계는 저마다 다릅니다." 기독교도가 뱀을 보면, "맨 먼저 보이는 태도는 뱀을 죽이려는 것입니다." 힌두교도는 다르다. "그들에게는 공포가 훨씬, 훨씬 적다고 봅니다." 힌두교도의 삶에서 뱀은 더 존중받는다. 특히 종교에서 그렇다.

케랄라에는 이른바 '신성한 숲'이 많이 있다. 보통은 신전이나 사원을 둘러싼 자연 공간으로서, 면적이 0.07헥타르에 불과한 작은 땅부터 40헥타르가 넘는 숲까지 다양하다. 신성한 숲은 "주로 사람들이 전통 문화 예식과 의례를 거행하는 공간이지만, 동시에 경배의 장소입니다." 란드리 위안의 설명이다. "신성한 숲은 바깥으로 연장된 사원처럼 간주됩니다."

그런 사원에서 사람들이 섬기는 신은 보통 무타판 같은 토속신이다. 하지만 비슈누 같은 힌두교 신도 곧잘 불려 온다. 사람들은 또 확실히 뱀을 숭배한다. 비슈누는 머리가 여러 개인 무한한 뱀의 똬리 위에서 낮잠을 잔다고 묘사된다. 사람들은 나가[naga], 즉 뱀신 자체도 섬긴다. "그런 사원에 가 보면, 그곳 사람들이 섬기는 신의 조각상이 있겠지만 그와 연관되어 숭배되는 나가의 조각상도 있을 겁니다." 란드리 위안의 말이다.

시누와 란드리 위안이 신성한 숲들 근처에서 설문 조사를 한 결과, 응답자의 50퍼센트 이상이 뱀을 좋아한다고 답했다. 진짜 뱀, 살아 있는 뱀을 말이다.[21] 또한 응답자들은 신성한 숲 안에서는 뱀을 해치지 않겠다고 답했다. 숲의 밖에서 뱀을 그냥 두겠다고 확실히 답한 사람은 단 60퍼센트였다. 조사 대상 300명 중 47명만이(약 16퍼센트다) 뱀에 대한 두려움을 표현했다.[22]

하지만 숭배가 반드시 사랑을 뜻하진 않는다고 란드리 위안은 강조한다. 신성한 숲의 뱀을 진심으로 섬기는 집단이 있는가 하면 두려워서 섬기는 집단도 있다. 숭배는 뱀이 다가오지 않게 해 준다. 현실에서든 꿈속에서든. 내가 공물을 바칠 테니, 당신은 나와 내 사람들을 물지 마세요. 거래가 성사된 걸로 알겠습니다.

어떤 때 인도인은 치명적인 뱀에게 그 어떤 미국인도 그러지 않을 수준으로 관용을 보인다. 시누에 따르면, 몬순 시기에 킹코브라는 곧잘 사람이 사는 집 안으로 피신한다. 인터넷에는 사람들이 자기 집 부엌에서 발견한 거대한 코브라를 보여 주는 영상이 흔하다. 킹코브라는 버마비단뱀만큼 크진 않을 수도 있다. 비단뱀은 최대 7미터까지 자라지만 킹코브라는 시시하게도 최대 5.5미터까지 자란다. 하지만 킹코브라는 독이 있으므로, 에버글레이즈의 어느 비단뱀보다 훨씬 더 위험하다. 그런데 동영상을 보면, 사람들은 대부분 비명을 지르지 않고 숨지도 않는다. 뱀 잡는 사람이 오면, 사람들은 그에게 뱀을 보여 주려고 함께 문제의 방으로 돌아간다. 어떤 영상에서는 사람들이 휴대전화를 들고 둥그렇게 둘러서 있거나 뱀 잡는 사람 뒤쪽에 모여 있는데, 그런 상황에서 여느 미국인이 다가갈 거리보다 훨씬 더 가까이 뱀에 다가가 있다. 보통의 미국인은 아마 파충류가 출현한 집에서 나가 버릴 것이다. 우리는 신앙으로 숭배할 수도 있고, 두려움에서 숭배할 수도 있다. 좌우간 숭배에는 존중이 따른다. 그리고 존중에는 공존이 따른다.

인간이 할 수 없는 일과 할 수 있는 일

인간은 고의든 아니든 다른 종을 멸종으로 몰아가는 데 아주 능해 보인다. 도도새에서 스텔러바다소까지 다른 종을 없앤 역사가 유구하다 보니, 우리가 뱀 한두 종쯤 없애는 일은 식은 죽 먹기로 해낼 수 있다고 생각하는 사람이 있을지도 모르겠다. 틀린 생각이다.

갈색나무뱀*Boiga irregularis*은 최대 3미터까지 자라지만, 보통은 1미터에서 1.5미터 사이에 그친다. 이 뱀은 약한 독이 있고, 날씬하며, 이름이 알려 주듯이 갈색이다. 황금빛 눈은 고양이 눈을 닮았고, 영원히 미소 짓는 듯한 표정을 짓고 있다. (솔직히 나는 이 뱀이 사랑스럽다고 생각한다.) 갈색나무뱀은 1940년대 말에 미군의 도움으로 괌섬에 진출했다. "뱀이 원래 떠나왔다고 여겨지는 섬에도 군수 물자용 대규모 집결지가 있었습니다." 괌에서 살면서 미국 농무부 국립야생생물연구소에서 일하는 생태학자 셰인 시어스는 말한다. "정글 바로 옆에 지프며 탱크며 물자를 쌓아 둔 팰릿 따위가 있었죠." 먹이를 찾아 어슬렁거리던 뱀은 낮에 숨어 있기 좋은, 아늑하고 컴컴한 바퀴를 발견한다. 낮잠에서 깨어 보니, 뱀은 괌으로 가는 중이다.

괌의 새들과 도마뱀들은 뱀을 본 적이 없었다. 원래 괌에는 왕도마뱀이 좀 있을 뿐, 뱀의 천적이 없었다. 갈색나무뱀은 마음껏 증식했다. 과학자들에 따르면, 약 40년 만에 헥타르당 50마리에서 100마리의 뱀이 살게 되었다(1헥타르는 미국의 풋볼 경기장 두 배만 한 넓이다). 괌은 약 5,930헥타르다. '뱀 폭발'이 절정에 달했을 때는 시카고만 한 섬에 200

만 마리에서 400만 마리 사이의 뱀이 있었다고 시어스는 말한다.

뱀이 워낙 많다 보니 그것들이 반려동물을 죽였고, 약한 아기를 죽였고, 토착 박쥐를 거의 절멸시켰다. 좀 더 일상적인 불편은 갈색나무뱀이 높은 곳을 좋아한다는 점, 이를테면 멋지게 늘어진 전선을 좋아한다는 점이었다. 괌의 전력망은 민감해서 뱀이 한 마리만 전선에 늘어져 있어도 넓은 지역에서 단전이 될 수 있고, 실제로 그런 일이 벌어진다.[23]

지금에 와서는, 뱀들은 부분적으로나마 스스로의 성공으로 인한 희생양이 되었다. 한때 새들의 노래로 시끄러웠던 숲은 조용해졌다. 토착 뒤쥐는 거의 멸절했고, 침입종인 곰쥐도(그 섬에도 당연히 쥐는 있다) 스르르 미끄러지는 포식자 때문에 억제되고 있다. 먹이가 줄었고, 그래서 시어스는 현재 뱀 개체 수가 100만 마리에서 200만 마리 사이라고 추정한다. 괌 전체 인구에 대해 1인당 열 마리씩 돌아가는 수다.

시어스에 따르면, 과학자들은 뱀을 죽일 방법을 찾아 별별 시도를 다 해 보았다. 피부에 농약을 뿌려 보았고, 살충제를 먹이려고 해 보았다. 의외의 승자는 무엇이었을까? 여러분이 '타이레놀'이라는 브랜드로 알고 있을 수도 있는 아세트아미노펜이었다. (단 이 브랜드는 괌의 뱀 문제와 무관하다고 시어스는 강조한다. 과학자들은 따로 아세트아미노펜을 구해서 직접 알약을 제조한다.)

다량의 아세트아미노펜은 간을 지닌 거의 모든 동물에게 문제를 일으킨다. 하지만 갈색나무뱀에게는 간이 문제가 아니었다. 알고 보니 아세트아미노펜은 뱀의 적혈구가 산소와 결합하는 것을 막았다.[24] 시어스에 따르면, 그 결과는 포유류의 이산화탄소 중독과 비슷하다. 뱀은 그냥 졸음이 오고, 그래서 잠들었다가 다시는 깨지 못한다. "완전 묘약이죠." 시어스의 말이다.

이제 뱀들에게 약을 먹일 일만 남았다. 과학자들에게 필요한 것은 정말로 구미 당기는 냄새를 풍기는 간식이었다. 첫 시도는 아세트아미노펜을 주입한 새끼 생쥐 사체를 헬리콥터에서 양동이째 뿌리는 것이었다. 하지만 그것들은 살포 후 사나흘이면 부패가 진행되어 "먹음직하지 않게" 변했다.[25] 게다가 그것들은 죽은 새끼 생쥐였다. 갈색나무뱀은 좋아할지 몰라도, 사람들은 싫어했다. 죽은 새끼 생쥐를 헬리콥터에서 뿌리는 것은 시각적으로 끔찍했다.

그래서 펜실베이니아주 윈드무어의 농무부 농업연구서비스에서 일하는 공학자 라파엘 가르시아, 모넬화학감각연구소의 화학자 브루스 킴벌, 그리고 그들의 동료들은 더 나은 미끼 개발에 착수했다. 생각보다 어려운 과제였다. 미끼는 형체를 유지해야 하고, 최장 2주 동안 썩지 않아야 한다. 뱀이 끌리는 육류여야 한다. 기름기가 있어야 하고, 살포용 종이 통에 붙였을 때도 여전히 맛깔스러워야 한다.

메리 로치가 『퍼즈: 자연이 규칙을 깰 때』에서 묘사했듯이, 그들이 만들어 낸 결과물은 스팸과 거의 구분할 수 없게 생겼다.[26] "이 미끼의 비법은 새끼 생쥐 피부의 지방 조성을 모방했다는 데 있죠." 가르시아는 이렇게 말한다. 그들은 이 마법의 혼합물을 "생쥐 버터"라고 부른다. 맛있겠군.

죽은 생쥐든 모조 스팸이든, 과학자들은 미끼에 아세트아미노펜을

80밀리그램 넣고 (어린이용 타이레놀 반 알 분량이다) 포장지로 싸서 작은 종이 통에 담는다. 가는 끈이 붙어 있는 그 통을 다시 다른 통에 넣고, 그 완성품을 헬리콥터에서 뿌린다. 낙하하던 미끼는 끈 때문에 나뭇가지에 걸리고, 그리하여 굶주린 갈색나무뱀의 작은 코 앞에 안착한다. 적어도 과학자들의 바람은 그렇다.

하지만 자주 그렇게 되진 않는다. 자동 발사 도구가 끈 달린 간식을 숲으로 쏘아 대는데도, 과학자들의 추산에 따르면 미끼의 약 6퍼센트만이 뱀에게 먹힌다.[27] 그다지 많아 보이지 않는다. 하지만 시험 지역에 뿌려진 미끼는 총 1만 3,200개였다. 겨우 6퍼센트만 먹힌다 하더라도 뱀 700마리 이상이 약을 먹은 셈이다. 한 달 뒤 후속 실험에서 독 없는 미끼를 살포했을 때는 먹힌 양이 이전보다 41퍼센트가량 줄었는데, 이것은 미끼를 먹을 뱀의 수가 이전보다 40퍼센트가량 적어졌다는 뜻일 수 있다.

이 정도로는 전혀 충분하지 않다. 그리고 시어스는 우리가 충분한 수준에는 영영 도달하지 못하리라고 생각한다. "사람들은 이 이야기를 할 때 보통 '[과학자들이] 괌의 뱀을 근절하려고 20년간 애썼으나 실패했다' 하는 식으로 말하죠." 하지만 현실적으로 근절은 아예 선택지가 될 수 없다. "우리는 그게 실제로 얼마나 어려운지 압니다."

현재 독이 담긴 미끼는 고작해야 사람들이 가장 염려하는 장소에서 뱀 개체 수를 억제하는 데에만 쓰인다. 사람들이 무심결에 뱀을 딴 곳으로 운반할지도 모르는 공항이나 해운 창고, 과학자들이 최후의 토착종 새를 번식시키려고 애쓰는 지역, 그리고 물론 발전소 주변이다.

그 미끼로 괌의 뱀 군단을 억제할 수 있다면, 에버글레이즈의 비단뱀은 안 되나? 나는 물었다. 헬리콥터에서 죽은 생쥐를 뿌리는 방법이 누가 봐도 사냥꾼 수백 명이 밤마다 차로 제방을 달리는 방법보다 훨씬 효율적이지 않은가. 시어스는 울적한 표정으로 설명해 준다. 적당량의 아세트아미노펜은 분명 모든 뱀을 죽일 테지만, 비단뱀은 너무 크기 때문에 그것이 현실적인 조치가 되기 어렵다. 괌에서 쓰는 용량으로 어린 비단뱀은 쓰러뜨릴 수 있겠지만, 과학자들이 그간의 발견을 바탕으로 계산한 바에 따르면 보통의 버마비단뱀 성체에게는 아세트아미노펜을 4그램 이상 먹여야 한다.[28] 새끼 생쥐 수십 마리다.

둘째로, 괌의 갈색나무뱀은 절박한 생물이다. 죽은 미끼를 먹어 볼까 생각할 만큼 절박하다. "갈색나무뱀의 특징이 우리에겐 엄청난 행운입니다." 시어스는 말한다. "일부 갈색나무뱀은, 특히 대체할 먹잇감이 적을 때는 사체를 먹습니다." 괌에서 토착종 먹잇감이 거의 사라졌기에, 그곳 뱀은 사체를 먹을 만큼 굶주린다. 하지만 다른 먹잇감이 있다면 그들도 대용 스팸 따위는 먹지 않는다.

시어스는 또 괌에는 과학자들에게 아주 유리한 점이 하나 있다고 말한다. 다른 뱀이 없다는 점이다. 이것은 토착종 뱀이 실수로 미끼를 먹을 일이 없다는 뜻이다. "플로리다에는 귀한 토착종 뱀이 많죠." 시어스의 말이다. 버마비단뱀 때문에 보통의 먹이 자원이 고갈된 상태에서, 절박해진 다른 뱀들이 독 든 미끼를 먹을지도 모른다.

에버글레이즈에서 토끼를 비롯한 포유류의 수가 급감한 것은 사실이다. 하지만 아직도 비단뱀에게는 먹을 게 많다. 포트로더데일에 있는 미국 지질조사국 습지·해양연구소의 생태학자 크리스틴 하트는 이렇게 설명한다. "내가 에버글레이즈의 비단뱀이라고 상상해 보자고요. 먹이가 지천에 있는데, 누가 저기 덫을 쳐 놨어요. 굳이 그 덫에 들어갈 필요가 없는 겁니다. 달리 먹잇감이 많으니까요." 물고기, 악어, 알, 새, 쥐, 그리고 물론 다른 뱀도 비단뱀의 잠재적 먹이다. 그에 비하면 하늘에서 떨어진 수상쩍은 가짜 스팸은 별로 입맛 당기지 않는다.

하트는 자신이 비단뱀 담당자는 아니라는 말을 얼른 덧붙인다. 자신은 과학을 할 뿐이라는 것이다. 그런데 무엇을 쓰면 비단뱀을 꾈 수 있을까 궁리하는 것도 과학의 일이다. 그리고 지금까지 알려진 바 최선의 해답은 다른 비단뱀이다.

정찰 '뱀'을 찾아라

스네이프는 열흘 동안 같은 돌무더기 밑에 틀어박혀 있다. 과학자들은 참을성이 바닥났다. 플로리다키스에 있는 크로커다일레이크 국립야생동물보전지구 소속 과학자들이 쇠지레, 쇠꼬챙이, 맨손으로 큼직한 콘크리트 덩어리, 강철봉, 산호초 바위를 들어내기 시작한다. 몇 분간 땀 흘린 끝에 그들은 콘크리트 벽돌에 떠받쳐진 채로 먼지를 뒤집어쓴 철판에 도달한다. 사우스웨스트플로리다 자연보호단체의 활동가로서 이들과 제휴하여 일하는 케이티 킹이 돌무더기 꼭대기로 올라가서 원격 감지 장치로 꼼꼼히 주변을 훑으면서 "삑, 삑, 삑" 하는 스네이프의 무선 신호를 추적한다.

스네이프가 저기 있는 게 분명하다. 과학자들이 몇 번 더 끙끙거려서 마침내 철판을 들어낸다. "저기 있다!" 크로커다일레이크 보전지구 관리자인 제러미 딕슨이 외친다. 킹이 잽싸게 나서서, 컴컴한 틈새로 겁도 없이 쑥 손을 집어넣는다.

버마비단뱀은 적어도 2016년부터 플로리다키스 제도에서 번식했다. 에버글레이즈에서 해류를 타고 남쪽으로 내려온 것이다. 키스에서 뱀들은 사슴, 길고양이, 주머니쥐, 라쿤 등등 많은 먹이를 발견했다. 하지만 마이크 코브가 키스에서 염려하는 대상은 그중에서도 키라르고숲쥐Neotoma floridana smalli다. 코브는 이곳으로부터 65킬로미터 북쪽에서 바지에 비단뱀을 담았던 바로 그 사람이다. 플로리다키스에만 있는 이 쥐 아종은 섬들의 열대림에서 산다. 이 쥐와 뉴욕 지하철의 쥐는 크기와 대충 포유류다운 외모 말고는 공통점이 없다. 이 쥐는 미국 토착종이고 분류상 속이 다른 데다가 과일, 씨앗, 잎, 싹으로 구성된 채식 식단을 선호한다. 그리고 헌신적인 건축가여서, 돌과 나뭇가지를 쌓아 거대한 둥지를 짓는다. 그 둥지는 토착종 목화쥐부터 침입종 이구아나까지 다른 주민들을 끌어들인다.

키라르고숲쥐는 최근에 힘든 시기를 겪었는데, 그 이유가 이름에 '쥐'가 들어 있어서만은 아니었다. (코브에 따르면, 과학자들은 홍보에 도움이 될까 해서 이 쥐를 '키라르고코알라'라고 부르려고 했단다. 잘되진 않았다.) 키라르고섬 북부를 어슬렁거리는 길고양이 군집이 커짐에 따라, 이 쥐는 고양이에게 점점 더 많이 잡아먹혔다. 코브는 오션리프 지역의 포획-중성화-방사TNR 프로그램과 협력하여, 고양이 애호가들에게 길고양이를 입양해야 하며 야생 고양이는 울타리가 둘러진 널찍한 구역에 모아 둬야 한다고 설득하는 데 성공했다. 키라르고숲쥐 개체 수가 회복될 기미가 보였다. "2017년에 우리는 다 함께 축하하고 서로 어깨를 두드려 주고 그랬죠." 코브의 말이다. 그런데 이번에는 버마비단뱀이 꾸물꾸물 늘어나기 시작했다. 고양이는 통제했으니, 코브는 이제 비단뱀을 없앨 방법을 연구하여 다시 한번 숲쥐를 구하고자 한다.

킹이 뱀의 머리 바로 밑을 두 손으로 단단히 움켜쥔 동안, 과학자 세 명이 길이 3.3미터의 버마비단뱀을 녀석의 아늑하고 안전한 구멍에서 꺼내는 데 어렵사리 성공하고 씩 웃는다. 스네이프는 나가고 싶어 하지 않는다. 녀석은 공중에 뜬 몸통을 뒤틀며, 꼬리로 아무거나 감는다. 과학자들의 팔이든, 다리든, 둘 다든 되는 대로 감으려고 든다. 녀석의 창백한 입이 벌어지고, 안쪽으로 굽은 인상적인 치열이 드러난다. 이빨 뒤쪽으로 약 50센티미터 지점에 골프공만 한 둥근 물체가 툭 튀어나와 있다. 그것은 스네이프가 지난 반년간 얼마나 빠르게 움직였는지(움직이긴 했다면 말이다) 추적하게 해 주는 가속도계다. 그리고 꼬리에서 시작하여 몸통을 따라 1미터 남짓 위쪽까지 선이 한 줄 튀어나와 있고, 그 끝에 가속도계보다 작은 공이 하나 더 붙어 있는데, 이것은 스네이프의 위치를 누설하는 추적 장치다.

갑자기 스네이프의 배출구에서 노란 액체가 찍 뿜어져 나온다. 오줌과 똥이 섞인 액체는 날아가서 바위에 묻고, 뱀과 씨름하는 두 과학자에게도 묻는다. 우리가 어쩌다 잘못된 순간에 이동식 변소 구멍으로 몸을 숙였을 때 맡게 되는 초고농축 소변 냄새처럼 톡 쏘는 냄새가 공중에 퍼진다. 이 사향 냄새 나는 분비물은 대개의 뱀에게 최후의(최선의?) 방어 수단이다. 버마비단뱀은 그 몸이 마치 3미터짜리 복근이나 다름없고, 한쪽 끝에 바늘처럼 뾰족한 이빨도 있다. 하지만 모든 수단이 실패로 돌아가면? 똥을 싼다.

과학자들은 이 전술에 익숙하다. 딕슨이 달려가서 크고 흰 자루를 가져오고, 스네이프를 든 두 사람이 뱀을 커다란 U 자 모양으로 만든다. U의 밑부분을 먼저 넣고, 그다음에 꼬리를 넣고, 마지막으로 머리를 넣는다. 딕슨이 전문가의 손놀림으로 자루를 비틀어 묶는다. 올여름 마지막 '정찰 뱀'이 수거되었다.

스네이프는 추적 장치와 가속도계를 장착하고 2020년 가을에 사우스플로리다에 풀려난 뱀들 중 한 마리다. 그들의 임무? 더 많은 뱀을 찾아내는 것이다.

스네이프와 친구들이 포함된 최신 사업은 하트가 플로리다 본토에서 시작한 프로그램의 연장이다. 처음에 하트는 버마비단뱀의 약점을 찾아보다가 문제에 봉착했다. 이 뱀에게는 약점이랄 게 없다는 문제였다. "이 뱀은 이곳 환경에 완벽하게 적응했어요." 하트의 말이다. 짠물조차도 - 여느 뱀에게는 보통 사형선고여서, 코브를 비롯하여 플로리다키스에서 비단뱀을 막으려는 사람들이 그간 의지해 온 사실이었다 - 이 뱀을 막지 못한다. 하트와 동료들은 버마비단뱀 새끼가 기수(해수와 담수가 섞여 있는 물-옮긴이)에서 몇 달간 생존하며 짠물에서도 한 달간 버틸 수 있음을 확인했다.[29] 그것도 평균적으로 그렇다는 말이다.

한 개체는 짠물에서 200일 넘게 활기차게 잘 먹고 살았다.

물론, 뱀을 잡는 것도 문제다. 칼릴과 팀원들은 도로와 제방에서 사냥한다. 하지만 에버글레이즈에는 도로가 많지 않다. "우리는 이곳이 마치 거친 서부인 것처럼 헬리콥터를 띄워서 이동하곤 해요." 하트는 말한다. "하지만 여기는 서부가 아니죠. 여기는 모기가 들끓는 플로리다죠."

우여곡절 끝에 비단뱀을 잡더라도, 어떻게 죽일까 하는 문제가 남는다. "이 뱀은 장기를 재생할 줄 아는 희한한 능력도 갖고 있어요." 하트의 말이다. 심장이나 간을 공격하는 방법은 소용이 없다. 뱀은 그 장기를 새로 길러 낼 것이다. "장기 재생 능력을 어떻게 극복한다죠?" 현재 칼릴을 비롯한 사냥꾼들은 뇌를 완전히 파괴하는 방법을 쓴다. 아예 머리를 베어 버릴 때도 있다. 아직까지 머리를 다시 길러 낸 비단뱀은 없다.

나는 비단뱀을 꼭 죽일 필요가 있느냐고 묻는다. 버마비단뱀은 사실 세계자연보전연맹IUCN의 적색목록에 그 뱀의 토착 서식지에서 "취약한" 종으로 등재되어 있다. 방글라데시, 캄보디아, 베트남, 태국, 인도네시아까지 사실상 동남아시아 전체를 아우르는 지역이다. 그곳 사람들은 이 뱀을 음식과 약으로 쓰려고, 또 그 가죽으로 세련된 부츠와 가방을 만들려고 사냥한다. 서식지 파괴도 뱀을 위협한다. 만약 미국에 비단뱀이 너무 많다면, 한 무더기 붙잡아서 그곳으로 보내면 그곳에서의 보전을 도울 수 있지 않을까?

하트는 이 뱀이 이미 뉴저지에서 온 은퇴자보다 더 빨리 플로리다의 삶에 적응하고 있다고 대답한다. 그리고 플로리다의 버마비단뱀은 처음부터 동남아시아 개체군과는 다른 종이었을지도 모른다. "아마도 이곳 뱀은 반려동물 산업에서 비롯했기 때문에, 애초에 같지 않았을 겁니다." 하트의 말이다.

하트의 눈에는 벌써 차이가 보인다. "여기 뱀들의 번식 주기가 훨씬 빠른 것 같습니다. 이 뱀은 매년 번식할 수 있는 잠재력이 있지만, 토착 서식지에서는 대충 3년에 한 번씩 번식합니다." 하트의 실험실은 플로리다의 버마비단뱀*P. bivittatus*이 과거 어느 시점에 인도비단뱀*P. molurus*과 교배했다는 사실도 밝혀냈다.[30] 그렇다면 에버글레이즈의 비단뱀은 언젠가 실질적으로 다른 DNA를 갖게 될 정도로 변하고 있을까? 하트는 이렇게 대답한다. "5년 뒤에 다시 물어보시면 그때는 저희가 답할 수 있을지도 모르겠군요."

추적하기 어렵고, 독에 강하고, 죽이기 어렵고. 하트에게 남은 길은 그가 발견한 한 가지 약점을 공략하는 것뿐이었다. 이것이 바로 이른바 '유다' 기법을 적용한 정찰 뱀 프로그램의 목표다.[31] 이것은 아무것도 모르고 꼬리표를 달게 된 개체가 다른 개체를 찾아감으로써 과학자들을 뱀들에게 인도한다는 발상이다(과학자들은 이 개체를 '정찰 뱀'이라고 부르는데, '유다'라는 용어가 불쾌할 수도 있어서라는 게 하트의 말이다). 유일한 난점은 비단뱀이 사회적 생물이 아니라는 것이다. 하지만 뱀이 사랑을 찾아 나설 때는 얘기가 다르다.

짝짓기 철에 뱀은 많이 먹지 않는다. 그 대신 다른 뱀을 찾는 일에 온 힘을 기울인다. 암컷은 섹시한 냄새를 풍기고, 그러면 아주 멀리서부터 수컷들이 찾아온다. 짝짓기 철은 암컷 한 마리와 수컷 여러 마리가 뒤엉켜서 황홀한 파충류 난교를 벌이는 것으로 절정을 이룬다. "거의 짝짓기 하는 공이에요." 하트의 말이다. "그 속으로 비집고 들어가서 떼어 놓기가 어렵지만, 아무튼 그렇게 하죠." 나는 한 무리의 과학자들이 덤불로 들어가서 정신이 완전히 딴 데 팔린 비단뱀들로 이뤄진 커다란 공을 굴착기 삽에 퍼 담는 멋진 장면을 상상한다. 하트는 절대 그런 식이 아니라고 설명한다. 뱀들은 즉시 흩어진다. 게다가 "이 일은 운하 가장자리에서 벌어질 때가 많기 때문에, 최대한 잽싸게 손에 잡히는 대로 붙드는 수밖에" 없다. 뱀들이 물로 미끄러져 들어가서 영영 사라지기 전에.

추적 장치는 비싸고, 과정은 느리다. 하지만 때로는 이 방식이 밤이면 밤마다 투광등을 밝히고 사냥하는 것보다 효율적이다. 왜냐하면 더 많은 비단뱀을 만들 가능성이 있는 암컷을 발견하여 제거할 확률이 높기 때문이다. 그것이 바로 크로커다일레이크 보전지구 사람들이 하려는 일이다. 추적 도구를 가진 과학자들은 짝짓기 철에 몸이 달아오른 뱀들을 풀어 준다. (모든 키라르고섬 뱀들에게는 〈해리 포터〉 시리즈의 슬리데린 기숙사 사람들 이름이 붙어 있다. 스네이프, 드레이코, 크래브, 벨라트릭스.) 뱀들이 짝짓기 철에 어디서 지내는지 알 수 있을 만큼 데이터가 쌓이면, 과학자들은 추적에 나선다. 운이 좋다면, 그들은 정찰 뱀이 다른 여러 마리 뱀들과 낭만적 회합을 하는 장면을 목격할 것이다. 짝짓기 철이 끝나면, 그들은 섹스하지 않은 정찰 뱀을 추적하여 잡아들인다. 배고파진 뱀들이 숲쥐 사상자를 더 발생시키기 전에.

플로리다의 일부 지역에서는 이 방법이 어느 정도 성공을 거뒀다. 키라르고에서는 아직이다. 스네이프만 해도 혼자 있다가 잡혔다. 코브는 어쩌면 이것이 좋은 신호인지도 모른다고 말한다. 어쩌면 함께 데이트 장면을 연출할 버마비단뱀이 많지 않기 때문에 슬리데린 정찰 뱀들이 다른 뱀을 찾지 못한 것일 수도 있다. 또는 과학자들이 내보낸 뱀들이 그냥 운이 나빴을 수도 있다. 그 답을 알려면 시간이 더 필요할 테고, 정찰 뱀도 더 필요할 것이다.

유해동물 살해 면허

에버글레이즈에는 버마비단뱀이 수만 마리가 있는데, 그들을 잡기 위해서 우리는 투광등을 켠 사냥꾼과 뱀 중매쟁이에게 의지하는 형편이다. 하트는 어쩌면 유전학이 유전자 드라이브gene drive라는 해답을 제공할지도 모른다고 말한다. 유전자 드라이브는 유전자를 개조하여 동물을 불임으로 만들 수 있는 방법이다. 과학자들은 이미 기법의 일부를 모기에게 시험했는데, 물지 않는 수컷 모기만 태어나게 만듦으로써 모기를 국지적으로 절멸시키려는 것이었다. 하지만 그것은 모기였다. 이 기법은 아직 생쥐를 대상으로도 믿을 만하게 수행되지 못하고 있다 (뒤에서 다시 이야기하겠다). 비단뱀은 한참 더 기다려야 할 것이다.

칼릴은 다른 기술들에 희망을 건다. 어쩌면 패턴 인식 능력이 뛰어난 인공지능이 데이터를 충분히 수집함으로써 뱀과 작대기를 믿을 만하게 구별해 낼지도 모른다. 근적외선 카메라를 장착한 드론은 사람이 차로 못 가는 장소를 날 수 있다. "드론에 수류탄을 다는 거예요." 칼릴이 농담을 한다. "쾅."

플로리다비단뱀챌린지는 이제 연례 행사다. 이 행사 덕분에 더 많은 사람이 사우스플로리다로 사냥하러 오지만, 칼릴은 이것이 좋기만 한 일은 아닐 수도 있다고 걱정한다. 칼릴은 파충류 대학살로 자신의 뱀 공포를 극복하고자 하는 사람들이 많이 찾아온다는 것을 알고 있다. 하지만 그런 사람들은 토착종이 아닌 비단뱀과 역시 투광등 앞을 지나가는 여러 토착종 뱀을 구별하지 못할지도 모른다. 적절한 훈련을 받지 않은 초보 사냥꾼은 뱀을 인도적으로 죽이는 대신 고문하게 될 수도 있다.

나는 보상 제도도 걱정된다. 코브라 효과라고 불리는 현상이 떠오르기 때문이다.[32] 19세기와 20세기에 인도를 지배했던 영국 정부는 델리에 맹독을 지닌 코브라가 들끓는 것을 염려했다. 그래서 인도인들이 그 뱀을 도태시키기를 바라면서 코브라에 현상금을 걸었다.

나쁜 결말로 끝난 베트남의 쥐 현상금을 기억하는가? 인도인도 그와 똑같이 반응했다. 사람들은 물론 야생 코브라를 죽였다. 하지만 이내 코브라 번식에도 나섰다. 코브라가 많을수록 돈벌이가 되니까. 이 사실을 안 영국 정부는 현상 제도를 중단했다. 그러자 코브라를 번식시키던 사람들은 무가치해진 뱀을 시골에 풀어 주었다.

버마비단뱀이 왔던 곳으로 돌아가는 일은 없을 것이다. 하지만 우리가 그 뱀을 대하는 방식, 즉 즉각적으로 공포를 느끼고 유해동물로 규정하는 태도는 우리가 스스로에게 뱀 살해 면허를 발급하는 것과 다를 바 없다.

프로젝트코요테와 재야생화연구소에서 일하는 보전활동가 프란시스코 산티아고아빌라는 '유해동물'이라는 용어 자체가 일종의 '인식적 폭력'을 가한다고 말한다. 이 용어는 사람들에게 문제의 동물이 잘못된 장소에 있으며 무가치하다는 생각을 심어 준다. 혹은, 우리가 그동물로부터 보호하려는 영역에서 살아가는 다른 동물들보다는 가치가 적다고 여기게 만든다. '유해동물'이라는 단어는 그 동물이 우리 양심에 미칠지도 모르는 호소력을 더 쉽게 외면하게 만든다. 유해동물로 규정된 동물은 더는 자연의 일부가 아니다. 그러면 야생동물이 아니다. 유해동물은 제거되어야 할 나쁜 영향력이고, 그렇게 되면 이제 목적이 거의 모든 수단을 정당화한다.

칼릴은 늘 뱀을 좋아했다. 그는 자신이 잡아들이는 모든 비단뱀을 존중하지만, 그래도 여전히 뱀은 사라져야 한다고 생각한다. "내가 이곳에서 제거하는 뱀 한 마리가 다른 동물 수백 수천 마리를 살리는 셈이에요. 뱀은 이곳을 돌아다니고 있지만, 이곳에 어울리지 않는 존재예요. 나는 이렇게 생각해야만 밤에 잠들 수 있어요." 칼릴은 자신이 플로리다에서 산 세월 동안 비단뱀이 끼친 피해를 이미 목격했다고 말한다. "40년 전만 해도 우리는 이 길에서 죽은 동물을 열 마리는 봤을 거예요."

이 말은 언뜻 주제와 무관한 이야기처럼 들리지만, 그렇지 않다. 에버글레이즈에 포유류가 많지 않다면, 길에서 차에 치여 죽는 포유류도 많지 않을 것이다. 실제로 우리는 달리는 동안 차에 치여 죽은 동물을 한 마리도 못 봤다. 어스름 속에서 작은 야생 돼지 떼를 봤고, 어둠 속에서 쥐를 몇 마리 봤을 뿐이다. 그 밖에는 습지에서 움직이는 포유류가 하나도 없다. 개구리, 새, 악어, 곤충의 코러스가 들릴 뿐이다. 그리고 물론 뱀이 있다.

칼릴과 함께 내부가 비단뱀 무늬인 그의 트럭으로 차고 습한 바람을 맞으며 달리고 있자니, 에버글레이즈가 한없이 방대하고 어둠 속으로 무한히 뻗어 있는 듯 느껴지기 시작한다. 우리는 밤을 새우며 여덟 시간 넘게 찾아다녔으나, 뱀을 딱 한 마리 잡았다. 칼릴에 따르면, 이것은 아주 전형적인 날이다. 나는 묻는다. 그가 결코 잡지 못할 비단뱀이 수천 마리나 있는 현실 앞에서 그만둘 마음이 들진 않느냐고.

"절대로요." 칼릴이 한참 말없이 있다가 조용히 대답한다. "에버글레이즈에서 버마비단뱀을 마지막 한 마리까지 죽이려는 노력을 절대 그만두지 않을 거예요. 그건 희망을 버리는 짓이에요." 칼릴과 그의 어벤저들은 계속 밤 외출에 나설 것이다. 차로 제방을 달리며, 칼릴이 기억하는 에버글레이즈의 모습을 간직하려고 애쓸 것이다. 칼릴이 바라는 에버글레이즈의 모습을 달성하려고 애쓸 것이다. 한 번에 뱀 한 마리씩.

버마비단뱀은 이미 에버글레이즈를 바꿔 놓았다. 영원히 바꿔 놓았다. 이것은 설령 내일 당장 사냥꾼들이 모든 뱀을 없앤대도 달라지지 않을 사실이다. 물론 사냥꾼들이 그 일에 성공할 확률은 없다. 하지만 우리가 그 일을 하는 방식과 그 일에 동원하는 접근법은 뱀을 사악하고 무서운 것으로 보는 서구 문화의 관점, 그리고 인간이 귀하게 여기는 장소는 악이 감히 발 들여선 안 될 에덴동산이라고 보는 믿음과 긴밀하게 연관되어 있다. 그리고 뱀 같은 동물이 침입해 들어오면, 자연보호론자도 사냥꾼도 서슴없이 파괴 쪽으로 문화적 힘을 싣는다. 낙원을 구하기 위해서라면 무슨 짓이든 하는 것이다.

2부.

집이라고 부를
장소

3장

생쥐의 둥지

살아 있지만 너무 사랑스럽진 않은

나는 경력 초기를 실험실에서 생쥐를 연구하며 보냈다. 코카인 같은 각성제에서 항우울제나 환각제까지 다양한 약물이 뇌에 미치는 영향을 조사했다. 과학 문헌을 밀리미터 두께로 차근차근 섭렵하면서 우리에게 쾌락과 고통, 황홀과 비참을 안기는 뇌의 신경 경로들, 그 전기적 점화와 오작동을 공부했다.

생의학 연구에서는 카드키를 항상 손 닿는 곳에 두는 게 중요하다는 사실을 알기까지는 며칠 걸리지 않았다. 샌님처럼 보이는 카드키를 나는 짧은 끈으로 호주머니나 허리띠에 매달거나 목걸이로 차고 다녔는데, 그것은 어떤 복장에서든 분명 눈에 거슬렸다. 하지만 내게는 그 샌님 증명서가 꼭 필요했다. 맨 먼저 현관으로 들어가서 보안 검색을 통과할 때, 그다음 사무실로 이어지는 복도로 들어갈 때, 또 그다음 장비들이 웅웅거리는 밝고 흰 방에 들어갈 때마다 바닥도, 벽도, 우리가 수평 표면이란 표면마다 세심하게 붙여 놓은 무균 매트까지도 온통 흰색이었다.

하루에도 몇 번씩, 나는 시끄럽게 웅웅거리는 냉장고들을 지나서 파란색 일회용 실험복을 입었다. 숙련된 손놀림으로 니트릴 장갑에 손을 끼웠다. (장갑을 당겨서 탁 튕기는 것은 아마추어나 하는 짓이다. 대신 손을 미끄러뜨리듯이 넣은 뒤 살짝 비틀어야 한다.) 반드시, 반드시 앞이 막힌 신발을 신고 가서 그 위에 보호용 덮개를 씌웠다.

또 한 번 카드키로 입장하고, 또 한 번 신발 덮개를 씌운다. 머리그물과 수술용 마스크를 쓴다. 마지막으로 한 번 더 카드키를 찍고, 소독용 70퍼센트 에탄올의 톡 쏘는 냄새가 늘 감도는 기다란 회색 복도로 들어간다. 내가 걷는 길이 살짝 기울어진 내리막이라는 사실은 못 알아차리기가 쉽다. 하지만 일단 창문 없는 복도에 들어서면, 지하에 들어왔다는 느낌이 확연히 든다. 형광등 불빛을 받으며, 바퀴 달린 카트들을 지나서, 육중한 금속제 문을 통과한다. 철제 선반과 플라스틱 우리가 들어찬 방은 늘 어두침침하고, 배경에서 늘 뭔가 버석한 것이 바스락거리는 소리와 화다닥 달려가는 소리가 난다. 나는 옥수수 자루, 밀, 약간의 오줌이 풍기는 먼지나 흙 냄새 같은 것을 마신다.

그것은 내게 집 냄새 같았다.

나는 생쥐를 사랑한다. 생쥐가 내 손에 기어오를 때 느껴지는 녀석의 작은 발. 부드러운 털과 작은 배. 반짝이는 눈, 그리고 간식을 받을 때면 신나서 앞쪽으로 좍 펼쳐지는 수염. 한번은 내가 주말에 생쥐로 작업하는 모습을 두 동료에게 들켰는데, 그때 나는 생쥐들에게… 노래를 불러 주고 있었다. 나는 특히 생쥐에게 프루트룹스(알록달록한 링 모양의 시리얼로, 우리나라에서는 '후루트링'이라는 이름으로 판매된다-옮긴이)를 주는 것이 좋았다. 생쥐가 프루트룹스를 먹는 걸 보는 것은 사람이 자동차 타이어를 먹으려고 애쓰는 걸 보는 것과 비슷하다. 생쥐는 그것을 데굴데굴 굴리고, 가장자리를 깔짝거리다가, 마침내 속으로 뚫고 들어가서 중심을 먹어 치운다. 그리고는 바닥에 털썩 누워서 잠으로 과식을 다스린다. 후회라곤 없다.

그것들은 틀림없이 생쥐였다. 하지만 실험실 우리에 든 생쥐는－대강의 크기, 부드러운 털, 반짝거리는 눈이 같다는 점을 제외하고－내 친구 에바의 산장에 출몰했던 생쥐와 비슷한 점이 거의 없다. 저널리스트인 에바는 2019년에 매사추세츠공과대학에서 1년 연구하게 되어 가족을 다 데리고 독일에서 미국으로 왔다. 2020년 3월, 에바는 케임브리지의 방 두 개짜리 집에서 남편 슈테판, 그리고 세 아이들과 함께 갇힌 신세가 되었다. 아이들은 코로나19 팬데믹 때문에 학교에도 가지 않았다. 숨통 틔울 공간이 절실했기에, 에바와 슈테판은 렌터카에 아이들을 욱여넣고 버지니아주 서부의 산장으로 갔다.

그곳에 있던 생쥐들은 에바 가족을 반갑게 맞아 주었고, 에바가 구운 전문가 수준의 사워도 빵도 기쁘게 맛봤다. 에바는 곧 갉아 먹힌 빵과 식탁에 떨어진 작은 생쥐 똥 사진을 내게 문자메시지로 보내기 시작했다. 한타바이러스가 걱정되어 식량을 죄다 오븐에 넣어 두었지만 소용없었다. 생쥐들은 오븐에 들어갈 줄 알았다. 확인 결과 안전한 장소는 냉장고와 전자레인지뿐이었으므로, 가족은 매일 밤 두 공간에 식량을 최대한 채워 넣었다.

숲속 산장과 멸균 실험실. 두 장소는 생쥐들에게 녀석들이 충족시킬 수 있는 생태적 자리를 제공한다. 둘 중 하나는 인류의 첫 문명만큼이나 오래되었다. 인간은 집을 갖게 된 때부터 집쥐와 더불어 살았고, 뛰어오를 수 있는 의자가 생겼을 때부터 쥐를 피해 의자로 뛰어올랐을 것이다. 유해동물의 생태적 자리에서 생쥐는 우리가 남긴 것을 먹고산다. 이 생활양식은 아주 성공적이어서, 생쥐는 전 세계로 퍼졌다.

실험실이라는 다른 하나의 생태 지위는 비교적 최근에 생겼다. 여기서 생쥐는 유해동물이 아니다. 생쥐가 우리로 인해 먹고사는 대신, 우리는 생쥐 덕분에 더 길고 건강한 삶을 산다. 우리는 생쥐가 생산한 데이터와 생쥐가 우리에게 알려 주는 교훈을 바탕으로 하여 번성한다. 살아 있는 실험 도구로서 생쥐는 비단 지식을 발전시키는 데 그치지 않고 과학 자체를 바꿔 놓았다. 우리가 어떤 질문을 던지고 어떻게 답을 찾아보는가 하는 틀 자체를 생쥐가 형성했기 때문이다.

이 새로운 생태 지위는 옛 생태 지위가 없었다면 불가능했을 것이다. 우선은 생쥐가 우리 곁에서 살아야 했다. 생쥐가 인간의 환경에서 고정 상수가 되어야 했다. 생쥐는 무가치해 보일 만큼 흔한 존재이자 끊임없이 사소한 불편을 일으키는 침입자가 되었다.

생쥐는 인간이 아니다. 하지만 인간의 세상에서 살고, 인간의 음식을 먹는다. 포유류의 뇌, 그리고 인간과 아주 비슷한 생리작용을 갖추고 삶을 헤쳐 간다. 우리는 생쥐를 영리하다고 여기고 심지어 귀엽다고 여기지만, 그러면서도 생쥐를 보면 별생각 없이 죽일 사람이 많다. 따라서 우리가 인체의 비밀을 밝혀내고자 인간의 대역을 찾을 때, 살아 있는 생물이지만 너무 사랑스럽진 않은 생물을 찾을 때, 생쥐는 자연스러운 선택이었다. 인간과는 전혀 다르면서도 충분히 인간 같은 동물이었다.

인간의 뒤에는 반드시 생쥐가 있다

1만 5,000년 전에서 1만 1,000년 전 사이의 어느 시점에 특이한 인간 집단이 등장했다. 기껏해야 10여 가구, 그리고 아마도 그들의 사냥개로 이뤄진 이 인간 집단은 약간 비정상적인 짓을 시도했다. 장기 거주를 시도했던 것이다.

최초의 정착지는 도시가 아니었고 심지어 마을도 아니었다. 현재의 이스라엘, 팔레스타인, 요르단 등지에 해당하는 지역에 대충 둥글게 지어진 돌집 몇 채가 전부였다. 사람들은 요즘 중동이라고 하면 보통 사막 같은 풍경을 떠올린다. 건조한 관목지와 군데군데 오아시스가 있는 그런 풍경 말이다. 하지만 1만 5,000년 전 그곳은 오늘날보다 더 습윤했다. 사람이 먹을 수 있는 키 큰 풀이 많았다(훗날 우리가 밀, 보리, 기장으로 작물화할 식물도 있었다). 언덕에는 참나무와 피스타치오나무가 숲을 이뤘다. 요르단의 계곡에는 습지가 있었다. 초원에는 가젤이 많았고, 어쩌면 사람들은 한때 그 동물을 길들이려고 애썼을지도 모른다.[1]

그런 곳에서 사람들은 인류 최초의 주거를 시도했다. 그들이 그 돌집에서 연중 머물러 산 것은 아니었다. 그곳은 아마 계절성 거주지였을 텐데, 임시 야영지라기보다는 여름이나 겨울에만 사는 집에 가까웠다. 그곳에서 산 사람들은 아직 농사는 짓지 않았지만 최초로 빵을 구웠고, 최초로 맥주를 만들었다(우선순위를 아는 사람들이었다!). 곡식은 아직 사냥과 채집으로 얻었고, 식량을 따라다니면서 거주지를 옮겼다.

그런데 그들에게는 생쥐라는 문제가 있었다. 뒤집어 말하자면, 한 생쥐 종이 인간이라는 해답을 얻었다. 리오르 웨이스브로드는 그 생쥐의 흔적을 연구했는데, 전적으로 자발적인 선택은 아니었다. 그가 학위 논문 연구를 시작할 무렵, 지도 교수 미나 웨인스타인-에브론은 갈릴리의 선사시대 유적을 조사하고 있었다. 웨이스브로드가 연구에 나섰을 때는 벌써 큰 동물 뼈들은 다른 연구자들이 차지한 뒤였다. 생쥐는 '아직 연구할 사람을 기다리는 유일한 재료'였다.

당시 이스라엘 하이파대학에 있었던 고고학자 웨이스브로드는 초기 인간과 동물의 관계에 관심이 있었다. 그는 결국 생쥐가 남긴 작은 이빨에서 뜻밖의 관계를 발견했다. 알고 보니, 약 1만 5,000년 전에 인간이 그 지역으로 이동하여 돌집을 지었을 때 그곳에서는 이미 두 종의 생쥐가 먹이 경쟁을 벌이고 있었다.

생쥐처럼 작은 동물의 삶은 어느 시대든 편하지 않았다. 생쥐에게 모든 낟알은 싸울 가치가 있었고, 모든 구멍은 집이 될 수 있지만 또한 포식자의 은신처일 수도 있었다. 그중 한 종, 오늘날 우리가 마케도니아쥐*Mus macedonicus*라고 부르는 종은 가까운 친척인 다른 종보다 경계심이 좀 더 투철했던 것 같다. 편집증은 이 생쥐에게 합리적 선택이었다. 온 세상이 자신을 잡아먹으려는 판국이었으니까. 마케도니아쥐는 경계심 때문에 위험하되 맛난 간식을 조금 놓쳤겠지만, 호시탐탐 노리는 매나 고양이로부터는 안전했을 것이다. 하지만 다른 종도 같은 장소에서 같은 먹이를 찾아다녔고, 따라서 두 종은 지속적으로 경쟁했다. 생쥐 차원의 전쟁이 세대를 거쳐 이어졌다.

그러던 중 인간이 등장했고, 마케도니아쥐는 도망쳤다. 이 생쥐는 사람의 시끄러운 목소리와 거대한 발을 무서워했다. 그렇게 한 종이 허둥지둥 달아난 곳에서 다른 경쟁 종은 기회를 보았고, 덥석 덤벼들었다.

오늘날 그냥 생쥐*Mus musculus domesticus*라고 불리는 경쟁 종은 사람을 그다지 꺼리지 않았던 듯하다. 어쩌면 이 생쥐는 늘 더 대담하고 조심성은 적었을지도 모른다. 이 생쥐는 마케도니아쥐가 건드리지 못한 맛난 간식을 먹었겠지만, 동시에 그 지역 포식자들에게 더 자주 사냥당했을 것이다.

위험을 감수하는 생쥐에게 인간은 소음뿐만 아니라 기회도 가져오는 존재였다. 인간의 돌집에는 포식자들이 접근하지 못하기에 생쥐가 은신처로 쓸 만한 공간과 틈이 많았다. 인간의 식단은 근처에 쓰레기를 남겼다. 쓰레기에는 용감하게 기회를 잡는 생쥐가 먹을 만한 음식이 많이 있었다.

인간의 정착지는 집 몇 채가 전부였으나, 생쥐만 한 동물에게는 쥐 꼬리만 한 오두막 몇 채도 방대한 환경이다. "인간과 인간의 정착지를 받아들이면 (…) 새로운 서식지가 창조되지요." 웨이스브로드는 말한다.

새 생쥐는 인간이 만든 새 세상의 틈으로 슬쩍 들어왔다. 그러다가 인간이 떠났다. 정착지는 이후 약 1,000년간 버려졌고, 생쥐들의 싸움 이 재개되었다. 그동안 숨어 있던 마케도니아쥐가 다시 나타나서 도메 스티쿠스 생쥐를 대체했다. 야생으로 되돌아가는 환경에서는 마케도 니아쥐의 기술이 훨씬 잘 맞았다.

하지만 인간은 늘 돌아온다. 인간은 소음과 쓰레기와 기회를 함께 갖고 돌아왔다. 마케도니아쥐는 꼬리를 감췄다. 다시 도메스티쿠스 생 쥐가 우위를 차지했다.

그로부터 수만 년이 흐른 지금도 마케도니아쥐는 동유럽과 이스라 엘 사이의 지역에서 야생 생쥐로 살아간다. 반면 엄청나게 성공한 그 사촌 종은 남극을 제외한 모든 대륙을 차지했다. 이 종의 대담한 행동 특성들은 종 분화의 계기가 되었다. 이 종은 인간이라는 기회를 전혀 활용하지 못했던 공통 선조들과는 다른 길을 걷게 되었다. 도메스티쿠 스 생쥐는 인간과의 공생이라는 진화적 복권을 땄다. 우리가 아는 생 쥐가 탄생한 것이다.[2]

도메스티쿠스 생쥐에게는 있고 마케도니아쥐에게는 없는 것은 무 엇이었을까? "중요한 질문이군요." 프랑스 파리의 국립자연사박물관 동물고고학자 토마 쿠치의 대답이다. 쿠치는 고대 동물의 흔적, 특히 최초의 인간 정착지와 연관된 흔적의 전문가다. 웨이스브로드가 고대 생쥐 이빨을 연구해서 쓴 논문도 쿠치가 심사했다.

생쥐는 날렵함, 지능, 뛰어난 활력 덕분에 지구에서 가장 성공한 유해동물이 되었다. 그냥 쥐보다도 더 그렇다고 쿠치는 말한다. "생쥐는 어디나, 어디에나 있습니다." 북극권의 섬이든 아남극 지역이든 상관없다. "생쥐는 눈에 덜 띄는 편이지만, 그래도 [쥐처럼] 새로운 환경에 적응하는 능력이 뛰어납니다." 솔직히, 놈이 우리 코앞에서 달려가지 않는 한, 쥐rat보다는 생쥐mouse를 내버려두기가 더 쉽다고 그는 말한다. "인간이 존재하는 곳에는 반드시 생쥐가 있습니다."

물론, 진정한 비결은 진화에 있다. 수컷 생쥐와 암컷 생쥐가 서로 몹시 사랑하면… 아니, 관두자. 수컷이 해야 할 일을 하는 몇 초 동안 암컷이 수컷을 참아 낸다면, 그로부터 21일 뒤에는 네 마리에서 열두 마리 사이의 새끼가 태어난다. 다시 21일이 지나면, 씹다 만 껌 뭉치에 다리가 달린 것처럼 생겼던 새끼가 젖을 떼고 임시 운전면허증을 발급받을 준비가 된 활동 과잉의 십 대가 된다. 암컷 생쥐는 그동안 다시 임신할 수 있고, 첫배의 새끼들이 젖을 떼면 다시 출산한다. 또 3주가 지나면, 첫배의 새끼들이 독립하여 손주 생쥐를 만들 때가 된다. 만약 생쥐 한 쌍이 한배에 새끼를 열두 마리씩 낳고, 1년에 열 배를 낳는다면, 단 한 쌍이 1년에 생쥐 120마리를 만들 수 있다. 그동안 일찍 태어난 새끼들이 독립하여 새끼를 낳고, 그 새끼들이 또 새끼를 낳는다. 생쥐가 눈덩이처럼 불어난다.

생쥐는 세대를 거듭할수록 인간 근처에서의 삶을 좀 더 쉽게 만드는 유전자를 더 많이 갖게 되고, 그런 삶을 더 어렵게 만드는 유전자를 덜 갖게 될 것이다. 계산을 해 보면, 그런 유리한 유전자가 몇천 년 만에 개체군 전체로 퍼진다고 봐도 무방하다. 인간이 성인이 되어서도 젖당 소화력을 간직하는 특질을 최근 수천 년 만에 발달시킨 것과 비슷하다. 진화의 세계에서 수천 년은 눈 깜박할 사이다.

하지만 톰 길버트는 그것이 충분히 빠르지 않다고 본다.

진화생물학자인 길버트는 덴마크 코펜하겐대학의 진화통유전체학센터 소장이다. 그는 생쥐가 인간 환경의 이점을 빠르게 취하기 위해서는 생쥐 자체가 아니라 생쥐의 장내 미생물이 달라져야 한다고 생각한다.

지금쯤 여러분도 우리가 인생이라는 여정을 혼자서 헤쳐 가는 게 아님을 알 것이다. 우리 집 벽에서 사는 생쥐나 방구석에서 사는 거미를 말하는 게 아니다. 우리 모공에 얼굴을 처박은 채 피지를 먹고 사는 진드기부터(그러고는 똥을 싼다. 우리 얼굴에. 맛있겠네.)[3] 우리 장속의 수십조 마리 세균까지, 우리는 걸어 다니는 생태계나 다름없다. 생쥐 한 쌍이 1년 만에 가족을 120마리로 불릴 수 있다는 사실은 놀랍지만, 같은 기간 동안 세균이 증식하는 데 비하면 아무것도 아니다.

하지만 어떤 세균이 우리 몸속에 바글거리는지는 어떻게 결정될까? 길버트는 부분적으로나마 우리 유전자가 결정한다고 믿는다. 우리 유전자는 제 장내 환경의 발달을 통제함으로써 세균에게 좀 더 우호적이거나 덜 우호적인 조건을 구축한다. 어떤 사람의 장을 편하게 느끼는 세균이 있는가 하면 그렇지 않은 세균도 있다. 나아가 이 상태는 종마다 다를뿐더러(생쥐와 닭의 장내 미생물은 같지 않을 것이다) 개체마다도 다르다. 길버트는 각 개인의(또는 동물의) 작은 유전적 차이가 개인화된 장내 미생물 군집을 낳고, 그것이 다시 생물체의 행동에 영향을 미칠 수 있다고 믿는다.

유전자만 일방적으로 미생물에게 말을 거는 것은 아니다. 미생물도 대답한다. 미생물이 내보내는 화학적 메시지 중 일부는 다른 미생물들이 읽고, 그 방식으로 그들은 우리 장속에서 동맹을 결성하거나 작은 전쟁을 벌이거나 한다. 미생물이 숙주에게 보내는 메시지도 있다. 어떤 메시지는 단순하여, 장내 환경이 그 특정 미생물에게 더 안락한 장소가 되도록 숙주의 몸에 영향을 미치려는 시도에 해당한다. 그런데 국지적 세포를 넘어서 훨씬 더 널리 영향을 미치는 메시지도 있다. 그런 메시지는 숙주의 행동을 바꿀 수도 있다. 예를 들어 보자. 만약 우리가 생쥐의 장에 젖산 생성 세균을 넣어 주면, 생쥐가 생산하는 혈중 스트레스 화학물질의 양이 줄어들 수 있다. 생쥐는 또 불안과 우울에 가까운 행동을 덜 드러낸다. 낯설고 무서운 환경에서도 덜 숨는 식이다.[4] (같은 세균 균주를 사람에게 주입하여 같은 효과를 보려는 시도는[5] 아쉽게도 아직 성공하지 못했다.) 이런 뱃속 약국 덕분에, 신경계의 화학 신호를 약간 조정하는 단계에서 동물의 행동을 변화시키는 단계까지는 거리가 그다지 멀지 않다.[6] "모든 미생물은 작은 약물 공장입니다." 길버트의 말이다.

그런 미생물이 사람의 집에서 사는 생쥐를 만든 첫 번째 단계였을 수도 있다. "장내 미생물은 인간의 행동에 영향을 미치는 것처럼 생쥐의 행동에도 영향을 미칩니다." 캐나다 맥마스터대학의 신경과학자로서 생쥐에서 생쥐로 미생물을 옮기는 데 경력을 바친 제인 포스터는 말한다.

포스터에 따르면, 미생물은 수직적으로도 수평적으로도 전달된다. 수직적으로란 엄마가 아기에게 미생물을 물려주는 것을 뜻한다. 수평적으로란 사람들이(또한 생쥐들이) 서로에게 미생물을 옮기는 것을 뜻한다. 인간의 경우에는 역겹게도 우리 손에 남은 약간의 분변성 세균이 우리가 문고리, 조리대, 기타 등등을 만질 때 그곳으로 옮겨지는 방식이다.

생쥐는 중간 단계를 건너뛰고 서로의 똥을 먹는다. 식분증이라고 불리는 이 행위는 의외로 드물지 않다. 개에서 말까지 많은 종이 그렇게 한다. 심지어 고릴라도 식분증을 즐길 때가 있다.

식분증은 장내 미생물을 공유하기에 훌륭한 방법이고, 그 장내 미생물이 행동을 결정할 수도 있다. 예를 들면, 장내 세균이 전혀 없는 생쥐는 더 느긋한 편이다. 그런 생쥐는 높은 미로의 사방이 트인 통로를 겁 없이 돌아다닌다(어둠을 좋아하는 피식동물에게 정상적인 상황에서는 무서운 일이다).[7] 계통이 서로 다른 실험실 생쥐들이 동일한 용량의 세균에 다르게 반응한다는 것을 보여 준 연구도 있었다. 어떤 생쥐는 항우울제를 복용한 듯한 효과를 드러냈지만, 다른 생쥐는 아무런 반응이 없었다.[8]

고대의 두 생쥐 종, 즉 마케도니아쥐와 (곧 그냥 생쥐로 불릴) 도메스티쿠스 생쥐가 장내 미생물에 다르게 반응했다면 어떨까? 상상해 보

자. 두 종이 인간의 똥을 몇 입 먹었다. 생쥐들의 몸속으로 세균이 밀려들었다. 하지만 마케도니아쥐 속에서는 세균이 제대로 정착하지 못했을 수 있다. 마케도니아쥐의 장에서 세균은 별로 편안하지 않았다. 세균은 화학물질을 뿜어내어 숙주와의 소통을 시도했겠지만, 마케도니아쥐는 듣지 않았다. 마케도니아쥐는 느긋해지지 않았다.

한편 도메스티쿠스 생쥐의 장은 세균에게 더 좋은 집이었을지도 모른다. 그 생쥐의 장속은 따뜻하고 산성도가 딱 적당했으며, 기존의 세균들도 좋은 이웃이 될 만큼 친화적이었다. 새 세균은 신호를 뿜어냈다. 그 화학물질은 이렇게 말했다. "겁내지 마. 여기 머물자. 버틸 수만 있다면 좋은 곳이야."

도메스티쿠스 생쥐는 머물렀다. 그리고 똥을 쌌다. 다른 도메스티쿠스 생쥐들이 그 똥이나 사람 똥을 먹었고, 그리하여 모두가 기분을 좋아지게 하는 세균을 갖게 되었다. 이것은 전부 추측일 뿐이며, 실제로 어땠는지는 우리가 영영 모를 수도 있다. 그래도 소수의 좋은 세균이 생쥐의 진화 속도를 유전자만으로 해낼 수 있는 것보다 더 빠르게 만들었을지도 모른다는 가설은 흥미로운 생각이다.

인간 학교의 생쥐 학생

생쥐와 미생물은 인간 환경에서 느긋해지는 능력만 진화시킨 게 아니었다. 그들은 새로운 재주도 발달시켰다.

동물이 인간이 있는 곳에서 번성하려면 특별한 기술이 필요하다. 우선, 너무 까다롭지 않은 것이 도움이 된다. 이것은 독일 막스플랑크 진화생물학연구소의 행동생태학자로서 생쥐를 연구하는 안냐 귄터의 말이다. 내가 허벅지 위에 돌아다니게 놔뒀던 놈들처럼 온순하고, 상냥하고, 약간 아둔한 실험실 생쥐를 말하는 것이 아니다. 귄터는 목가적 시골 지역, 혹은 베를린의 공원과 시내에서 거칠게 살아가던 야생 생쥐를 잡아와서 번식시키고 연구한다. "사람들은 [내 연구가] 인간과 무슨 관련이 있느냐고 물어요." 귄터는 말한다. "나는 인간에게는 보통 관심 없다고 대답하죠."

귄터는 생쥐 같은 동물이 인간 환경에서 살아가기 위하여 어떻게 적응했는지 알고 싶어 한다. 동물이 유해동물의 삶을 살아갈 때 필요한 자질을 알고 싶어 하는 것이다.

생쥐는 역시 인간 환경을 사랑하는 동물인 갈매기, 비둘기, 참새, 라쿤 등등처럼 보편종이다. 야생에서 생쥐는 곡물, 곤충, 과일, 견과를 먹는다. 하지만 곡물이 줄기에 붙어 있든 크루아상 부스러기에 들어 있든 그게 그렇게 중요할까? 기준이 너무 높지만 않다면, 인간 세상은 생쥐에게 많은 것을 준다. "우리는 동물에게 연중 안정적인 먹이 자원을 공급합니다. 동물이 그 자원에 접근할 방법을 찾을 수 있다면요." 귄터의 말이다. "인간의 집은 동물에게 둥지 틀 공간을 제공합니다. (…) 우리가 짓는 거의 모든 구조물에 동물이 둥지로 삼을 틈새 공간이 있죠."

하지만 생쥐가 인간과 살아가기 위해서는 보편종이 되는 것만으로는 부족하다. 생쥐는 또 유연해야 한다. 인간 환경은 끊임없이 바뀐다.

늘 새 건물과 새 사람과 새 일정이 나타난다. 생쥐가 시리얼 상자를 발견하면, 인간이 금세 터퍼웨어(밀폐 용기로 유명한 가정용 주방 제품을 판매하는 회사-옮긴이)에 투자한다.

생쥐는 이처럼 끊임없이 변하는 세상에 적응하는 능력, 즉 행동 유연성을 발달시켜야 하고, 실제로 그렇게 한다. 귄터는 인간이 – 엄밀히 따지자면 인간의 도시이지만 – 생쥐를 세상 물정에 밝게 만든다는 것을 보여 주었다.

귄터와 동료들은 세 생쥐 아종 카스타네우스*M. musculus castaneus*, 무스쿨루스*M. musculus musculus*, 도메스티쿠스*M. musculus domesticus*를 수집했다. 모두 짧게는 4,000년(카스타네우스), 길게는 1만 3,000년(도메스티쿠스) 동안 인간과 함께 살아온 종이다. 과학자들은 그 생쥐들에게 먹음직스러운 밀웜을 보상으로 제공하면서 다양한 문제 해결 과제를 내 주었다. 보상을 받으려면 생쥐는 작은 플라스틱 대롱에 든 종이 뭉치를 꺼내거나, 배양 접시 뚜껑을 들어올리거나, 심지어 작은 레고 집의 창문을 열어야 했다. 그런데 이때 인간과 산 역사가 긴 생쥐일수록 과제를 더 잘 풀었다.[9] 우리의 제일 오래된 동거자인 도메스티쿠스 생쥐는 다른 두 아종을 때려눕혔다.

인간 세상은 훌륭한 교육 기회다. 귄터가 다른 속의 생쥐*Apodemus agrarius*로, 하지만 이번에는 같은 아종에서 도시 쥐와 시골 쥐를 데려다가 비슷한 실험을 해 보니, 도시 쥐가 가엾은 시골 쥐보다 문제 해결 과제를 더 잘 풀었다.[10]

이 문제 해결 능력을 귄터는 '인지 향상'이라고 부른다. 생쥐가 더 똑똑해졌다고 볼 순 없다. 생쥐가 퀴즈쇼에 사람 대신 참가할 것은 아니다. 생쥐는 그저 우리와 함께 사는 데 점점 더 능숙해질 뿐이다.

문제 해결 능력을 새로운 수준으로 끌어올린 종이 생쥐만은 아니다. 회색청설모, 그렇다, 나의 친애하는 망할 케빈의 경우에도 도시에서 자란 개체일수록 처음 본 어려운 퍼즐을 더 빨리 푸는데,[11] 아마 그런 개체일수록 새로운 일에 더 기꺼이 도전하기 때문일 것이다. 하지만 제일 유명한 사례는 따로 있으니, 바로 노란 가슴, 푸른 정수리와 등, 유난히 건방진 표정을 지니고 있는 작고 통통한 새 유럽푸른박새 Cyanistes caeruleus다. 이 새는 우유병의 포일 뚜껑을 쪼아서 구멍 내거나 밀랍 종이 뚜껑을 벗기는 법을 알아냈다. 이 행동은 1921년에 영국 잉글랜드 사우샘프턴에서 처음 기록되었고, 이후 잉글랜드와 스코틀랜드와 아일랜드와 웨일스 전역으로 퍼졌다.[12] 다른 박새들도 따라 했고, 이 행동은 옛 유제품 배달 방식이 존속하는 한 계속되었다.

하지만 뭐? 우유병 뚜껑? 배양 접시 뚜껑? 이건 뭐, 아마추어 장기 자랑 시간인가? 진짜 천재를 보려면, 멀리 갈 것 없이 우리가 애정을 담아 쓰레기 판다라고 부르는 라쿤Procyon lotor의 강도 같은 얼굴과 영리한 앞발을 보면 된다. 특히 그 유명한 캐나다 토론토시의 라쿤을 보면 된다.

우선, 토론토에 라쿤이 얼마나 많이 사는지는 아무도 모른다. 주민들은 자신들이 바라는 수준보다 더 많다고만 알고 있다. "그걸 알기는 거의 불가능합니다." 토론토 요크대학의 동물행동학자 수전 맥도널드는 이렇게 말한다. "토론토에서 실제로 라쿤 분포를 조사하려면 수백만 달러가 들 거예요."

대화 도중 맥도널드는 토론토에 라쿤이 십만 마리쯤 있을지도 모른다는 추측을 용감하게 발설했지만, 실제 개체 수는 전혀 알 수 없다. "이런 추측은 보통 틀립니다. 왜냐하면 도시 지역의 라쿤은 우리가 생각했던 것보다 훨씬 더 기꺼이 사회성을 발휘하여 우리를 놀라게 만들 때가 많거든요."

주민들이 라쿤이 많다고 생각하는 이유 중 하나는 라쿤이 끼치는 영향이 명명백백하기 때문이다. 라쿤이 인간의 쓰레기통을(또한 반려동물 먹이와 다락과 부엌을) 어찌나 쉽게 여는지, 시는 라쿤이 못 여는 쓰레기통을 설계하고 배포하는 데 3,100만 캐나다달러를 썼다.[13]

"시제품 시험에 나도 자원했죠." 맥도널드의 말이다. 맥도널드는 자기 집 뒷마당의 상습적 쓰레기 강도를 대상으로 세 종류 시제품을 시험했다. 세 쓰레기통은 모두 효과가 있었다. 다만 그중 두 종류는 라쿤에게만 어려운 게 아니라 사람에게도 어려웠다. 너무 많은 단계를 거쳐 잠그게 되어 있어서, 야생동물이 포기하기 전에 사람이 포기했다.

우승한 설계는 이론적으로 대향성(엄지가 나머지 다른 손가락들과 마주 보는 성향-옮긴이) 엄지가 있어야만 열 수 있는 구조였다. 손가락으로 비트는 동작을 해야만 뚜껑이 잠겼다. 쓰레기 수거차는 쓰레기통을 확 뒤집으면 되고, 그러면 중력 때문에 쓰레기통이 열린다.

토론토 시민들은 라쿤 없는 미래를 열렬히 기대했다. 하지만 며칠 지나지 않아 라쿤이 다시 우위를 차지했다. 설계자들은 라쿤이 쓰레기통 문제를 '풀려고' 할 것이라고 예상하여 설계했다. 하지만 규칙을 따르는 건 호구들이나 하는 짓. 라쿤은 그냥 쓰레기통을 넘어뜨려서 그 충격으로 잠금 장치를 깨뜨렸다. 그러면 맛있고 맛있는 쓰레기가 그들 몫이었다. "사람들은 시끌시끌했죠. 토론토 기자들은 '라쿤들이 쓰레기통 문제를 풀었다!' 하고 보도했고요." 맥도널드의 말이다. "글쎄요, 라쿤은 문제를 푼 게 아니에요. 그냥 박살을 낸 거지."

도시의 라쿤은 계속 적응한다. 고아가 된 새끼 라쿤 몇 마리를 비교한 연구에서, 맥도널드는 도시 출신 라쿤이 – 도시 생쥐와 시골 생쥐의 경우처럼 – 시골 출신 라쿤보다 문제 해결 과제를 더 잘 수행한다는 것을 확인했다. 도시 출신 라쿤은 먹이 보상이 걸려 있을 때 쓰레기통을 터는 데 더 빨리 성공했다.

"사실상 도시가 이런 천재 라쿤을 길러 내는 겁니다." 생쥐나 푸른 박새나 청설모와 마찬가지로, 맥도널드는 말한다.

라쿤은 심지어 토론토에서도 팬이 많다. 생쥐도 그렇다. 귄터의 생쥐들이 간식을 얻기 위해서 레고 집에 들어가거나 작은 배양 접시 뚜껑을 들어올리는 모습을 동영상으로 볼 때, 나는 나도 모르게 녀석들을 응원한다. 과학자였을 때는 내 생쥐들이 죽으리라는 것을 알았다. 사실 내가 그들을 죽이리라는 것도 알았다. 나는 그들의 뇌, 피, 데이터가 필요했지만 그럼에도 그들을 아꼈다. 녀석들이 미로를 푸는 걸 볼 때면, 용감하게 작은 보상을 얻으라고 응원했다. 녀석들의 삶을 거둘 때도 마음속으로 사과하며, 한 마리 한 마리에게 "미안해, 친구"라고 속

삭였다.

만약 생쥐가 집 안에 침입해 들어오더라도 그 또한 교훈이 된다고, 해리 월터스는 내게 상기시킨다. 월터스는 인류학자이자 나바호자치국 소속의 디네족 장로다. 디네족은 누구 못지않게 오랫동안 생쥐와 쥐와 함께 살아왔다. 그들의 쥐는 라투스속이 아니라 북아메리카 토착종 숲쥐인 네오토마속이고, 그들의 생쥐는 무스속이 아니라 페로미스쿠스속*Peromyscus*이다.

이 설치류들은 여느 집쥐와는 달리 완전한 공생동물은 아니다. 이들은 사막에서 자기들끼리 살 때도 완벽하게 만족한다. 그렇다고 해서 우리의 장작더미나 부엌을 거절하진 않는다. 이들도 무스속이나 라투스속처럼 유연하며, 좋은 기회를 보면 잡을 줄 안다.

월터스는 만약 쥐가 나타나면 그것을 누구의 잘못으로 볼 것인가 하는 점에서 디네족이 다르다고 말한다. 보통 사람은 부엌에서 생쥐를 보면 분노를 느낄 수도 있다. 이 동물이 감히 내 공간을 침범하다니. 감히 모습을 드러내다니. 포살 덫을 놓아야겠어.

월터스에 따르면, 디네족도 그렇게 하지만 상황에 대한 이해가 다르다. "생쥐는 우리를 괴롭히려고 그러는 게 아닙니다. 살려고 그러는 거죠. 그냥 살려고 애쓰는 겁니다. 자연스러운 일을 하는 거예요." 디네족의 세계관에서는 동물과 사람이 서로 존중해야 한다는 상호 의무를 진다. "자연에서 생쥐는 식물의 견과, 열매, 뿌리를 훔치고 곤충을 먹죠." 월터스의 말이다. "하지만 만약 우리가 쓰레기를 아무렇게나 내버리면, 생쥐가 찾아옵니다. 그렇다면 사람이 할 일은 제 집을 깨끗하게 관리하는 겁니다."

부엌에 찾아든 생쥐는 우리에게 메시지를 전한다. 생쥐는 야생에 머물겠다는 약속을 위반한 셈이다. 하지만 생쥐의 등장은 우리에게 우리가 지켜야 할 약속을 환기시킨다. 생쥐의 의무는 우리에게 끼어들지 않는 것이지만, 우리의 의무는 집을 청결히 관리하여 생쥐가 오고 싶지 않은 장소로 만드는 것이다. 생쥐는 본질적으로 열등한 존재가 아니다. 생쥐에게는 재주가 있다. 우리 소유물에 끼어드는 재주다. 그렇다면 인간은 인간의 재주, 즉 이성을 발휘하여 생쥐를 저지해야 한다.

우리가 저지해야 할 동물이라고 해서 당연히 미움과 혐오의 대상이 되는 것은 아니다. 인간과 동물의 관계는 늘 그보다 훨씬 복잡했다.

예를 들어, 생쥐나 쥐가 당신의 곡식을 축낸다는 것은 일종의 훈장이 아닐까? 애초에 당신에게 잃을 곡식이 있다는 뜻이니까. 쿠치는 고대인도 생쥐의 좋은 면을 봤을 수 있다고 말한다. "어쩌면 사람들이 생쥐를 유해동물로 보지 않았을 수도 있습니다. 인도 같은 곳에서는 인간 주변의 생쥐와 쥐를 나쁜 것이 아니라 행운으로 생각합니다. 주변에 생쥐와 쥐가 있다는 건 음식이 있다는 뜻이니까요."

한 예로 쿠치는 내게 작은 돌을 하나 보여 준다. 길이가 약 3센티미터로 대충 AA 건전지 반만 한 돌이다. 흰 돌은 인공적으로 아름답게 조각되어 있다. 한끝에는 동그랗고 쫑긋 선 귀가 있다. 귀 앞에 눈에 해당하는 홈이 있다. 반대편 끝에는 살짝 튀어나온 코가 있다. 입이라고 그어 둔 선도 있다.

이것이 무엇인지는 한눈에 알 수 있다. 이것은 생쥐 머리 조각이다.

뒤에 구멍이 하나 뚫린 걸 보면, 이것은 목걸이나 다른 장신구에 걸라고 만들어진 물건임이 분명하다. 요즘 엣시(미국의 전자 상거래 사이트로, 주로 개인들이 직접 만든 공예품을 사고판다-옮긴이) 같은 데에서 살 수 있을 물건처럼 생겼다. 하지만 이것은 8,000년 전에 시리아에서 만들어진 물건이다.

그 무렵 그곳 사람들은 종일 농사를 짓고 가축을 치며 살았고, 도메스티쿠스 생쥐는 그들의 지속적 동반자였다. 그리고 이 펜던트가 보여주듯이, 생쥐가 사람에게 늘 달갑잖은 존재만은 아니었을 수도 있다. 수천 년 전 그때, 초기 신석기시대의 농부가 고된 하루 일을 마치고 귀가한 모습을 상상해 본다. 그는 불빛에 의지하여, 굳은 손으로 작고 흰 돌을 깎아서 작은 생쥐를 만든다. 사랑하는 자식에게 줄 선물로.

이것은 물론 내 낭만적 상상일 뿐이지만, 쿠치는 사람이란 자신이 존중하지 않는 것을 조각으로 재현하는 데에 시간과 관심을 쏟지 않는다고 지적한다. 곡식 창고에서 생쥐는 유해동물이었을지도 모른다. 하지만 사람들이 생쥐로 예술 작품을 만들었다는 것은 생쥐에게서 다른 면도 보았다는 뜻이다. 생쥐를 작고, 영리하고, 귀여운 존재로 보았다는 뜻이다.

요즘도 어떤 생쥐는 우리에게 미소를 자아낸다. 미키 마우스는 미디어 제국의 우두머리다. 사람들은 생쥐 귀가 달린 모자를 쓴다. 『레드월』시리즈라고, 오빠와 내가 어릴 때 매료되었던 동화 시리즈도 있다. 그 이야기에서 생쥐들은 수도사처럼 수도원에 모여 살면서 못된 쥐나 족제비나 기타 흉악한 동물을 영웅적으로 물리친다. 그들은 쥐ʳᵃᵗ와 비숫하지만 더 귀엽다. 더 부드럽다. 더 작다. 흑백으로 나뉘는 도덕적 세계에서, 생쥐는 회색 그림자로 존재한다.

수천 년 전에 누가 그 작은 생쥐 머리 펜던트를 조각했을 때, 이 동물은 이미 인간의 마음속에 들어와 있었다. 그때도 사람들은 생쥐를 보면 마음이 약해졌고, 가슴이 찡해졌다. 그 감정은 우리에게 이렇게 말했다. "이 생물은 살아 있어, 너처럼."

생쥐 역병, 극복하거나 극복되거나

그렇다고 해서 우리가 생쥐를 잡고 죽이기를 그만두었는가 하면, 당연히 아니다. 우리가 창조한 생태 지위를 채우려고 생쥐가 진화했지만, 곧 이번에는 생쥐가 우리를 변화시켰다. 생쥐는 우리의 시간과 생각을 차지했다. 우리는 생쥐를 저지하고자 곡물 창고를 지었고, 터퍼웨어와 통조림을 발명했고, 물론 쥐덫을 발명했다.

우리가 아는 최고령 쥐덫은 오늘날의 파키스탄에 해당하는 인더스 계곡 문명에서 거의 4,500년 전에 만들어진 것이다.[14] 쿠치는 그 쥐덫을 본뜬 물건을 갖고 있는데, 꼭 고전적인 도자기 단지를 옆으로 눕힌 것처럼 생겼다. 들기 쉽게 위쪽에 긴 손잡이까지 달려 있다. 고대의 쥐덫이든 현대의 모조품이든 옆면에 일부러 구멍을 뚫어 두었는데, 덫으로 잡은 희생자를 양동이에 담가 죽일 때 물이 들어가라고 만든 것이다.

그런 덫은 요즘 우리가 '쥐덫'이라는 말에서 보통 떠올리는 포살 덫과는 별로 닮지 않았다. 후자를 보고 싶다면, 미국 오하이오주 갤러웨이로 가야 한다. 북아메리카덫수집가협회 회장 톰 파가 운영하는 덫역사박물관이 거기에 있다. 큰 건물은 원래 파가 경영하는 의료용품 회사 사옥이었다. 건물 1층에는 이제 코요테용에서 곰용까지 각종 동물용 덫이 가득하다.

생쥐는 아예 따로 방이 있다. 그 방에는 우리형 덫, 스냅 덫, 생포 덫, 여러 마리용 덫, 독 미끼 등등이 가지런히 진열되어 있고, 쌓여 있고, 걸 수 있는 곳이라면 어디든 걸려 있다.

아메리카 대륙 최초의 쥐덫은 예쁜 도자기 제품이 아니었다. 파는 이렇게 설명한다. "기묘한 장치가 아니라 그냥 모로 세운 돌덩이와 작동 메커니즘, 가령 작대기 세 개를 설치해 두고 동물이 작대기를 건드리면 폭삭 무너지게 만든 것이었습니다." 뒤집은 상자를 작대기로 받친 것, 그러니까 우리가 '덫'이라는 단어에서 흔히 떠올리는 모양의 장치였다.

그 유명한 목제 포살 덫은 1894년에야 등장했다. 일리노이주 애빙던의 윌리엄 후커가 고안한 발명품이었다.[15] 후커를 비롯한 여러 발명가는 쥐덫이 돈이 된다는 사실을 금세 깨달았다. "후커가 최초의 쥐덫에 특허를 낸 뒤, 그것을 베껴서 새로 특허를 낼 수 있을 정도로만 살짝 바꾼 설계가 쏟아졌죠." 파는 말한다. 우리형 쥐덫이나 심지어 요즘 유행하는 메이슨자 유리병으로 만든 쥐덫이나 마찬가지였다. 쥐를 잡아들이는 뚜껑 부분만 살짝 바꾼 비슷한 설계가 무수히 쏟아졌다.

쥐덫이 쏟아지자, 쥐덫에 관한 책도 쏟아졌다. 대부분은 쥐덫 수집

세계의 기둥으로 여겨지는 위대한 쥐덫 수집가 데이비드 드러먼드가 쓴 것이었다. 드러먼드는 『19세기 미국에서 특허 출원된 쥐덫: 그림과 함께하는 안내서』 같은 책도 썼다.[16]

그런 책을 읽을 때 진짜 흥미로운 대목은 이름이다. 파가 포살 덫을 개인적으로 제일 좋아하는 것도 이름 때문이다. "별별 이름이 다 있거든요. 노크뎀스티프Knock 'Em Stiff("시체로 만들다"-옮긴이)니, 톰캣Tomcat('수고양이'-옮긴이)이니." 드러먼드의 책들을 봐도 금세 몇 가지가 더 나온다. 버펄로빌, 더라스트워드The Last Word('유언'-옮긴이)….

어느 이름이든 유머와 절박함과 약간의 잔인함이 담겨 있다. 쥐덫이 살생 도구라는 사실을 숨기는 법은 없다. 하지만 이런 이름은 쥐덫을 사는 사람에게는 절박하게 풀어야 할 쥐 문제가 있다는 점을 알아준다. 대개의 덫은 한 번에 한 마리를 잡는다. 소수이지만 여러 마리를 꾀는 덫도 있다. 그 정도라면 부엌 하나에는, 더 넓혀서 헛간 하나에는 충분할 듯하다.

하지만 호주에는 턱도 없다.

생쥐가 빛의 속도로 증식할 수 있더라도, 북아메리카에서는 실제 그런 일을 자주 보기 어렵다. 포식자와 높은 새끼 사망률이 개체 수를 억제하기 때문이다. 하지만 호주에서는 적당한 조건이 갖춰지면 개체 수가 폭발한다. '생쥐 역병mouse plague'이라고도 불리는 이 문제는 백인 식민주의자들이 생쥐를 호주에 데려온 시점, 즉 아마도 1788년에 영국 식민주의자들이 이른바 제1선단을 타고 도착한 시점으로부터 약 백년 후에 처음 보고된 이래 호주를 역병처럼 괴롭혀 왔다. (이전에도 쥐 역병은 있었지만 생쥐가 아니라 그냥 쥐였다. 호주에는 토착 생쥐와 쥐가 여러 종 있는데, 그중 하나인 라투스 빌로시시무스*Rattus villosissimus*가 역병 수준의 규모로 존재한다는 사실은 전부터 알려져 있었다. 호주는 아주 특별한 장소임이 분명하다.)

유럽인의 이동성과 맛난 곡식을 기르는 취향에 힘입어, 생쥐는 대륙 전체로 퍼졌다. 그다음에 호주의 기후가 개입했다. 생쥐 역병 발생을 결정짓는 요소는 단순히 더위나 추위가 아니다. 비와 곡식이다.

"유럽에서는 개구리가 비처럼 내린다는데, 프랑스인은 그것을 고맙게 여겨야 한다. 여기 대척지에서는 생쥐가 비처럼 쏟아진다." 1871년《퀸비언에이지》라는 신문의 〈전원 소식〉 란에서 발췌한 문장이다.[17] 생쥐 역병 뉴스는 우체국에 새로 근사한 시계가 생겼다는 뉴스, 대학의 '숙녀 학생들' 뉴스, 어떤 아이가 뒷간에서 똥통에 빠져 죽을 뻔했다는 뉴스 사이에 끼어 있다. 발췌문은 이렇게 이어진다. "생쥐들은 무엇도 마다하지 않고, 우리는 어떻게 해야 할지 모르겠다. 나와 형제는 덫을 설치하여 하룻밤에 1,203마리를 잡았다."

호주는 극심한 가뭄으로 유명하다. 그런데 가뭄이 있으면 그에 상응하는 우기도 있는 법이다. 예컨대 뉴사우스웨일스주에서는 1월부터 6월까지 비가 많이 온다. 비가 충분히 내리면, 밀과 보리와 유채 농사가 대풍작을 거둔다(렌틸콩도 있지만, 생쥐가 렌틸콩은 좋아하지 않는다고 한다).

작물을 수확할 때, 농부들은 더러 낟알을 흘린다. "내가 농부들에게 던지는 질문 중 하나는 이겁니다. '헤더 뒤로 빠지는 낟알이 얼마나 되는지 아세요?'" 호주 연방과학산업연구기구의 생태학자 스티브 헨리는 이렇게 말한다. 헤더란 콤바인 앞쪽에 설치되는 수확용 기계로, 곡물을 베고서 벤 것을 콤바인으로 넘겨서 모은다. 그 과정에서 낟알 일부가 땅에 떨어지기 마련이고, 그것은 생쥐의 먹이가 된다. 밭에 남은 낟알이 톤 단위일 때도 있다고 헨리는 말한다. "그 양을 재지도 않는 농부가 얼마나 많은지 알면 놀라실 겁니다." 농부가 모든 낟알을 꼼꼼히 거둬도, 바람이 한번 세차게 불라치면 보리알이 후두두 줄기에서 떨어진다. 이런 노다지가 땅속에서 조용히 살아가는 생쥐를 먹인다. 만약 가을에 작황이 괜찮고, 땅에 떨어진 낟알이 깔려 있고, 가을에 비가 제법 오고, 생쥐가 겨울을 버틴다면, 마침내 봄이 왔을 때 생쥐가 폭발적으로 증식한다.

"진짜 심할 때는 생쥐가 땅을 움직여요." 헨리의 말이다. 1917년에 빅토리아주에서 생쥐 역병이 발생했을 때는 사람들이 무려 3,200만 마리를 잡았다고 한다.[18]

얼마 전인 2021년에 역병이 발생했을 때 찍은 영상을 보면, 어둠 속에서 작은 형체 수백 개가 이리저리 달리고 펄쩍펄쩍 뛴다. 쉼 없이 부스럭 소리가 난다. 수천 개의 작디작은 발이 자박거린다. "정말로 기록적인 수준일 때는 도로에 생쥐 카펫이 깔렸다고 할 정도입니다." 길을 건널 때 좌우를 다 살펴야 한다는 걸 몰라서 죽은 생쥐들의 카펫이다. 병원 침대에 누워 있던 환자가 생쥐에게 물렸다는 보고도 있다.[19]

하지만 진짜 끔찍한 것은 냄새다. "기본적으로는 보통의 설치류 냄새죠." 헨리는 말한다. 생쥐는 오줌 냄새로 영역을 표시하고 서로 소통

한다. 하지만 생쥐 역병의 향기에는 이보다 더 어두운 향이 바탕에 깔려 있다. 헨리는 인구 약 2,000명의 뉴사우스웨일스주 월겟 마을 스포츠 클럽으로 강연하러 갔던 때를 예로 든다. 마을은 생쥐 역병을 심하게 앓고 있었는데, "클럽에 들어서는 순간 풍겨 온 죽음의 냄새가 믿기지 않을 정도"였다고 한다.

태어난 생쥐는 언젠가 죽는다. 호주에서 역병처럼 증식한 생쥐는 처음에 덫에 걸려 죽는다. 사람들이 생쥐 떼로부터 집을 지키고자 양동이나 포살 덫 등을 설치해 두기 때문이다. 그다음에 생쥐는 독을 먹고 죽는다. 농부들이 인화아연을 묻힌 미끼를 살포하기 때문인데, 이 물질은 생쥐의 장에서 유독한 인화수소로 변한다.[20] 사람들은 집 가까이에서는 디페티알론 같은 2세대 항응고 살서제를 쓴다. 항응고제는 쥐에게 듣듯이 생쥐에게도 듣는다.[21]

생쥐는 미끼를 먹고 굴로 돌아간다. 그리고 땅속에서 죽는다. 건물 밑이나 벽 속에서 죽을 때도 많다. 그런 곳에서 생쥐 수백 마리의 사체가 썩어 가니, 농장과 집과 마을에 죽음의 악취가 감돈다.

생쥐 역병을 끝내는 것은 독이나 덫이 아니다. 그렇다면 무엇일까? 아무도 모른다. 어떤 역병은 몇 주 동안 지속되고, 어떤 역병은 몇 달 동안 지속되다가, 겨울이 와서 생쥐 집단이 진정될 만큼 추워지면 그때 끝난다. 수백만 마리의 생쥐가 신비롭게 나타났던 것처럼 모두 신비롭게 사라지는 듯하다. 헨리는 이렇게 말한다. "농부들이 내게 전화해서 묻는답니다. '여기 있던 생쥐들이 다 어디 갔죠?' 그러면 나는 대답하죠. '다시 왔으면 좋겠습니까?'"

헨리는 생쥐 역병을 끝내는 진짜 요인은 독이나 덫이 아닌 다른 생쥐들이라고 생각한다. 집단이 계속 커지면, 개체들이 서로에게서 벗어나지 못한다. 생쥐들은 서로 질병을 옮기기 시작하고, 밭에 산더미처럼 남은 곡식을 먹더라도 결국에는 먹이가 동나고 만다. 생쥐들은 스트레스를 받고 굶주리다가 급기야 서로 잡아먹는다. 병들고 약한 개체가 맨 먼저 잡아먹힌다. 다음에는 수컷들이 갓 난 새끼를 노려서, 어미 생쥐가 먹이를 찾아 자리를 비운 동안 새끼를 잡아먹는다. 결국 개체 수가 급락한다.

"어디까지나 추측일 뿐입니다. 아직 이 추측을 증명할 연구를 해 보진 않았어요." 헨리는 이렇게 말하지만, 생쥐 밀도가 낮은 건기에는 갓 난 새끼의 생존률이 꽤 높다는 것을 알고 있다. 수컷들이 다른 생쥐의 둥지를 찾지 못해서 새끼를 잡아먹지 않는 것이다. 하지만 밀도가 엄청나게 높을 때는 얘기가 다르다.

헨리와 호주 연방과학산업연구기구의 동료들은 생쥐 역병을 예측하고자 애쓰고 있고, 농부들에게 설치류의 개체 수와 자신들이 남기는 부산물을 면밀히 관찰하라고 설득하고 있다. 헤더와 콤바인 사이에 떨어진 곡식은 단 한 알일지라도 다음에 올 생쥐의 간식이 된다. 최근 들어 농부들이 무경 농법을 받아들이는 추세인 것도 도움이 되지 않는데, 이것은 지난번 수확한 작물 위에 그대로 씨를 뿌리는 농법이다. 건조하거나 바람이 세서 토양 침식 가능성이 높은 지역에서는(호주가 그렇다) 옛 작물의 뿌리가 흙을 붙잡아 두고, 기름지게 하고, 습기를 유지하는 데 도움이 된다. 하지만 아무도 땅을 갈지 않는다면, 작물 밑을 거처로 정한 생쥐의 굴이 아무런 훼방을 받지 않게 된다.

기후변화도 물론 문제다. 헨리는 이상기후가 생쥐에게 유리한 편이라고 말한다. 그리고 기후변화는 이상기후를 많이 일으킨다. "올해 같은 기후, 즉 여름에 비가 많은 기후는 생쥐가 여름의 몇 달 내내 번식하도록 돕는 것 같습니다." 헨리의 말이다. 생쥐는 먹이가 충분하다면 여름과 가을 내내 번식한다. 그런 다음 기후변화로 인해 온화한 겨울이 오면 더 많은 생쥐가 겨울을 견디고 살아남는다. 이것은 더 많은 생쥐와 함께 봄이 시작된다는 뜻이고, 먹이가 풍부한 계절을 맞아 이제 그 생쥐들이 번식할 것이다. 더 말하지 않아도 뒤는 여러분도 알 것이다.

독은 집단 죽음의 악취로 이어진다. 덫은 밀려드는 생쥐를 감당하지 못한다. 유리한 환경이 갖춰지는 한, 생쥐는 계속 번식할 것이다. 생쥐가 제일 잘하는 일이 그것이니까.

가만, 만약 우리가 그 점을 이용한다면?

유전자 드라이브, 짝짓기와 대 끊기

그레고어 멘델은 생쥐로 연구하기를 원했다. 완두콩 연구로 유명한 이 19세기 수도사는 사실 설치류로 유전 연구를 시작했다. 하지만 그 지역 주교가 탐탁지 않아 했다. 여러분도 알겠지만, 생쥐는 섹스를 한다. 모두가 뻔히 보는 우리 안에서. 아무리 생쥐라고 해도, 신을 섬기는 사람이라면 그런 음탕한 행동을 장려해선 안 되는 법. 반면 식물의 짝짓기는 전혀 섹시하지 않다. 그러니 완두콩이어야 했다.

생물 수업을 들었던 사람이라면, 멘델과 그의 콩들을 기억할 것이다. 유전자는 쌍으로 존재한다. 콩은 두 가지 대립유전자(한 유전자의 서로 다른 버전을 말한다)를 가질 수 있는데, 하나는 주름진 콩을 만드는 유전자(w)이고 다른 하나는 매끈한 콩을 만드는 유전자(W)다. 그 콩이 역시 주름진 유전자(w)와 매끈한 유전자(W)를 가진 다른 콩과 교배한다고 하자. 각 부모는 유전자 하나만을 후손에게 넘겨 준다.

여러분이 보는 것이 멘델식 유전학이라면, 이때 후손이 각 부모에게서 W 또는 w를 받을 확률은 각각 50퍼센트다. 만약 부모가 모두 Ww이었다면, 그 후손 중 약 50퍼센트는 역시 Ww일 것이다. 나머지 중 25퍼센트는 WW일 테고, 마지막 25퍼센트는 ww일 것이다.

그런데 유전학을 활용하여 유해동물 생쥐를 통제하려고 시도하는 요즘의 과학자들에게는 이것이 바로 문제다. 과학자들이 유해동물 통제용 대립유전자가 도입된 생쥐를 무수히 풀어서 기존의 생쥐들과 교배시킴으로써 그 유전자를 퍼뜨리려고 해도, 그 유전자는 후손의 절반에게만 전달될 것이다. 그보다 더 자주 전달되는 대립유전자, 혹은 대립유전자 집합이 필요하다.

이러한 집합은 실제로 존재한다. 생쥐에게도 말이다. 바로 t하플로타입t haplotype이라는 것이다. t하플로타입은 이른바 비#멘델식 유전 방식extra Mendelian inheritance 으로 전달된다. 스위스 취리히대학 진화생물학자로서 오랫동안 t하플로타입을 열심히 들여다본 안나 린트홀름에 따르면, 이것은 하나의 유전자가 아니다. 17번 염색체의 한 부분에 모여 있는 약 900개의 유전자가 하나의 단위로 함께 유전되는 것을 가리킨다.[22] (하플로타입이라는 단어 자체가 이처럼 한 덩어리로 함께 전달되는 유전자 집단을 가리킨다).

t하플로타입은 자연의 유전자 드라이브다. 멘델의 콩들에서 예측되는 정도보다 더 자주 후손에게 전달되는 유전자 또는 유전자 집합이기 때문이다. 만약 암컷 생쥐에게 t하플로타입이 있다면, 정상적인 경우와 다름없이 후손의 50퍼센트가 그것을 물려받는다. 하지만 만약 수컷 생쥐에게 t하플로타입이 하나 있다면, 이것은 후손의 95퍼센트에게 전달될 수 있다.[23]

유전자 드라이브는 치사한 방식으로 싸워 이긴다. t하플로타입은 생쥐의 정자를 정면으로 공격한다. 생쥐가 정자를 생산할 때, 그 정자 세포에는 원래 쌍을 이루고 있던 유전자 중 하나씩만 들어간다. 나머지 절반을 가지고 있는 난자와 만나 온전한 쌍을 이루게 되어 있는 것이다. 린트홀름에 따르면, 이때 생쥐에게 t하플로타입이 있다면 그가 생산한 정자의 50퍼센트는 t를 가질 테고 나머지 50퍼센트는 갖지 않을 것이다.

이제 t하플로타입이 치고 나올 차례다. t하플로타입 속 유전자들은 생쥐의 다른 세포들로 하여금 유독한 화학물질을 뿜어내라고 지시한다. 그 화학물질은 야생형 유전자(t를 갖지 않은 유전자를 뜻한다)에 작용하여, 한창 발달 중인 정자를 작은 다리처럼 잇는 세포들에 스며듦으로써 그 지점을 망가뜨린다. t하플로타입도 같은 유전자들을 갖고 있지만, 동시에 그것이 뿜어내는 유독 물질에 내성이 있는 대립유전자를 갖고 있다.

"요컨대 독과 해독제를 둘 다 갖고 있는 셈이죠." 린트홀름의 설명이다. "하지만 불쌍한 야생형 정세포는 발달 중에 독을 접해서 손상됩니다." 그렇게 만들어진 야생형 정자는 발이 묶여 제대로 헤엄치지 못한다. "정자들이 난자에 도달하기 위해서 암컷의 생식관 속을 헤엄칠 때, t 정자들이 먼저 도착합니다."

이것은 생쥐 개체군을 유전적으로 통제할 수 있는 훌륭한 수단인 듯 보인다. 과학자들은 모든 t하플로타입 생쥐를 몇 세대 만에 불임으로 만드는 유전자를 t하플로타입에 하나 끼워 넣기만 하면 될 것이다. 그 유전자는 산불처럼 퍼질 테고, 생쥐 문제는 끝날 것이다.[24]

"유전자 드라이브를 도입한다는 것은 특정 유전자가 개체의 적응도를 낮추더라도 [특정한 환경에서 생존하고 번식하는 데 불리하더라도-옮긴이] 그 유전체가 무조건 널리 퍼지도록 강요하는 것입니다." 미국 텍사스주 칼리지스테이션의 텍사스A&M대학 곤충학자로서 유전적 방식을 통한 유해동물 통제를 고민하는 라울 메디나는 이렇게 말한다. "나는 이것이 엄청 중요한 혁신이라고 봅니다. 이전에도 우리가 유전자를 변형할 순 있었지만, 보통은 그 변형이 개체에게 나쁘기 때문에 대체로 흐지부지 사라지고 말거든요."

하지만 여기에는 빠진 조각이 하나 있다. 만약 t하플로타입이 95퍼센트의 확률로 유전된다면, 지금쯤 지구상 모든 생쥐가 이미 그것을 갖고 있어야 하지 않겠는가? 현실은 그렇지 않고, 여기에는 합당한 이유가 있다.

t하플로타입을 물려받을 확률은 높을 수 있다. 하지만 그렇게 물려받은 것이 좀 이상한 물건이다.

린트홀름은 생쥐를 자연 환경에서 연구하기 위하여 2002년부터 취리히 외곽의 헛간에서 야생 생쥐 군집을 기르고 있다.[25] 생쥐들은 먹이와 침대를 제공받는다. 생쥐들에게 헛간을 떠날 동기는 없고(고양이, 매, 올빼미가 금방 소문을 듣고 찾아와서 늘 몇 마리쯤 밖에서 서성인다), 남아 있을 동기는 많다. 생쥐들은 남아서 번식하고, 린트홀름과 동료들은 그 결과를 추적한다. 한동안은 t하플로타입이 계속 퍼졌지만, 한계가 있었다. "몇 년간 약 30퍼센트로 유지되다가 이후 뚝 떨어져서 거의 없다시피 한 수준이 되었어요." 린트홀름은 말한다. "2011년에는 최후의 한 마리만 남았죠. (⋯) t하플로타입은 멸종했습니다."

문제는 t하플로타입이 속임수를 쓰지 않으면 이길 수 없다는 점이다. "일단 암컷이 t 보유자 수컷과도 야생형 수컷과도 교배하면, 두 수컷의 정자들 사이에 격렬한 경쟁이 펼쳐집니다. 이때 t 정자들이 정말 형편없어요." 린트홀름의 설명이다. 이유는 과학자들이 모르지만, 암컷 생쥐는 선택지가 있는 한 t하플로타입 보유자 수컷과는 짝짓기를 하지 않으려고 든다.[26] 게다가 t하플로타입 생쥐는 거절을 유난히 못 견뎌서 헛간 밖으로 나가려고 하고, 그러다 종종 다른 동물의 간식이 되고 만다. 심지어 많은 t하플로타입 변이체에는 치명적인 열성 유전자가 포함되어 있다. t하플로타입을 두 개 물려받은 개체는 애초에 태어나지도 못한다는 뜻이다.

하지만 아직 유전자 드라이브를 포기하기는 이르다. 일단 모든 t하플로타입이 그것을 두 개 물려받은 개체에게 치명적인 것은 아니다. 미국 롤리의 노스캐롤라이나주립대학 비교번식행동생물학자인 존 고드윈은 이처럼 덜 치명적인 버전의 하플로타입에 흥미가 있다. 고드윈은 이렇게 말한다. "누가 뭐래도 t하플로타입은 200만 년 넘게 살아남았잖습니까. 진화는 아직 t하플로타입을 제거하지 않았어요." 비록 린트홀름의 개체군에서는 멸종했을지라도, t하플로타입은 아직 완전히 사라지지 않았다.

고드윈은 유전자 드라이브 같은 기법으로 생쥐, 나아가 쥐를 통제할 방법을 찾아보는 연구자들의 국제적 모임, 침입종설치류의 유전적 생물방제GBIRd 회원이다.

이 과학자들에게 치명적이지 않은 t하플로타입은 기회다. 여기에 개체의 남성성을 결정하는 유전자인 SRY 유전자를 붙일 수 있기 때문이다. SRY 유전자는 개체군에서 극심한 남성 편향을 일으킨다. 남자와 여자 모두 남자처럼 보이게 될 정도다. 과학자들의 아이디어는 수컷 생쥐의 t하플로타입에 SRY 유전자를 붙여서 집단으로 내보내자는 것이다. 그런 수컷과 교배하는 암컷이 낳는 새끼는 겉보기에 모두 수컷일 테고, 따라서 개체 수는 급감할 것이며, 게임이 끝날 것이다.

하지만 고드윈의 동료들이 일련의 모형을 시험해 본 결과, 일이 그렇게 간단하지만은 않았다.[27] t 수컷이 야생형 수컷들을 이기려면, 또한 가급적 다른 상대와 데이트하고 싶어 하는 암컷들을 극복하려면, 과학자들이 t 수컷을 여섯 번이나 내보내야 한다는 결론이 나왔기 때문이다. t 수컷이 야생형 수컷을 압도하다시피 하여 암컷들이 그만 포기하고 t 수컷에게 정착할 때까지, 과학자들은 t하플로타입 생쥐를 거듭거듭 내보내야 할 것이다.

어쩌면 그처럼 엉성한 유전자 드라이브야말로 우리에게 필요한 유전자 드라이브일 수도 있다. 그런 유전자 드라이브는 한 세대만 전달되고 끝날 것이다. 그마저도 못 갈 수도 있다. 왜냐하면 t하플로타입 생쥐가 너무나 섹시하지 않기 때문이다. t형 생쥐가 시험 중이던 섬을 탈출하여 전 세계에서 날뜀으로써 생쥐 종 전체를 멸종으로 몰아가는 상황은 결코 벌어지지 않을 것이다.

그런 상황이 바로 사람들이 크리스퍼CRISPR에 대해서 걱정하는 대목이다.

크리스퍼란 '일정한 간격을 두고 주기적으로 분포하는 짧은 회문 구조 반복 서열Clustered Regularly Interspaced Short Palindromic Repeats'의 약어인데, 대부분의 사람에게는 별 의미 없는 말일 것이다. 더구나 요즘 과학자들이 '크리스퍼'라고 말할 때 실제 지칭하는 것은 "크리스퍼/캐스9"인 경우가 많다.

캐스9는 DNA를 자르는 효소다. 캐스9는 언제든, 어디든 잘라 버린다. 분자 가위를 든 캐스9가 제멋대로 활개 치게 놔둘 순 없으니, 크리스퍼는 지도 역할을 하는 작은 가이드 아르엔에이RNA 조각을 붙여서 캐스9에게 자를 지점을 알려 준다. 하지만 크리스퍼/캐스9 자체는 유전자 드라이브가 아니라고 메디나는 설명한다. 이것은 가위일 뿐이다.

DNA의 이중나선 중 한 가닥이 끊어지면, 상동 재조합 수선이라는 과정이 벌어진다. 이것은 잘게 잘린 DNA 조각들을 미친 듯이 붙여서 우리가 자른 부분 혹은 추가해 넣은 부분에 잇는 과정이다. 세포는 편리하게도 모든 유전자를 두 벌씩 갖고 있으므로, 상동 재조합 수선은 끊어지지 않은 가닥을 참고하여 끊어진 가닥을 그것과 같게 복사해 낼수 있다. 그러면 두 가닥 모두 같은 DNA 서열을 갖게 된다. 그리고 만약 이 DNA가 난자나 정자에 있다면, 그 후손은 100퍼센트 확률로 같은 서열을 물려받을 것이다. 우리가 그 후손들에서도 크리스퍼/캐스9를 작동시켜서, 인식할 수 있는 서열이라면 뭐든 자름으로써 DNA가 계속 똑같이 복사되게 강요한다고 하자. 이 과정을 유전자 전환이라고 부르며, 바로 이것이 유전자 드라이브가 된다. 유전자를 자른 후 상동 재조합 수선으로 깨끗한 유전자를 붙이기를 반복하면, 동물들은 매번 같은 유전자 서열을 후손에게 넘겨주게 된다.

아쉽게도, 사실 이 방법은 세균, 효모, 곤충에게만 통한다. 포유류의 세포는 보통 이보다 훨씬 게으른 방식으로 DNA를 수선한다. 깨끗한 DNA를 복사하여 망가진 부분을 수선하는 대신, 끊어진 DNA 끄트머리들을 무턱대고 붙여 버리는 것이다. 포유류의 세포가 복사본을 만들지 않는다면, 과학자는 어떻게 유전자를 복사시킬 수 있을까? 이것이 미국 캘리포니아대학 샌디에이고캠퍼스의 발달진화생물학자 킴 쿠퍼가 도전한 과제였다.

알고 보니 관건은 타이밍이었다. 쿠퍼의 실험실이 난자와 정자가 형성되는 시기에 크리스퍼/캐스9를 적용하여 DNA를 자르게 하면, 세포들은 상동 재조합 방식으로 수선했다. 쿠퍼의 실험실은 이 방법을 써서(암컷 생쥐만을 대상으로 했다) 단일 대립유전자가 유전되는 확률을

50퍼센트에서 72퍼센트로 높이는 데 성공했다.[28]

　물론, 일이 이렇게 간단히 끝날 리 없다. 크리스퍼는 지도를 갖고 있지만, 가끔 방향을 잘못 읽어서 캐스9가 엉뚱한 지점을 자르게 만든다. DNA가 크리스퍼/캐스9를 따돌릴 수도 있다. DNA에는 끊임없이 돌연변이가 발생한다. 그런 사소한 돌연변이가 하나 때문에 크리스퍼의 가이드 RNA가 목표 지점을 찾지 못한다면, 크리스퍼/캐스9가 더는 유전체를 바꿀 수 없다.

　그러니 크리스퍼/캐스9는 효과가 없을 수도 있다. 하지만 반대로 너무 효과적이더라도 문제다. 만약 과학자들이 불임 유전자를 결합시킨 유전자 드라이브를 개발하는데 그 성능이 너무 뛰어나다면, 그것이 종 전체를 멸종시킬 수도 있다. 우리는 섬에서 생쥐와 쥐를 없애고 싶지만, 그렇다고 그들을 완전히 멸종시키고 싶은 건 아니다. 벌써 GBIRd를 비롯한 여러 연구자들이 유전자 드라이브를 제어할 방법을 찾기 위해서, 또한 유전자 드라이브를 배포할 때 목표 개체군 근처 주민들의 동의를 얻는 방법을 알기 위해서 윤리학자들, 사회과학자들과 협력하고 있다.

　유전자 드라이브의 효과를 지역에 국한시키기 위해서, 고드윈을 비롯한 GBIRd 소속 과학자들은 설치류의 작은 하위 개체군만이 고유하게 갖고 있는 DNA를 추적하도록 크리스퍼를 훈련시키는 방법을 고려하고 있다. 섬의 생쥐는 대부분 처음 배에서 탈출했던 개체 한두 마리의 후손들이다. 근친교배가 많이 이뤄져서 유전자가 서로 매우 비슷하리라는 뜻이다. 과학자들은 (이론적으로는 – 이 이야기는 전부 가설이다)

해당 섬의 생쥐에게만 있는 특정 유전자를 크리스퍼가 노리게 만들 수 있다. 그러면 유전자 드라이브가 그 유전자를 가진 생쥐들에게 퍼질 수 있다. 만에 하나 그런 생쥐가 과학자의 여행 가방을 타고 섬을 탈출하여 다른 곳에서 살아가더라도, 그 생쥐가 새로운 장소에서 교배하는 다른 생쥐들에게는 문제의 근친교배 유전자가 없을 것이다. 크리스퍼가 달라붙을 곳이 없으니, 그곳에서는 유전자 드라이브가 개시될 수 없을 것이다.

어차피 쿠퍼의 기법은 완전한 유전자 드라이브가 아니다. 그것이 암컷에게만 작동하는 데다가, 쿠퍼의 실험실은 단 한 세대에게만 시험했다. 이 기법이 진정한 유전자 드라이브가 되려면 여러 세대의 생쥐에게 전달되어야만 한다.

그렇기는 해도, 쿠퍼의 논문이 발표되자마자 다른 과학자들은 유전자 드라이브를 유해동물 통제에 활용할 수 있을지도 모른다고 생각하기 시작했다. 하지만 쿠퍼는 아니다. 쿠퍼의 본령은 발달신화생물학이다. 그가 알고 싶은 것은 가령 어떻게 뛰는쥐*Dipodidae*가 그렇게 긴 다리를 갖게 되었나 하는 문제다. 그는 이렇게 말한다. "만약 우리가 어떤 표현형을 재현함으로써 그 유전학을 이해하려 한다면, 한 동물에게 여러 가지 변화를 일으켜서 그것들이 어떻게 상호작용하는지 살펴봐야 합니다." 쿠퍼의 목표는 거의 불가능할 정도로 드문 유전자 조합을 얻겠다는 일념으로 생쥐를 한없이 번식시키는 대신 그런 변화를 더 쉽게 만들어 낼 수 있는 기법을 찾는 것이다(실험실 생쥐에게 '괴상하게 긴 다리'를 안겨 주는 것은 그런 기법의 부산물일 뿐이다).

쿠퍼는 생쥐를 없애고 싶어 하지 않는다. 오히려 생쥐를 더 잘 연구하기 위해서 그 기법을 개발했다.

쿠퍼만 그런 것이 아니다. 생물학 역사상 가장 인상적인 업적들 중 다수가 그와 마찬가지였다. 생물학 연구의 최종 목표는 인간의 생명, 인체, 질병을 이해하는 것이다. 하지만 그 과정에서 (나를 비롯한) 과학자들은 인간이 아니라 생쥐를 더 잘 이해하는 데에 많은 시간을 쏟았다. 광유전학, 유전자 제거, 심지어 크리스퍼 자체도 모두 생쥐에게서 개발되었고 지금까지 주로 생쥐에게 쓰인 기법이다.

실험실은 생쥐의 새로운 생태 지위다. 이 생태 지위 또한 우리가 만들었으며, 게다가 이 경우에는 의도적으로 만들었다.

실험실의 생쥐 영웅들

생쥐가 실험실 동물로 선호되기 시작한 것은 1900년대 초였다. 과학자들은 일찍이 1600년대부터 생쥐를 썼지만, 그보다는 보통 개나 양처럼 더 큰 동물을 선호했다.[29] 순환계와 수혈에 관한 지식의 많은 부분이 개 덕분에 밝혀졌다. 그 시절에는 떠돌이 개가 많았다. 과학자들은 그런 동물이 불필요하고, 반갑지 않고, 심지어 위험하다고 주장할 수 있었다. 사람의 제일 좋은 친구는 실험실에서 더 잘 쓰일 수 있고, 신체의 비밀을 밝힘으로써 인류를 도울 수 있다는 주장이었다.

그러나 1900년대가 되자 연구 규모가 커졌다. 과학적 기법은 잘 정립되었다. 개 한두 마리 가지고서는 실험을 할 수 없었다. 가령 유전학이라는 참신한 인기 과학을 연구하고 싶은 과학자에게는 동물이 아주 많이 필요했다. 그는 물론 그 동물들을 먹이고 재우고 번식도 시켜야 했는데, 실험상의 인위적 변인을 최소화하기 위해서 모든 개체를 정확히 똑같은 방식으로 다뤄야만 했다.

"생쥐를 좋아하십니까? 당연히 아니겠죠."[30] 클래런스 쿡 리틀은 1935년 《사이언티픽아메리칸》에 이렇게 썼다. 리틀은 오늘날 최대의 연구용 생쥐 공급처 중 한 곳인 잭슨연구소를 창설한 사람이다.[31] 리틀의 생쥐 후손들은 오늘날에도 여전히 사용되고 있다. 이 생쥐는 애비 래스롭이라는 여성의 노력에서 탄생했는데, 래스롭이 꼼꼼한 기록과 번식 기술로 생쥐 계통을 만들어 냈고, 이것을 리틀이 하버드대학에서 경력 초기에 사용했다가, 나중에는 잭슨연구소의 기반으로 삼았던 것이다. 이제 리틀은 자신의 생쥐를 팔아야 했다. 과학자들을 설득하여 생쥐를 사게 만들어야 했다.

생쥐는 물론 유해동물이라고, 리틀은 말했다. 하지만 그 이상이 될 수 있다고도 말했다. 리틀은 이미 미국의 의사들과 과학자들에게 유전적으로 동일한 생쥐라는 발상을 '판매하고' 있었다. 《사이언티픽아메리칸》에 게재한 글의 목표는 이제 그 발상을 대중의 입맛에도 맞게 만드는 것이었다. 그는 생쥐에게 "암의 성질과 치료법"을 알아내는 "연구에서 최전선에 배치될, 말 그대로 수만 마리의 병사"라는 새로운 역할을 맡겼다.[32]

생쥐를 선택함으로써, 리틀은 과학적으로 가치 있을 만큼 우리와 비슷하지만 양심의 가책이 너무 많이 느껴지진 않을 만큼 다른 동물을 고른 것이었다. 초기의 동물권 활동가들은(당시에는 생체 해부 반대주의자라고 불렸다) 개나 원숭이나 토끼에게 실험하는 것을 그만두라는 주장으로 쉽게 대중의 지지를 얻었다. 하지만 생쥐라고? 생쥐는 호응을 얻기가 좀 더 힘든 대상이었다고, 버지니아주 리치먼드의 버지니아커먼웰스대학 과학사학자이자 『생쥐 만들기: 1900년~1955년 미국 생의학 연구 실험동물의 표준화』의 저자인 캐런 레이더는 말한다.[33]

생쥐처럼 누구도 좋아하지 않는 유해동물을 고른 것은 홍보 면에서 막대한 이득이었다. "리틀이 이 점을 인식했을 거라고 거의 확신합니다." 레이더의 말이다.

사실 리틀의 주 관심사는 우생학이었다. 여러 계통의 생쥐를 끊임없이 근친교배시켜서 계통마다 거의 동일한 유전체를 갖게 만드는 것이 그의 목표였다. 완벽한 인간, 혹은 완벽한 생쥐에 대한 집착의 위험성은 제2차 세계대전 이후 선명하게 밝혀졌다. 하지만 리틀의 작은 털북숭이 클론들의 '순수성'은 실험실에서 또 다른 역할을 충족시켰다. 그 생쥐들은 섬세하게 통제되는 과학 실험의 화신이었다. 균질화된 생쥐 계통으로 리틀은 과학을 수행하는 방법에 관한 아이디어를 판매한 셈이었다.

과학자들은 구매했고, 대중은 귀 기울였다. 실험계에서 JAX라고 불리는 잭슨연구소는 현재 1만 2,000가지 생쥐 계통을 확보하고[34] 매년 300만 마리가 넘는 생쥐를 판매한다.[35]

역사상 처음으로, 표준화된 실험 절차가 표준화된 생쥐를 갖게 되었다. "표준화된 생쥐를 마련하는 것은 리틀의 집착이었죠. 그 집착이 의학사를 바꿨고요." 레이더의 말이다.

그동안 과학자들은 거의 모든 대상에 대한 연구 기법을 생쥐에게서 개발했다. 탄저균에서 지카바이러스까지, 거의 모든 병원균에 대한 최신 치료법이 생쥐들의 자그마한 몸을 거쳤다.

항우울제, 암 치료제, 당뇨 치료제, 알츠하이머병 치료제, 파킨슨병 치료제. 리틀의 예견은 다양한 방식으로 현실화했다. 생쥐는 진정한 의학의 영웅이다.

지난 수천 년간 우리는 생쥐를 없애려고 부단히 애썼다. 하지만 현대 의학은 아무도 원하지 않았던 동물을 대단히 가치 있는 존재로 바꿔 놓았다. 우리는 생쥐를 선택하여 그들을 번식시켰고, 그들의 유전자를 바꿨다. 생쥐가 채울 새로운 생태 지위를 실험실에 만들어 냈다.

두 상황 모두에서 인간은 적극적인 역할을 수행했다. 우리는 용감한 생쥐가 와서 번성할 수 있는 환경을 만들었다. 또 무균 실험실이라는 새로운 생태 지위를 창조하여, 생쥐가 이제 거의 균일한 유전자를 수백만 개 단위로 후손에게 물려주도록 만들었다. 의식적이었든 아니든, 오늘의 생쥐를 만든 것은 우리였다.

생쥐도 천진난만한 방관자만은 아니었다. 생쥐는 우리의 곡식을 먹었다. 우리와 함께 살도록 더욱 능숙하게 적응해 왔으며, 지금도 계속 적응하고 있다. 우리가 생태 지위를 설계했다면, 생쥐는 그것을 채우도록 진화했다.

생쥐는 유해동물로서 어마어마하게 성공했다. 그리고 이제 실험실 모형 동물로서도 승승장구하고 있다. 생물체의 목표가 결국 자신의 유전자를 물려주는 것이라면, 전 세계 곳곳의 실험실에서 매일 수백만 마리의 생쥐가 그렇게 하고 있다.

4장

비둘기의 똥

누가 쥐에게 날개를 달아 주었나

미국 매사추세츠주 케임브리지의 하버드스퀘어에서, 아이비리그를 찾아온 관광객들과 무리 지은 대학생들은 매일 한 여성을 지나친다. 그는 보통 편의점 입구를 마주 보는 곳에 놓인 우유 상자 위에 웅크리고 앉아 검은색 패딩 점퍼의 후드를 얼굴까지 푹 덮어쓰고 있고, 알록달록한 덮개를 깔끔하게 씌운 그의 짐은 사람들이 안 쓰는 문간에서 비바람을 피하고 있다. 그의 팻말에는 이렇게 적혀 있다. '연민이 있나요?'

그의 이름은 캐리이고, 케임브리지의 모든 사람이 그 이름을 아는 것처럼 느껴지기도 한다. 관광객들은 그와 눈을 마주치지 않고 지나간다. 죄책감이 들기는 하지만 팻말의 물음에 응할 만큼은 아닌 곤혹스러운 표정이다. 그들은 자신이 방금 하버드스퀘어의 명물을 지나쳤다는 것을 모른다. 캐리는 명랑하고, 친근하고, 하버드스퀘어의 모든 사람이 그런 것처럼 무척 박식하다.

가끔 그는 추위로부터 더 작은 표적이 되기 위해서 몸을 웅크리고 조용히 있는다. 어떤 때는 많은 친구들 중 하나와 – 주민, 광장에서 시간을 보내는 다른 사람, 학생, 동네 경찰과 – 활달하게 수다를 떤다. 그리고 여유가 될 때마다 비둘기에게 먹이를 준다. 그래놀라를 구할 수 있다면 그것을 주지만, 아닐 때는 아무거나 준다. 비둘기가 제일 좋아하는 것은 '카인드'라는 브랜드의 그래놀라라고, 그는 말한다.

내가 캐리를 만난 날, 그는 날개들 속에 서서 함박웃음을 짓고 있었다. 비둘기 두 마리가 그의 장갑 낀 손에 앉아서 손바닥에 담긴 콘푸로스트를 살살 쪼아 먹었다. 한 마리는 꼬리에 흰 깃털로 된 반점이 있었다. 캐리는 그 새에게 유명 물리학자의 이름을 따서 닐스 보어라는 이름을 지어 주었다. 캐리가 손 위에 앉은 새들을 보며 기뻐하는 모습이 광장 전체를 좀 더 명랑하게 만드는 듯했다. 갑자기 그가 고개를 들고 비둘기 떼를 불안하게 훑어본다. "한 마리 더 있는데, 보통 여기에 오는 애가." 그가 말한다. "어디 있지? 나는 그 애를 표도르 도스토옙스키라고 불러요."

가끔 캐리는 진짜로 비둘기를 껴안고 있을 때도 있다. 웅크리고 앉은 채로.

캐리의 손에 앉은 보어와 도스토옙스키를 보며 미소 짓는 이들도 있고, 실수로 새를 밟지 않으려고 얼굴을 찡그린 채 비둘기 떼를 요리조리 헤치면서 걷는 이들도 있다. 소수긴 하지만 피하지 않고 곧장 지나가는 사람들도 있고, 그러면 비둘기들은 길을 비키거나 밟힐 위험을 감수한다.

비둘기에게 밥을 주는 캐리의 습관이 모든 사람에게 인기 있는 것은 아니다. "한 여자는 일주일에 세 번이나 동물통제관에게 전화했어요. 그 여자는 내가 체포되기를 바라요. 내가 새들에게 위험하다는 거예요. 찻길에서 너무 가까이 먹이를 주기 때문에." 캐리의 말이다.

내가 친구나 동료 들에게 비둘기 이야기를 꺼내면, 상당수는 누가 비둘기에게 먹이 주는 것을 생각만 해도 역겹다고 반응한다. 비둘기는 더럽고 질병을 퍼뜨린다는 말도 반복적으로 듣게 된다.

내가 캐리 이야기를 해 주면, 사람들은 더한층 불편해한다. 하지만 그들도 자신이 정확히 왜 그러는지는 모른다. 현재 뉴욕대학 환경사회학자인 콜린 제롤맥은 뉴욕 그리니치빌리지의 공원들에 관한 논문을 준비할 때 사람들이 어떻게 도시 공간에 애정을 품게 되는가 하는 점을 보게 되리라고 생각했다. 하지만 공원과 시의회 모임에 기웃거린 뒤에 그는 좀 다른 사실을 깨달았다. "사람들이 쉼 없이 거론하는 심각한 문제가 두 가지 있었습니다. 사람들은 두 가지를 똑같은 방식으로 언급했는데, 바로 비둘기와 노숙인이었습니다." 제롤맥의 말이다. 어쩌면 사람들은 보고 싶지 않은 것을 억지로 보게 되기 때문에 불편해하는지도 모른다. 그들은 가난한 사람의 존재를 알리는 증거가 자신의 편안한 삶에 침입하는 것을 보고 싶어 하지 않는다. 유해동물을 보고 싶어 하지 않는다. 유해동물은 야생동물은 아니지만 그렇다고 해서 수용되는 존재도 아니다. 어떻게 보면 사회가 두 존재를 모두 저버렸다고 말할 수도 있다. 그럼에도 불구하고 비둘기는 번성하고, 그럼에도 불구하고 캐리는 비둘기 덕분에 웃는다.

캐리에게 비둘기는 유해동물이 아니다. 비둘기는 그를 기쁘게 한다. 비둘기는 사실 예전에 전 세계 사람들을 기쁘게 했고, 기쁨까지는 아닐지라도 적어도 태연하게 받아들여지는 존재였다. 인간은 비둘기가 끼어들 공간을 마련해 주었고, 비둘기를 흔쾌히 우리 삶에 끌어들였다.

비둘기는 현대 저널리즘 설립을 거든 동물이었으며,[1] 용감함으로 군사 훈장을 받은 동물이었다. 그런데 지금은 '날개 달린 쥐'다. 무엇이 바뀌었을까?

어떤 동물이 길들여지는가를 정하는 법칙은 부동산의 핵심 법칙과 일치한다. 위치, 위치, 위치가 전부다. 흔히 비둘기라고만 불리는 '콜룸바 리비아*Columba livia*'의 정확한 이름은 '바위비둘기'다. 화석 증거에 따르면, 바위비둘기의 원래 서식지는 아마도 중동과 남아시아 사이였을 것이다.[2] 가축화 장소로서 최고의 부동산인 비옥한 초승달 지대가 포함되어 있는 드넓은 지역이었다. 비둘기는 절벽 면에 둥지를 틀기를 좋아하고, 매일 둥지를 떠나서 곡식과 열매를 찾아 먹다가 밤이면 귀가한다. 비옥한 초승달 지대에서 인간이 다닥다닥 붙은 작은 밭에 곡식을 한가득 기르기 시작했을 때, 비둘기에게는 그야말로 잭팟이었다. 사람들이 의도적으로 길들이기 전에도 비둘기가 인간과 농지를 따라다녔으리라는 게 영국 옥스퍼드대학에서 도시 비둘기와 야생 비둘기의 교배를 연구하는 동물학자 윌 스미스의 생각이다.

초기 농부들에게는 황금 같은 기회였다. 비둘기는 매일 나가서 스스로 밥을 먹은 뒤 저녁이면 정확히 같은 장소로 돌아오는 새였다. 새를 더 많이 만드는 새, 조건만 맞는다면 연중 번식하는 새였다. 절벽을 좋아하지만 인간의 건물도 기꺼이 받아들이는 새였다.

비둘기는 최초로 길들여진 새들 중 하나가 되었다.[3] 과학자들은 인류가 늦어도 5,000년 전부터 바위비둘기를 기르고 있었다고 추측한다.[4] 비둘기는 『길가메시 서사시』속 홍수 이야기에서 전령으로 나온다.[5] 구약성서에 제물로 등장하고, 누가복음에서는 예수가 세례를 받을 때 반구dove 혹은 비둘기pigeon 한 쌍을 제물로 바쳤다는 말이 나온다(우리나라에서는 'dove'와 'pigeon'을 둘 다 '비둘기'로 부르고 실제 과학적으로도 차이가 없지만, 미국에서는 크기가 더 작고 색이 흰 비둘기를 'dove'라고 부르며 'pigeon'보다 더 순수하고 귀하다고 여긴다-옮긴이).

인간이 마을을, 이어서 도시를 건설할 때 비둘기는 변화에 편승했다. "랍비 문헌에서 비둘기는 귀한 존재입니다." 뉴욕 바너드대학의 유대교학자 베스 버커위츠는 이렇게 말한다. "[랍비들에게는] 비둘기 소유에 관한 율법이 있었습니다. (…) 비둘기는 양이나 염소처럼 귀한 소유물이었죠." 비둘기가 인간의 삶에서 중요한 일부였기에, 정착지 인근에서 멋대로 비둘기를 잡아 오는 일이 금지될 정도였다. "마을로부터 몇

킬로미터 떨어진 야생에서만 비둘기를 잡아 올 수 있었죠." 버커위츠의 설명이다. "마을로부터 가까운 곳에서는 잡으면 안 돼요. 그런 비둘기는 다른 사람의 소유물로 여겨졌으니까요." 도시 비둘기는 무단 침입자가 아니라 누군가의 소유물이었다.

사람들은 비둘기를 아메리카 대륙으로도 기꺼이 데려왔다. 우리는 그들을 스포츠 삼아 사냥했고, 먹었고, 경주를 시켰다. 또한 외모를 기준으로 번식시키기 시작했는데, 그것이 바로 '관상용 비둘기'다.[6] 니콜라 테슬라는 한 비둘기에게 사랑에 빠졌고, 다윈은 『종의 기원』의 한 챕터 전체를 관상용 비둘기에게 할애했다. "편집자는 다윈에게 자연선택이 어쩌고 하는 얘기는 다 지우고 그냥 비둘기 책으로 만드는 게 낫다고 권했죠." 제롤맥의 말이다.

그렇지만 탈출하는 비둘기도 많았다. 비둘기는 거리로 나섰고, 그로부터 오늘날 우리가 보는 도시 비둘기 떼가 생겨났다. 도시 인구가 늘면 도시 비둘기도 늘어난다.[7] 그리고 비둘기가 흔해질수록 우리는 비둘기를 덜 좋아하게 된다. "20세기 이전에는 우리가 비둘기에게 부정적 감정을 품지 않았죠." 제롤맥은 말한다. 실제로 그는 '날개 달린 쥐'라는 표현이 뉴욕의 언론에 최초로 실린 정확한 날짜와 연도도 안다. 1966년 6월 22일이었다.[8] 제롤맥은 1851년에서 2006년까지 《뉴욕타임스》에서 비둘기가 언급된 글을 모조리 찾아 분석해 보았다.[9] '날개 달린 쥐'는 공원 감독관 토머스 호빙이 쓴 표현이었다.

그것은 정말이지 180도 전환이었다. 1870년대와 1880년대에 처음 등장한 비둘기 관련 기사는 비둘기를 쏘는 사람들을 개탄하며, 사냥꾼들이 '야만적 살생'을 저지른다고 주장하는 내용이었다. 사람들이 미워한 새는 참새였지 비둘기가 아니었다. 참새는 '게으르고' '뻔뻔한' 새였고, 비둘기는 고결하고 순수한 새였다.

하지만 분위기가 변하기 시작했다. 1927년에 뉴욕공립도서관장은 사람들에게 비둘기 먹이 주기를 그만두라고 호소했다. 1930년에는 뉴욕의 지붕에서 비둘기 기르는 일이 금지되었다. 1940년대 말이 되자, 사람들은 비둘기에게 질릴 대로 질렸다. 사람들은 독을 뿌렸고, 비둘기가 질병을 퍼뜨린다고 비난했다.[10]

우리가 비둘기한테 해 준 게 뭔데?

왜 이렇게 됐을까? 왜 비둘기가 아름답고 유용한 새에서 역병 같은 유해동물로 변했을까? 비둘기는 부분적으로나마 닭에게 책임을 물을 만하다.

미국인의 식탁에 닭고기가 오르기 전, 도시 거주자는 비둘기를 먹었다. 제롤맥은 이렇게 말한다. "만약 아직도 자기 집 뒷마당이나 지붕에서 기른 동물을 직접 죽여서 먹고 싶은 사람이 있다면, 비둘기는 훌륭한 선택입니다." 비둘기는 당신 집의 비둘기장에서 살지만, 낮에는 나가서 스스로 먹이를 찾아 먹는다. 밤에는 돌아와서 번식하고, 당신은 그 소득을 먹는다. 보드랍고 복슬복슬한 새끼 비둘기를.

작가 코트니 험프리스가 『수퍼비둘기』에 썼듯이, 원래 새끼 비둘기는 부자들의 비둘기장에 있는 별미였다.[11] 20세기 초에는 비둘기가 비쌌고, 미국의 비둘기 번식업자들은 수입이 좋았다. 하지만 대공황이 오자 가격이 폭락했고, 덕분에 새끼 비둘기는 서민의 음식이 되었다. 1944년이면 농무부 관계자가 전국의 번식장에서 매년 비둘기 10만 마리가 출하된다고 추산할 정도였다. 자기 집 지붕에 비둘기장을 둠으로써 스스로 먹고 스스로 복제하는 단백질 덩어리를 기르는 도시 및 시골 거주자를 포함하지 않고서도 이 정도 수치였다.

비둘기는 다른 방식으로도 유익했다. 좀처럼 길을 잃지 않고 빠르게 나는 새였던 비둘기는 고대 페르시아에서 전령으로 쓰였다.[12] 심지어 현대 저널리즘도 비둘기에게 빚이 있다. 1840년대 말, 유명 통신사 로이터의 창립자인 파울 로이터는 브뤼셀에서 아헨까지 비둘기를 날려 주식 정보를 전하기 시작했는데, 기차보다 두 시간은 빠른 속도였다.[13] 비둘기는 또 양차 세계대전 전선에서 고국으로 적군의 이동에 관한 결정적 정보를 전달했다. 무공훈장을 받은 비둘기도 있었다.

하지만 제롤맥에 따르면, 제2차 세계대전 말이 되자 비둘기는 더는 쓸모가 없었다. 영웅적인 비둘기 전령은 갈수록 널리 보급된 전신, 전보, 그다음에 휴대전화로 대체되었다. 새끼 비둘기 고기는 닭고기로 대체되었다. "가정에서 가축을 기르던 풍습은 사라졌습니다." 제롤맥은 말한다. "아무도 어떤 가축도 기르지 않게 되었죠." 사람들은 그 대신 정육점에서 고기를 샀고, 그다음에는 식료품점에서 샀다.

비둘기는 더 높이, 더 멀리, 더 빨리 날았다. 하지만 가금류는 더 크게, 더 뚱뚱하게, 더 잘 자라는 새여야 했다. "규모의 경제가 된 거죠. 그런데 비둘기는 크게 키우기 어렵고요." 제롤맥의 말이다.

도시생태학자 엘리자베스 칼렌과 함께 새끼 비둘기 고기를 요리해서 먹어 본 경험으로 말하자면, 이는 그저 입맛의 문제일 수도 있다. 같은 가슴살이라도, 비둘기와 닭 가운데 어느 쪽이 날개를 흔들며 날아다니게 만들어진 새인가 하는 답은 명백하다. 비둘기 고기는 지구력 좋은 운동선수의 근육답게 검고 맛이 진한 데 비해, 닭의 희고 부드러운 가슴살은 날지 않는 유유자적한 삶을 위해 육성되었다. 비둘기 고기는 수렵육 느낌이고 약간 훈제된 맛이 난다. 처음엔 낯설었지만, 시간이 좀 흐르자 칼렌은 신나게 포크를 놀렸다. 그에 비하면 크기가 비슷한 코니시 육계의 창백한 고기는 밋밋하고 맹맹했다. 그냥 닭고기 맛이었다.

인류의 기억력은 짧다. 비둘기가 최근에 우리를 위해 무슨 일을 해 주었는가? 비둘기에게는 한때 나름의 용도가 있었으나, 지금은 그것을 다 잃어버렸다. 비둘기는 홰에서 내려와서 빈둥거리기 시작했고, 제롤맥이 보행 동물이라고 부르는 존재가 되었다. "우리는 비둘기를 매일 봅니다. 게다가 녀석들은 말 그대로 보도에 서 있죠."

비둘기의 역사가 우리에게 알려 주는 바는 또 있다. 도시 비둘기는 야생 비둘기가 아니다. 요즘 길거리를 돌아다니는 비둘기는 비둘기장에서 살았던 선조의 후손으로, 사람들이 귀하게 여겼던 새들의 증손자쯤 된다. 하지만 이제는 다르다. 우리는 비둘기를 떠나 보냈고, 쓸모없는 존재로 선언했으며, 날개 달린 쥐일 뿐이라고 결정했다.

하지만 동물의 적응력 측면에서 보면 거리의 비둘기는 여전히 성공작이다. 캐나다 몬트리올의 맥길대학 동물행동학자 루이 르페브르에 따르면, 비둘기류는 전반적으로 사람 근처에서 잘 살 수 있는 잠재력을 갖추고 있다. 북아메리카에 침입한 외래종인 염주비둘기도 도시 거주자가 되었다. "비둘기류는 우리 생각보다 더 도시화되어 있습니다." 르페브르는 말한다. "비둘기는 왜 도시화에 잘 적응할까요? 뇌 크기 때문은 아닐 겁니다. (…) 조류 전체와 비교해서 뇌가 아주 큰 편은 아니거든요."

그 대신 이것은 비둘기가 보편종인 점과 관계 있다. 생쥐나 쥐처럼, 비둘기는 인간의 구조물에서 살며 인간의 음식을 먹는 것을 개의치 않는다. 여러 장소에서(절벽에서도 건물에서도) 살 수 있고 여러 먹이를(씨앗도 피자 부스러기도) 먹을 수 있는 종은 도시환경 속 경쟁에서 한 발(혹은 한 날개) 앞선다.[14] "도시 거주자 혹은 도시에서도 살 수 있는 종에게 유난히 특별한 점은 없습니다. 다만 보편종이 되어야 하고, 아마 다른 종보다 좀 더 온순해야 할 겁니다." 르페브르는 말한다.

우리는 또한 비둘기들이 인간의 환경에서 잘 살아갈 수 있는 능력을 길러 주기도 했다. "비둘기는 인위선택을 받아들임으로써 두 세계의 장점을 고루 취하게 되었죠." 르페브르의 말이다. 인위선택을 통해 비둘기는 인간을 아주 잘 참게 되었는데, 인간이 자기 새끼를 가져가도 그냥 알을 하나 더 낳는 것으로 대응할 정도다. 하지만 닭이나 반구와는 달리 비둘기는 보통 인간에게 먹이를 얻진 않았다. 사람들은 비둘기가 나가서 스스로 먹이를 찾기를 기대했다.

르페브르에 따르면, 비둘기는 스스로 먹이를 구하다 보니 도시 물정에 밝아졌다. 바바리비둘기나 아프리카에서 길들여진 아프리카염주비둘기Streptopelia roseogrisea와 같은 많은 새들이 사람을 잘 참아 내도록 길이 들었다. 하지만 "바바리비둘기와 무슨 작업을 해 보려고 하면, 결국 아무것도 시킬 수 없습니다." 르페브르는 말한다. "녀석들이 그 작고 귀여운 얼굴로 우리를 빤히 보면서 이렇게 말하거든요. '먹이가 공짜가 아니라니 무슨 뜻이에요? 내가 일을 하거나 뭔가 배워야 한다고요? 미쳤어요?'" 비둘기가 끈질기게 살아남을 수 있는 것은 먹이를 스스로 구하는 것이 비둘기에게는 늘 해 온 일이었기 때문이다. 르페브르는 집에서 사는 생쥐나 교외의 라쿤처럼 도시에서 사는 새가 문제 해결 과제를 더 잘 푼다는 것을 보여 주었다.[15]

우리는 도시환경을 만들었다. 또 비둘기를 현재의 형태로 만들었다. 온순하고, 날렵하고, 빠르게 번식하고, 입맛이 까다롭지 않은 형태로. 그런데도 비둘기가 잘 해낸 것이 놀랄 일일까?

유용성인가 유해함인가

유럽토끼Oryctolagus cuniculus는 비둘기처럼 스스로 먹이를 찾는 식재료다. 그리고 물론 토끼는 번식이 빠르다. '토끼처럼 새끼를 많이 낳는다'라는 표현이 괜히 생겼겠는가. 이 때문에 토끼는 유럽 항해자들에게 안성맞춤이었고, 그들은 토끼와 식민주의를 동시에 퍼뜨렸다. "그들은 그냥 한 섬에 들러서 토끼 한 쌍을 내던졌죠. 그랬다가 반년 뒤에 돌아가 보면 수확하기가 식은 죽 먹기인 단백질 공급원이 있는 겁니다." 호주 캔버라의 연방과학산업연구기구에서 토끼 생물적 방제를 연구하는 타냐 스트라이브는 말한다.

토끼가 호주에 살게 된 것 또한 이처럼 토끼를 섬에 내던졌다가 공짜 저녁을 거둬 가는 전략 때문이었을까? 그건 아니었다. 호주에 토끼를 들여온 것은 토머스 오스틴이라는 남자였다. 오스틴은 빅토리아순화협회원이었는데, 그것은 유럽 식민주의자 중 호주의 경제적 전망에는 흥미가 있지만 그곳 야생 생물에게는 크게 실망한 이들이 꾸린 모임이었다.

물론 호주에는 캥거루와 웃음물총새와 딩고와 코알라와 웜뱃이 있었다. 하지만 모두 너무 낯설었다. 잉글랜드와 너무 달랐다. 그리고 만약 당신이 오스틴처럼 열성적인 사냥꾼이라면, 호주에는 중대한 결핍이 하나 있었다. 총을 겨눌 토끼가 없었던 것이다. 그래서 1859년에 특별 토끼 배달을 맡은 배 라이트닝호가 도착했다. 도착한 토끼가 열세 마리였다고 하는 사람도 있고[16] 스물네 마리였다고 하는 사람도 있다. 아무튼 오스틴은 토끼를 한곳에서 번식시킨 뒤 그 수확물을 사냥하기 위해서 토끼들을 큰 울타리 안에 풀었다. "당시에는 그것이 아주 신사다운 일이었죠." 스트라이브의 말이다. 하지만 토끼는 탈출했다. 당연히 그랬다.

토끼는 호주를 좋아했다. 호주에는 먹이가 많고, 포식자는 많지 않았으며, 흙은 굴을 파기에 좋았다. 토끼는 토끼가 잘하는 일을 했다. 어찌나 잘 해냈는지, 곧 호주 전역에 토끼가 바글거렸다.

스트라이브에 따르면, 토끼는 대공황의 충격에도 기여했다. 토끼도 생쥐처럼 역병 수준으로 증식할 수 있는데, 1920년대와 1930년대에 실제로 그런 일이 벌어졌다. "토끼가 농업을 파괴하다시피 했죠. 경작 가능한 땅을 다 망가뜨렸으니까요. 남은 게 전혀 없어서, 사람들은 농장을 떠날 수밖에 없었습니다." 스트라이브의 설명이다. "변변찮은 식생이라도 있으면 토끼가 죄다 먹어 치웠고, 그래서 표토가 쓸려 나갔죠." 흙을 붙잡아 줄 뿌리가 없으니 그렇게 된 것이었다.

불행 중 다행은 토끼가 육류라는 점이었다. 대공황기에 많은 식당이 토끼 고기를 메뉴에 올렸다고 스트라이브는 말한다. 심지어 군대는 제2차 세계대전 때 토끼 고기 통조림을 병사들에게 배급했다. 가죽 또한 유용했다. 토끼 가죽으로는 멋진 모자를 만들 수 있었다.

하지만 전쟁은 끝났다. 대공황도 끝났다. 사냥감이든 식재료든, 토끼에게 있던 쓸모가 다 사라졌다. 그래도 토끼는 남았다. 호주는 거대한 토끼 저지용 울타리를 세웠다.[17] 토끼를 독으로 죽였고, 사냥해서 죽였고, 토끼 가죽 모자를 더 많이 만들었다. 하지만 아무리 많은 사냥철도 모자 산업도 독도 충분하지 않았다.

비둘기처럼, 토끼에게는 사람들이 귀히 여긴 특징이 있었다. 토끼는 빠르게 번식하는 육류였고, 털가죽이었으며, 쉬운 사냥감이기도 했다. 하지만 애초에 그들에게 유용성을 부여했던 번식 능력이 또한 그들을 유해동물로 만들었다. 절박해진 과학자들은 토끼를 죽일 수 있는 질병을 찾는 일에 앞다투어 나섰다. 토끼라는 역병에 맞서서, 토끼에게 전염시킬 역병을 찾기 시작했다.

인간에게 병균을 옮기지 마시오

비둘기는 우리가 귀히 여긴 특징을 여태 간직하고 있다. 여전히 확실한 속도로 집에 돌아올 줄 알고, 맛있는 고기로서 하늘을 난다. 그리고 여전히 길들여진 동물이다. 어느 아름다운 봄날, 나는 미주리주 세인트루이스의 워싱턴대학 박사 후 연구원이자 도시생태학자인 엘리자베스 칼렌, 버지니아주 리치먼드대학의 도시생태학자 조너선 리처드슨, 그리고 리치먼드대학 학부생 한 무리와 함께 리치먼드의 버드공원에 나가 있다. 오후 햇살에 분수 주변이 밝게 빛난다. 공원은 소풍 나온 사람, 거위, 그리고 비둘기로 붐빈다.

칼렌은 미국 동해안의 초대형 비둘기 무리 속 개체들의 유전적 관계를 추적한 연구로 박사 논문을 썼다. 그리고 이제 리처드슨의 학생들과 몹시 들뜬 기자 한 명에게 자신의 기술을 선보이려고 한다.

칼렌과 리처드슨은 느긋하게 돌아다니면서 숙련된 팔놀림으로 새 모이를 뿌린다. 뒤에서 얼쩡거리는 학생들은 무슨 일이 일어날지 모르는 표정이다. 모이가 특히 많이 뿌려진 지점에 비둘기가 옹기종기 모이자, 칼렌이 검은색 대형 손전등처럼 보이는 물건을 몸 앞에서 겨누면서 자신만만하게 한 발 앞으로 나선다.

공기총과 비슷한 소리가 팡 하고 터지고, 비둘기 떼가 날아오르지만, 여섯 마리는 이미 커다란 그물에 걸린 채 하릴없이 퍼덕거린다. 칼렌은 비둘기들과 그물을 능숙하게 주워 올리고, 조심스럽게 새들을 보듬어서, 이제 와글와글 떠들고 있는 학생들에게 돌아온다. 잡은 것을 땅에 내리고, 새들을 궁둥이부터 술술 그물에서 풀어낸다. 풀어낸 새는 옆 사람에게 넘기고, 자신은 다음 새를 푸는 데 골똘히 집중한다.

학생들은 비둘기를 받으려고 차례로 손을 내민다. 들뜬 사람도 있고 쩔쩔매는 사람도 있다. 하지만 일단 새를 잡으면, 모두가 자신감이 치솟는다. 비둘기는 놀라우리만치 얌전하다. 학생들은 곧 웃으면서 비둘기를 어른다. 해부 없이 육안으로는 암수를 구별할 수 없는데도 비둘기에게 마일로, 대프니, 프레더릭, 조지아, 앨피, 빌리라고 이름을 지어 준다. 칼렌이 한 마리씩 몸무게를 재고 식별표를 달고 피를 소량 뽑기 시작하자, 학생들은 소유자의 자긍심으로 제가 맡은 새를 응원한다. 마일로가 건강한 450그램을 기록하니, 녀석을 잠시 맡았을 뿐인 학생이 대견한 듯 웃으면서 말한다. "역시 우리 아기야!"

무게 재기와 식별표 두르기가 끝난 뒤, 한 학생이 내게 '대프니'를 건넨다. 비둘기는 내 손에 완벽하게 들어맞는다. 영롱한 빛깔의 목이 반짝거리고, 오렌지색 눈은 약간 신경질 나지만 참는다는 듯이 나를 본다. 공격성은 약에 쓰려도 없다. 사람이 비둘기를 손에 쥐면, 새는 이따금 초록색 똥을 떨어뜨리는 것을 제외하고는 완벽하게 가만히 있는다. 칼렌이 웃으며 말한다. "그게 바로 [수천 년간] 길들여진 결과예요." 비둘기는 평생 한 번도 사람 손에 붙잡힌 적 없는 녀석이라도 유전자 깊은 곳에서 붙잡히는 데 익숙함을 느낀다. 나는 평생 한 번도 비둘기를 붙잡은 적 없는데도 손을 대자마자 익숙해지는 것 같다.

꼭 커다랗고 탱탱한 닭가슴살을 잡고 있는 듯한 느낌이다.

새들은 충분히 깨끗해 보인다. 적어도 몸이 더럽진 않다. 하지만 내가 새를 넘겨준 뒤에 채혈과 기록을 거들다 보니, 작은 벌레가 하나둘 눈에 띈다. 날개에 하나. 내 손목에 하나. 내 공책에 하나. 나중에 함께 저녁을 먹을 때, 칼렌이 깔깔 웃으면서 말한다. "학생들에게는 말해 주고 싶지 않았지만, 그 비둘기들은 이투성이였어요." 나는 갑자기 목덜미가 간지러웠다.

몇 시간 후 차를 몰아 귀가할 때, 가려움이 목을 타고 내려와서 팔까지 번지는 듯하다. 이것은 분명 내 상상일 뿐이다. 나중에 칼렌이 알려 주었듯이, 비둘기 진드기는 사람 피부처럼 털이 없는 곳에는 잘 들러붙지 않는다. 다른 비둘기 이 연구자도 확인해 준 사실이다. 그런데도 나는 그 느낌을 떨치지 못한다. 이윽고 대문을 박차고 집에 들어설 때, 나는 헐떡이면서 파트너에게 말한다. "늦어서 미안! 지금 당장 내가 입은 옷을 전부 빨아야 해. 내 몸에 이가 득실거려."

더러운 새를 걱정한 사람이 나뿐만은 아니다. 1945년, 미국 필라델피아시는 '비둘기병'에 감염된 비둘기 수백 마리를 죽였다.[18] 1952년, 과학자들은 비둘기가 정말로 그 병을 옮길 수 있다고 확인해 주었다 (이즈음에는 앵무병이라고도 불렀다).[19] 이것은 클라미디아 프시타키 *Chlamydia psittaci*라는 세균이 일으키는 감염병으로(그렇다, 여러분이 생각하는 그 클라미디아균과 연관된 균이다) 사람에게 열, 마른기침, 근육통, 폐렴을 일으킨다. 새들은 아무 증상도 보고할 수 없지만, 감염된 새를 지켜본 사람들에 따르면 식욕부진, 설사, 눈 충혈이 관찰된다고 한다.

1961년, 《뉴욕타임스》는 공식적으로 비둘기를 보건상의 위협으로 지칭했다.[20] 1963년, 뉴욕 퀸스에는 "비둘기에게 먹이를 주지 마십시오.

비둘기는 심각한 질병 매개체입니다."라고 적힌 표지판이 등장했다.[21]

앞서 말했듯이 비둘기는 앵무병을 옮길 수 있다. 하지만 실제 감염은 드물고, 비둘기보다는 앵무새 같은 다른 새들이나 닭과 오리 같은 농장 가금류 곁에서 시간을 많이 보내는 사람이 주로 걸린다. 감염되려면 새에게 가까이 접근해야 하고, 더 중요하게는 실제 세균이 많이 담긴 새똥에 접촉해야 한다. 제롤맥은 사람이 비둘기로부터 옮는 게 "이론적으로는 가능하다"고 말한다. "예를 들어, 당신이 폐가에 들어갔는데 그곳은 비둘기가 몇 년 동안 둥지를 틀고 배설하던 곳이고, 아무도 그 배설물을 치우지 않았다고 가정하죠. 당신이 그런 곳에 들어가서 실내 공기를 마셨다면? 감염될 수 있을까요? 네. 하지만 당신이 비둘기 똥이 묻은 벤치에 앉기만 한다고 감염될까요? 야외에서 비둘기 똥을 좀 흡입했다면? 집 다락에 비둘기가 살고 있다면? 그럴 때는 아닙니다."

비둘기가 옮기는 질병 중 더 우려스러운 것은 진균병이다. 미국 애틀랜타의 질병통제예방센터 진균학자 아나스타샤 리트빈체바에 따르면, 크립토코쿠스 네오포르만스Cryptococcus neoformans가 일으키는 크립토코쿠스증cryptococcosis 같은 병이 그렇다. 이 단세포 곰팡이는 우리 주변의 거의 모든 곳에 있다. 우리는 대체로 알아차리지도 못하지만, 가령 후천성면역결핍증HIV을 겪고 있어서 면역이 약화된 사람에게는 이 곰팡이가 일종의 수막염을 일으켜서 치명적일 수 있다.

사람은 크립토코쿠스증 곰팡이로 앓을 수 있지만, 비둘기는 보통 앓지 않는다. 비둘기는 체온이 42도 언저리로 높은 편이다. 리트빈체바에 따르면, 민감한 곰팡이에게는 너무 뜨거운 환경이다. 하지만 앵무병과 마찬가지로 중요한 건 비둘기가 아니라 비둘기 똥이다. "마치 배양접시처럼 훌륭한 생장 매질이거든요." 리트빈체바는 가장 흔한 크립토코쿠스 곰팡이 균주들이 전 세계에 퍼진 원인 중 하나가 비둘기인지도 모른다는 사실을 확인한 장본인이다.[22] "비둘기가 세상에서 제일 깨끗한 새는 아닐 겁니다. 그러니까 비둘기의 발이나 깃털에 그 곰팡이가 있을지도 몰라요."

결코 웃어넘길 수 없는 곰팡이가 크립토코쿠스 네오포르만스만은 아니다. 또 다른 진균병인 히스토플라스마증histoplasmosis을 일으키는 히스토플라스마속Histoplasma 곰팡이도 비둘기 똥 식사를 사랑한다. 역시 미국 질병통제예방센터의 진균학자인 톰 칠러에 따르면, 히스토플라스마속 곰팡이는 사실 토양에 사는 곰팡이지만, 새와 박쥐의 배설물은 곰팡이가 그냥 지나치기에는 너무 아쉬울 만큼 완벽한 서식 환경이라고 한다. 이 진균병의 경우도 보통 면역이 약화된 사람들에게 문제를 일으킨다. 보통의 건강한 사람들은 히스토플라스마 감염이 심하다고 해 봐야 "감기에 걸린 듯 느껴지고, 자연히 낫기 때문에 걸렸다는 사실조차 모른"다. 하지만 히스토플라스마증은 앵무병이나 크립토코쿠스증과 마찬가지로 비둘기만 옮기는 병이 아니다. "공중 보건 관점에서 히스토플라스마증을 볼 때 떠오르는 대상은 비둘기가 아닙니다." 칠러는 말한다. "여느 새들과 새들이 앉는 홰가 떠오를 뿐이죠. 그냥 질소가 풍부한 토양의 문제니까요. 비둘기들이 몰려다니면서 똥을 많이 싸니까 우리가 비둘기를 떠올리지만, 그 밖에도 많은 새가 그렇게 합니다."

관상용 비둘기에 심취한 사람이 아니라면, 대부분의 사람은 비둘기가 가득하고 똥이 천지인 다락 따위에 올라갈 일이 없다. 하지만 도시의 비둘기 밀도는 꽤 높다. 그 새들이 가령 병원 근처를 몰려다니면서 똥을 싸고 그 똥이 말라서 공중에 떠다닌다면 면역이 약화된 환자들에게는 위험할 수도 있다고, 리트빈체바는 지적한다.

이 이야기가 무섭게 들린다면, 그야 그렇긴 하다. 하지만 질병이라는 관점에서 볼 때 비둘기는 다른 가축이나 유해동물과 별반 다르지 않다. 소, 돼지, 닭, 칠면조, 생쥐, 쥐, 개, 고양이도 아무것도 눈치채지 못하는 인간 이웃에게 병을 옮길 수 있다. 그들도 비둘기처럼 자신은 감염되지 않으면서도 세균, 바이러스, 곰팡이를 옮길 수 있다. 우리가 그들의 똥을 푸고 흡입한다면 말이다. 그리고 이것은 인류가 다른 동물종을 끌어들일 때 안게 된 위험이었다. 우리는 그 편익을 거두지만 ─ 아주 착한 개, 무릎 위 고양이, 아이스크림, 베이컨의 형태로 ─ 여기에는 대가가 따른다.

사람들이 비둘기 질병을 걱정하는 것은 주로 비둘기가 인간에게 옮길지도 모르는 질병 때문이지, 비둘기의 건강을 염려하는 것은 아니다. 그런데 호주의 타냐 스트라이브와 동료들이 그곳에서 토끼라는 위협을 저지할 방법을 찾을 때 의지한 것도 질병이었다. 단 이때 그들이 찾는 것은 종류야 뭐든 좋으니 토끼를 아주, 아주 아프게 만들 질병이었다.

토끼에게 병 옮기기

1900년대 초에는 호주 대륙의 약 70퍼센트에 토끼가 살게 되었다.[23] 이제 토끼가 눈에 많이 띄네 하는 정도가 아니었다. 식물이라면 뭐든 먹어 치우는 토끼의 먹성 때문에, 토양을 잡아 주던 풀이 다 죽었다. 농장의 흙이 말라서 흙먼지로 날아갔고, 그 자리에 토끼 굴만 남았다. 아주 건조한 사막과 아주 습한 열대 지역만이 예외였다. 호주는 미국 본토 48개 주를 합한 넓이와 비슷하다(지도로는 이 사실이 제대로 전달되지 않는다). 총과 독으로 죽이고, 잡아먹고, 털가죽 모자를 만드는 것으로는 소용없었다. 과학자들은 그들이 '생물적 방제biocontrol'라고 부르는 방법을 찾아보기 시작했다.

이전까지 생물적 방제라고 하면 유해생물을 잡아먹을 자연 포식자를 들이는 것을 뜻했다. 호주도 그 방법을 시도하여, 1800년대 말에 토끼의 포식자 고양이와 몽구스를 야생에 푼 적 있었다.[24] 몽구스는 호주 기후를 견디지 못했고, 게다가 토끼 덫 사냥꾼들이 제 사업을 지키기 위해서 몽구스까지 덫으로 잡아 버렸다. 반면 고양이는 잘 해내긴 했지만, 호주가 이후 확인한 바에 따르면 불행히도 토끼만 잡아먹는 게 아니었다. 고양이는 스스로 유해동물이 되었고(뒤에서 더 이야기하겠다), 토끼는 계속 늘었다.

1887년에는 뉴사우스웨일스주가 토끼 근절 방법을 알아내는 사람에게 상금으로 2만 5,000파운드를 약속할 지경이었다.[25] "루이 파스퇴르도 도전했죠." 스트라이브의 말이다. 파스퇴르는 조카를 보내어 토끼에게 가금류 콜레라를 접종시켰다.[26] (시도는 실패했다.)

마침내 행운이 찾아온 것은 1896년 우루과이에서였다. 그곳 과학자들이 수입된 유럽토끼를 죽이는 끔찍한 새 질병을 보고했는데, 믹소마속*Myxoma* 바이러스가 일으키는 점액종증myxomatosis이었다. 이 질병은 '타페티'라고도 불리는 그 지역 토착종 솜꼬리토끼에서 유럽토끼로 옮겨간 듯했는데, 솜꼬리토끼에게는 크게 성가시지 않은 병이었지만 유럽토끼에게는 결과가 처참했다.

호주는 격리된 토끼 집단에게 바이러스를 시험하기 시작했다. 믹소마바이러스는 파리, 진드기, 모기의 구기口器를 통해 퍼진다. 하지만 기후가 건조한 호주에는 토끼를 물어서 바이러스를 퍼뜨리고 다닐 벌레가 충분하지 않았다. 그러던 1950년에 과학자들은 머리강 유역에서 시험에 나섰다. 여름이 오자 모기가 창궐했고, 드디어 믹소마바이러스가 유행하기 시작했다.[27]

처음에는 감격적인 성공이었다. 6억 마리가 넘던 토끼 개체 수가 1억 마리로 곤두박질쳤다. 하지만 자연선택은 언제나 우리를 따라잡기 마련이다. 믹소마바이러스는 약간 덜 치명적인 방향으로 진화했다. 이전에는 토끼가 순식간에 죽었지만, 이제는 죽는 데 몇 주씩 걸렸다. 그동안 토끼의 귀와 눈에는 점액종이 커다랗게 부어올랐는데, 이것은 홍보 측면에서나 인도주의 측면에서나 재앙이었다.[28] 또한 토끼가 저항성을 발달시켰고, 아예 앓지 않는 개체도 생겼다. 1990년대에는 일부 지역에서 개체 수가 이전의 25퍼센트까지 회복되었다.

새 바이러스를 찾을 때가 왔다. 그리고 이미 준비된 것이 있었다. 1984년에 중국은 독일로부터 수입한 토끼에서 출혈병을 발견했다.[29] 문제의 바이러스는 토끼출혈병바이러스, 혹은 칼리시바이러스 calicivirus라고 불린다['칼리시, 용들의 어머니(유명 드라마 〈왕좌의 게임〉 속 등장인물 대너리스의 별칭-옮긴이)'와 발음이 같다] 그것은 새로운 질병이었고, 상상을 뛰어넘을 만큼 치명적이었다. 호주는 당장 덤벼들었다.

호주는 1991년에 시험용으로 바이러스를 수입했다. 이 질병은 치명적이거니와 진행도 빨랐다. "감염 후 36시간에서 72시간 내에 토끼가 죽습니다." 스트라이브의 말이다. 토끼는 죽기 전 약 12시간 동안에만 열이 나거나 조금이라도 아픈 기색을 드러낸다. 바이러스는 어느 구멍으로든 침입할 수 있지만 보통은 입으로 들어갔다가 똥으로 배출되는데, 토끼가 서로의 똥을 즐겨 먹는다는 점에서 이것은 과학자들에게 행운이었다. 칼리시바이러스는 토끼가 죽은 뒤에도 사체에서 몇 달 동안 살아남을 수 있기 때문에 유행은 거듭 재개된다.[30]

1995년에 시험은 와당섬으로 장소를 옮겼다. 그 섬에는 과학자들이 믹소마바이러스 시험 때 격리시켜 둔 토끼가 살고 있었다. 토끼는 제대로 격리되었지만, 곤충은 아니었다. 바이러스는 섬을 탈출하여 본토로 퍼졌다. 그래서 이제 정부는 바이러스를 격리시키려고 애썼다. 얄궂기도 이렇게 얄궂은 일이 없었다. 원래 토끼를 죽일 수 있는지 실험해 보려고 들여온 바이러스를 격리하기 위하여, 바이러스가 도는 지역의 토끼들을 죽여야 했으니 말이다.[31]

하지만 너무 늦었다. 칼리시바이러스는 믹소마바이러스보다 살생에 더 뛰어난 것으로 밝혀졌고, 토끼 개체 수는 무려 95퍼센트가 줄었다. 기왕 이렇게 되었으니, 1996년에 호주 정부는 이 바이러스를 유해 생물 방제책으로 공식적으로 등재시켰다.[32]

호주 시드니대학의 수의윤리학자 앤 콰인은 전국에 토끼 역병을 퍼뜨리는 일은 옳고 그름에 관한 공리주의적 사고를 보여 주는 또 하나의 사례라고 지적한다. 공리주의는 (서문에서 우리가 공리주의적 관점으로 풍경을 본다고 말했던 것처럼) 기본적으로 최대 다수의 최대 행복을 추구한다. 이때 다수란 사람을 뜻할 뿐, 동물은 포함하지 않는다. "공리주의적 주장은 동물에게 유리하게 구축되지 않습니다." 콰인의 말이다. "비용과 편익을 따질 때, 동물은 우리에 비해 너무 높은 비용을 감당하기 때문이죠. 토끼가 아니라 인간에게 그런 영향을 끼치는 질병을 일부러 퍼뜨리는 행동은 결코 인도적인 행동으로 여겨지지 않을 겁니다." 토끼가 대개 우리 눈에 보이지 않는 곳에서 죽는다는 점도 도움이 된다. "보이지 않는 비용은 발생하지도 않은 셈이죠." 콰인이 덧붙인다.

칼리시바이러스도 수명에 한계가 있었다. 토끼는 적응하기 시작했고, 어린 개체들은 감염을 겪고도 살아남아서 저항성을 획득했다. 그러던 2015년, 이전보다 더 치명적인 균주가 돌기 시작했다.[33] 프랑스에서 우연히 건너온 균주였다. 토끼는 다시 죽었고, 다시 저항성을 확보했고, 다시 개체 수가 반등했다. 호주에서는 치명적인 질병과 토끼가 군비경쟁을 벌이고 있다. "우리가 토끼에게 무엇을 던져 주든, 결국 토끼는 극복할 방법을 알아낼 겁니다." 스트라이브는 말한다. 『거울 나라의 앨리스』에 나오는 붉은 여왕처럼, 호주 과학자들은 현상 유지를 위해서라도 최대한 빨리 달려야 한다.

새똥은 미학적으로 불쾌하니까

비둘기가 우리에게 준 유용한 선물은 하나 더 있다. 똥이었다. 몸집, 나이, 식단에 따라 달라지기는 해도 비둘기 한 마리가 매년 싸는 똥은 4킬로그램에서 12킬로그램 사이다.[34] 편차가 무지 큰 것은 사실이다. 하지만 그것은 비둘기가 먹는 식단도 마찬가지라고, 호주 찰스스터트대학에서 비둘기 똥 오염을 연구하는 보전생물학자 매기 왓슨은 말한다. 고급 곡물이나 새 모이를 먹는 개체는 똥을 푸지게 싼다. 풀씨를 먹는 야생 개체의 배설물은 좀 더 빈약하다. 아무튼 비둘기의 몸무게가 고작 260그램에서 370그램 사이이고 몸길이가 고작 28센티미터에서 36센티미터 사이임을 고려할 때, 이론적으로는 이 새를 자신의 장운동 결과물에 파묻는 것이 언제나 가능할 것이다.

고대에 비둘기 구아노는 그 자체가 상품이었다. 구아노는 가죽 무두질에 쓰였고, 작물 비료로도 쓰였다. 심지어 화약용 초석의 원료였다(구아노가 공급하는 산소가 폭발 반응을 일으켜서 총알을 추진한다). 하지만 현대 화학은 값싸고 풍부한 비료와 더 발전된 총에 쓸 합성 질산염을 개발함으로써 구아노를 쓸모없게 만들었다.

오늘날 비둘기가 우리의 화려한 건물에 똥을 쌀 때, 보전생물학자들은 공짜 비료가 내려온다며 환호하지 않는다. 대신 그 영향이 "미학적으로 불쾌하다"고 과학 논문에 쓴다.[35] 아마도 "흉하다"란 표현은 과학적이지 않은 모양이다.

그 미학적으로 불쾌한 덩어리 속에서 곰팡이와 세균이 증식한다.

하지만 건물 주인이나 역사적 조각상 관리인이 걱정하는 문제는 그게 아니다. 그들은 똥 자체의 부식 효과를 걱정한다. 정교하게 조각된 역사적 건물은 사암과 석회암으로 만들어진 데다가 비둘기가 올라앉기를 좋아하는 멋진 절벽 같은 구조를 취할 때가 많다. 그런 석재는 아주 조금이라도 산성을 띤 물질이 묻으면 부식된다. 돌이니까 시간이야 걸리겠지만, 사크레쾨르대성당과 트래펄가광장에서 관광객을 끄는 역사적 건조물에게 산성비와 대기 오염이 위험한 것이 그 때문이다.[36]

포유류와 달리 비둘기에게는 항문도, 직장도, 질 또는 정관도 없다. 그 대신 총배설강이라는 다용도 구멍 하나로 배설물, 난자, 정자를 모두 내보낸다. 물론 역겹지만, 효율적이라는 점은 부인할 수 없다. 그래서 새 배설물에는 소변 속 화학물질인 요산이 들어 있다. 요산은 약산성이지만 새의 식단에 포함된 다른 물질들이 이 산성을 중화시킬 수 있다. 매기 왓슨과 동료들은 비둘기 똥이 약산성인 pH 5에서 약알칼리성인 pH 7.4까지 넓은 범위에 걸쳐 있다는 것을 확인했다.[37]

아무리 산성이라도 비둘기 똥이 산성비보다 크게 더 나쁘진 않다. 몇몇 실험에서는 비둘기 똥을 슬러리나 페이스트에 섞어서 꽤 오래한 지점에 방치한 결과 구리나 청동이 부식될 수 있다는 결과가 나왔다.[38] 하지만 왓슨은 그 결과에 만족하지 않았고, '직접 똥을 모아서 붙여 놓고 어떻게 되는지 보기로' 했다. 다양한 석재 타일에 비둘기 똥을 붙여 두고 20일 관찰한 결과, '이렇다 할 영향은 전혀 없었'다. 몇 군데 얼룩이 남았지만 그뿐이었다. 게다가 후속 연구에서 왓슨은 실제 역사적 구조물 관리인들은 비둘기를 크게 신경 쓰지 않는다는 것을 발견했다.[39] 문제의 심각성을 0에서 10 사이의 척도로 평가할 때, 새는 5 정도여서 가령 습기나 지진보다 한참 밑이었고 반달리즘 바로 위였다. 비둘기가 석조 구조물을 망가뜨린다는 말은 사람들이 그냥 근거 없이 떠드는 말이었음을 확인한 것이다. 다 헛소리였다.

건물에 물리적으로 해를 끼치든 말든, 비둘기가 수백 수천 마리 모이면 온 주변을 미끄덩한 똥밭으로 만들 수 있다. 관리인이야 어깨를 으쓱하며 체념하고 호스를 쥐겠지만, 그의 상사는 불평할 것이다. 그러니 유해동물 구제 전문가들이 비둘기 쫓는 법을 갈수록 새롭고 다양하게 개발하는 것도 놀랄 일이 아니다.

어떤 사람은 새 경고음을 시도할지도 모른다. 이것은 찌르레기나 까마귀 같은 새에게는 통할 수 있다. 하지만 비둘기에게는 소용없다는 게 잭 와그너의 말이다. 와그너는 날개 달린 위협을 물리치는 데 헌신하는 유해동물 관리 회사, 버드버스터스의 사장이다. 비둘기에게는 스트레스가 되는 소리란 게 없기 때문에, 새 경고음 같은 청각적 수법은 특히 허사다. 초음파 발생기는 더 나쁘다. 고주파가 동네 청소년들을 괴롭힐 순 있어도, 비둘기는 아예 듣지도 못한다(인간은 나이가 들수록 고주파를 듣는 능력이 손상되기 때문에, 약 1만 6,000헤르츠 이상의 고주파는 십 대의 귀에만 들린다-옮긴이).

"차단이 답입니다." 와그너의 말이다. 예를 들면, 유해동물 구제 작업자는 종종 섬세한 석조 건조물에 그물망을 팽팽하게 덮는다. 그물망을 충분히 팽팽하게 당겨서 치면, 사람들은 그 구멍을 통해서 예쁜 기둥이나 조각상을 감상할 수 있다. 그리고 비둘기는 튕겨 나간다. 다만 몇 년 뒤에는 그물망을 교체해야 할 것이다.

어떤 사람은 비둘기를 쫓기 위해서 흉한 금속 못이나 코일을 예술적 건축물 위에 설치한다. 하지만 궁지에 몰린 비둘기는 창의적 동물이다. 비둘기는 못이나 코일 위에 쓰레기, 잔가지, 풀을 쌓아서 자신이 내려앉을 수 있게 만든다.[40] 더 재미난 선택지는 슬라이드라는 것인데, 그냥 평범한 금속판이지만 비둘기가 앉기에는 너무 가파른 각도로 수평 표면 위에 설치하면 된다.[41] 만약 건물 관리인의 분노가 폭력으로까지 이어진다면, 전류가 흐르는 전선을 설치하여 대담한 새를 해치우려 할지도 모른다.

와그너에 따르면, 비둘기 관리 분야의 '최신작이자 최고작'은 이보다 덜 고통스럽고 더 재미있다. '버드파이어BirdFire'라는 이름은 별로 착하게 들리지 않을지도 모른다. 하지만 그건 모두 착각일 뿐이다. 비둘기가 앉을 만한 곳에 붙여 두는 버드파이어는 초소형 플라스틱 접시 속에 찐득한 노란색 덩어리가 든 것처럼 생겼다. 그다지 멋지지 않다. 큐피드 석상의 머리 꼭대기에 붙였을 때는 더 그렇다.

비둘기는 초음파를 듣지 못한다. 하지만 자외선은 본다. 버드파이어의 노란색 젤은 자외선 영역에서 빛을 내어, 마치 불이 난 듯한 착시를 일으킨다. 그곳에 앉으려고 다가온 비둘기는 자신이 제일 좋아하는 자리에 자외선 불길이 벽처럼 치솟은 모습을 볼 것이다. 그러려면 우리가 열다섯 개들이 한 상자에 50달러씩 하는[42] 작은 플라스틱 접시를 장식적 석조물 위에 덕지덕지 붙여야 하겠지만 말이다. 아무튼 새를 쫓기 위해서는 그럴 만한 가치가 있을지도 모른다. 다만 시간이 흐르면 새들은 그 불이 뜨겁지 않다는 사실을 알아차릴 것이다. 개인적으로는 딱 일주일 정도로 본다.

목적 없는 동물들

오늘날은 모든 것이 폐기 가능한 것이 되었다. 애초에 싸구려로 설계했기 때문에 그럴 수도 있다. 혹은 계획적 노후화일 때도 있다. 더 빠르고, 저장 용량이 더 크고, 더 좋은 사진 필터까지 갖춘 스마트폰이 새로 출시되면 우리는 앞다투어 그것을 장만한다. 몇 달이나 몇 년 후에 우연히 구형 휴대전화를 보면, 쓸모없는 고철 같다고 생각하며 코웃음 친다. 어떻게 이렇게 형편없는 배터리 수명과 [터치스크린이 아니라—옮긴이] 물리적으로 존재하는 버튼을 참고 썼는지 모르겠다고 생각한다. 그리고 그것을 주저 없이 내버린다.

동물은 비록 쓸모를 다하더라도 그렇게 쉽게 내버릴 수 없다. 비둘기는 사랑받던 새에서 날개 달린 쥐로 처지가 급히 추락했다. 그래도 사라지지 않았다. 우리가 비둘기와 함께하는 삶이 어땠는지 잊은 지 오래인 지금도 비둘기는 여전히 여기에 있다. 우리는 비둘기를 쓸모없는 동물로 여기고, 그것이 차지하는 생태 지위는 이제 인간 생태계에만 있다고 여긴다.

하지만 언젠가 비둘기가 회복할 수도 있다. 인간의 애정 속에서 설자리를 잃은 동물이 비둘기만은 아니기 때문이다. 개도, 믿기지 않겠지만 정말로 개도 비슷한 굴곡을 겪었다. 하지만 세상 대부분의 지역에서 개는 쓸모를 되찾았고, 개에 대한 우리의 사랑은 증가했다.

일례로, 현대의 많은 무슬림이 비무슬림들과 마찬가지로 개를 반려동물로 기르며 애지중지한다. 하지만 앨런 미카일에 따르면, 과거 오랫동안 무슬림 사이에는 개가 '의례를 더럽히고, 사람의 기도를 무효화하고, 침이 더럽고, 등등'이라는 고정관념이 퍼져 있었다. "그래서 개를 집에 들이지 말아야 한다는 겁니다." 미카일은 미국 뉴헤이븐의 예일 대학 역사학부 교수다. 중동사에 관한 책을 여럿 썼으며, 특히 자연과 동물과 환경에 관심이 많다.

『오스만 이집트의 동물』이라는 책에서 미카일은 이 불순하고 불결한 갯과 동물의 역사를 추적했다.[43] 그 결과는, 많은 종교적인 주제가 그렇듯이, 개에 대한 부정적 시각이 종교 그 자체보다 문화에 관해서 훨씬 더 많이 말해 준다는 것이었다.

무슬림은 쿠란뿐 아니라 예언자 무함마드의 하디스Hadith도 따른다. 하디스(직역하면 '이야기'또는 '담론'이란 뜻이다)는 '예언자를 알았던 사람들의 기록'이다. "예언자가 어떻게 행동했고, 어떻게 말했고, 온갖 문제에 대해서 어떻게 처신했는가 하는 이야기를 담은 책이죠." 미카일의 설명이다. 예언자 무함마드가 개를 어떻게 대했는가 하는 이야기를 가장 많이 찾아볼 수 있는 곳도 하디스다.

하디스에는 실제로 개의 침이 불순하다는 말이 나온다.[44] 하지만 하디스에는 서로 모순되는 내용이 많다는 게 미카일의 지적이다. 가령 하디스에는 개들이 예언자의 모스크에 자유롭게 들어가서 편하게 뒹

굴었다는 말도 나온다.[45] 순결하든 불결하든 모든 동물을 친절과 연민으로 대하라고 강조하는 말도 많이 나온다. 이슬람교는 동물과 인간에게 똑같이 배려받을 가치가 있다고 본다. 따라서 동물에게 잔인한 짓을 하는 것은 사람에게 잔인한 짓을 하는 것과 똑같이 나쁘다.[46]

순결하든 불결하든, 오스만제국의 개들에게는 중요하고 보호받는 지위가 있었다. 개가 늘 사랑받는 반려동물로만 살았던 것은 아니다. 당시 개들은 오늘날의 개들도 여태 열정적으로 탐닉하는 행위를 했는데, 바로 쓰레기를 주워 먹는 것이었다.[47] 오스만제국 시절 카이로에서 개는 쓰레기 처리 시스템이었다. 개들은 그 일을 아주 잘 해냈고, 당시 카이로를 방문한 사람들은 거리란 거리마다 개들이 무리 지어 어슬렁거리는 듯한 모습에 놀랐다.

1517년에 이집트를 정복한 오스만제국은 한 번의 작은 예외적 시기를 제외하고 1867년까지 계속 통치했다. 그 작은 예외란 다름 아닌 키 168센티미터의 나폴레옹 보나파르트였다. 나폴레옹은 프랑스 총재정부를 대행하여 정복 전쟁을 벌이던 시기에 이집트를 침략했고, 그때부터 1801년까지 프랑스가 이집트를 점령했다. 프랑스인은 그 짧은 시기에 로제타석을 발견했고, 홍해와 나일강을 이었던 옛 수에즈운하의 흔적을 발굴했을 뿐만 아니라, 카이로의 개들을 대량으로 독살했다.

프랑스인이 개를 미워한 것은 아니었다. 개들에게 목적이 없어진 것이 문제였다.

"궁극의 이유는 식민주의입니다." 미카일은 말한다. "질병에 대한 유럽인의 관점이 이스탄불이나 카이로 같은 곳에 뿌리 내리기 시작했죠." 유럽인은 쓰레기가 있어야 할 곳은 도시 밖이고 있지 말아야 할 곳은 길거리라고 확고하게 믿었다. 프랑스인은 길거리에 있던 쓰레기를 도시 밖으로 치웠다. 길거리에 쓰레기가 없으니, 쓰레기를 먹는 개를 둘 필요도 없었다. "사람들은 개와 질병을 연관 짓게 되었고, 개는 없어져도 된다고 여기게 되었죠. 쓰레기가 없어지기를 바라니까 쓰레기에 관여하는 개도 없애고 싶었던 겁니다." 미카일의 설명이다.

그뿐 아니었다. 무리 지어 카이로 주민을 졸졸 따라다니는 것으로 유명했던 개들은 프랑스인을 침입자로 여겨서 그들만의 저항군을 결성했다. 개들은 프랑스인 순찰대를 보면 짖었고, 골목 밖으로 몰아냈다. 프랑스 주둔군은 곧 개들에게 질려 버렸다. 1798년 11월 30일, 프랑스 순찰대는 카이로의 길거리에 독 묻은 고기가 담긴 양동이를 내놓았다. 이튿날 아침, 길거리에 개들의 사체가 즐비했다.[48]

1805년경에 오스만제국이 이집트에 복귀했다. 하지만 그들은 이제 예전과는 다른 사고방식을 품고 있었다. "이집트 지도자들은 (…) 문명화한 도시란 이런저런 방식으로 돌아가야 한다는 생각을 받아들였죠. 쓰레기를 시내에서 치워야 하고, 기타 등등." 미카일은 말한다. "그래서 개는 이전에 사회에서 맡았던 생산적 역할로부터 쫓겨났습니다."

종교와 무관하게 전 세계 모든 곳에서 도시의 주인 없는 개는 무질서의 신호로 여겨지게 되었다. 주인 없는 개는 이제 위험한 존재로 인식된다. 그런 개는 질병을 퍼뜨릴지도 모른다. 사람을 물지도 모른다. 그러니 처리해야 한다.

비둘기 뷔페

카이로의 개와 호주의 토끼처럼, 비둘기도 한때 직업이 있었다. 토끼는 총구 앞에서 달리는 것이 일이었고 개는 쓰레기 관리원이었다면, 비둘기는 전령이자 구아노 생산자이자 음식이었다. 비둘기가 오늘날에도 하는 일이 있다면, 그것은 쓰레기 관리의 영역일 것이다. 우리가 떨어뜨린 피자 부스러기를 주워 먹는 일을 하니까. 하지만 유럽의 위생 모형에서 이것은 사람들이 더는 귀하게 여기지 않는 일이다. 물론 피자 부스러기가 거기 떨어져 있으면 안 되지만, 비둘기가 그것을 먹고 있어도 안 된다.

차단, 총격, 독으로 한 건물을 한동안 보호할 수는 있다. 하지만 비둘기 개체 수를 정말로 줄이고 싶다면, 비둘기가 무엇을 먹고 어떻게 번식하는가 하는 문제를 풀어야 한다. "아무 해법도 없으면서 시 위원회에 가서 '새를 죽이지 마세요' 하고 말하기만 해서야 무의미합니다." 가이 머천트의 말이다. 머천트는 비둘기구제자문서비스(PiCAS 그룹) 창립자로서, 현재 영국 일리에서 국제조류구제컨설팅서비스를 운영하고 있다.

머천트가 비둘기 구제에 입문한 계기는 어느 동물 보호소를 도운 경험이었다. 비둘기는 다 나은 뒤에도 보호소 근처에 머무르는 경향이 있었다. 보호소의 풍부한 먹이 때문이었다. 머천트는 비둘기를 쫓는 대신 개체 수를 통제하자는 발상을 떠올렸다. 그래서 한쪽 벽 꼭대기에 둥지로 쓰일 상자를 설치했다. 비둘기가 그곳에 입주해서 알을 낳으면,

그는 가서 알을 훔쳐 온 뒤에 보호소의 다른 동물들 식단에 비둘기 알 오믈렛을 추가했다. 다만 맹점이 하나 있었다. 과거에 비둘기를 기르던 농부들에게는 이득이었던 사실인데, 사람이 비둘기에게서 알이나 새끼를 빼앗으면 비둘기가 알을 더 많이 낳는다는 점이었다. 새끼 비둘기를 식탁에 올리고 싶은 사람에게야 좋다. 하지만 머천트에게는 금세 비둘기 알이 처치 곤란이 되었다. 그의 비둘기들이 알을 얼마나 많이 낳던지, 그 동네 숙녀 비둘기들이 뼛속 칼슘을 몽땅 알 생산에 투입하는 바람에 칼슘 부족을 겪을 정도였다. 그래서 머천트는 진짜 알을 가짜 플라스틱 알로 바꾸기 시작했다. 비둘기들이 알을 더 낳지 않게 만들기 위해서였다.

번식 시설이 저절로 돌아가진 않는 법이다. 만약 우리가 진심으로 비둘기 문제를 풀고 싶다면, '핵심은 먹이 공급'에 있다고 머천트는 말한다. 도시의 생태 지위의 핵심도 바로 그것, 인간이 풍성한 먹이를 안정적으로 제공한다는 점이다. 사람들이 실패하는 지점도 바로 이 대목이다. "사람들은 비둘기가 아니라 우리가 문제라는 사실을 이해하지 못합니다." 머천트는 말한다. "사람을 통제하면 자연히 비둘기도 통제되지만, 실제로 그렇게 만들기는 어마어마하게 힘들죠."

머천트는 자신이 본 것 중에서 가장 심했던 비둘기 창궐 사례를 떠올린다. 인도 자이푸르의 옛 요새를 개조한 화려한 호텔이었다. "인도에 안 가 봤으면 비둘기를 봤다고 할 수 없어요." 그 고급 호텔은 비둘기 문제가 어찌나 심했던지, "사람 둘을 고용하여 하루 종일 빨간 깃발을 들고 부지를 이리저리 뛰어다니며" 새들을 쫓아내게 했다. "그게 그들의 구제 기법이었습니다."

호텔이 비둘기 문제를 항구적으로 해결해 달라고 머천트를 불렀을 때, 깃발 남자들은 아마 기뻤을 것이다. 머천트는 자신이 먼저 무엇을 찾아야 하는지 금방 깨달았다. 비둘기들은 호텔에서 빈둥거렸다. 하지만 호텔에서 점심을 먹진 않았다. 그러면 어디서 먹이를 얻을까?

머천트는 약 1킬로미터 떨어진 곳에서 답을 발견했다. 한 힌두교 사원이 친절하게도 매일 아침 비둘기에게 아침 뷔페를 차려 주었던 것이다. 사원은 새벽녘에 큼직한 옥수수 자루를 열어 주었다. 비둘기들은 배불리 먹은 뒤 호텔로 돌아가서 종일 빈둥거리며 번식했다. 머천트는 먹이를 주지 말라고 사원을 설득했고, 그러자 비둘기 개체 수가 알아서 제어되었다.

이와 비슷하게, 1990년대에 트래펄가광장의 비둘기가 관광객을 끄는 매력 요소라기보다 골칫거리라고 판단되자, 런던시는 매잡이를 고용하여 비둘기를 쫓게 했다.[49] 하지만 넬슨 제독 동상에서 비둘기를 정말로 쫓아내 준 것은 그러한 조치가 아니었다. 시는 또 광장 근처에서 관광객들에게 새 모이를 팔던 행상들의 허가증을 취소했다.[50] 먹이를 없애면, 비둘기도 없어진다.

머천트에 따르면, 시 위원회나 대형 조직과 일할 때에 문제 해결이 쉬울 때가 많다. 반면 식품 폐기물을 다량 방치함으로써 비둘기 천국을 조성하는 가공 공장 중 일부는 별로 신경을 쓰지 않기 때문에 노력도 기울이지 않는다. 그리고 그보다 더 어려운 상대는 개인, 즉 개별 비둘기 애호가다.

많은 사람이 새에게 모이 주기를 좋아한다. 하버드스퀘어의 캐리는 하나의 사례일 뿐이다. "몇 년 동안 매일같이 쇼핑 카트를 끌고 [시내로] 오는 어르신이 한 분 있었어요." 머천트는 말한다. "그분은 매일 [새 모이] 40킬로그램에서 50킬로그램 사이를 뿌렸죠. 그런 상황에서는 한 명이 비둘기 3,000마리에서 3,500마리까지 먹여 살릴 수 있습니다. 엄청난 수죠."

연민 없는 사람들

그렇다면 이렇게 물어야 한다. 사람들은 왜 비둘기에게 먹이를 줄까? 『전 세계의 비둘기』에서 제롤맥이 썼듯이,[51] 아이를 동반한 부모나 점심 샌드위치를 먹다가 불쑥 마음이 내킨 사람 같은 경우는 새에게 부스러기를 준다. 하지만 머천트가 만났던 어르신 같은 경우는 '목적의식이 있는' 공급자다. 이들은 부스러기를 주는 데 그치지 않고, 새 모이를 봉지째 구입하여 여러 장소를 돌면서 나눠 준다.

제롤맥에 따르면, 누가 이렇게 열심히 먹이를 주기 시작하는 것은 외로워서일 때가 많다. 제롤맥은 뉴욕에서 비둘기에게 모이를 주던 애나라는 여성의 사연을 들려준다. 두 사람이 아는 사이가 되자, 애나는 그에게 "동네의 나이 많은 친구들은 다 죽었거나 '양로원에 보내졌다'고 말했다."[52] 비둘기에게 모이 주는 사람 중에는 애나 같은 이가 많다. 스페인 마드리드와 스위스 바젤에서 비둘기에게 먹이 주는 사람을 조사한 연구자들은 그들이 '대체로 사회에 받아들여지지 않는 사람들'이라고 말했다. 물론 예외는 있다. 제롤맥은 정기적으로 먹이 주는 사람 중에 부자도 기혼 남성도 그 밖의 사람도 있음을 확인했다.

베푸는 것은 기분 좋은 일이고, 비둘기는 늘 고마워하는 수혜자다. 그 훈훈한 감정을 느끼고 싶은 사람은 계속 와서 먹이를 주고, 주고, 또 줄 것이다.

이렇게 생겨나는 비둘기 떼를 눈엣가시처럼 여기는 사람들은 단순한 비둘기 떼를 보고 있는 것이 아니다. 그들은 외로움, 그리고 타인에 대한 사회의 관심 부족이 낳은 결과물을 보고 있는 것이다. 머천트는 쇼핑 카트를 끌던 어르신을 설득하여 비둘기 먹이 주기를 그만두게 만드는 데 끝내 성공했다. "그게 가능했던 것은 그분이 나를 비둘기에게 우호적인 사람으로 보았기 때문입니다." 어쩌면 그 이상이었을 수도 있다. 어쩌면 그 남자는 머천트를 또한 친구로 보았을 수도 있다.

머천트, 제롤맥과 이야기하다 보니 자꾸 캐리가 떠올랐다. 캐리가 제 비둘기들에게 미소 짓던 모습이 떠올랐다. 집 없는 사람이 추운 것은 날씨 때문만이 아니다. 캐리가 "연민이 있나요?"라고 적힌 팻말을 들고 있다는 것은 그렇지 않은 사람이 많다는 뜻이다. 캐리 같은 처지의 사람이 비둘기에게 먹이를 주고 싶어 하는 것이 놀라운 일일까? 비둘기들은 캐리를 안다. 캐리를 보면 반가워한다. 비둘기든 청설모든 길 잃은 반려동물이든 동물에게 먹이를 주는 것은 세상에 좋은 일을 하고 있다는 느낌을 준다.

캐리는 자신이 매일 먹이를 주는 데 대해 비둘기들이 그냥 고마워하기만 하는 게 아니라고 확신한다. 한때 그를 자주 찾아왔다는 쇠렌 키르케고르라는 이름의 비둘기를 말할 때, 캐리는 목이 멘다. "나는 그 애를 사랑했어요. 그 애는 나를 자주 살폈죠." 한번은 캐리가 아팠다. 겨울이었고, 크리스마스 전주였다. "낮에 누워 있었는데, 평소엔 절대 그러지 않아요." 캐리의 말이다. 키르케고르는 다른 비둘기들과 함께 편의점 위 턱에 앉아 있었다. "녀석은 계속 내려와서 내 몸에 앉았어요. 나는 계속 말했죠. '괜찮아, 쇠렌, 돌아가렴.' 그러면 녀석은 턱으로 돌아갔다가도 15분 뒤에 다시 내려왔어요. 하루 종일 그랬죠."

보스턴의 짧은 낮이 오후 여섯 시가 되기 전에 저물자, 새들은 어딘지 몰라도 그들이 집으로 여기는 곳으로 떠났다. 키르케고르는 아니었다. "녀석은 캄캄한 여섯 시 반에 돌아왔어요. 날 기다린 거예요." 캐리의 말이다. "나는 볼일을 보러 어디 갔다 왔는데, 새들이 다 자러 갔을 걸 알았기 때문에 서둘러 올 필요가 없었죠. 돌아왔더니, 녀석이 그 캄캄한 데 혼자 앉아 있었어요." 캐리는 새를 불러 내렸고, 녀석을 껴안고 쓰다듬으면서 먹이를 좀 주었다. 그러고는 키르케고르에게 자신은 괜찮으니 자러 가라고 말했다. 새는 턱으로 돌아가서 한참 캐리를 쳐다보았다. "내가 진짜 괜찮은지 확인하려는 것처럼 말이에요." 이윽고 새는 자러 갔다.

이튿날 밤에도 새는 똑같이 했다. "매일 밤 그랬어요." 캐리는 말한다. "그러다가 크리스마스 전전날이 됐고, 그날도 같았어요. 녀석에게 이제 괜찮으니까 자러 가라고 말했죠. 녀석은 둥지로 떠났고, 난 다시는 녀석을 보지 못했어요."

비둘기는 인간이 만든 도시의 삶에 적응했다. 이 생태 지위는 과거에 우리가 창조해서 그들을 맞아들인 공간이었다. 우리는 비둘기를 우리 세상에 아름답게 적응시켰고, 온순함과 고기와 메시지를 전달하는 능력을 갖추도록 번식시켰다. 이와 비슷하게, 식민주의자들은 토끼를 육류이자 스포츠로서 새로운 장소로 데려갔다. 세상이 변하면서 남겨진, 혹은 우리에게서 멀어진 동물들은 차츰 우리 마음속에서 가치를 잃어 간다. 우리는 그들을 배제할 수도 있고, 쏴 죽일 수도 있다. 토끼에게 질병을 퍼뜨릴 수도 있고, 카이로의 개를 독살할 수도 있다. 그래도 동물들은 남는다. 비록 더는 환영받지 못할지라도, 집에 남는다.

비둘기들과 함께 있는 캐리를 보면서, 나는 우리가 과거에 어떤 존재였는지, 어떤 동물이 과거에 우리에게 무엇이었는지, 우리가 잊어버린 것이 무엇인지를 떠올린다. 아마 비둘기들은 아직 잊어버리지 않았을 것이다.

3부.

보는 사람의
시각에 따라

5장

코끼리의 기억력

코끼리가 그럴 리 없어

내가 뭘 예상했는지 모르겠다. 사육사들이 고함지르는 소리? 멀리서 치는 천둥처럼 우르르 구르는 발소리? 하지만 케냐 나이로비의 데이비드셸드릭야생동물재단 고아 코끼리들에게는 팡파르가 필요하지 않다. 그들의 발은 조용하여, 비뚤배뚤 줄지어 덤불을 헤치고 걸어올 때 거의 아무 소리도 내지 않는다. 한껏 들뜬 관중과 찰칵거리는 카메라 소리를 의식하지 못하는 것처럼 보이는 (상대적으로) 작은 코끼리들은 자신이 가야 할 곳을 정확히 안다. 코끼리들은 신나게 사육사에게 달려가고, 사육사들은 분유에 오트밀이나 코코넛처럼 코끼리에게 좋은 재료를 몇 가지 탄 대형 젖병을 들고 기다린다. 코끼리가 코를 들자 젖병이 입안으로 들어가는데, 분유가 얼마나 빨리 사라지는지 누가 옆에서 "꿀꺽, 꿀꺽, 꿀꺽!" 하고 외쳐 주어야 할 것만 같다. 코끼리는 생후 2년 동안 매 세 시간마다 이런 젖병 한 통을, 가끔은 두 통을 하루 종일 먹는다.

식사를 한 뒤, 고아 코끼리 무리는 진흙 웅덩이 하나와 물이 든 대형 드럼통 여러 개를 둘러싸고 느긋하게 논다. 나이는 생후 몇 주에서 네 살까지, 키는 사육사의 허리께에서 어깨를 넘는 정도까지 분포되어 있는 다양한 코끼리들이다. 그동안 한 사육사는 코끼리들을 이름으로 부르면서 관중에게 짧게 강의한다. 코끼리들이 노는 모습은 탁아소에 맡겨진 아기들이 노는 모습과 놀랍도록 비슷하다. 한 마리는 진흙물 웅덩이에 코를 담가서 보글보글 거품을 낸다. 다른 녀석은 모래 목욕을 하고, 또 다른 녀석은 그냥 물이 쏟아지는 걸 보기 위해서 드럼통을 넘어뜨리는 놀이를 하고 있다. 나뭇가지를 집었다 내렸다 하며 서툴게 잎을 씹는 녀석, 아니면 그냥 입에 작대기를 물고 있는 녀석도 여럿 있다. 작대기를 물고 다니는 건 늘 재미있는 놀이니까. 다른 드럼통을 둘러싸고 싸움이 벌어지고, 못되게 행동한 녀석은 이 고아 무리의 어린 대모 격인 코끼리에게 쫓겨나서 한동안 웅덩이 건너편에 부루퉁하니 가 있는다. 다들 오줌도 똥도 많이 싼다.

엄청나게 사랑스러운 모습이다. 하지만 보호소의 목표는 코끼리들이 이대로 머물도록 두지 않는 것이다. 여기 있는 코끼리들은 무리에서 추방된 경우도 있고, 밀렵을 비롯한 인간과 야생동물의 충돌로 어미를 잃은 경우도 있다. 코끼리는 오전에 이들을 사랑하는(그리고 15달러를 기부한) 팬들에게 공개되고, 오후에도 추가로 입양비 50달러를 낸 사람들에게 공개된다(당연히 은유적 표현이다. 집에 데려갈 수 있는 건 코끼리 사진뿐이다).[1] 그 사이에는 사육사와 함께 근처 나이로비국립공원을 돌아다니면서 코끼리가 되는 법을 배운다.

이들은 스와힐리어로 '은도부ndovu'라고 불리는 아프리카코끼리Loxodonta africana다. 이들은 선진국(서구 혹은 제1세계라고도 불리는 나라) 사람들이 이 동물에게 품은 기대를 모두 충족시키는 듯 보인다. 상냥하고, 평화롭고, 지적이다.

하지만 코끼리는 그와는 다른 존재일 수도 있다. 이틀 후, 나는 친구 섀넌과 안내인 사이먼 음완자와 함께 음왐비티 마을을 차로 달린다. 우리를 맞은 데릭 완잘라는 세이브더엘리펀츠의 벌집 울타리 담당자다(이 이야기는 뒤에서 하겠다). 세이브더엘리펀츠는, 물론, 코끼리를 구하는 데 헌신하는 단체다. 완잘라가 차를 세우더니 도롯가를 걷는 두 여인과 몇 마디 나눈다. 다시 출발할 때, 그가 두 여자 중 한 명을 가리키면서 말한다. "코끼리들이 저 여자 집을 부쉈답니다."

코끼리들은 밤중에 왔다. 신선한 옥수수 향에 이끌려 온 것이었다. 여자는 벌써 수확을 마치고 옥수수를 집 안에 안전하게 보관한 터였다. 배고픈 코끼리에게 집 벽은 장애물이 되지 못한다. 코끼리는 벽을 무너뜨리고 들어와서 여자의 수확물과 집을 망가뜨렸다.

여자는 적어도 목숨을 건졌다. 올해, 마을의 다른 여자는 코끼리와 맞닥뜨려 목숨을 잃었다. 주민들은 여자가 침입자의 먹성으로부터 농작물을 지키려고 밤중에 집 밖으로 나갔던 것 같다고 추측한다. 또 다른 주민은 다리를 다쳤다. 케냐 여행 중에 모든 사람이 내게 당부했듯이, 만에 하나 야생 코끼리를 만났는데 차도 없고 보호 장비도 없다면, 가까이 가서 기념사진을 찍을 생각은 절대로 하지 마라. 도망쳐라.

코끼리와 함께 살지 않는 사람들은 세상에서 벌어지는 인간과 코끼리의 충돌은 모두 인간이 몹쓸 짓을 저지르는 경우라고 생각하기 쉽다. 이를테면 코끼리의 거대한 상아를 얻고자 그 아름다운 생물체를 밀렵한다든지 말이다. 하지만 코끼리는 살아 있는 탱크다. 다른 생물을 죽이고, 찢어발기고, 집을 무너뜨리고, 농부의 한철 작물을 싹 먹어 치울 수 있다. 인간-코끼리 갈등은 양방향일 수 있다. 실제로 지금은 케냐와 인도를 비롯한 여러 나라에서 오히려 인간이 코끼리를 저지하려고 애쓸 때가 많다.

외부인들의 생각은 현지인들이 생계를, 심지어 목숨을 유지하는 방식에까지 영향을 미친다. 처음 아프리카대륙을 식민화했던 유럽인이 코끼리에게 품은 생각은 그것이 인상적이며 때로 무서운 사냥감이라는 것이었다.[2] 유럽인은 코끼리 수백만 마리를 학살했다.[3] 코끼리 개체 수가 줄고, 선진국 사람들이 멸종과 코끼리의 지능과 감정이입에 대해 더 많이 알게 되자, 시각이 바뀌었다. 오래된 견해의 흔적은 지금도 밀렵에 계속 남아 있는 한편, 새로운 시각은 코끼리를 더 많이 보고 싶어 하고, 그 코끼리가 인간의 간섭 없이 야생에서 살아가는 걸 보고 싶어 한다.

하지만 코끼리는 인간 없는 환경에서 살지 않는다. 과거에도 그런

적은 없다. 코끼리와 함께 살지 않는 사람들의 낭만적 시각 덕분에, 오늘날 케냐인들이 코끼리와 충돌하더라도 치명적인 결과가 나오는 경우는 거의 없다. 케냐 사람들이 코끼리를 죽이고 싶어 하지 않아서만은 아니다. 코끼리를 죽였을 때의 손실이 그 사람들에게도, 케냐의 평판과 경제에도 너무 크기 때문이다.

우리가 동물을 보는 시각은 그들을 대하는 태도에 영향을 미치기 마련이다. 우리가 집에 들어온 생쥐를 잡을 때 [죽이지 않고 다른 곳에 풀어 주기 위한-옮긴이] 생포 덫을 쓰는 것, 혹은 미국 서부의 늑대를 보호하는 캠페인을 펼치는 것이 그 사례다. 사슴을 솎아 내자는 데 찬성표를 던지는 것도, 동네에서 코요테를 '제거'하자는 데 동의하는 것도 그 사례다. 그런데 우리의 신념은 우리 동네와 나라를 벗어나서 훨씬 더 멀리 사는 동물의 삶에도, 또한 그 동물과 함께 사는 사람들의 삶에도 영향을 미친다. 코끼리의 경우, 케냐인이 코끼리에게 입은 피해를 다루는 방식은 세계 반대편 사람들의 신념에 의해 - 돈, 관광, 정치를 매개로 - 결정된다.

"코끼리는 보통 밤에 옵니다. 농부들이 고함치고, 소리 지르고, 지붕 두드리는 소리가 들리죠." 코끼리를 놀래서 쫓아내려는 것이라고, 세이브더엘리펀츠의 식량 안전 및 보존 생계 담당자 빅토르 은돔비가 말한다. 코끼리는 물론 이 겁주기 전술에 익숙하다. "아침에 나가서 둘러보면, 밭이 납작합니다. 그냥 납작해요. 완전 납작합니다." 소규모 코끼리 떼가 하룻밤 만에 옥수수 밭을 몽땅 쓰러뜨릴 수 있다. 그와 더불어 농부의 소득도, 가족을 먹이는 데 필요한 식량도 사라진다.

이런 갈등이 케냐뿐 아니라 다른 나라에서도 늘고 있다. 아프리카도, 아시아코끼리*Elephas maximus*가 사는 남아시아도 인구가 늘어나면서 토착 야생동물들과 많이 맞닥뜨리고 있다. 인도처럼 높은 인구밀도와 코끼리가 나란히 존재하는 곳에서는 인간도 코끼리도 고통받는다. 코끼리에게 죽은 사람 중에는 코끼리가 농작물을 먹으려고 정글을 나왔을 때 근처에 있었던 사람이 많다. 코끼리의 그런 행동이 인간에게는 강탈이겠지만 코끼리에게는 대단히 효율적인 채집 전략이다. 그때 그 코끼리 앞을 인간이 막아선다면? 인간이 이길 가능성은 없다. 인도에서는 2014년에서 2019년 사이에 2,398명이 코끼리에게 밟히거나 찢겨서 죽었다.[4] 코끼리도 450마리 가까이 죽었다.[5] 복수하려는 사람들의 총에 맞거나 겁먹고 슬픈 사람들이 설치한 살생용 전기 울타리에 감전되어 죽은 경우다.

케냐에서 코끼리들은 작물을 강탈한다. 하지만 삼부루족이나 마사이족 같은 유목민 공동체와도 물과 음식을 두고 경쟁하느라 갈등을 빚는다. 코끼리는 존재만으로도 스트레스를 일으킬 수 있다. 코끼리가 동네를 어슬렁거리는 지역이라면, 당신도 아이가 걸어서 학교에 가기를 원하진 않을 것이다. 댄슨 카엘로는 코끼리가 사람을 집에 가두는 일이 꽤 자주 벌어진다고 말한다. 카엘로는 대마라생태계Greater Mara Ecosystem 의-케냐 남서부의 방대한 영역을 가리키는 용어로, 마사이마라국립공원을 포함하며 남쪽으로 국경을 넘어서 탄자니아의 세렝게티국립공원까지 아우른다-코끼리에 대한 주민들의 태도를 조사하고자 면담을 진행하고 있다. 내가 카엘로를 만나기 전날, 그는 어느 마사이 장로를 만날 예정이었다. "그런데 그분이 코끼리가 보마를 에워싸는 바람에 집을 나갈 수가 없다고 하시는 거예요." 보마란 한 가족이 사는 집들을 둘러싸고 세운 담이다. 미국에서 흑곰이 한 가족을 집에 45분 가두면, 그것은 뉴스가 된다.[6] 케냐에서 코끼리 떼가 한 가족과 가축을 집과 울타리에 하루 종일 가두면, 그것은 평범한 화요일이다.

코끼리는 사람을 위협할 수 있지만 스스로도 위협받는다. 밀렵 때문에도 그렇고, 점점 더 좁은 영역으로 밀려나서 인간과 함께 살아야 한다는 점에서도 그렇다. 아시아코끼리와 아프리카코끼리는 둘 다 위기종이고, 아프리카둥근귀코끼리는 더욱 그렇다. 아프리카의 두 코끼리 종은 합쳐서 약 40만 마리만이 남아 있다. 엔리코 디 미닌과 동료들은 2021년 작성한 지도에서 사자와 코끼리가 사는 보존 지역의 82퍼센트가 많은 인구, 많은 가축, 많은 농업 활동이 존재하는 지역에 잇닿아 있음을 보여 주었다.[7] 그리고 현재 남은 코끼리 개체 수의 66퍼센트가 그 대상이 인간이든, 가축이든, 농업 활동이든 코끼리와 갈등을 빚을 위험이 가장 높다고 평가되는 나라들에서 살고 있다. 갈등 위험을 시각화한 그들의 지도를 보면, '심각함'으로 평가되는 지역이 동아프리카의 여러 국립공원 및 보호구역 가장자리와 정확히 일치한다는 것을 알 수 있다.[8]

"많은 사람이 코끼리를 보호할 방법을 궁리하지만, 사람들을 보호할 방법은 궁리하지 않습니다." 케냐의 레맥보전기구가 진행하는 마라코끼리프로젝트에서 보전 업무를 맡은 윌슨 사이로우아는 이렇게 말한다. 그에 따르면, 대마라생태계에서 벌어지는 밀렵으로부터 코끼리를 보호하려는 노력은 대성공을 거뒀다. 하지만 밀렵이 줄자 인간과의 갈등은 늘었다. "요즘은 갈등이 더 심각합니다." 사이로우아의 말이다. "우리는 사실 밀렵은 거의 잊었어요."

코끼리를 죽이지 않음으로써 경제적으로 득 보는 사람도 당연히 많다. 관광산업은 케냐 경제의 10퍼센트를 차지하고, 약 100만 명을 고용한다.[9] 그리고 케냐를 찾는 전 세계 관광객은 대부분 야생동물을 보러 온다. 사자, 물소, 코뿔소, 표범, 그리고 물론 코끼리는 그중에서도 '빅 파이브'다. "마사이마라에서 투자가 제일 많이 이뤄지는 부문이 관광업이죠." 마사이족 일원이자 탈렉이라는 마을의 목사인 조나 누사론은 이렇게 설명한다.

코끼리와 함께 사는 사람들은 코끼리를 미워하지 않는다. 그들은 이 동물이 생태계에서 중요한 역할을 맡는다는 것을 안다. 그 아름다움도 안다. 코끼리는 그들의 문화, 설화, 전통의 일부다. 하지만 코끼리에 대한 그들의 시각은 서구인의 시각처럼 평화로운 지혜나 장난스러운 행동으로만 구성된 꿈 같은 이야기가 아니다. 죽음과 파괴가 당신을 정면으로 응시할 때는 꿈에 젖어 있기 힘든 법이다. 퓨리티 타엑은 인간과 코끼리의 갈등을 연구하는 과학자들을 위해서 마사이마라에서 설문 조사를 한다. 그는 서구 관광객이 코끼리를 보는 시각에 놀랄 때가 많다고 말한다. "어떤 사람들은 코끼리가 그렇게 나쁠 리 없다고 생각해요." 그런 사람들은 "코끼리가 환경에 친화적이고, 주변 사람들에게도 친화적이라고" 생각한다. 타엑은 코끼리가 케냐의 자연과 경제에서 수행하는 역할을 존중하지만, '친화적friendly'이라는 표현은 차마 쓸 수 없다. 가끔은 답답해서 이런 의문이 든다. "그들에게는 대체 어떤 코끼리가 있는 거죠?"

야생의 이상과 현실

늑대도 코끼리처럼 동물계의 유명 인사다. 늑대에게는 도시에 거주하는 팬들이 있는데, 미국 서부에서 야생이 조금이라도 복원되기를 열렬히 바라는 사람들이다. 코끼리에게는 이 평화로운 거인이 인간 없는 풍경을 누빈다는 이상을 사랑하는 선진국 팬들이 있다. 두 종 모두 인간의 신념이라는 짐을 지고 있다. 동물 자체에 대한 신념도 있고, '야생' 동물이나 '야생성'이란 이런 것이어야 한다는 신념도 있다.

유럽 식민주의자들은 많은 짐을 가지고 여행했다. 그중 일부는 그들이 만나는 동물에 대한 신념이라는 짐이었다. 미국 플리머스식민지 정착민들이 늑대를 만난 1621년, 잉글랜드에서는 이 갯과 동물이 사냥으로 사라진 지 한 세대가 넘은 차였다.[10] 늑대를 제일 가까이에서 본 경험이 애니멀플래닛 채널 시청인 현대인처럼, 식민지 정착민들은 늑대를 전하는 이야기로만 알았다. 그들이 아는 이야기는 늑대를 야생의 상징으로 소개하는 사랑스러운 이야기가 아니었다. 존 T. 콜먼이『사악한 것: 아메리카 대륙의 늑대와 인간』에서 썼듯이, 늑대가 등장하는 전설에서 이 동물은 보통 무시무시한 털북숭이 범죄자였다.[11] 늑대는 힘없는 돼지들의 집을 불어서 날렸고, 빨간 망토 소녀에게 이빨을 드러냈다. 성경은 식민지 정착민에게 그들과 그들의 가축은 늑대 같은 죄인 앞에서 양처럼 무력한 먹잇감이라고 가르쳤다.[12]

1814년에 존 제임스 오듀본은(맞다, 그 유명한 조류학자 오듀본이다) 웬 농부가 덫으로 잡은 늑대 세 마리를 절름발이로 만든 뒤에 산 채로 개들에게 던져 주는 광경을 보았다. 오듀본도 농부도 죄책감은 티끌만큼도 느끼지 않았다고 콜먼은 적었다. 그들은 "늑대가 죽어 마땅할뿐더러 심지어 살아 있다는 이유만으로 처벌받아 마땅하다는 확신을 공유했다."[13]

이것은 토착 원주민 집단들이 늑대를 대한 태도와 전혀 달랐다. 콜먼에 따르면, 가령 내러갠싯족 같은 일부 원주민도 늑대를 죽였으나 무차별적으로 죽이진 않았다. 사람이 덫으로 잡은 사슴을 늑대가 훔친 경우에만 죽였다. 생명에 생명으로 갚는 식이었다. "원주민은 잘못을 저지른 개별 동물을 죽였다." 콜먼의 말이다. "영국인은 종 전체를 처벌했다."[14]

늑대는 당연히 위험하다. 북아메리카의 기록된 역사에서(음, 식민지 역사겠지) 늑대가 사람을 죽인 사례는 없었다고 믿는 신화가 있는데, 우스울 만큼 틀린 소리다. 공격이 드물긴 하지만(매년 최소 한두 명을 죽이는 불곰의 공격보다 훨씬 드물다),[15] 그래도 발생한다. 가장 최근 보고된 사례는 2010년에 알래스카의 치그닉 마을에서 벌어진 일이었다.[16] 한 교사가 혼자 달리러 나갔다. 그리고 영영 돌아오지 못했다.

늑대는 물론 가축을 더 자주 잡아먹는다. 농무부 보고서에 따르면,

2015년 미국에서 총 4만 1,680마리의 소가 포식자의 이빨과 발톱에 희생되었다. 늑대가 죽인 것은 그중 4.9퍼센트인 2,040마리였다.[17] 엄청난 수로 보일 수도 있겠다. 하지만 2015년 미국에는 소가 총 1억 1,200만 마리 있었다. 그중 약 390만 마리가 그해에 죽었는데, 주로 질병이나 기타 건강 문제 탓이었다.[18] 늑대의 이빨에 죽어 간 2,040마리는 미처 햄버거가 되지 못하고 죽은 소 전체의 0.05퍼센트에 불과하다.

그렇지만 숫자는 경험이 아니다. 모든 상실은 종종 아주 어린 동물이 피투성이로 쓰러진 슬픈 사건이다. 농업은 이익률이 낮은 분야이고, 그 종사자들은 자연을 사랑하고 자신이 돌보는 동물을 사랑하기 때문에 그 일을 한다. 모든 손실이 감정적 손실이며, 게다가 사람들의 생존에 필요한 돈의 손실이다.

일부 도시 및 교외 거주자는 그런 감정을 간과하기가 쉽다. 그것은 그들과는 다른 사람들이 느끼는 감정, 우선순위와 생활양식이 다른 사람들이 느끼는 감정이다. 늑대 곁에서 살지 않는 사람에게 늑대는 '디즈니 만화 캐릭터 같은 동물, 그러니까 저 멀리 어딘가에 존재하는 멋진 상징적 동물'이다. 현재 유타주 로건의 미국 산림청에서 포식동물 생물학자로 일하는 존 시빅은 이렇게 말한다. "사람들은 그런 동물이 어딘가 존재하는 것만으로도 가치가 있다고 말합니다. 나도 이해합니다. 하지만 동물이 존재한다는 것을 안다면, 그 동물이 **어디**에 존재하는지도 알아야 하죠. 이것은 구체적이고, 사람들에게 영향을 미치는 현실입니다."

시빅은 『포식자 패러독스: 늑대, 곰, 퓨마, 코요테와의 전쟁을 끝내기』에서[19] 늑대에게 소 두 마리를 잃은 위스콘신 농부 이야기를 들려준다. 그는 남편을 잃은 과부였고, 소를 겨우 여섯 마리쯤 갖고 있었다. "그것으로 다음 해를 먹고사는 거였습니다." 시빅이 내게 말한다. "생산자 중 대다수는 소 몇 마리 따위 신경 쓰지 않는 부유한 목축왕이 아닙니다." 단순히 금전적 손실 문제만도 아니다. "그들에게는 가족이나 다름없는 존재를 야외에서 기르는 일이 진정한 소명입니다."

그런 사람들은 끝내 늑대 사냥과 현상금 지급을 요구하는 로비 단체의 지지를 구할 수도 있다. 육식동물공존실험실의 에이드리언 트리브스는 바로 이 지점에서 인간과 늑대의 갈등이 인간과 인간의 갈등으로 바뀐다고 말한다. 늑대가 초래하는 손실과 걱정을 안고 사는 사람들은 다큐멘터리에서 늑대를 보고 싶어 하는 도시의 진보적 엘리트에게, 그리고 늑대가 자신들의 생태계와 문화에서 필수적이고 중요한 역할을 수행한다고 말하는 원주민에게 화가 난다. 하지만 집단 간 대결은 얼굴 없는 대결일 때가 많다. 내가 고함지르거나 설득할 상대가 구체적으로 정해져 있는 게 아니다. 늑대와 함께 사는 목장주들은 그래서 그 좌절감을 가까이 있는, 그저 자기답게 행동했을 뿐인데 사람들에게 피해를 주고 마는 동물에게 푼다. 사냥감 관리자들이 부르기로는 '쏘고, 묻고, 입 다문다'라는 식의 포식자 관리 기법이다.

이처럼 사람들이 동물을 대하는 태도의 괴리는 부분적으로나마 육식동물과 초식동물의 차이에서 비롯하는지도 모른다. 스페인 고등사회과학연구소에서 인간-야생동물 상호작용을 연구하는 헤니 A. 글리크만의 말이다. "우리가 보이는 관용의 수준에서 확실히 차이가 있습니다." 우리는 초식동물을 얌전하고, 순하고, 심지어 약하다고 여긴다. 육식동물은 강하고, 잔인하고, 폭력적이라고 여긴다. 우리가 늑대의 먹 잇감이라는 생각 때문에 우리 근처에서 늑대답게 살아가는 늑대를 참 아 줄 의향이 적어지는지도 모른다는 게 글리크만의 말이다.

하지만 어쩌면 개발되고, 산업화되고, 자연으로부터 격리된 선진국 사람들이 자신에게 해를 끼치는 동물에게는 관용을 적게 보이면서도 멀리 살면서 다른 사람에게 해를 끼치는 동물에게는 관용을 훨씬 더 많이 보이는 것일 수도 있다. 이것은 덴마크 오르후스대학의 보전과학 자 수사네 보겔의 지적이다. 만약 코끼리가 미국 대평원 지대에 살면 서 우리가 기른 호박색 곡물의 바다를 먹어 치우려고 든다면? "시작도 전에 총에 맞아 죽을걸요." 보겔의 말이다.

만약 미국의 목장주 일부가 늑대를 보는 것처럼 케냐인이 코끼리 를 본다면, 즉 구제 불능의 포식자로 본다면, 그런 손실은 분명 코끼리 대학살로 이어질 것이다. 미국인의 가축 손실을 케냐인이 코끼리의 습 격 후 겪는 생계 손실과 비교해 보라. 집이 납작해진다. 농부가 죽는다. 토지 권리와 피해 보상을 둘러싼 분쟁의 역사도 바탕에 깔려 있다.

늘 좋을 수는 없지만

미국 서부도 케냐 사바나도 인간 없는 자연과는 거리가 멀다. 지난 수천 년 동안 마찬가지였다. 조지프 마셜 3세가 『늑대와 원주민을 대변하여』에서 썼듯이,[20] 만약 사람들이 수렵-채집 생활양식을 추구한다면, 늑대는 그들에게 많은 것을 가르쳐 줄 수 있다. "원주민은 자신들이 늑대를 모방할 수 있고 몇몇 혹은 많은 면에서 늑대처럼 행동할 수 있지만 그렇다고 해서 늑대의 자리를 차지할 순 없다는 걸 이해했습니다." 마셜은 이렇게 설명한다. "그리고 자신들에게는 이해하는 능력이 있다는 것, 그 능력 때문에 다른 동물과는 다르다는 것을 이해했습니다."

라코타 부족의 시캉구족 장로인 마셜에 따르면, 갈등은 당연히 벌어졌지만 늑대라는 종 자체가 문제로 여겨지진 않았다. "우리는 공존했습니다. 그렇다고 해서 우리가 늘 서로에게 만족했다는 말은 아닙니다. 하지만 우리는 늘 서로 존재할 권리를 존중했습니다."

이런 공존은 원주민 집단 대부분이 가축을 치지 않았던 사회의 특징이었다. 하지만 그들에게도 동물과의 공존에는 여러 층위가 있었으며, 많은 부족이 생계 수단으로 의존했던 들소와의 관계도 그중 하나였다. 유럽인은 양, 소, 기타 등등을 치는 목축업을, 또 그와 더불어 다른 시각을 가져왔다. 유럽인의 생계는 곧 늑대의 먹잇감이었다. 그 먹잇감을 보호할 필요성은 동료 포식자에 대한 다른 시각을 낳았다.

캔자스주 로런스의 정치과학 컨설턴트이자 마사이족 일원인 마틴 마이나가 알려 주듯이, 과거 케냐의 목축민은 초식동물인 코끼리와 공존했다. 마이나는 그것이 공생 관계였다고 말한다. 일례로, 마사이족은 코끼리의 이동 경로를 활용할 수 있었다. "50마리에서 100마리의 코끼리가 같은 길을 거듭 걸으면, 그곳에 거의 개울에 가까운 도랑이 생깁니다." 마이나의 설명이다. 그러면 우기에 빗물이 그 도랑에 흘러들고,

마사이족은 근처에 보마를 세워서 물을 이용한다.

코끼리는 또 아카시아나무를 가지치기한다. "가지를 쳐서 관리해주지 않으면, 나무가 번개에 맞았을 때 들불이 퍼지기가 쉽습니다." 마이나는 말한다. 코끼리는 아카시아나무를 억제함으로써 들불을 억제한다.

평화롭기만 한 공존은 아니었다. 수컷 코끼리는 번식할 수 있는 연령이 되면 주기적으로 이른바 발정광포상태musth(수컷 코끼리가 발정기로 인해 매우 흥분하고 공격적인 행동을 보이는 상태-옮긴이)에 빠진다.[21] 인간 사춘기가 나쁘다고 생각하는 사람은(여드름이며, 매끈하던 곳에서 나는 털이며) 자신이 코끼리가 아닌 것에 감사하자. 이 시기의 코끼리는 뺨에서 기름진 분비물이 흘러내리고, 음경에서 쉼 없이 체액이 떨어지고, 평균적으로 테스토스테론 수치가 정상의 60배까지 치솟는다. 발정광포상태의 코끼리가 몹시 예민한 것도 이해할 만하다. 사실 과학자들은 발정광포상태에 대해서 아는 게 거의 없다. 그걸 알아보자고 가까이 다가갈 사람이 없기 때문이다.

마이나에 따르면, 이 공격적 시기에 수컷 코끼리는 사람들에게 폐를 끼칠 가능성이 높다. "아무거나 가리지 않고 들이받거든요. 그러다가 마사이족의 소 떼를 만나면 소를 죽이죠." 밀렵으로 코끼리 개체 수가 급감하기 전에는 더 크고 나이 든 수컷이 신경질적인 청년 코끼리를 통제하곤 했다. 나이 든 수컷이 곁에 있으면 어린 코끼리가 발정광포상태에 덜 빠지기도 했다.

그러다 밀렵꾼이 왔다. "밀렵꾼은 엄니가 제일 큰 코끼리를 노립니다. 그건 보통 대모와 수컷이죠." 젊은 수컷을 단속할 크고 나이 든 수컷이 없으니, 사람과의 관계가 나빠질 수밖에 없었다.

마이나는 또 초기의 보전 방식도 코끼리가 마사이족에게 간접적으로 부정적 영향을 미치는 데 기여했다고 말한다. 영국 식민주의자들이 1946년에 케냐에서 국립공원 제도를 시행하기 시작했을 때, 그곳에는 토착민을 위한 자리가 없었다. "해당 지역 토착민을 환경에서 제거하자는 생각이었죠." 그래서 공원을 "자연의 의도대로 만들겠다는 겁니다. 그게 무슨 뜻인지조차 모르겠어요." 마이나는 말한다. 마사이족은 대대로 살아온 땅에서 가축에게 풀을 뜯기는 것이 금지되었다. 원래 코끼리와 공유했던 땅이 코끼리만의 땅이 되었다.

조나 누사론 목사에 따르면, 심지어 어느 시점에 정부는 마사이족이 소유하는 가축 수를 제한하려고 했다. 한 가정에 에이커당 소 한 마리만 허용하고 최대 150마리까지만 허용한 것이다. 정책은 제대로 시행되지 않았다. 마사이족에게 소는 부의 척도다. "소를 줄이고 싶어 하는 사람은 없어요." 퓨리니 타엑은 말한다. "1,500마리나 가진 사람도 있는걸요."

왜 야생동물 보호에 적대감이 생겨나는지 어렵잖게 알 수 있다. 마사이족은 "자유롭기를 바랍니다. 예전처럼 아무 데서나 가축을 먹이기를 바라죠." 누사론 목사의 말이다. 목사는 퓨리티 타엑의 남편이다. 부부는 둘 다 마사이족이고, 누사론도 당연히 소를 갖고 있다.

하지만 현재 누사론은 인간-코끼리 공존 계획에 참여하고 있다. 자기 땅을 마라북부보전기구에 임대한 것이다. 케냐는 1963년에 독립했고, 2010년에 헌법을 개정했다. 그 과정에서 마사이족은 대대로 살아온 땅에 대한 관리권을 되찾았는데, 그중에는 자연보호구역에 속하는 땅도 있다. 하지만 이제 마사이족은 아무 데서나 가축을 먹이지 않는다. 그 대신 보호구역을 계속 보호하고, 보호구역 근처에서 개개인이 소유한 땅도 모아서 보전기구를 형성함으로써 더 많은 영역을 야생동물 보호에 할애한다. 그러면 언제 어디서나 맘대로 가축을 먹일 순 없지만, 누사론에 따르면 '사람들에게도 이득'이다. 사람들은 토지 임대 수익을 올리고, 보전기구에 임대한 땅의 일부에서 가축을 먹일 권리도 유지한다. 게다가 코끼리를 둘러싼 관광산업으로부터 물질적 이득을 얻는다.

물론 비판도 있다. 일부 자연보호론자는 보전지역에서 인간이 계속 활동함으로써 야생동물이 보호구역 중심부에 몰리게 되는 점, 생태계 기능에 피해가 가는 점을 염려한다.[22] 또 어떤 사람들은 점점 더 많은 땅이 보전기구에 위탁됨에 따라 마사이족 공동체가 '젠트리피케이션을 겪는다'고 비판하며, 마사이족의 생활양식에 낙인이 찍힌다고 지적한다. 몇몇 자연보호론자들은 마사이족의 가축들이 풀이란 풀은 다 먹어 치워서 코끼리를 위기에 빠뜨린다고 주장한다.[23] 이웃 나라 탄자니아는 아직도 야생동물의 이름으로 마사이 유목민을 강제로 쫓아낸다. 이 제도는 완벽과는 거리가 멀다.

분리는 새로운 공존이다

케냐가 긴 영국 식민지 시절과 이어진 산업화를 겪고 난 지금, 과거에 인간과 코끼리 사이에 존재했던 조용한 합의가 회복되진 않았다. 코끼리에 대한 서구인의 신념으로부터 대부분의 연구 자금이 나오게 되자, 그 대신 새로운 형태의 공존이 생겨나고 있다.

공존이 늘 인간과 코끼리가 가까운 이웃으로 사는 것을 뜻하진 않는다. 미국 위스콘신대학교 매디슨캠퍼스에서 보호구역을 둘러싼 사회적 갈등과 토지 사용을 연구하는 리사 노턴의 지적이다. "종종 '우리가 자연으로부터 분리되어 있다고 생각해선 안 된다'는 주장을 논문마다 핵심 메시지로 내세우는 사람들과" 함께 일한다는 노턴은 이렇게 말한다. "그런 발언은 의도는 좋지만 (…) 약간 비현실적이라고 생각합니다." 틀린 말은 아니다. 우리는 자연으로부터 분리되어 있지 않다. 하지만 모든 동물이 다른 동물과 다 잘 지내는 것은 아니다. 오늘날 인간의 거주 방식은 코끼리나 늑대 같은 동물들과 늘 조화로울 수 없다. 만약 인간이 바뀌지 않을 것이라면, 다른 것이 양보해야만 한다. "함께 살기가 정말 어려운 동물도 있습니다. 공존은 약간의 분리를 뜻합니다." 노턴의 말이다.

전기 울타리는 분리를 이루는 한 방법이다. 전압을 충분히 걸면, 코끼리조차도 아주 불쾌하다고 느낄 만한 자극을 가할 수 있다. 현재 아프리카와 동남아시아 전역에서 사람들은 인간과 코끼리의 충돌을 중단시키고자 전기 울타리를 세우고 있다.[24]

전기 울타리는 효과가 있다. 울타리는 높고, 꼭대기에 가시 철사가 있으며, 대부분의 동물은 본능적으로 그것을 피한다. 하지만 전기 울타리는 짓고 유지하기가 엄청나게 비싸다. 코끼리의 이동 경로를 차단할 위험도 있다. 그리고 코끼리는 만약 동기가 충분하다면 전기 울타리라도 넘을 것이다. 코끼리는 부도체인 엄니로 전선을 누전시킨다.[25] 코끼리의 약탈에 맞서서, 코끼리를 아예 죽일 수 있도록 전기 울타리를 개조하는 사람도 있다.[26] 그래서 현재 세이브더엘리펀츠에서 '코끼리와 벌' 프로젝트를 이끄는 루시 킹은 좀 더 자연적인 방법을 시도하고자 한다.

이상하게 끈질긴 신화가 하나 있으니(로마 역사가 플리니우스 때문이나), 코끼리가 생쥐를 무서워한다는 생각이다.[27] 사실은 그렇지 않다. 그러나 코끼리가 확실히 좋아하지 않는 것이 있긴 하다. 벌이다. 코끼리는 피부 두께가 2센티미터쯤 되는데 세상에 무서울 게 있을까 싶지만, 눈가와 민감한 코끝은 사정이 전혀 다르다.

킹과 그의 두 조언자 이언 더글러스해밀턴, 프리츠 폴라트는 라이키피아에 사는 마사이족으로부터 코끼리가 벌이 사는 아카시아나무는 먹지 않는다는 사실을 배웠다.[28] 킹은 아프리카꿀벌이 윙윙거리는 소리를 녹음해서 그것을 여러 야생 코끼리 무리에게 들려줬다. 그러자 무리의 94퍼센트가 그 자리를 떠났다. 더구나 절반 가까운 수는 어슬렁어슬렁 떠나는 게 아니라 내달려서 달아났다.[29]

그러니 벌집이 한 무더기 있다면 어떻겠는가. 킹은 농장에 벌집 울타리를 두르는 것을 시험해 보기 시작했다. 예비 시험에서, 벌집 울타리는 코끼리의 성공적인 약탈을 86퍼센트나 줄였다.[30] 벌집 울타리는 스무 개 나라에서 세워졌고, 더 많은 나라로 퍼지고 있다.[31]

원래 벌집 울타리는 나무둥치를 잘라서 옆으로 걸고 그 속에 벌을 채운 것이었다.[32] 내가 음왐비티에 있는 새뮤얼 칼라의 농장으로 울타리를 구경하러 갔을 때는 설계가 쇄신되어 있었다. 줄에 꿰인 샛노란 상자들이 널찍한 흙밭을 (건기였고, 작물은 이미 수확했다) 둘러싸고 있다. 그중 절반은 벌집이다. 나머지 절반은 합판을 노랗게 칠한 가짜 벌집으로, 코끼리가 시력이 나쁜 편임을 이용하는 것이다. "[코끼리는] 진짜 벌집과 가짜를 같은 거라고 생각합니다." 벌집 울타리 담당자 데릭 완잘라의 설명이다. "그래서 전부 다 피하려고 하죠."

울타리는 킹과 동료들이 그동안 많은 것을 배웠음을 보여 준다. 벌집은 각각 호리호리한 나무로 위가 어느 정도 가려져서 시원하게 유지된다. 윗부분은 굶주린 벌꿀오소리를 막기 위해서 튼튼한 철망으로 덮여 있다. 이렇게 갖춰 놓고 야생 꿀벌이 들어오도록 꾀는 것이다.

벌집들은 밭을 에워싼 철선으로 이어져 있다. 완잘라에 따르면, 코끼리는 다가와서 '노크'한다. 철선을 몇 번 건드려 보는 것이다. 벌집에 벌이 없으면? 코끼리가 식사할 시간이다. 완잘라가 철선을 흔들어서 저 멀리까지 이어진 벌집들을 진동시킨다. 가까운 벌집에서 무슨 일인가 싶은 벌들이 나오기 시작한다. 완잘라는 얼른 흔들기를 관둔다.

코끼리와 벌 프로젝트는 농부들에게 벌집, 철선, 노란색 페인트, 양봉 작업복을 지급한다. 가짜 벌집을 만들고, 벌집을 지지할 기둥을 잘라 오거나 구입하고, 벌집을 깨끗하게 관리하고, 벌을 꾀는 것은 농부의 몫이다.

완잘라에 따르면, 칼라는 이 일을 제일 잘하는 사람 중 하나다. 칼라의 벌집은 열여섯 통 중 열 통이 차 있다. 모임에 갔다가 우리를 만나려고 성큼성큼 걸어온 칼라는 이번 수확철에 모든 벌집에서 꿀을 수확할 수 있기를 바란다고 말한다. 그는 수확철마다(보통 1년에 두 번 수확할 수 있다) 약 8,000케냐실링을 벌집에서 얻는다. 내가 방문한 시점 기준으로 환산하면 약 80달러다. 많은 사람이 한 해 2,500달러가량으로 살아가는 지역에서 이것은 제법 짭짤한 돈이다(2009년 기준으로 그랬고, 2021년 기준으로는 한 해 3,150달러가량이다).[33] 그래서 아예 옥수수 재배를 그만두고 양봉에 매진하는 농부도 있다고 완잘라는 말한다.

코끼리는 상수常數다. 칼라가 스와힐리어로 이렇게 말하자, 음완자와 완잘라가 통역해 준다. 이 후피동물은 옥수수 이삭이 팰 때까지 기다리지 않고, 어린 식물도 먹어 치운다. "그리고도 모자라서 집이나 창고에 저장된 수확물을 먹으러 오죠." 음완자가 덧붙인다. 사람들은 코끼리를 쫓아야 하기 때문에 내리 석 달간 하룻밤도 푹 자지 못한다. 이것은 벌집 울타리를 시작할 만한 강력한 이유이자 옥수수 재배를 포기할 만한 이유다.

코끼리와 벌 프로젝트의 자금은 제한적이고, 벌집 울타리는 비싸다. 벌이 반드시 이사 온다는 보장도 없다. 그리고 마을 근처에서 사는 코끼리 중 일부는 무엇이 빈 벌집인지 알아차릴 만큼 똑똑해진다. 그래서 완잘라는 그동안 다른 방법도 찾아보았다. 요즘은 코끼리가 철선을 건드리면 벌 소리가 나도록 장치한 작은 백색소음 기계를 시험하는

중이다. 벌이 없어도 되게 하려는 것이다. 또 시험 중인 방법은 코끼리 퇴치제다.[34]

최근 완잘라는 우간다에서 농부들을 모아 수업을 열었다. 코끼리를 쫓도록 설계된 냄새를 풍기는 혼합물 제조법을 가르치는 수업이었다. 레시피는 이렇다. 끓는 물에 고추, 생강, 마늘, 님neem 기름을 넣는다. 한참 우린 뒤에 코끼리 똥과 소 똥을 더한다. 썩은 달걀도 몇 알 넣는다. 조리용 기름을 더한 뒤, 혼합물을 드럼통에 담아서 적도의 뜨거운 해가 쬐는 곳에서 2주간 발효시킨다.

내가 냄새를 맡게 해 달라고 청하자, 완잘라와 은돔비가 심각하게 우려하는 표정으로 나를 본다. 나는 고집한다. 그들은 다른 것을 이것저것 보여 주면서 내가 잊기를 바란다. 나는 잊지 않는다. 완잘라와 은돔비가 마지못해 나를 파란색 대형 플라스틱 드럼통으로 안내한다. 그들이 뚜껑을 열고 내용물을 작대기로 휘젓는다. 나는 몸을 기울인다.

처음엔 거의 맛깔스럽다. 그러다 갑자기 **진짜** 아닌 냄새가 난다. 마늘, 고추, 생강 냄새에 뒤이어 발효된 달걀과 똥 냄새가 왈칵 덮치는 바람에 눈물이 찔끔 난다. 진짜 퇴치제다.

농부들은 위쪽에 구멍을 몇 개 뚫은 플라스틱 물통에 이 강력한 혼합물을 붓는다. 물통을 철선으로 엮어서, 막 익어 가는 작물을 에워싼 울타리에 붙인다. 코끼리가 다가와서 울타리를 흔들면, 물통 속 액체가 찰랑거리면서 냄새를 퍼뜨린다. 후각이 뛰어난 코끼리는 웩 하고 떠난다. 완잘라는 음왐비티에서 농부 여덟 명과 이 방법을 시험하는 중인데, 그들 모두가 작물을 무사히 수확했다. 이 방법은 벌집 울타리보다 훨씬 싸다. 생강처럼 비싼 재료는 코끼리와 벌 프로젝트가 제공하고, 울타리 기둥은 농부가 쉽게 구할 수 있다. 플라스틱 물통은 더 쉽다. 길가에 아무렇게나 버려져 있으니까.

코끼리의 작물 약탈을 막는 또 다른 방법은 옥수수 재배를 그만두고 벌을 치는 농부처럼 아예 약탈당할 작물을 기르지 않는 것이다. 에스터 세렘은 세이브더엘리펀츠의 여성 사업 프로젝트 담당자다. 세렘의 지도하에, 인근 마을 여성들은 모임을 꾸려서 소액 금융 사업을 하는가 하면 가방이나 바구니 만드는 법을 배워서 기술을 다변화한다. 세렘은 또 가족계획을 보급하여 사람들이 다자녀의 학비를 대는 부담을 덜 수 있도록 돕는다.

빅토르 은돔비는 주민들이 옥수수 같은 자급용 작물 대신 채소와 가금류를 길러서 공동체 내에서 팔도록 아이들과 어른들을 가르친다. 코끼리에게 사탕이나 다름없는 작물 대신 고추나 해바라기처럼 코끼리가 싫어하는 작물을 기르라고 주민들을 설득하는 일에는 팀 전체가 나선다.

이런 활동은 모두 사람들이 코끼리를 꾀는 작물에만 수입을 의존하지 않아도 되게 만들려는 노력이다. 세렘은 유니스라는 여성을 예로 든다. 유니스는 원래 생계형 농부였지만, 자신이 바구니 짜기에 재주가 있음을 발견했다. "이제 유니스는 바구니를 짜고, 농장은 일부만 경작합니다." 세렘의 말이다. 이제 유니스는 작물을 많이 기를 필요가 없고, '구워 먹을 옥수수 조금, 가족이 먹을 콩 조금만' 기른다. 그 정도는 집 가까이에서 기를 수 있고, 그러면 코끼리에게는 매력이 떨어진다. 유니스는 아예 고추나 해바라기로 작물을 바꾸고 그것을 팔아서 식량을 살수도 있을 것이다. 그것은 유니스가 밤새 평화롭게 통잠을 잘 수 있다는 뜻이다.

코끼리를 내쫓는 기술

코끼리와 벌 프로젝트는 농작물로부터 코끼리를 쫓는 노력이 인간과 코끼리 모두에게 도움이 된다는 것을 보여 주는 멋진 사례다. 하지만 이 프로젝트는 그 목표를 이루려면 넘어야 할 장애물이 많다는 것도 보여 준다. 누군가 벌집을 만들 비용을 대야 한다. 농부들이 꿀을 수확하는 것을 도와야 한다. 프로젝트 지도자는 농부들이 스스로 꿀을 팔아 이익을 남길 순 없다는 사실을 금세 깨우쳤고, 그래서 세이브더엘리펀츠가 꿀 가공과 판매도 맡는다(대개 벌집을 보러 오는 서양 방문객에게 팔지만, 꿀을 귀한 '다와(약)'로 여기는 지역민들에게도 판다). 고추나 해바라기 같은 대체 작물은 시장이 필요하다. 그래서 세이브더엘리펀츠가 해바라기유 생산자들과 함께 그 시장을 만들어야 했다. 세렘과 은돔비의 프로그램은 지역 여성들에게 대체 수입원을 마련하는 방법을 가르치지만, 텃밭도 시작하려면 돈이 들고 가방과 바구니 제작은 훈련이 필요한 데다가 그걸 사 줄 사람도 필요하다(이것도 서양 방문객들이 산다). 그 결과 세이브더엘리펀츠는 인간과 코끼리를 분리하기 위해서 자체적인 소규모 경제를 촉진하는 일까지 맡아야 했다.

벌집 울타리가 어디서나 유효하진 않을 것이다. 모든 농부가 벌을 치거나 바구니를 짜거나 대체 작물을 기르고 싶어 하진 않는다. 그리고 코끼리는 곧 인간의 수법을 간파한다. 게다가 사람도 종종 벌을 무서워한다.[35] 벌이 무섭진 않더라도, 자칫 벌에 쏘일지도 모르는 자식이 많은 가정이라면 벌집이 반드시 좋은 방법이라고는 할 수 없다. 마라코끼리프로젝트의 윌슨 사이로우아는 그렇게 지적한다.

사이로우아는 대마라생태계 내 레멕보전기구에서 일하는데, 그 바로 옆에 마사이마라국립보호구역이 있다. 마사이마라국립보호구역은 많은 서양인이 코끼리가 사는 곳이라고 하면 바로 떠올리는 대표적 사바나다. 뿔이나 엄니가 달린 동물들이 긴 풀을 뜯고 있고 군데군데 꼭대기가 평평한 나무가 우뚝 서 있는 그곳을 차로 달리면, 꼭 닥터 수스(미국의 대표적인 동화 작가이자 만화가로, 1957년작 『모자 쓴 고양이』가 대표작이다-옮긴이)의 동화 속으로 들어간 기분이다.

이 보호구역 언저리의 농부들도 생계농업으로 옥수수를 기르는데, 사이로우아에 따르면 일부는 사탕수수로 바꾸고 있다. 옥수수가 코끼리를 끌어들인다지만, 사탕수수에 비하면 아무것도 아니다. 코끼리가 강가 사탕수수밭으로 들어갈 때부터 다르다. "희한한 소리를 냅니다. 사탕수수를 먹는 게 너무 행복한 거예요." 사이로우아의 말이다. 하지만 농부들은 조금도 즐겁지 않다.

사이로우아는 이 지역 농부들도 냄새 나는 울타리를 쓴다고 말한다. 그들의 울타리에는 고추와 엔진오일이 섞인 물통이 걸린다. 하지만 코끼리는 결국 그것이 별것 아님을 깨닫는다. "누가 해 준 이야기인

데, 코끼리들이 와서 울타리 옆에 가만히 서 있더라는 거예요." 사이로 우아의 말이다. "그러다가 새끼를 울타리 틈으로 밀어넣더래요. 새끼가 가면 어미도 가죠." 새끼를 맛있는 옥수수나 사탕수수가 있는 방향으로 밀면서, 동시에 고추 울타리를 겁낼 필요가 없음을 가르치는 것이다. 얘들아, 코를 싸쥐렴, 건너편엔 먹을 게 있단다.

그래서 마라코끼리프로젝트 같은 단체가 나선다. 세이브더엘리펀츠에서 갈라져 나와 독립한 이 단체는 좀 특별한 울타리를 친다. 이름하여 가상 울타리다.[36]

이것은 사람이나 코끼리가 눈으로 볼 수 있는 울타리가 아니다. 그 대신 목걸이를 찬 코끼리들이 이루는 울타리, 더 정확하게 말하자면 그들이 전송하는 정보로 이루어지는 울타리다. 마라코끼리프로젝트는 현재 50마리 남짓의 '주력' 코끼리를 추적하고 있다.[37] 보통 보전지역이나 국립공원 경계처럼 갈등이 빈번한 장소에서 사는 코끼리들이다. 단체는 또 대규모 무리 중 몇 마리에게도 목걸이를 채워서 무리의 위치 정보를 얻는다. 옥수수와 사탕수수 먹기를 유난히 좋아하는 개체가 있다면, 당연히 그 녀석에게도 목걸이를 채운다.

나는 코끼리와 벌 프로젝트 사무실에서 그런 목걸이를 하나 들어 보았다(이곳도 목걸이 부착 프로그램을 운영한다). 큼직한 상자 중앙에 GPS 추적기가 담겨 있고, 마치 역도 챔피언 벨트처럼 두꺼운 가죽 벨트가 상자에 붙어 있다. 코끼리에게 부착할 때는 GPS 추적기가 늘 하늘을 향하도록 아래쪽에 추를 단다. 족히 13킬로그램은 나간다. 하지만 코끼리에게 이 무게는 내가 느끼는 손목시계 무게만 할 것이다.

사이로우아는 이야기하는 동안 계속 손목에 찬 커다란 애플워치 화면을 흘긋거린다. 애플워치는 거의 끊임없이 오는 왓츠앱 메시지 때문에 줄곧 진동하는데, 모두 목걸이 찬 코끼리의 움직임을 알리는 메시지다. "코끼리가 가상 울타리를 넘으면 왓츠앱에서 내게 메시지를 보내게 되어 있죠." 사이로우아의 말이다. 코끼리가 농장이나 마을로부터 약 1킬로미터 내에 들어오면, 그 지역 경비대원들이 출동한다. 그들은 엉뚱한 길로 들어선 코끼리가 있는 곳까지 차로 달려가서 놈을 쫓아낸다. 북을 치고 폭죽을 터뜨리는 등 소리, 불빛, 연기를 동원하여 코끼리를 국립공원이나 보전지역으로 돌려보낸다. 다 소용이 없으면? "고추탄도 씁니다." 사이로우아의 말이다. 그것은 고추와 숯으로 만든 탁구공만 한 덩어리다. 코끼리에게 맞으면 팡 터진다.

고추탄도 실패하면, 마라코끼리프로젝트는 회전날개가 네 개 달린 드론 세 대를 내보낸다.[38] "코끼리는 드론을 무서워합니다." 사이로우아는 말한다. "소리 때문에요. 벌 소리와 비슷하니까요…. 그래서 코끼리는 드론 소리를 들으면 달아나요."

하지만 똑똑하기로 이름 높은 코끼리들은 드론이 쏘지 않는다는 사실을 빠르게 학습하는 중이다. 몇몇 개체는 심지어 드론을 당겨 떨어뜨리려고도 한다. 그러니 만약 모든 전술이 실패하면, 다음은 헬리콥터가 나설 차례다. 마라코끼리프로젝트 운영 책임자인 마크 고스가 헬리콥터도 몬다. 헬리콥터를 낮게 띄우면, 코끼리는 시끄러운 소음과 프로펠러가 일으키는 세찬 하강기류를 맞게 된다.[39] 이 방법은 늘 효과가 있다. 안타까운 점은 비싸기도 하다는 것이다. 그리고 코끼리가 늘 항의 없이 순순히 가 주진 않는다. 헬리콥터 착륙장치를 향해 코를 치켜드는 녀석도 나타나고 있다. 만에 하나 코끼리가 그것을 붙잡는다면 헬리콥터를 쉽게 내동댕이칠 수 있을 테고, 그 결과는 조종사에게 재앙일 것이다.

마라코끼리프로젝트가 다른 방법을 찾아보는 것은 그 때문이다. 현재 시도하려는 방법은 드론에 고춧가루 스프레이를 장착하는 것이다. 코끼리가 드론을 피하지 않거나 끌어내리려 들면, 경비대원이 리모컨을 눌러서 코끼리의 탐색하는 코 위에 드론이 고춧가루를 뿌리게 만들 수 있을 것이다. (우리가 이 장에서 깨달을 점이 있다면 이것이다. 코끼리가 매운 음식을 좋아하게 되는 순간 녀석들의 세계 정복이 코앞이라는 것.)

다른 단체들도 비슷한 전술을 쓴다. 소음, 고추탄, 사륜구동 자동차로 코끼리를 괴롭혀서 쫓아 보낸다. 고무탄이나 횃불 등을 더할 때도 있다. 지역 농부들도 창과 화살로 코끼리를 쫓아내고, 만약 이 후피동물이 너무 고집불통이라면 쫓을 수 있을 정도로만 상처를 입힌다. 하지만 사람들이 거의 절대 안 쓰는 방법이 하나 있다. 총으로 쏴 죽이는 방법이다.

사람보다 귀한 코끼리

인간-코끼리 갈등을 겪는 케냐인은 코끼리가 귀한 존재라는 사실을 똑똑히 안다. 너무 잘 아는 게 문제일 때도 많다.

댄슨 카엘로에 따르면, 사람들에게는 분명 어느 정도 적대감이 있다. 만약 사람이 코끼리를 쫓으려다가 죽인다면, 그는 최대 2,000만 케냐실링, 즉 2021년 기준으로 20만 달러의 벌금과 종신형을 감수해야 한다.[40] 케냐야생생물청이 보호지역에서 총을 휘두르는 밀렵꾼을 붙잡을 때는 밀렵꾼에게 총부터 쏘고 질문은 나중에 해도 된다. 상아 거래로 붙잡힌 사람도 종신형에 처해진다.

만약 코끼리가 사람을 죽인다면? 피해자의 가족에게 보상받을 자격이 있다. 정부에 신청하면 되는데, 산더미 같은 서류와 행운을 갖춘다면 약 500만 케냐실링, 즉 2021년 기준으로 5만 달러를 받을 수 있다는 게 카엘로의 말이다. 농부들에게는 큰돈이다. 하지만 그걸 받기가 쉽진 않다. "보상금을 받아 내기는 아주 어렵습니다. 아주 어려워요. 몇 년씩 걸리는 가족도 있습니다." 카엘로의 설명이다.

기자들은 "피가 흐르면 헤드라인이 된다"고 즐겨 말하지만, 케냐에서 피 홀리는 코끼리는 피 홀리는 사람보다 훨씬 더 큰 결과로 이어진다. 차보 주민들은 '자신들이 소외되었다고 강하게' 느낀다. 세이브더엘리펀츠의 코끼리와 벌 프로젝트에서 연구와 과학을 담당하는 리디아 틸러는 이렇게 말한다. "코끼리가 밀렵을 당하면, 현장에 헬리콥터들과 인원 서른 명이 출동합니다. 하지만 코끼리에게 사람이 다치면? 아무도 안 나오죠."

이 현실은 좌절감을 낳고, 분노도 낳을 수 있다. 원칙적으로 코끼리는 정부 소유물이다. 그래서 나미비아 같은 곳에서 코끼리를 미워하는 사람들은 코끼리를 '정부의 가축'이라고 부르곤 한다. 2022년 6월, 케냐 암보셀리국립공원 북쪽 마슈루 마을의 농부들이 수도와 해안을 잇는 대동맥인 나이로비-몸바사 고속도로를 불타는 타이어와 바위로 막았다. 그들은 인간과 야생동물의 갈등에 항의하며, 농작물을 약탈하는 코끼리에 대한 대책을 요구했다. 해당 행정구역의 지사는 케냐 야생동물 당국에 "당신네 동물이 우리 사람들에게 접근하지 못하게 하라"고 요구했다. 결국 치안 부대가 발포하여 시위자 네 명을 죽였다.

코끼리와 함께 사는 사람들이 적대감을 느끼는 이유는 쉽게 알 수 있다. 케냐에서는 코끼리의 목숨이 코끼리와 함께 사는 케냐인의 목숨보다 훨씬 더 가치 있다는 결론을 내리지 않기가 어렵다. 냉정한 돈의 잣대로 따지자면 특히 그렇다. 코끼리의 목숨 값은 2,000만 케냐실링이고, 사람의 목숨 값은 500만 케냐실링이니까.

코끼리 살해 벌금이 그렇게 높은 것은 코끼리가 생물다양성 면에서도 케냐인에게도 그만큼 귀하기 때문이지만, 코끼리를 더없이 사랑스럽고 평화로운 존재로 여기며 그것을 보러 가고 싶어 하는 선진국 사람들에게 귀하기 때문이기도 하다. 그들에게 코끼리는 결코 유해동물이 아니다. 코끼리는 그들의 뒷마당에서 살지 않고, 코끼리가 일으키는 피해는 관광객이 치를 비용이 아니다.

생계를 지키고자 코끼리를 죽이는 사람들로부터 코끼리를 보호하기 위해서 쌓이는 기부금은 코끼리와의 갈등에 시달리는 케냐인이 코끼리보다 덜 귀하다고 여기는 식민 체제의 잔재다. 한편 외부에서 케냐를 비난하는 일부 비정부기구와 비영리단체는 또 다른 메시지를 전하는데, 그것은 케냐인이 자기네 야생동물의 가치를 모른다는 것, 케냐인이 후진적 관점에서 벗어나도록 교육시킬 필요가 있다는 것, 케냐인은 자기네 야생동물을 알아서 잘 다룰 줄 모른다는 메시지다.

"지원금은 서구에서 오고, 기부자들이 그 지원금을 냅니다." 틸러는 이렇게 설명한다. "많은 보전 프로그램이 실패하는 게 이 때문이라고 봅니다. 서구인의 이상을 구현하려고 할 뿐, '지역 공동체는 어떻게 생각할까?'를 고려하지 않기 때문이에요." 미국인들은 웬 케냐인이 우리에게 와서 들소를 이렇게 하라느니 저렇게 하라느니 말하기를 바라지 않을 것이다. 케냐인도 당연히 똑같이 느낀다. 자신들의 지역적 맥락과 경험이 무시당한다고 느낀다.

하나의 해답은 없다

그럼에도 여전히, 세이브더엘리펀츠 같은 조직에 들어오는 기부금은 많은 이득을 낳는다. 새뮤얼 칼라의 음왐비티 농장에 있는 벌집 중 하나의 옆면에는 바래진 매직펜 글씨로 '디즈니 제공'이라고 적혀 있다. "기부금은 대부분 외국에서 옵니다." 칼라가 스와힐리어로 말하자 완잘라가 통역해 준다. "당신들 덕분에 이 벌집이 있죠." 칼라는 벌집 울타리를 설치하기 전에는 수확철마다 코끼리 때문에 하룻밤도 편히 잘 수 없었다고 말한다.

사람들이 코끼리와 성공적으로 공존하게 되면 코끼리를 보는 관점이 바뀐다고, 칼라는 말한다. 이번에는 음완자가 통역해 준다. 벌집 울타리 이전에 칼라는 코끼리를 딱히 좋게 생각하지 않았다. "하지만 지금은 울타리가 있어서 피해를 보지 않으니, 이제 우리의 야생동물을 존중할 수 있게 되었답니다." 음완자가 통역해 주는 말이다. 칼라는 관광이 경제에 주는 이득을 인식하고 있고, 자신도 벌집에서 얻은 꿀을 판매함으로써 직접 이득을 경험한다.

나중에 음완자가 설명해 준 바, 케냐는 그동안 밀렵 근절과 코끼리 개체 수 회복에 투자할 때 코끼리 근처에서 사는 사람들을 교육하는 데도 투자해야 했다. 케냐인은 이웃 케냐인에게 코끼리와 함께 사는 것이 가능하다고 가르칠 뿐 아니라 왜 그래야 하는지도 가르치고, 피해는 보상받을 수 있다는 것도 가르친다. 설령 보상을 받아 내기가 어렵거니와 고통스러우리만치 오래 걸리더라도 말이다.

퓨리티 타엑은 수사네 보겔 같은 과학자들을 위해서 케냐인이 코끼리를 어떻게 생각하는지 알아보는 설문 조사를 조직하고 실행한다. 문항을 지역어인 마어로 번역하고, 댄슨 카엘로 같은 조사원들을 훈련시켜서 주민들을 면담하게 하며, 자신도 직접 면담한다. 타엑과 보겔은 코끼리와 가까이 사는 사람들이 코끼리를 악당으로만 보진 않는다는 것을 확인했다. 사람들은 코끼리와 함께 사는 것이 어렵다고 인정하지만, 코끼리가 주는 이득도 인정한다. 응답자들의 발언은 이런 식이다. "코끼리는 (…) 환경에 아주 중요하기 때문에 보호되어야 합니다. 또 우리 아이들이 코끼리 덕분에 마라에서 관광업에 종사하고 있으니, 그 점에서도 코끼리는 중요합니다."

케냐 북부의 삼부루족 같은 또 다른 토착민들은 자기네 공동체 안에서 코끼리 보전 활동을 수행한다. 나문야크 야생생물보전기구가 운영하는 레테티 코끼리보호소에서는 그 동네 사람들이 고아 코끼리를 기른다. 보전 활동은 코끼리에게 유익한 데다가 지역에 일자리를 공급한다. 관광객들은 물론 사족을 못 쓴다. 케냐의 다른 보전 활동과 마찬가지로 이곳의 운영자금도 주로 선진국의 개인 및 단체 기부금에서 오지만 말이다.

타엑과 누사론이 말하듯이, 코끼리는 문화적으로도 소중하다. 여전히 토착 종교를 믿는 사람들은 갓 출산한 코끼리의 태반을 발견하여 그것을 보마에 묻으면 큰 행운이 온다고 여긴다.[41] 사람들은 코끼리를 엄청나게 영리하고 인간과 비슷한 존재로 여긴다. 코끼리의 똥, 피부, 간, 젖, 기타 부위는 전통 약재로 쓰인다. 가끔 코끼리가 죽으면, 마사이족은 그 사체를 잔가지로 덮어 주고 명복을 빌어 준다.[42]

상황은 복잡하고, 모두를 만족시킬 하나의 해답은 없다. 초기 식민주의자들은 코끼리를 사냥했다. 그리고 그들이 들여온 경제체제는 코끼리로부터 서식지를 빼앗고 토착민으로부터 생계를 빼앗았다. 한편 오늘날은 코끼리를 사랑스러운 영물로 여기는 현대 서구인의 믿음 때문에, 이 아름다운 동물을 멸종 위기에서 구하고자 선진국 사람들이 그동안 수백만 달러를 썼다. 코끼리를 구경하는 호화 관광 상품은 케냐 경제에 크게 기여한다. 선진국 사람들은 또 코끼리가 사람에게 피해를 덜 끼치도록 멀리 떼어 놓는 방법을 연구하고 실행하는 데에도 자금을 댄다. 그들의 믿음 덕분에, 코끼리와의 갈등을 다루는 방식은 전보다 훨씬 더 평화로워졌다. 보전활동가들은 계속 이 지각 있는 가죽 탱크 같은 존재와 기술적 무기 경쟁을 벌여야 할 테지만, 아무튼 사람들은 점차 갈등을 줄이는 데 능숙해지고 있고 어떤 방법이든 죽은 코끼리보다는 낫다.

하지만 코끼리와 함께 사는 현지인들이 코끼리를 존중하지 않는다거나, 그들이 자기네 생태계와 야생동물을 제대로 관리할 줄 모른다는 등의 거짓된 믿음들로 인해, 서구식 지원 방식은 종종 온정주의적이고 식민지 시대의 역사를 그대로 답습하고 있다.

케냐인은 코끼리를 대단히 존중한다. 코끼리는 그들의 옷감에 수놓아지고 문화적 도상 속을 당당히 누비는 동물이다. 코끼리와 함께 사는 사람들은 또한 이 동물이 늘 온화한 거인으로만 행동하진 않는다는 것을 안다. 하지만 우리 선진국 사람들은 코끼리가 유해동물이 아니라고 믿는다. 적어도 우리에게는 아니다. 그리고 코끼리와 함께 사는 사람들에게는 공존이란 결국 누가 비용을 지불하는지, 그리고 누구의 신념이 더 가치 있게 여겨지는지에 달려 있다.

6장

골치 아픈 고양이

귀여운 길고양이

몇 년 전, 얼룩무늬 길고양이 한 마리가 우리 집 뒷마당에 살금살금 들어왔다. 꾀죄죄하고 야윈, 예민하고 소심한 암컷이었다. 내가 녀석을 더 자세히 보려고 뒷문을 열었을 때, 녀석은 벌써 달아나고 없었다.

나는 구제 불능의 고양이 애호가다. 그래서 먹이를 좀 내놓았다. 이튿날 얼룩 고양이는 다시 왔고, 긴장하여 온몸의 털을 떨면서 내 선물을 먹었다. 나는 뒤쪽 창문으로 녀석을 보았다. 줄무늬 밑에 당밀 쿠키처럼 예쁜 갈색이 깔린 고양이였다. 왼쪽 귀 끝이 납작하게 잘려 있었는데, 포획되어 중성화 수술을 받고 풀려난 개체라는 뜻이었다.

나는 다시 나가 보았다. 고양이는 다시 도망쳤다.

나는 매일 아침 먹이를 내놓았다. 고양이는 돌아왔다. 시간이 흐르자 고양이는 달아나지 않았고, 처음엔 몇 미터 거리를 두었지만 이내 아침마다 나를 기다렸다. 나는 녀석을 제인이라고 부르기 시작했다.

길고양이가 누구에게도 썩 좋진 않다는 사실을 알고는 있다. 동네 야생동물에게도, 길고양이 자신에게도. 고양이는 인간에게 먹이를 얻어먹는 개체든 그렇지 않은 개체든 새를 잡아먹는다. 나도 제인이 입에 참새를 물고 울타리를 뛰어넘는 모습을 본 적 있었다. 고양이 똥은 동네를 더럽힌다(우리 마당도 마찬가지여서, 나는 맨발로 잔디밭에 나갈 수 없다). 고양이 몸에는 벼룩과 벌레가 있고, 고양이면역결핍바이러스나 광견병 같은 병을 자기들끼리 옮긴다. 동네에 사는 코요테가 고양이를 위협한다는 사실도 알고 있었다. 하지만 고양이가 겪는 최대의 위협은 작은 털북숭이 포유류를 의식하지 않은 채 쌩쌩 차를 모는 사람들이다.

어쨌든 돌이킬 수 없었다. 나는 길고양이 급식소를 운영하게 되었다. 곧 제인이 암고양이 세 마리를 더 데려왔다. 그중 두 마리는 성체가 되어 가는 청소년으로 보였다. 뒤에서 갈팡질팡하는 나머지 한 마리는 앙상하고 발육이 더뎠는데, 얼굴에 새하얀 가면을 쓰고 뒷발에 더러운 흰색의 긴 양말을 신은 것 같은 무늬였다.

제인은 다른 세 마리의 어미는 아니어도 대장인 게 분명했다. 제인이 내게 마음을 열자, 다른 고양이들도 그렇게 했다. 제인은 곧 내 다리를 감싸면서 만져 달라고 정중하게 요구하기 시작했다. 막내도 곧 내

손에 머리를 부딪치면서 긁어 달라고 요구했고, 내가 보듬어 주면 좋아서 침을 흘렸다.

제인은 늘 영락한 귀부인 같은 분위기를 풍겼다. 어쩌다 형편이 힘들어진 상류층 고양이, 마땅히 이보다 나은 삶을 누려야 할 고양이 같았다. 내가 뒷문 밖에서 책을 읽을 때면, 제인은 등을 곧게 세운 완벽한 자세로 내 곁에 앉아 있었다. 꼭 이웃과 차를 마시는 숙녀 같았다.

나는 제인과 길고 흰 양말을 신은 막내를 붙잡아서 수의사에게 데려간 다음에 두 녀석에게 나와 함께 살 의향이 있는지 알아볼 계획을 세웠다.

그럴 기회는 오지 않았다. 2018년 7월 어느 날 석양이 질 무렵, 옆집 이웃이 문을 두드렸다. 한 블록 떨어진 곳에서 제인이 차에 치였다고 했다. 나는 수건을 쥐고 달려 나갔다.

내가 도착했을 때는 이미 늦었다. 레이디 제인은 내 품에서 마지막으로 느린 숨을 쉬었다. 제인의 세 친구는 도롯가에 웅크린 채 말똥말똥 우리를 보았다. 털 없는 두 발 동물이 자기들의 죽어 가는 친구 위에서 얼쩡거리는 모습을 보며 그들이 무슨 생각을 하는지 궁금했다. 그들이 꼼짝 않고 우리를 보는 동안, 남편과 나는 제인을 수건으로 감싸서 집에 데려왔다. 저물어 가는 빛 속에서 제인을 뒷동산에 묻었다. 그러고는 이웃들과 함께 위스키를 마시면서 우리 숙녀의 추억을 기렸다.

제인의 친구 중 큰 녀석 두 마리는 몇 주 동안 계속 아침을 먹으러 왔다. 그들도 특징적인 잘린 귀를 갖고 있었다. 집에서 살기에는 너무 야성적이라고 여겨지는 신호였다. 그리고 제인이 없으니, 그들은 온순함을 잃었다. 얼마 후에는 아예 떠났는데, 틀림없이 다른 집에서 주는 더 맛있는 먹이를 찾아 떠났을 터였다.

몇 달이 흐른 뒤에도 제인의 꼬맹이 친구는 남았다. 꼬마는 이끌어 주던 제인이 없으니 어쩔 줄 몰라 하는 듯 보였다. 뒷발에 신은 꾀죄죄한 흰색의 긴 양말을 보면, 영화 〈귀여운 여인〉에서 줄리아 로버츠가 신었던 허벅지 높이의 부츠가 떠올랐다.

꼬마는 내가 집에 있는지 들여다볼 수 있는 부엌 창에 애처롭게 진을 치고 앉아 있었다. 유리를 뚫고 들려오는, 새끼처럼 가냘픈 울음소리로 끊임없이 내 주의를 끌었다. 나는 점점 더 오래 밖에서 꼬마와 시간을 보내게 되었고, 이동장에 간식을 넣어서 꼬마가 들어가게 훈련시키기 시작했다. 어느 날 그 간식은 함정이었다. 우리는 수의사에게 갔고, 꼬마는 집 안으로 들어왔다.

건어물류의 조달자, H. H. 부츠는(두 개의 H는 모두 '후커'를 뜻한다) 이제 소중한 가족이다['건어물류의 조달자'는 'Purveyor of Dry Goods'인데, 이것을 고양이 가르랑 소리와 비슷한 'Purrveyor'로 치환한 말장난이다. 그리고 영화 〈귀여운 여인〉에서 줄리아 로버츠가 매춘부 역할이었기 때문에 '후커(매춘부)'라고 했다는 뜻이다. 둘을 합해서 마치 무슨 멋진 상호처럼 들리게 만든 것이다─옮긴이]. 작고 소심했던 길고양이는 포동포동한 보스가 되었다. 내가 이 글을 쓰는 지금, 부츠는 내 무릎에 앉아서 머리로 내 팔을 비비거나 나를 애틋하게 올려다보거나 가르랑거리며 살짝 침 흘리거나 하는 중이다.

부츠의 입냄새는 지독하다. 나는 부츠를 지독하게 사랑한다.

변한 건 고양이가 아니라 사람

몇 년 후에 부츠의 언니 중 하나도 집 안으로 들어왔다.[1] 그리고 심하게 썩은 이빨을 치료하는 2,000달러짜리 수술을 받은 뒤에 단출한 우리 가족의 일원이 되었다. 제인의 수행단 중 마지막 한 마리는 다른 길고양이들을 친구 삼아서 여태 밖에 있다. 고양이들은 여러 집에서 먹이와 물을 얻는데, 어떤 집에는 야외 고양이 놀이터까지 있다. 나는 아침에 달리기할 때마다 녀석들을 찾아본다. 녀석들은 종종 다른 집 현관에 늘어져 있다. 녀석들은 누구와도 껴안지 않으며, 내가 손을 내민다면 겁먹고 달아날 가능성 못지않게 발톱으로 나를 할퀼 가능성이 높다. 저녁에는 이웃집 새 모이통 밑에서 우는비둘기나 참새에게 맹렬하게 집중한 녀석들의 눈이 어스름 속에 번쩍이는 것이 보인다. 어리고 미숙하여 붙잡기 쉬운 것이라면 뭐든 녀석들의 목표가 된다. 봄에 뒷문 현관에서 새소리를 들을 때마다, 나는 저 새들 중 몇 마리가 고양이의 발톱에 희생되어 잠잠해질지 궁금해진다.

인간이 지역의 생물다양성에 나쁜 영향을 미치듯이, 인간과 연관된 고양이들도 같은 일을 한다. 미국 본토에서는 야생 고양이, 도시의 길고양이, 외출하는 집고양이를 통틀어서 모든 고양이가 매년 10억 마리에서 40억 마리 사이의 새와 60억 마리에서 220억 마리 사이의 포유류를 죽인다.[2] 고양이는 산 먹잇감만 먹는 육식동물이다. 작고 움직이는 동물이라면 뭐든 해볼 만한 먹잇감이고, 종은 크게 상관없다. 작은 새, 파충류, 설치류라면 다 좋다. 그리고 고양이는 전 세계로 퍼지면서 작은 먹잇감을 잔뜩 발견했다. 그동안 최소 63개 생물종이 순전히 고양이 때문에 완전히 사라졌다.[3] 지금도 430개 이상의 종이 고양이에게 위협당하고 있다.[4] 고양이는 특히 섬에서 골칫거리로, 섬의 동물들은 인간이 작은 털북숭이 포식자를 매달고 나타나기 전까지는 사냥을 당한 경험이 전혀 없을 수도 있다. 특히 곤란해지는 것은 땅에 둥지를 짓는 새와 토착종 설치류다. 1500년 이래 섬에서 멸종한 모든 생물종의 86퍼센트에 (고양이를 비롯한) 침입종이 관여했다.[5] 생물들이 포식자를 피하도록 진화하지 않았고 달리 달아날 데도 없는 곳에서 고양이는 성찬을 즐긴다.

H. H. 부츠도, 함께 입양된 언니도 지금은 번듯한 반려동물이다. 하지만 이들의 옛 친구들, 아직 밖에 남아 있는 개체들은 살생을 한다. 한편 어떤 장소에서는 사람들이 고양이를 독이나 총으로 죽이고, 유해동물이라고 부른다.

미국 같은 곳에서 사람들은 고양이가 익살스럽고, 다정하고, 전반적으로 귀엽다는 이유로 아낀다. 그런 우리도 과거에는 고양이가 잔인한 살생자라는 이유로 예뻐했다. 반드시 육식을 해야 하는 동물인 고양이가 덮치는 먹잇감 중에는 곡물이나 열매를 먹는 종이 많다. 이를테면 새라든가, 생쥐라든가. 힘들게 거둔 곡물을 저장해 둔 초기 채집자들이 보기에 영 못마땅했을 무임 승차자들이다. 우리가 3장에서 만났던 동물고고학자 토마 쿠치에 따르면, 고양이가 인간과 관계 맺기 시작한 시점은 생쥐가 인간과 관계 맺기 시작한 시점 직후인 약 1만 년 전이다.[6] "많은 설치류의 포식자인 고양이는 [인간 근처에서] 지속적 생쥐 공급이라는 훌륭한 기회를 발견했죠."

인간은 전 세계로 퍼질 때 수레와 배에 고양이를 공짜로 태워 줬다. 하지만 인터넷 이전에 고양이가 명성의 정점에 올랐던 것은 이집트에서였다. (딴소리지만, 고대 이집트에서 고양이를 가리키는 단어는 대충 음역하자면 '미우'였다. 정말이다. 고대 이집트인은 고양이를 사실상 '야옹'이라고 불렀던 것이다.)[7] 약 4,000년 전에는 액운을 막는 데 쓰인 상아 칼날에 고양이가 조각되기에 이르렀다.[8] 태양신 라는 매일 밤 고양이의 모습이 되어 암흑의 뱀을 무찌른다고 했고, 나중에 하토르 여신과 바스테트(또는 바스트) 여신도 고양이와 연관되었다. 팔레스타인과 크레타에서는 약 3,500년 전부터 고양이를 예술적으로 묘사했다. 중앙아시아에 고양이가 등장한 시점에 대해서는 논란이 있으나, 중세 초기부터 사람들이 다친 새끼 고양이를 돌봤다는 사실은 알려져 있다.[9] 로마인과 바이킹족도 고양이에게 우호적이었다. 그들이 거래하고, 정복하고, 정착하는 곳마다 고양이를 데리고 갔기 때문이다.

근대 종교도 고양이의 재능을 칭송할 때가 있다. 많은 무슬림 가정이 고양이를 유난히 깨끗한 동물로 여기며 반긴다. 하디스에는 예언자가 어느 날 기도 준비를 하러 갔다가 아끼던 고양이 무에자가 옷 위에서 자는 걸 보았다는 일화가 나온다. 예언자는(혹은 예언자의 일화로 둔갑될 만큼 매력적인 일을 겪었던 어느 수피교도였을 수도 있는 사람은) 고양이의 낮잠을 깨우느니 차라리 옷소매를 잘라 냈다. 무함마드의 절친한 벗으로서 '아부 후라이라'라고 알려진 인물이 있었는데, 이 이름을 직역하면 '고양이들의 아버지'가 된다.

반면 기독교는 뱀에게 좋지 않았던 것처럼 고양이에게도 그다지 좋지 않았다. 14세기 무렵의 기독교 작가들은 자신이 '이단'으로 여기는 사람이라면 누구든 크고 검은 고양이를 숭배하는 자라고 비난했다. 그리고 남성 작가들은 여성을 고양이에 비유했는데, 어느 쪽에게도 긍정적인 평가가 아니었다.

고양이는 숭배되었고, 존중되었고, 혐오되었고, 사냥되었다. 하지만 고양이의 지위가 변해도 고양이는 변하지 않았다. 고양이는 늘 하던 일을 할 뿐이다. 작은 동물을 사냥하고, 따뜻한 장소에서 몸을 말고, 더 많은 고양이를 만들고. 변한 것은 우리의 종교, 문화, 관점이었다.

공포의 도살자

예전에 어느 사슴쥐가 살았다. 사슴쥐가 대개 그렇듯이 이 사슴쥐도 등이 갈색이었고, 반짝반짝 동그란 눈은 검었으며, 부드러운 배는 흰색이었다. '페로미스쿠스 과르디아*Peromyscus guardia*' 혹은 앙헬섬사슴쥐라고 불린 이 쥐는 에스탕케섬에서 살았다. 에스탕케섬은 그보다 큰 앙헬데라과르다섬 앞바다의 작은 섬이고, 앙헬데라과르다섬은 멕시코의 국립공원으로 지정되어 있다.

이 사슴쥐는 앙헬데라과르다섬에서도 살았고, 근처의 다른 작은 섬들에서도 살았다. 1960년대에 과학자들은 에스탕케섬에서 덫으로 이 쥐를 쉽게 잡았다. 하지만 1998년에 다시 가 보았을 때는 덫이 비어 있었다.[10] 1999년과 2001년에도 빈 덫이 과학자들을 맞았다. 그들은 이 사슴쥐를 한 마리도 발견하지 못했다.

그 대신 과학자들이 발견한 것은 고양이 한 마리와 그 고양이가 남긴 장운동의 흔적 100개였다.[11] 그 똥을 뒤져 보니 고양이가 뭘 먹고 살았는지가 드러났는데, 배설물의 93퍼센트에 사슴쥐 털이 있었고 2퍼센트에 뼈가 있었다.[12] 사람들은 1999년에 고양이를 덫으로 잡아서 '제거'했지만, 사슴쥐에게는 이미 늦은 때였다. 고양이 한 마리가 섬의 사슴쥐 개체군 전체를 몰살한 것이었다.

에스탕케섬은 앞으로 올 일의 전조였다. 더 큰 앙헬데라과르다섬에도 고양이가 살았다. 이제 두 섬에서 사슴쥐가 목격된 지가 30년이 넘었다. 마지막으로 알려진 개체는 1998년에 포획 상태에서 죽었다.[13] 사슴쥐는 세계자연보전연맹의 적색목록에 '절멸 위급종'으로 등재되어 있다. 그래도, 희망은 영원히 샘솟는다고 했던가.

하지만 사람들이 쥐를 염려하게 만들기는 어려운 법이다. 만약 누가 고양이가 어떤 동물을 멸종시켰다는 이야기를 들어 봤다고 한다면, 모르면 몰라도 그 동물이 에스탕케섬의 사슴쥐는 아닐 것이다. 그가 말하는 동물은 아마 스티븐스섬의 굴뚝새일 것이다.

라이올굴뚝새라고도 불리는 그 새는 날지 못하는 작은 명금류로, 엄밀히 따지자면 굴뚝새가 아니다(분류학이 이렇게 어렵다). 몸은 갈색을 띠고, 배에 회색이나 노란색이 섞여 있다. 새는 마치 깃털 달린 작은 생쥐처럼 땅을 스치듯이 달렸고, 가지에서 가지로 폴짝 뛰어다녔다. 뉴질랜드 앞바다의 스티븐스섬에서 다른 새들, 관목, 수풀에 둘러싸여 살았다. 그러니까 1894년에 등대가 지어지고 등댓불을 밝힐 사람들이 도착할 때까지는 그랬다는 얘기다.

전하는 이야기에 따르면, 등대지기의 고양이(이름이 티블스였다)가 죽은 새를 물고 오기 시작했다. 데이비드 라이올이라는 이름의 등대지기는 그 새가 새로운 종임을 알아채고 표본을 자연학자에게 보냈다. 그것이 정말 새로운 종이라는 데에 학자들의 의견이 모였지만, 1895년에는 이미 무의미한 이야기였다. 새는 1년 만에 사라졌다.[14] 종 전체가 한 마리 흉악한 고양이에게 멸살되었던 것이다.

슬픈 이야기다. 그리고 아마 틀린 이야기일 것이다.

티블스는 혼자가 아니었다. 그 섬에 선물로 고양이가 들어왔다는 기록이 있고, 임신한 고양이(이 녀석이 티블스일 수도 있고 아닐 수도 있다)가 실수로 들어왔다는 기록도 있다(선원들은 원래 항해 중에 녀석을 자루 속에서 익사시키려고 했지만 폭풍이 닥치는 바람에 잊었다고 한다). 1897년에는 수석 등대지기가 섬에 야생 고양이가 너무 많다며 '그들을 제거할 방법을 강구해야 좋을 것'이라고 불평할 지경이었다. 등대지기들은 산탄총을 꺼냈고, 고양이 한 마리당 1실링의 현상금을 받았다. 사냥꾼은 사냥감을 뒤따랐으며, 1925년에는 섬에서 고양이가 사라졌다.[15]

사랑하지만 살려 둘 순 없는

우리는 고양이를 노려보면서 하지 말라고 말할 수 있다. 상황이 위중해지면 산탄총을 꺼낼 수도 있다. 하지만 사실 이런 멸종은 우리 탓이다. 고양이를 새로운 장소로 데려가서 새롭고 먹음직한 간식에 눈뜨게 한 것은 우리였다. 시간이 이만큼 흘렀으니 우리가 이 문제를 바로잡을 방안을 알아냈으리라고 짐작할 사람도 있겠다. 뉴얼슴새와 하와이제비슴새가 증언하듯이, 우리는 아직 알아내지 못했다.

하와이어로 슴새는 '아오'라고 부르는데, 마치 아주 작은 당나귀가 낄낄거리는 법을 배웠을 때 날 것만 같은 울음소리에서 딴 이름이다. 학명 '푸피누스 네벨리*Puffinus newelli*'에는 '퍼핀'이 들어가지만, 아오는 퍼핀의 사촌이 아니다(분류학이여, 왜 이러시나요). 진회색 등에 흰 배를 가진 아오는 우리가 생각하는 전형적인 바닷새의 모습이다. 머리도 검어서, 자신에게 다가오는 멸종을 이 상황에 걸맞게 심각한 표정으로 바라보는 듯한 인상이다. 과학자들은 아오가 사냥 탓에 1908년에 멸종했다고 생각했다. 그러던 중 카우아이섬에서 번식하는 개체군을 발견했고, 이제 개체 수 회복을 고대하고 있다.

하와이제비슴새('프테로드로마 산드비켄시스*Pterodroma sandwichensis*'라는 학명은 제임스 쿡 선장이 하와이를 부르는 이름이었던 샌드위치섬에서 땄다)도 아오를 많이 닮았다. 등에 갈색이 좀 있고, 얼굴이 더 희고, 표정이 좀 더 가벼운 것만 다르다. 하와이어 이름은 '우아우'로, 마치 우는비둘기와 수리부엉이 사이의 잘못된 만남에서 태어난 듯 섬뜩하게 부엉부엉 하는 울음소리에서 땄다. 우아우는 마우이섬의 할레아칼라국립공원과 하와이섬의 마우나케아산, 마우나로아산, 킬라우에아산에 둥지를 튼다고 알려져 있다.

우아우는 절벽 면의 굴에 둥지를 마련하지만, 아오는 경사면과 절벽가를 덮은 양치류 밑에 파인 굴을 선호한다. 둘 다 초봄에서 늦가을까지 둥지를 지키고, 겨울에는 바다로 나가서 산다.

하와이주는 자신들의 야생동물을 극진히 보살핀다. 어느 정도인가 하면, 2009년 1월에 미국 나머지 주들보다 한 달 먼저 주 전체가 디지털 TV로 전환했을 정도다. 이유? 우아우가 번식기를 맞아서 돌아오기 전에 아날로그 송신탑을 끌어내려야 했기 때문이다.[16]

하지만 디지털 TV는 새를 구하지 못했다. 세계자연보전연맹의 적색목록에 따르면, 현재 아오는 2만 마리 미만, 우아우는 1만 1,000마리 미만으로 남아 있다고 추산된다. 언뜻 많아 보일지도 모르지만 부족한 숫자다. 우아우와 아오는 둘 다 평생 한 마리하고만 짝을 짓고, 둘 다 알을 매년 하나씩만 낳는다. 개체 수가 빠르게 늘 수가 없다. 현재는 오히려 부쩍 줄고 있다.

왜냐고? 부분적으로나마 고양이 탓이다. 아오와 우아우에게 남은 번식지 중 몇 군데는 카우아이섬의 호노오나팔리자연보호구역 안에 있다. 카우아이섬에서 침입종을 관리하는 단체인 할룩스 생태계복원기구의 공동 창설자 알렉스 더처에 따르면, 그곳은 접근하기가 쉽지 않다. "지배적 식생은 울루헤라는 양치류입니다." 더처는 말한다. "이만큼 크고, 높고, 두껍고, 빽빽하게 자라는 식물이죠. 땅이 어디고 절벽이 어딘지 알 수가 없어요. 마체테로도 베이지 않죠. 진짜 끔찍하답니다. 우적우적 짓밟으면서 통과해야 해요. 시간이 한없이 걸립니다."

더처의 단체는 양치류밭을 짓밟으며 돌아다니는 데 많은 시간을 쓰면서 고양이를 관리한다. 사람이 좌충우돌하며 걸어야 하는 곳을 고양이는 가뿐히 미끄러져 다닌다. 2011년부터 2017년까지 실시한 조사에서,[17] 카우아이 멸종위기바닷새복원프로젝트의 앙드레 레인과 동료들은 309건의 포식 증거를 발견했다. 그중 절반은 쥐의 짓이었고,[18] 10퍼센트는 돼지, 4퍼센트는 가면올빼미 짓이었다. 나머지 36퍼센트가 고양이 짓이었다.

그렇다면 제일 큰 문제는 쥐인 듯 보일 수도 있지만, 그렇지 않다. 쥐는 알이나 새끼를 공격하고 잡아먹는다. 고양이는 성체를 공격하고 잡아먹는다. 새끼나 알 하나가 없어지면, 1년이 사라진다. 번식하는 성체가 한 마리 없어지면, 몇 년의 시간과 그동안 낳을 수 있을 알들이 사라진다. 포식자를 통제하지 않을 경우에는 아우와 우아우가 50년 안에 멸종을 맞으리라는 것이 레인과 동료들의 계산이다.[19] 시간이 많아 보이지만, 사실은 너무 적다. 도도새나 나그네비둘기를 떠올려 보라. 스티븐스섬의 굴뚝새를 떠올려 보라. 우리는 그들이 점점 적어진다는 걸 알면서도 아무것도 하지 않았다. 만약 시간을 되돌려서 도도새의 멸종을 막을 수 있다면, 당연히 그렇게 하지 않겠는가?

새를 보호하겠다는 일념으로, 더처와 레인과 동료들은 남아 있는 아오와 우아우를 둘러싸는 인간 울타리를 만들었다. 그들의 목표는 호노오나팔리자연보호구역 내에서 최대한 많은 고양이를 추적하여 제거하는 것이다. 그들은 보호구역에 원격 카메라들을 설치해 두었고, 녹화된 영상을 일주일에 여러 차례 확인한다. 관건은 속도다. 고양이가(혹은 쥐가) 굴 근처에 있었다면? "우리가 바로 압니다." 더처의 말이다. 그러면 그들은 보호구역으로 가서 생포 덫을 설치한다. "갖가지 먹이와 미끼를 써서 고양이를 꾀어 들입니다." 더처는 이렇게 말한다. "깃털 뭉 치나 반짝이는 물건도 쓰고, 사향 종류의 향을 허브오일에 섞은 냄새 미끼도 쓰고, 물고기로 된 미끼나 육류로 된 미끼도 씁니다. 이것저것 섞어 쓰죠. 다양한 미끼를 돌려 가면서 써야 모든 고양이의 선호에 맞 출 수 있더라고요."

보호구역의 고양이는 우리 집 안에서 상자에 들어앉거나 로봇 청 소기에 올라타는, 예의 웃기고 귀엽고 안아 주고 싶은 고양이가 아니 다. 더처에 따르면, 그들이 쫓는 고양이는 인간과 사료에 익숙한 여느 길고양이와도 다르다. "우리가 보호구역에서 잡는 고양이는 대부분 평 생 사람을 한 번도 못 봤어요. 고양이는 우리에게 야옹거리지 않아요. 우리를 보려고도 하지 않아요. 우리를 그저 달아나야 할 대상으로 여 기죠."

그들이 잡는 고양이는 인간과의 첫 만남에서 살아남지 못한다. 새 를 구하기 위해서는 고양이가 죽어야 한다. 만약 전 세계를 통틀어 오 직 이곳에서만 살고, 멸종 위기이고, 무방비 상태인 야생 조류를 보전 하는 일이 중요하다면, 이 고양이들은 위협이다. 이 고양이들은 유해동 물이다.

많은 사람에게 이것은 차마 상상하기도 힘든 일이다. 가랑거리는 응석받이 고양이를 무릎에 얹고 앉아 있는 나도 심란하다. 하지만 나 는 머릿속에서 '고양이'라는 단어를 '쥐'로 바꿔 보기로 한다. 그러자 갑 자기 덜 심란하다. 나는 쥐를 좋아하는 사람인데도.

그런 일을 하고는 있지만, 더처는 고양이를 사랑한다. 집 안에서 키우는 고양이도 두 마리 있다. "만약 바깥에 고양이가 없기 때문에 내가 남은 평생 한 마리도 더 죽이지 않아도 된다면요, 나는 너무 신날 겁니다." 더처는 말한다. "고양이를 죽이길 좋아하는 사람은 없어요. 새를 보호하길 좋아할 뿐이에요." 더처는 고양이를 통제하지 않는 사회, 고양이를 알아서 살게 놔둬도 되는 종으로 여기는 사회를 탓한다.

고양이를 사랑하면서도 고양이 제거를 일삼아 하는 사람이 더처뿐만은 아니다. 세라 레그는 호주국립대학과 퀸즐랜드대학의 보전생물학자다. 레그도 호주 야생고양이대책위원회의 위원이다. "어릴 때 길고양이를 구조하곤 했어요." 레그는 말한다. "첫 직장은 스코틀랜드들고양이 관련 업무였죠. 사자에 관련된 일을 한 적도 있고요. 늘 고양이를 좋아했어요."

2020년 의회 보고서에서, 레그와 동료들은 호주에 야생 고양이가 총 280만 마리 있다고 추산했다.[20] 이때 야생 고양이란 분명한 주인이 없는 고양이를 말한다. 꽤 많은 수 같지만, 집 없는 고양이가 (대충 추산하기로) 3,000만 마리나 있는 미국에 비하면 아무것도 아니다.[21]

하지만 레그는 숫자가 영향력을 말해 주진 않는다고 지적한다. 그리고 호주에서 야생 고양이의 영향은 어마어마하다. 1788년에 제1선단을 타고 건너온 백인 식민지 정착민들은 오늘날의 시드니에 해당하는 곳으로 고양이를 데려왔던 것 같다. 고양이는(또한 식민지 정착민은) 이후 20~30년간 새 도시 안팎에서 자리 잡았다.

그러다가 고양이 대폭발이 벌어졌다. 이후 70년간 고양이는 호주 전역으로 퍼졌다. "정착민들이 사방으로 퍼지면서 고양이를 데려갔죠." 레그의 말이다. "하지만 고양이는 심지어 그 물결을 앞질렀습니다." 그리고 고양이는 먹었다. 먹고 또 먹었다. 레그의 의회 보고서에 따르면, 고양이는 그들이 호주에 도착한 1788년부터 2020년까지 호주에서 사라진 25개 포유류 종 멸절의 주원인이었다.[22] 이에 대응하여 호주는 야생 고양이에 대한 전쟁을 선포했다.

호주는 자신들의 토착종을 보호하기 위해서 많은 노력을 기울일 준비가 되어 있다. 레그는 울타리 친 지역에나 연안 섬을 지정하여 그곳에서 고양이를 단호히 몰아내는 방법이 가장 효율적일지도 모른다고 말한다. 그런 피난처는 지금까지 열세 개 포유류 분류군의 멸절을 막아 주었는데,[23] 레그에 따르면 '가끔은 요행'이었다. 본토에서 사냥당해 멸절한 종이 섬에서 격리된 개체군으로 남아 있는 경우가 몇 있었던 것이다. 아직까지는 고양이가 없는 섬에서.

하지만 울타리와 섬은 작다. 그리고 동물을 특정 영역에 가두면, 그 동물이 나머지 생태계에서 수행하는 기능을 잃게 된다. 그곳에나마 그 동물이 있는 것이 당연히 좋지만, 그러면 동물은 더 큰 환경에서 제 역할을 수행하지 못하게 된다. 굴을 파지 못하고, 구아노를 배출하지 못하고, 그 밖에도 동물이 제 서식지에 미치는 다양한 영향을 더는 미치지 못한다.

독, 총, 덫도 쓰인다. 레그에 따르면, 깁슨사막 내 키위르쿠라 공동체의 전통적 소유자들을 비롯한 일부 토착민 집단은 그동안 고양이 사냥 전문가가 되었다. "어떤 동물이든 죽이는 건 불쾌한 일이지만, 행동할 때와 하지 않을 때의 결과를 저울질해 봐야 합니다." 레그는 말한다. "우리가 행동하지 않으면, 다른 많은 동물이 어려워질 뿐 아니라 심지어 멸절이 가능한 수준으로 고통받을 겁니다. 물론, 어떤 동물이든 죽이는 건 너무 싫죠. 하지만 그러지 않으면 더 나빠질 겁니다."

TNR은 효과가 있을까?

죽이지 않는 방법도 있다. 세라 레그는 관목이든 덤불이든 풀이든 지표를 덮는 식생을 살리면 토착종 먹잇감이 굶주린 고양이의 발톱을 피하기가 쉬워진다는 것을 연구로 보여 주었다. 하지만 내가 TNR에 대해서 묻자, 레그가 쾌활함을 잃고 불만을 터뜨렸다. "현재 시범 사업들이 진행 중이에요. 그 생각만 하면 열불이 나서."

포획과 중성화 후 방사Trap-Neuter-Return, 즉 TNR은 미국에서 많은 동물복지 단체가 지지하는 방법이다. 내용은 이름대로다. 야생 고양이를 덫으로 포획하여 중성화 수술을 시킨 뒤에 원래 개체가 있던 곳에 다시 풀어 주는 것이다. 그 개체를 다시 포획할 필요가 없음을 알리는 뜻으로 (내가 제인에게서 봤던 표식처럼) 한쪽 귀 끝을 일자로 살짝 자를 때도 있다. 인도적이고 좋은 전략처럼 보인다. 고양이는 제 수명을 살고, 개체군은 결국 소멸할 것이다. 안 그런가?

미국 플로리다대학의 수의과학자 줄리 레비는 그렇다고 생각한다.

레비는 1980년대에 캘리포니아대학 데이비스캠퍼스 수의학과를 다닐 때부터 직접 TNR을 실시했다. 인터넷이 보급되기 전이었다. 그래서 "사람들은 저마다 스스로 TNR을 알아내고 있었죠. (…) 각자 나름대로 기법을 개발했어요. 우리는 처음에 손으로 직접 고양이를 붙잡으려고 했죠. 그물을 들고 쫓아다니면서 고양이에게 물리고 그랬어요."

그 후로, 레비에게 TNR은 필생의 사업이 되었다. 그는 저비용으로 TNR을 해 주는 대형 클리닉을 노스캐롤라이나주 롤리와 플로리다주 게인즈빌에서 하나씩 운영하고 있다. '오퍼레이션캣닙'이라고 불리는 두 클리닉은 수의학과 학생들의 수술 훈련과 결합하여 대규모 TNR 프로그램을 운영한다. 게인즈빌의 오퍼레이션캣닙은 1998년 이래 중성화 수술을 6만 5,000건 넘게 시행했다고 자랑한다.

그 과정에서 레비는 TNR이 고양이 개체 수 감소에 효과가 얼마나 있는지 추적해 왔다. 캘리포니아주 샌디에이고카운티와 플로리다주 앨라추아카운티의 TNR 프로그램을 살펴본 2005년 논문에서,[24] 레비와 동료들은 자신들의 TNR 데이터를 바탕으로 개체 수 모형을 만들어 보았다. 모형에 따르면, 고양이 개체 수는 10년간 계속 늘기만 했다. 임신하는 암고양이 수에 변화가 없었던 것이다. 하지만 모형은 개체 수 감소가 가능하긴 하다는 것을 보여 주기도 했는데, 그러려면 전체의 71퍼센트에서 94퍼센트에 달하는 고양이에게 TNR을 시켜야 했다.[25] 이스라엘의 2022년 연구는 이 모형을 실현했다. 그곳 과학자들에 따르면, 텔아비브 남쪽 도시 리숀레지온의 고양이 개체군 중 약 72퍼센트를 중성화시키자 개체 수가 매년 평균 7퍼센트씩 줄기 시작했다고 한다. 하지만 감소에는 한계가 있었다. 새로운 고양이가 끝없이 유입된 데다가, 중성화되지 않아 번식 능력이 있는 고양이는 이전보다 더 많이 낳았다.[26]

고양이 개체 수를 줄이려면, 지속적으로 경계하고 지속적으로 중성화 시술을 해야 한다. 길고양이들이 사는 곳은 대부분 사람들이 원하지 않는 고양이를(그리고 종종 가임 능력이 있는 고양이를) 내다 버리는 곳이다. 길고양이들은 친절한 사람들이나 우연한 기회에 의지하여 먹고 살며, 그런 먹이는 더 많은 고양이를 불러 모은다. "식량원만 확보된다면, 고양이 수가 무제한은 아니더라도 상당히 붐비는 수준이 될 수 있습니다." 레비는 말한다. TNR 팀들은 끝없이 중성화 수술을 하지만, 새로운 고양이도 끝없이 도착한다.

미국 조지타운대학 보전생태학자이자 『고양이 전쟁: 껴안고 싶은 살해자가 일으키는 처참한 결과』(저자의 견해를 엿보게 하는 제목이다)를 쓴 피트 마라는 미국 같은 곳에서는 그런 계산이 사실상 불가능하다고 대뜸 지적한다. 마라는 이렇게 말한다. 미국에 고양이가 총 3,000만 마리 있고, 그중 600만 마리가 중성화되었다고 가정하자. 그러면 2,400만 마리가 남고, 그중 절반이 새끼를 낳을 수 있는 암컷일 것이다. 미국인도주의협회조차도 이는 낙관적으로 잡은 수치라고 보며, 야생 고양이와 길고양이를 통틀어 실제 중성화된 개체는 1퍼센트에서 2퍼센트 사이, 약 60만 마리라고 예상한다. 설령 마라의 낙관적 수치를 쓰더라도, "[암컷 한 마리당] 네 마리씩 낳는다고 합시다. 파도가 덮쳐 오는데 삽으로 모래를 부어서 막으려는 격입니다. (…) 모든 것을 죽이며 덮쳐 오는 거대한 털북숭이 야옹이 파도 앞에서."

레비는 그렇게 비관적이지 않다. 레비는 "TNR의 현실성을 보여 주는 논문이 많다"고 말한다. 그중 하나인 대니얼 스페하와 피터 울프 의 논문은 올랜도의 센트럴플로리다대학에서 실시된 장기 TNR 사업 의 효과를 최신 결과까지 업데이트하여 알려 준다.[27] 1991년에는 캠퍼스에 고양이가 천지여서, 대학이 유해동물 구제업자를 자주 호출해야 했다. "그래서 아예 직원들이 (…) 스스로 TNR을 시행하기로 했죠." 레비의 말이다.

학자가 가득한 캠퍼스이다 보니, 교직원들은 아무 고양이나 닥치는 대로 붙잡는 식으로 일을 진행하지 않았다. 그들은 개체군 위치를 지도화했고, 급식소를 운영했으며, 개체들의 건강을 세심하게 추적하고 꼼꼼하게 기록했다. 캠퍼스에는 독립된 개체군이 열여섯 무리쯤 있었고 28년 동안 200마리가 넘는 고양이가 살았다. 시간이 흘렀고, 직원들은 그중 85퍼센트에게 TNR을 시행하는 데 성공했다. 2019년에는 고양이가 열 마리만 남았다.[28]

하지만 내가 읽은 여러 TNR 논문에서 공통적으로 눈에 띄는 점이 두 가지 있었다. 대부분의 성공한 사업에서는 고양이의 절반가량이 결국 입양되었다.[29] "TNR이 목표여도, 거의 늘 자연스럽게 입양이 진행됩니다." 레비의 말이다. 다른 하나는 이 작업이 결과를 내기까지 수십 년이 걸린다는 점이다. 레비의 2005년 모형에서는 개체 수가 계속 늘기만 했다. 센트럴플로리다대학의 성공 사례에서는 개체 수가 최후의 열 마리로 줄기까지 28년이 걸렸다.

TNR된 개체가 살던 곳으로 돌아가면, 제 수명을 다 채워서 산다. 만약 그 개체군이 인간에게 먹이를 얻는 개체군이라면, 냉혹한 자연을 직접 맞서야 하는 경우보다 수명이 훨씬 더 길다. 센트럴플로리다대학에서 TNR된 개체 중 몇 마리는 10년 넘게 살았는데, 야외에서 사는 고양이가 평균적으로 2년에서 8년 정도 사는 것에 비하면 제법 더 긴 수명이었다. 고양이는 늘어난 수명만큼 더 오래 사냥할 테고, 일부 멸종 위기종은 그 시간을 감당하기가 어려울 수도 있다.

호주로 돌아가자. 현재 호주 대부분의 주에서 TNR은 법으로 금지된다. 레그에 따르면, 고양이는 가축이기 때문에 방사가 유기에 해당하고 따라서 TNR 중 'R(방사)'이 불법이다. 하지만 일부 단체가 그동안 TNR을 호주 고양이 문제의 해결책으로 제시해 왔고, 소규모 사업도 몇 건 진행되고 있다.

레그는 호주에 TNR을 도입하는 것이 헛수고일뿐더러 그 때문에 대중의 입맛에 덜 맞는 다른 방법들에 사람들이 저항하게 될까 봐 걱정한다. "기후변화 부정론자와 마찬가지예요. 아예 발언을 들어주지 말아야 합니다." 레그의 말이다.

이것은 가혹한 처사로 보인다. 많은 TNR 단체가 고양이를 길들여서 가족을 찾아 주거나 헛간 고양이로 직업을 찾아 줘서 최대한 많이 책임지려고 쉼 없이 애쓴다. 그들도 밖에서 사는 고양이 수가 가급적 적어져야 한다는 데에 동의한다. 그리고 최소한 미국에서는 많은 사람이 TNR이 유효하다는 말을 들어 왔다. 사람들은 연구 자료를 직접 보진 않더라도 입양 기관과 비영리단체의 말을 믿는다.

대형 반려동물 자선단체들도 TNR이 옳은 일이라고 상당히 확신한다. 펫스마트채러티와 펫코러브는 둘 다 TNR을 시행하는 조직들에 지원금을 주었고, 미래의 수의사들이 TNR을 훈련할 수 있도록 비용을 댄다. 그 과정에서 TNR이 길고양이 개체 수를 조절하는 방법으로서 가장 효율적이고 인도적이라는 복음을 퍼뜨리는 데 일조했다.

독, 총, 심지어 TNR. 혹시 이것조차 잔인해 보인다면, 글쎄, 그렇기는 하다. 하지만 북아메리카 해안에 이와 유사한 침입종이 당도한다고 한번 상상해 보자. 새로운 포식자가 슬그머니 상륙하여, 무방비한 먹잇감을 찾아내고는 포유류도 조류도 먹어 치운다고 상상해 보자. 숲과 늪이 괴괴해지고, 생태계가 파괴된다고 상상해 보자.

사실 상상할 필요도 없다. 에버글레이즈의 버마비단뱀 이야기와 비슷하다. 단지 뱀은 파충류라는 사실만 다를 뿐이다. 그곳에서 우리는 아무 망설임 없이 비단뱀을 사냥한다. 뱀을 덫으로 잡거나 죽인다는 발상에 심란해하지도 않는다. 문제는 명확하고, 따라서 해법도 명확하다. 뱀은 침입종이다. 그러니 사라져야 한다.

한편으로, 어떤 종이 해당 장소의 토착종이자 야생종인 경우가 그렇지 않은 경우보다 우리 눈에 더 중요해 보이는 것은 왜일까? 생물종은 노상 이동하는데, 인간은 그중 일부는 허용하면서 다른 일부는 금지한다. 우리가 허용하는 이동일 때, 이를테면 웬 도롱뇽 종이 기후변화 때문에 옛 서식지에서 살 수 없게 되었지만 새 서식지가 열려서 북쪽으로 이동할 때, 우리는 그들을 '기후 추적자climate tracking' 혹은 '기후 난민climate refugees'이라고 부른다.[30] 똑똑하고 적응력 있는 동물이 새 서식

258

지를 활용하는 현상이라고 말한다. 생태계는 적응할 것이라고 말한다. 하지만 동물의 이동과 그 영향이 우리가 바라지 않는 것일 때, 우리는 그들을 '침입종' 혹은 '유해동물'이라고 부른다.

　어떤 지역에서는 TNR로 충분할 수도 있다. 교외나 숲처럼 새가 날 줄 알고, 작은 포유류가 고양이의 위험을 금방 배울 수 있는 장소에서는 그렇다. 하지만 우리가 원하든 원치 않든, 호노오나팔리자연보호구역 같은 섬에서는 고양이가 바닷새를 말살할 수 있다. 땅에 둥지를 트는 새는 그 말살을 피할 길이 없다. 그러니 에마 메리스가 『야생의 영혼』에서 말한 것처럼, 어쩌면 우리는 '침입종'이라는 단어를 휘두를 때 신중해야 하는지도 모른다. 메리스는 이렇게 적었다. "반대되는 증거가 나오기 전에는 모든 '외래종'을 나쁜 침입자로 가정하고 온전한 생태계의 위협으로 간주하는 패러다임 대신에, 섬의 생물종들이 새로 도착한 생물종에게 유난히 취약한 것이라고 봐야 하는지도 모른다."[31] 고양이는 강하다. 하지만 새들이 약한 것이기도 하다.

집고양이의 사냥 본능

　호주. 멕시코. 스티븐스섬. 하와이. 모두 고양이가 무방비 상태의 환경을 자유롭게 활보할 때 벌어질 수 있는 극단적 결과를 보여 주는 사례들이다. 하지만 그런 섬은 청설모와 참새가 넘치는 북아메리카 교외 뒷마당과는 다르다. 헛간과 생쥐가 있는 농장과도 다르다. 고양이가 죽인다는 것은 기정사실이다. 하지만 고양이가 무엇을 죽이는가, 그것이 전체 생태계에 중요한 문제인가 하는 것은 더 크고 어려운 질문이다.

2013년에 마라와 동료들은 고양이가 미국 본토에서 매년 13억 마리에서 40억 마리 사이의 새와 63억 마리에서 223억 마리 사이의 포유류를 죽인다는 추산을 내놓았다.[32] 하지만 새크라멘토의 캘리포니아주립대학 야생생물학자 웨인 링클레이터는 추산치를 달갑게 받아들이지 않는다. "동료들이 그런 수치를 내놓으려고 하는 걸 보면, 나는 멍해집니다." 링클레이터는 말한다. "그런 수치의 진짜 목적은 과시예요. 그건 과학적 수치라기보다 정치적 수치죠. 우리가 그런 수치를 내놓는 것은 그것이 대중에게 어떤 충격적 사실을 전달하기 때문이지, 딱히 정확하다고 생각해서가 아닙니다."

고양이가 사냥하는 대상과 사냥이 끼치는 피해는 생태계에 따라 크게 달라질 수 있다는 것이 링클레이터의 말이다. 한 예로, 마라는 논문에서 야생 고양이가 대부분의 살육을 일으킨다고 추정했지만, 사실은 야생 고양이만 사냥을 즐기는 것이 아니다. 집 안이나 밖에서 고양이를 키우는 사람들에게 야옹이가 집에 뭘 가져왔는지 물어보면, 멀쩡히 살아 있는 청설모, 반쯤 죽은 도마뱀, 사람 손이 닿지 않는 곳에서 썩어 가도록 방치된 박쥐 사체 이야기를 들을 수 있을 것이다.

롤리의 노스캐롤라이나주립대학 야생생태학자 롤런드 케이즈는 시민들의 과학적 도움으로 주인 있는 고양이에 대한 연구를 수행한 결과를 2020년에 발표했다. 그는 미국, 영국, 뉴질랜드, 호주에서 진행된 네 건의 프로젝트에서 고양이 주인들에게 GPS 목걸이 925개를 나눠 주었다.[33] 주인들은 목걸이를 고양이에게 걸었고, 자신의 털북숭이 친구가 집에 먹잇감을 얼마나 많이 가져오는가에 대한 설문지를 작성했다. 케이즈와 동료들은 그 GPS 데이터와 설문지로부터 평균적인 집고양이의 영역이 얼마나 넓은지 계산해 보았다. 고양이들이 먹잇감을 매년 몇 마리나 죽이는지도 계산해 보았다.

대개의 고양이는 영역이 평균 3.6헥타르, 즉 축구장 대여섯 개 넓이만 한 것으로 드러났다. 고양이의 체구에 비하면 방대하지만, 사람에게는 교외의 단독주택 몇 채에 지나지 않는다. 케이즈는 그 수치와 고양이에게 필요한 일일 평균 칼로리로부터 사냥의 성공 정도를 알아낼 수 있었다. "생쥐 한 마리에 든 칼로리를 기준으로 표준화했죠." 케이즈의 말이다. (알고 보니 누가 진짜로 생쥐를 통열량계에 넣어서 에너지량을 측정한 결과가 있었다. 한 마리당 약 41칼로리다.)[34] 이 계산치와 설문 결과를 바탕으로, 케이즈는 외출이 허락된 집고양이가 매년 헥타르당 14마리에서 39마리 사이의 먹잇감을 죽인다고 결론지었다.

집고양이는 사람에게 먹이를 얻으므로, 야생 고양이만큼 사냥을 많이 하진 않을 것이다. 하지만 먹이가 보장된 고양이라도 스포츠 삼아 사냥을 한다. 많은 고양이가 먹는 가공된 건조식품에는 단백질 함량이 충분하지 않은 터라, 고양이가 그 맛있고 맛있는 고기를 먹으려고 사냥하는 것일 수도 있다.[35] 그리고 비록 인간과 고양이의 역사가 오래되었더라도, 우리가 고양이에게 통조림을 먹이로 챙겨 준 것은 얼마 되지 않았기 때문일 수도 있다.[36] 고양이는 스스로 먹이를 구해야 했고, 그래서 사냥 본능을 온전히 간직했다. 마지막으로, 고양이의 사냥 본능과 섭식 본능은 같지 않다. 어쩌면 이것이 진화일 수도 있다. 어떤 상황에서든 사냥 능력을 계속 익히고 있으면 더 많은 먹이를 이용할 수 있으니까.[37]

"고양이는 먹잇감 종에게 생태적으로 아주 큰 영향을 미치기 쉽습니다. 토착 포식자가 미치는 영향의 다섯 배나 열 배쯤 될 때도 있죠." 케이즈는 말한다. "고양이는 서식 밀도가 더 높고, 더 많이 죽입니다." 고양이가 일으키는 문제는 단순히 당신이 아침에 지르밟게 될 불쾌한 무언가를 가져다 놓는 데서 끝나지 않는다. 고양이는 당신이 사는 곳의 생물다양성에 충격을 가한다. 하지만 그나마 영역이 넓지 않은 게 다행이라고 케이즈는 말한다. "그 영향이 집 근처에 집중된다는 게 좋은 소식이죠." 생물다양성이 받는 충격이 그나마 국지적이라는 뜻이다.

이 수치는 나빠 보인다. 하지만 수치가 전부는 아니다. "보전과학자들은 고양이가 얼마나 나쁜지 보여 주고 싶어 합니다." 영국 엑서터대학의 인간동물학자(인간과 동물의 상호작용을 연구하는 사람이다) 세라 크롤리는 말한다. 그러기 위해서 과학자들은 고양이가 이렇게 많은 동물을 죽인다는 것을 보여 주는 큰 숫자들을 발표한다. 하지만 크롤리는 맥락을 벗어난 그런 숫자 자체는 썩 유용하지 않다고 지적한다.

일례로, 그런 수치는 고양이가 죽이는 먹잇감의 성질을 알려 주지 않는다. 고양이가 죽이는 먹잇감은 늙고 약한 동물일까? 어차피 살아남지 못했을 개체일까? 아니면, 고양이에게 당하지 않았다면 살아남았을 개체가 고양이 때문에 죽는 걸까? 고양이는 다른 침입종을 죽일까? 혹은 중요한 생태적 역할을 수행하는 데다가 스스로를 방어하지 못하는 토착종을 죽일까?

　미국 도시와 교외의 고양이가 사냥에 시간을 쏟는다면, 그 먹잇감은 멸종 위기종이 아니라 밭쥐, 두더지, 청설모처럼 흔한 야생동물일 것이다. 비둘기, 생쥐, 참새처럼 인간이 도입한 종도 포함될 수 있다. (흥미롭게도 쥐는 인기 메뉴가 아닌 듯하다. 쥐가 들끓는 동네 근처의 고양이 개체군을 살펴본 2018년 연구에서, 뉴욕시 포덤대학의 도시생태학자 마이클 파슨스는 쥐와 고양이가 대체로 서로 피하기만 한다는 것을 발견했다.[38] 쥐가 고양이의 저녁 식사가 되는 경우는 드물었다. 아마도 자기보호 본능 때문일 텐데, 쥐는 고양이에게 상당한 피해를 입힐 수 있을 만큼 크고, 고양이가 그런 피해를 입으면서까지 맞대결할 가치는 없기 때문이다. 하지만 나 원, 야옹이들아, 너희는 한때 쥐잡이로 채용됐었단다.) 이런 먹잇감은 느리게 살아가는 섬의 종들과는 달리 몹시 빠르게 번식한다. 그런 먹잇감 개체군을 고양이가 조만간 멸절시키는 일은 없을 것이다.

　크롤리도 어마어마한 피해 수치가 "논의를 진전시키는 데 딱히 유용하진 않다"는 링클레이터의 지적에 동의하며, "그런 숫자는 해결 방법을 알려 주지 않는다"고 말한다. 그보다는 어떤 고양이가 죽이고 어떤 고양이가 죽이지 않는가를 더 잘 이해하는 것이 유용하리라는 게 크롤리의 말이다.

　크롤리와 동료들은 고양이와 함께 사는 219개 가구를 조사하여[39] 사람들에게 고양이가 얼마나 많이 사냥하는지 물어보았고, 놀이와 먹이로 고양이의 사냥을 줄이는 방법도 가르쳐 주었다. 그때 지브스라는 이름의 고양이가 두 마리 있었다. 둘 중 한 마리는 자기 이름의 원조인

P. G. 우드하우스의 소설 속 우스꽝스러우리만치 효율적인 집사를 빼 닮았다. "사냥에 미친 녀석이었어요. 조사 기간인 석 달 동안 150마리 이상을 죽였으니까요." 크롤리의 회상이다. 만약 지브스가 죽이는 양을 지구상 모든 고양이에게 적용한다면, 세상의 모든 설치류와 조류가 곧 사라질 운명이라는 계산이 나올 것이다. 하지만 지브스는 평균을 훌쩍 벗어난 이상치였다. 대부분의 고양이는 먹잇감을 그렇게 많이 물어 오 지 않았고, 생전 한 마리도 물어 오지 않는 고양이도 더러 있었다.

우리가 고양이와 관계 맺는 방식

백인 식민지 정착민들이 뉴질랜드에 도착하기 전, 그곳의 토착종 포유류는 바다표범 같은 해양 포유류와 박쥐뿐이었다. 쥐, 고양이, 주 머니쥐는 한 마리도 없었다.

약 8,000만 년간 대륙의 포식자와 떨어져 살다 보니, 그곳의 많은 토착종 새와 파충류는 느긋한 삶에 길이 들었다. 상당수의 새가 비행 이라는 것을 아예 그만두었다. 참새처럼 포식자에게 동료를 많이 잃는 종은 일찍, 그리고 자주 번식한다. 하지만 자신을 잡아먹을 포식자가 전혀 없는 종은 시간을 좀 들여도 괜찮다. 뉴질랜드의 새들은 오래 사 는 경우가 많다. 그들은 번식에 느긋하고, 번식을 할 때도 알을 적게 낳 는다.

쥐는 최초의 마오리족 정착민들과 함께 섬에 왔다. 그다음에 고양이가 1769년에 제임스 쿡 선장과 함께 왔고, 곧이어 족제비와 주머니쥐가 합류했다. 이 동물들은 간식거리가 땅에 얌전히 앉아 있는 데다가 어기적어기적 걸어서 도망치는 것 외에는 아무것도 하지 못하는 것을 보고 대단히 기뻤을 것이다. 새들은 빠르게 줄어들다가 멸종하기 시작했다.

현재 뉴질랜드 정부는 도입된 포식자들이 가한 피해를 알리는 웹사이트를 운영하고 있다. 그중 야생 고양이 페이지를 보면, 웬 죽은 고양이 옆에 짧은꼬리박쥐 107마리의 뼈가 놓여 있다. 그 고양이가 그 박쥐들을 죽였음을 강하게 암시하는 장면이다. 고양이는 배가 희고, 뒷발에 흰 양말을 높게 신은 얼룩 고양이다. 지금 내 무릎에 앉아 있는 고양이와 심란하리만큼 닮았다.

그와 동시에, 뉴질랜드인은 고양이를 사랑하기도 한다. 전체 인구의 약 41퍼센트가 고양이를 반려동물로 기른다(이에 비해 미국에서는, 어느 이해집단에게 묻느냐에 따라 다르겠지만, 24퍼센트에서 38퍼센트 사이의 가정이 기른다).[40] "문제는 밀도입니다. (…) 좁은 지역에 너무 많은 고양이가 있는 거죠." 링클레이터의 말이다. 어떤 사람들은 아직도 고양이가 원래의 직업, 즉 유해동물 억제 작업을 해 주기를 바란다. 2021년에 퀸즈타운시는 TNR된 고양이를 시골에 풀어서 토끼와 쥐 개체 수를 관리한다는 내용의 '일하는 고양이' 사업을 시작했는데, 누구도 이것을 아이러니라고 느끼지 않았던 듯 보인다.[41]

뉴질랜드인은 고양이를 가둬 두어야 한다고 생각하지 않는다. 링클레이터에 따르면, 그곳 고양이 주인들은 고양이의 독립성을 인정한다.

"고양이는 자유롭게 돌아다녀야 하고 야생적이어야 한다는 믿음이 강합니다. 우리가 개와 관계를 맺는 방식과는 확실히 다르죠." 사람들은 또 고양이가 문제의 일부라는 사실을 믿고 싶어 하지 않는다. "고양이의 포식 행위를 확실히 과소평가하고 있죠."

뉴질랜드에서는 수의사들도 고양이를 가두기 싫어한다. 링클레이터와 동료들의 2019년 연구에 따르면,[42] 뉴질랜드의 수의사 중 67퍼센트는 고양이를 하루 종일 실내에 두는 것이 고양이에게 부정적인 영향을 미친다고 믿는다.

나는 H. H. 부츠를 흘끗 본다. 깊게 잠든 녀석의 몸은 따뜻하고, 코는 사랑스러운 분홍색이다. 깨었을 때 녀석은 형편없는 사냥꾼이다. 나방이나 파리가 들어오면, 녀석은 한참 쳐다보다가 이내 다른 가족에게 처리를 맡긴다. 녀석이 제일 좋아하는 사냥감은 브래치 브랜드의 감초맛 젤리빈이다. 젤리빈은 보기 좋게 바닥을 굴러가는 데다가 절대 반격하지 않으니까. 무엇이든 부츠가 사냥에 성공하여 잡아먹는 모습은 상상하기 어렵다.

하지만, 아무리 내가 생각하고 싶지 않아도, 부츠는 아마 실제로 그랬을 것이다. 부츠의 어미였을 수도 있는 레이디 제인은 자주 죽은 참새를 입에 물고 우리 집 마당을 지나갔다. 부츠의 언니는 여태 새 모이통 밑을 지키고 앉아서 비둘기가 살짝 방심하기를 기다린다. 내 귀여운 야옹이도 아마 살생을 했을 것이다.

고양이를 반려동물로 기르든 유해동물로 폄하하든, 그것은 둘 다 고양이가 하는 일을 인정하지 않는 셈이다. 플로리다대학에서 어문학을 연구하고 가르치는 사라 트릴리는 자신이 무슬림 국가에서 자랄 때 고양이는 '전통적 의미의 반려동물'이 아니었다고 말한다. 정확히 말하 자면, 많은 미국인이 생각하는 반려동물, 즉 장난감과 전용 야외 놀이 터와 열선 깔린 침대를 갖춘 동물이 아니었다는 뜻이다. 무슬림 국가 사람들은 고양이가 실내에 들어오는 것을 환영하지만, 고양이가 계속 집 안에서 살기를 기대하진 않는다. 환기를 위해 열어 둔 창문과 문으 로 고양이도 공기처럼 드나들 것이다. 고양이는 또 할 일이 있다. 생쥐 와 바퀴벌레와 쥐를 잡는 일이다.

고양이는 하디스에도 여러 번 언급된다. "고양이를 가진 여자 이야 기가 나와요." 트릴리의 말이다. "여자는 고양이를 집에 가둔 채 먹이를 주지 않았고, 고양이는 죽었죠. 예언자는 여자에게 지옥불에서 벌받을 거라고 말해요. 고양이가 나가서 스스로 먹이를 찾도록 허락하지 않았 고 그렇다고 먹이를 주지도 않았기 때문이죠." 이 이야기의 고양이 학 대는 전반적인 동물 학대를 뜻하는 상징이다.

"사람들은 고양이를 가족으로 여겨요." 트릴리는 이렇게 설명한다. "우리 이모도 만약 고양이가 배고파 하면 자기가 먹을 고기를 고양이 에게 줘요. 고양이가 다치면 먹이를 챙겨 주고, 고양이에게 도움이 필 요하면 도와줘요." 그래도 반려동물은 아니다.

고양이는 보살핌을 받을 자격이 있을뿐더러 일하는 가족 구성원이 자 독립된 개체로서 존중받을 자격이 있다. 트릴리는 자신의 이슬람교 해석에 따르자면 고양이에게 번식의 자유가 주어져야 한다고 말한다. TNR은 "우리에게 그럴 권리가 없음에도 불구하고 동물의 몸에 폭력을 가하는 행위"라는 것이다. 하지만 트릴리의 의견이 만인의 의견은 아니다. 여느 종교처럼 이슬람교에도 다양한 해석이 있으며, 율법을 준수하는 무슬림 중에서도 일부는 고양이를 중성화시켜도 괜찮다고 여긴다.

단, 고양이가 지역 야생동물을 죽이는 문제에 관해서는 이슬람교든 기독교든 전통 종교의 경전이 별다른 조언을 해 주지 않는다. "전통 경전은 생물다양성 문제를 전혀 언급하지 않는데, 내가 읽는 건 주로 그런 경전이에요." 트릴리는 말한다. "아마도 그런 경전의 대답은 생물다양성을 돌보는 것은 (…) 인간의 일이 아니라는 게 아닐까요." 전통 이슬람교는 인간에게 고난에 처한 동물을 도우라고 말하고, 꼭 필요한 경우가 아니라면 나무를 베지 말라고 말한다. 하지만 고대 전통은 대체로 인간이 생물다양성에 미치는 영향에는 그다지 주목하지 않았다.

어쩌면 그 일은 우리 역량을 넘어서는지도 모른다. "난 자연이 스스로 조절할 수 있다고 믿어요. 신학적인 용어로 말하자면, 신이 균형을 되찾아 주실 거라고 믿어요." 트릴리의 말이다. "인간은 늘 지구에서 제일 문제적인 종이었죠. 최근에서야 그렇게 된 건 아니잖아요." 트릴리는 또 인간이 스스로 저지른 실수를 - 늑대를 죽인 실수, 사탕수수두꺼비를 도입한 실수, 참새를 몰살한 실수를 - 바로잡으려고 들 때 그 결과가 오히려 우리의 뒤통수를 칠 때가 많다고 지적한다. 우리는 일을 망치지 않을 정도로 충분히 알진 못한다.

사람들은 이분법을 좋아한다. 공화당원이냐 민주당원이냐. 고양이 애호가냐 개 애호가냐. 그런데 고양이에 대한 시각은 실제 고양이와 마찬가지로 이런 이분법에 한껏 저항한다. 반려동물? 유해동물? 일하는 동물? 크롤리가 확인한 바, 고양이는 우리에게 그 모두가 될 수 있거니와 심지어 동시에 그럴 수도 있다. 크롤리는 영국의 고양이 주인 56명에게 'Q 분류법'이라는 것을 시켜 보았다. 이것은 참가자에게 고양이에 대한 다양한 발언이 적힌 카드를 산더미처럼 준 뒤에 각각의 발언에 얼마나 동의하는가에 따라 카드를 분류하라고 주문하는 방법이다. 그러면 사람들이 품은 신념이 사람마다 서로 다른 형태의 종형 곡선으로 그려진다.

그 결과를 바탕으로, 크롤리는 영국 고양이 주인들의 신념을 다섯 가지 집단으로 묶었다.[43] 첫 번째는 '걱정하는 보호자', 즉 과잉보호형 고양이 부모다. 이런 사람은 고양이가 집 밖에서 수시로 위험에 처한다고 여긴다. 고양이는 차에 치일 수도 있다. 무언가에게 잡아먹힐 수도 있다(그런데 영국에 고양이를 잡아먹을 동물이 있긴 한가?). 약물에 손대거나 낯선 사람에게 사탕을 얻어먹을 수도 있다. 걱정하는 보호자는 고양이를 최소한 밤에는, 가끔은 하루 종일 집 안에 둬도 괜찮다고 생각한다. 자신이 오락을 제공할 수 있다면 더 그렇다. 이런 사람은 자신의 귀여운 털북숭이 꼬마에게 위협당하는 새를 걱정하진 않는다. 이들의 걱정은 고양이뿐이다.

두 번째 집단은 '자유의 수호자', 즉 자유방임형 고양이 부모다. 이런 사람은 고양이를 고양이 TV나 개박하가 들어 있는 생쥐 인형으로는 충족되지 않는 요구를 지닌 야생동물로 본다. 이들이 보기에 사냥은 좋은 일이다. 고양이의 건강과 공짜 유해동물 구제를 뜻하기 때문이다.

세 번째에서 다섯 번째 집단은 과잉보호형과 자유방임형이 섞인 형태다. 어떤 사람은 고양이를 여느 반려동물보다 좀 더 야생적인 반려동물로 보고, 고양이가 야외에서 보내는 시간은 단점보다 장점이 더 많다고 여긴다. 사냥이 훌륭한 일은 아니어도, 고양이가 고양이답게 구는 것뿐이잖아? 또 어떤 사람은 고양이가 자유롭게 돌아다니는 것을 좋아하기는 해도 사냥에 대해서는 좀 더 걱정한다. 무슨 조치를 취할 정도로 걱정하는 건 아니지만. 어차피 생각만으로는 아무 의미가 없다.

유해동물이냐 반려동물이냐, 이분법을 넘어서

고양이는 늘 고양이일 것이다. 그렇다면 고양이의 토착종 포식 행위를 줄이는 일은 사람들, 특히 자기 고양이가 나가서 사냥하게 내버려두는 사람들의 생각과 마음을 바꾸는 일이 된다. "이때 중요한 점은 고양이 주인의 관점에 맞춘 지침이 아니라 (…) 그 사람의 환경에 맞춘 지침을 찾아봐야 한다는 겁니다." 크롤리의 말이다. 그 사람이 사는 곳은 어디인가? 그가 자기 고양이에게 다른 구경거리나 놀거리를 제공하는 데 시간을 쏟을 여유와 의향이 있는가?

그러면 고양이에 대해서는? 어떤 개체는 지브스처럼 앞뒤 가리지 않는 살육자다. 하지만 나머지는 그렇지 않다. "아예 사냥하지 않는 고양이가 많습니다. 반년에 하나쯤 잡은 것을 물고 올 뿐이죠. 그런 고양이의 주인은 그다지 걱정하지 않아도 됩니다." 크롤리는 우리가 지브스처럼 정말로 뛰어난 사냥꾼들에게 집중해야 한다고 말한다.

링클레이터는 예의 연구에서 뉴질랜드의 고양이 주인들과 수의사들에게 그들이 고양이의 포식 행위를 줄이기 위해서 어떤 조치를 취할 의향이 있는지 물어보았다.[44] 많은 사람이 자기 고양이에게 목걸이는 채우겠다고 대답했다. 고양이를 하루 종일 집 안에 두겠다는 사람은 거의 없었다. "우리 보전생물학자들은 사람들이 채택해 주기를 바라는 해결책이 비현실적이거나 시간이 오래 걸린다는 점을 가끔 잊습니다." 링클레이터의 말이다. "사람들의 가치와 믿음을 바꾸는 일은 하루아침에 되지 않습니다."

고양이가 새를 수십억 마리 죽인다는 연구에 고양이 주인들이 소외감을 느낀다면 더 그렇다. "그런 이야기는 고양이 주인들의 화를 돋우기만 합니다." 링클레이터는 말한다. "그들과 대화하거나 그들을 이해하려는 말이 아니니까요." 링클레이터는 일단 고양이 주인들이 대화에 참여하면, 그리고 밤에라도 고양이를 집 안에 두기 시작하면 자신들의 작은 포식자를 실내에 두는 일에서 다음 단계로 나아갈 마음이 들지도 모른다고 희망한다.

게다가 고양이 주인들은 고양이가 원하는 것, 즉 고기와 운동을 제공함으로써 사냥 행위를 줄일 수 있다. 크롤리와 동료들은 만약 주인들이 5분에서 10분 사이의 '사물 놀이'(가령 깃털 달린 작대기로 하는 놀이)와 고단백 저곡물 식단을 제공한다면 설령 고양이에게 외출을 계속 허락하더라도 고양이가 집에 먹잇감을 물어 오는 일이 각각 25퍼센트와 36퍼센트 준다는 것을 확인했다.[45]

케이즈는 고양이에게 외출을 허락하면서도 그들을 덜 치명적인 존재로 만들 방법이 있다는 데에 동의한다. "우리의 요점은 고양이를 실내에 두라는 것입니다." 케이즈는 말한다. "하지만 그 연장선에서, 만약 그러지 않을 것이라면 고양이의 사냥을 줄일 방법을 시도하라는 것입니다." 고양이 목걸이에 방울을 달면 도움이 될 수 있고(단 어떤 고양이는 딸랑거리지 않고 움직이는 법을 익힐 수 있다), 색깔이 선명한 목걸이를 고르면 고양이가 눈에 더 잘 띌 수 있다. 케이즈는 물론 그러면 고양이가 아주 심통 난 것처럼 보일 수도 있다고 말한다.

고양이를 사랑하는 사람과 싫어하는 사람이 동의할 사실이 하나 있으니, 바로 길고양이는 적을수록 좋다는 것이다. 그렇다면 왜 어떤 사람은 TNR을 기후변화 부정론자만큼 나쁘다고 여기고, 또 다른 사람은 고양이를 안락사시키는 이에게 혐오의 이메일과 살해 협박을 보내는 것일까?

"결과에 동의해도 그 결과를 추구하는 이유에는 동의하지 않을 수 있는데, 더군다나 그 결과를 어떻게 이룰 것인가 하는 문제가 되면 주먹다짐이 펼쳐지죠." 호놀룰루에서 해양대기청 사회과학자로 일하는 커스틴 레옹의 말이다.

그는 사람들이 주변 동물을 바라보는 관점을 연구해 왔다. 2020년 논문에서 그는 리틀록의 아칸소 수렵낚시위원회에서 일하는 보전사회

과학자 애슐리 그람자와 함께 다양한 집단의 사람들이 고양이를 생각할 때 적용하는 문화 모형을 탐구했다.[46] '문화 모형'이란 다른 게 아니라 특정 사회집단이 당연하다고 여기는 생각을 뜻한다. 예를 들어, 시카고 사람들은 딥디시 피자가 피자라고 생각한다. 뉴욕에서는 그런 생각이 이단이다. 이것들은 '피자'란 무엇인가에 대한 문화 모형이다.

그들이 연구에서 살펴본 사회집단은 야생동물 보전활동가와 동물복지 전문가였다. 그 사람들은 같은 주나 카운티에서 살고, 같은 도시에서 사는 경우도 있다. 심지어 한 가족일 수도 있다. 하지만 고양이에 대해서는 서로 다른 문화 모형을 받아들인다. 레옹에 따르면, 미국의 현대 야생동물 관리는 수렵 관리에서 비롯했다. 관리란 곧 우리가 사냥하기 좋아하는 동물들을 늘리는 일을 뜻했던 것이다. 야생동물 관리 문화도 대체로 마찬가지여서, 인간이 귀하게 여기는 종을 무슨 수단을 동원해서라도 보호하는 것이 핵심이었다. 레옹은 "이 직군에서 신뢰할 만한 사람으로 보이기 위해서는 어떤 관점과 신념 체계를 받아들여야 할까"를 생각해 봐야 한다고 말한다. 고양이를 침입종으로 보는 것은 그런 신념 중 하나다. 그리고 침입종을 관리할 때는 '살생을 통한' 개체 수 관리도 어엿한 도구로 쓰이며, 대상이 비단뱀이든 고양이든 그것은 중요하지 않다.

반면 동물복지 전문가 집단에게는 '침입종'이란 개념 자체가 없다. 이들에게 길고양이와 야생 고양이는 유해동물이 아니라 집 없는 반려동물이다. 레옹은 이 문화 모형이 미국에 상당히 널리 퍼져 있다고 말한다. "구글에서 '고양이'라고 검색해 보면, 고양이를 침입종으로 묘사한 결과는 거의 볼 수 없죠." 미국인이 고양이를 보는 지배적 관점은 반려동물로 보는 것인데, 왜냐하면 대부분의 사람이 일상적으로 경험하는 고양이가 그렇기 때문이다. 고양이를 덤불에 숨어서 멸종 위기종을 노리는 존재로 보는 미국인은 극소수다.

하지만 만약 고양이에 대한 경험이 바뀐다면, 이 지배적 관점도 바뀔 수 있다. 레옹은 고양이가 유해동물로 지정된 호주를 예로 든다. 호주에서는 누구나 언제든 야생 고양이를 사냥해서 죽여도 된다.

고양이를 껴안고 있는 미국인 중 일부는 그런 태도에 깜짝 놀라 경악할지도 모른다. 하지만 이것은 호주인이 고양이를 얼마나 다르게 경험하는지 보여 주는 사실일 뿐이다. 호주는 섬이고, 자기네 야생동물을 몹시 자랑스럽게 여긴다. 아이들은 전 세계 어디에도 없고 오직 호주에만 있는 중요한 토착종들을 학교에서 배운다. 침입종이 가하는 위험에 대해서도 배운다.

고양이는 어떠냐고? 고양이는 어디서나 고양이다. "고양이는 잘 적응합니다." 레옹은 이렇게 말한다. "어디서나 고양이답게 살 뿐이죠. 하지만 우리가 고양이를 주로 [침입종으로] 경험하는 시간이 길어지면, 고양이에게 점차 낙인이 찍힙니다."

우리는 종종 과학자들은 고정관념을 품지 않으며 감정적 논쟁을 질색한다고 여긴다. 하지만 과학자들도 이 문화 모형의 양편으로 나뉘어 있다. 고양이가 죽이는 새가 수십억 마리라고 계산했던 마라는 TNR을 헛수고라고 보며, 사람들이 TNR이 고양이에게 미치는 영향은 연구해도 지역 야생동물에게 미치는 영향은 연구하지 않는다고 지적한다. "[TNR 옹호자가] 제일 꺼리는 일은 누군가 그 점을 연구하려고 나서는 겁니다. 그들은 그 답을 알고 싶어 하지 않아요. 어디서든 헛간에 고양이를 풀어 두고, 안 그러면 설치류가 폭증할 테니 어쩔 수 없다고 말하죠." 마라는 그 생각에 도전하고 싶지만, 그가 TNR 개체군에 접근할 수 있도록 허락하는 곳은 없다고 한다. 그가 『고양이 전쟁』이라는 책을 쓴 사람임을 떠올려 보면 별로 놀라운 일은 아닌 것 같다.

마라가 2016년에 고양이를 비난하는 그 책을 출판했을 때, 그는 사람들로부터 살해 협박을 받았다. (고양이를 죽이는 것을 생각하기조차 싫어하는 사람들이 과학자를 죽이겠다고 협박하다니, 참 아이러니하다고 우리 둘 다 생각한다.) "그들은 고양이가 문제라는 사실을 믿고 싶어 하지 않습니다. 자신들의 느낌만 믿죠."

한편 레비는 왜 입증의 책임이 늘 TNR 옹호자 쪽에만 있는지 의아해하며, 장기적으로 개체 수 감소를 보여 준 연구들이 있다고 지적한다. "사람들은 우리에게는 증명을 요구하면서도, 도태^{culling}가 효과가 있는지는 묻지 않아요." 레비는 도태의 효과를 연구한 논문 목록과 TNR의 효과를 연구한 논문 목록을 비교함으로써 실제 어느 쪽이 더 효과적인지 알고 싶어 한다. 도태는 특정 장소에 있는 개체들을 처리할 뿐 그곳으로 옮겨 오는 개체는 처리하지 못한다는 게 그의 말이다. 고양이를 솎아 내어 수를 줄일 수야 있겠지만, 그곳에 먹이 공급원이 있는 한(그리고 그곳이 섬이 아닌 한) 더 많은 개체가 들어올 것이다. 그리고 TNR을 돕는 자원봉사자는 있겠지만 미국에서 고양이를 죽이는 일에 "자원봉사자를 모집할 수 있었던 경우는 전혀 없었"다.

"이 일에 이분법이 적용된다는 생각, 즉 이쪽 아니면 저쪽을 골라야 한다는 생각이 잘못이라고 봅니다." 레비는 말한다.

침입종 유해동물? 아니면 집 없는 반려동물? 둘 다 사실일 수 있다. 같은 시점에도, 심지어 같은 장소에서도 그럴 수 있다. 만약 우리가 고양이를 유해동물로 믿고 살육자로 규정한다면, 고양이는 죽을 것이다. 만약 우리가 고양이를 집 없는 반려동물로 믿고 우리가 먹이를 주되 자유롭게 놓아 두어야 할 존재로 규정한다면, 일부 장소에서 다른 생물종이 계속 멸종할 것이다. 우리가 두 개념을 동시에 머릿속에 담지 못한다면, 우리는 고양이가 일으키는 피해를 효과적으로 막는 일에도 우리 중 많은 수가 몹시 아끼는 이 동물을 효과적으로 보살피는 일에도 계속 실패할 것이다.

그동안 고양이 때문에 새 수십억 마리가 죽고 많은 종이 도도새의 전철을 밟았다는 사실을 읽고서도, 나는 H. H. 부츠가 도무지 살육자로 보이지 않는다. 사실 유해동물에 관한 시각은 우리가 무엇을 보고 믿는가, 어떤 동물을 어떻게 생각하고 그 동물이 어디에 속한다고 생각하는가에 따른 문제일 때가 많다. 생쥐가 우리 집에 침범한다면? 프라이버시를 침해당했다는 느낌이 갑작스럽게, 절절하게, 극심하게 들 것이다. 우리 집에 사는 고양이가 생쥐를 죽인다면? 그보다 더 좋을 수 없다.

고양이가 굴뚝새를 멸종으로 몰아가면, 우리는 슬프다. 하지만 이것은 지구 반대편의 일, 우리에게는 아무 책임이 없는 일에 대한 막연한 슬픔이다. 그러나 만약 우리가 귀하게 여긴다고 말하는 생물다양성에 고양이가 위협이 된다면? 그렇다, 고양이는 유해동물이다. 그리고 그 책임은 분명 우리에게 있다.

레이디 제인이 야윈 몸으로 살금살금 마당에 들어오는 모습을 처음 봤을 때, 나는 앙투안 드 생텍쥐페리의 『어린 왕자』 속 한 장면, 주인공이 여우를 만나서 동물을 길들인다는 것은 무엇이고 다른 생명체와 관계를 맺는다는 것은 무엇인지 배우는 장면을 떠올렸다. 어린 왕자는 결국 여행을 계속하기 위해서 여우를 떠나고, 여우는 그에게 이런 말을 남긴다. "사람들은 이 진실을 잊었어.' 여우는 말한다. '하지만 넌 잊으면 안 돼. 넌 네가 길들인 것에게 영원히 책임이 있는 거야.'"

인간은 선택한 동물을 전 세계로 퍼뜨리면서도, 우리가 소유를 주장하고 어떤 종을 "길들일" 때는 그 동물에게 벌어지는 일에 대한 책임이 결국 우리에게 있다는 사실을 제대로 깨닫지 못했다. 심지어 사방에서 지구가 더워지는 와중에도, 우리는 여전히 우리의 책임을 잊는다.

우리는 우리 삶에 들어온 고양이에게 책임이 있다. 그것이 야생의 길고양이라도 마찬가지다. 우리는 고양이의 삶과 그들이 일으키는 죽음 양쪽 모두에 책임이 있다. 우리가 고양이를 반려동물로 보든, 긴요한 설치류 방제책으로 보든, 생물다양성에의 심각한 위험으로 보든, 고양이가 그곳에 있는 것은 우리가 고양이를 그곳에 두었기 때문이다. 이제 고양이가 더 많은 종을 멸종시킬지도 모르는 위기 앞에서 우리는 선택에 직면했다. 무엇이 살고 무엇이 죽을 것인가? 무엇이 존중받고 무엇이 비방받을 것인가?

4부.

유해동물의
힘

코요테 무리

그저 거기 있었을 뿐인데

개조한 헛간 문이 열리고, 앞에서 우리가 쥐에게 목걸이를 채우는 모습으로 만났던 니암 퀸이 액체가 뚝뚝 흐르는 봉지를 끌며 성큼성큼 들어온다. "젖은 거예요." 이렇게 말한 뒤, 퀸은 피를 주르르 흘리면서 봉지를 저울에 얹는다. 그가 무게를 잰 뒤 봉지를 부검대로 끌어올려서 열자, 갈색 앞발과 거친 털가죽과 죽은 지 오래된 코요테Canis latrans의 뭉개진 얼굴이 드러난다. 이제 632번이라고 불리게 된 이 코요테는 2021년 2월 23일 차에 치여 죽었다. 녀석이 연구를 위하여 해부되고 있는 이곳 연구 기지로부터 불과 몇 블록 떨어진 지점이었다. 사람들은 녀석을 수거하여 봉지에 담아 냉동고에 넣었고, 6개월 가까이 그곳에 두었다가, 내가 방문한 날로부터 나흘쯤 전에 꺼내어 수레에 담은 뒤 햇볕에 내놓아서 해동시켰다.

처음에는 냄새가 희미하지만, 코요테가 더 많이 드러나자 죽음의 악취가—메슥거리게 들큼하고 구역질이 날 듯한 부취다—금세 방 안을 압도할 것 같다. 한 학생이 자리를 뜬다. 나는 입으로 숨 쉬자고 스스로에게 계속 상기시켜야 한다. 퀸은 명랑하게 사체를 검사하기 시작한다.

차의 앞 꽁무니와 부딪히기 전에, 632번은 건강한 암컷 성체였다. 털은 굵고 빽빽하며, 근육은 튼튼하다. 만약 내가 뭘 잘 모른다면, 지금 보고 있는 쫑긋한 귀와 북슬북슬한 꼬리의 동물이 누군가의 사랑받는 반려견이라고 생각했을지도 모른다. 하지만 녀석은 개다움의 기준에서 아주 약간 벗어나 있다. 털이 아주 약간 더 굵고, 얼굴이 아주 약간 더 좁다. 녀석의 외모에서 무언가가 내게 '길들지 않았음'이라고 속삭인다.

퀸이 이발기를 쥐고 털을 깎기 시작하는데, 털을 한 줌씩 잘라서는 미리 다양한 이름표가 붙어 있는 봉지에 담는다. 또 다른 과학자 팀이 털을 조사해서 코요테가 혹시 쥐약을 섭취했는지 확인할 것이다. 봉지를 다 채운 뒤, 퀸은 메스를 쥐고 유전자 분석에 쓰일 귀 한쪽을 솜씨 좋게 도려낸다. 그다음에 낡은 나무토막을 들어서 코요테의 목 밑에 깐다. 문득 폭군들이 제 아내를 도끼날로 처형할 때 썼던 도마가 떠오른다.

내 생각마따나 그것은 도마였다. 퀸이 근육을 갈라서 척추를 드러 낸 뒤, 마체테와 나무 망치를 쥔다. 몇 군데 적당한 지점을 탁탁 치니 머리가 떨어져 나간다. 머리통은 또 다른 비닐봉지에 꼭 맞게 쏙 들어 간다.

퀸은 몸통으로 옮겨 가며, 나와 두 학생에게 이제 내부로 들어갈 거 라고 경고한다. 우리는 얌전히 한 발 물러난다. 사체가 부패할 때 그 소 화를 담당했던 미생물이 배출한 기체가 동물의 몸 안에 축적될 수 있 으므로, 상체의 잘못된 지점을 찔렀다가는 뻥 하고 터질 수도 있다. 퀸 은 조심스럽게 움직인다. 그 덕분에 기체가 신속히 빠지고, 더 이상 뭔 가 튀는 일은 발생하지 않는다. 담즙 냄새가 가미되자 악취가 더 심해 진다. 나는 여태 부검 중에 토한 적은 한 번도 없었다는 사실을 스스로 에게 애써 상기시킨다. 좌우간 아직까지는 그랬다.

퀸이 간을 들어낸다. 이 간도 632번이 쥐약 먹은 쥐를 잡아먹었는 지 알려 주는 증거로서 검사될 것이다. 퀸이 칼질 두 번 만에 위장관을 통째 끄집어내고는 그것을 주무르면서 말한다. "척추가 만져지는 것 같은데요." 퀸이 위를 가르니, 반쯤 소화된 털가죽 뭉치와 허옇고 반짝 거리는 뼈 몇 개가 드러난다. 토끼일 수도 있다. 아니면 잘 소화된 새끼 고양이? 그걸 알아내기에는 소화가 너무 많이 진행되었다. 퀸은 장내 미생물을 살펴보는 연구자를 위하여 위장관 전체를 봉지에 담는다.

퀸이 체강 속을 뒤적이다가 마치 허옇고 번들거리는 소시지가 줄 줄이 달린 것 같은 무언가를 꺼낸다. 그 작은 덩이 네 개는 632번의 자 궁 속에 있었다. 632번은 임신 중이었다.

많은 사람이 코요테를 유해동물로 여긴다. 코요테는 우리 동네에 출몰하고, 우리 아이들을 공격하고,[1] 우리 반려동물을 잡아먹고, 우리 닭을 덮치는 악랄한 늑대 같은 모습을 띤다. 우리가 주변 환경을 장악하고 있다는 생각이 거짓임을 보여 주는 육식동물로 간주된다. 부검대 위의 썩어 가는 사체를 바라보는 이 순간, 나는 가슴이 미어지게 슬프다. 무력한 동물은 우리가 아니라 그들인 것 같다. 코요테는 인간에 대해 성공을 거두었고, 그것은 부분적으로 인간 덕분이었다. 하지만 우리가 코요테에게 주는 것을 우리의 차와 덫과 총은 도로 빼앗는다.

늑대에게는 자연 공간과 큰 사냥감이 필요하다. 코요테는 그렇게 까다롭지 않다. 코요테는 캘리포니아 남부의 그래놀라 애호가들이 주식으로 삼는 과일과 아보카도도 기꺼이 먹는다. 인간 주거지에 모이는 가축, 쥐, 길고양이도 잡아먹는다. 집과 집 사이 담 위를 걷는 법, 퇴비 속에서 은신하는 법, 시카고 시내나 심지어 맨해튼의 센트럴파크에서 살아남고 번성하는 법을 익힐 줄 안다.[2]

그 과정에서 코요테는 아무도 두려워하지 않는 안전한 소형 늑대의 자리를 벗어났고, 교외에서 우리 반려동물을 살육하는 공포의 대상이 되었다. 우리는 야생동물을 사랑한다. 하지만 그들이 야생에만 있기를 바란다. 인간이 지배한 환경은 다른 문제다. 이곳에서는 우리가 통제자이고, 이곳에 허락되는 동물은 우리 통제하에 있는 동물뿐이다. 그런데 자연이 우리에게 그 통제력이 절대적이지 않다는 사실을 상기시킬 때, 우리는 그것을 신성한 공간에의 침범으로 느낀다. 우리는 분노, 미움, 폭력으로 반응한다.

코요테의 캉캉대는 울음소리, 쥐의 쑤석거림, 새 모이통에 찾아온 곰. 이처럼 우리 한계를 상기시키는 존재들은 우리에게 뭔가 가르쳐 줄지도 모르지만, 그러려면 우리가 귀담아들어야 한다. 코요테 632번은 그 장소에 있었다는 이유만으로 궁극의 대가를 치렀다. 하지만 녀석은 사실 자신이 속한 장소에 있었을 뿐이었다.

우리는 유해동물이 우리를 따라와서 우리의 도시와 서식지에 떼로 정착했다고 생각하기가 쉽다. 우리가 있는 곳에 그들이 온 것이지, 그 반대가 아니다.

하지만 코요테는 캘리포니아 남부에 늘 살고 있었다. 몇만 년 전에 그중 운 나쁜 녀석들이 로스앤젤레스의 란초라브레아 타르 웅덩이에 빠지기도 했다.[3] 댄 플로레스가 『코요테 아메리카: 자연적이고 초자연적인 역사』에서 알려 주듯이,[4] 1,000년 전 뉴멕시코주 차코시티에서도 코요테가 발견되었고, 아즈텍 문명의 종교에서도 코요테는 중요한 역할을 맡았다.

오늘날 나바호족이 코요테를 볼 때, 그들은 모든 코요테의 선조이자 그 자체로도 중요한 존재인 신화 속 코요테를 동시에 본다. 스티브 패블릭(원주민은 아니다)은 워싱턴주 벨링엄의 노스웨스트인디언대학에서 아메리카원주민학을 가르친다. 그는 『나바호와 동물 인간들』에서[5] 나바호어로 '마이[ma'ii]' 혹은 '작은 방랑자', '떠돌이', '최초의 잔소리꾼'이라고도 불리는 코요테가 나바호족에게는 '최초의 남자' 및 "최초의 여자'와 더불어 탄생했던 '성스러운 인간들'의 일부로 여겨진다는 것을 알려 준다.[6] 코요테는 '최초의 남자'의 동반자였고, 종종 정찰병 역할을 맡았다.

하지만 그 코요테는 고결하거나 진지한 존재가 아니다. 코요테는 늘 음탕하고, 남을 속이고, 훔친다. 코요테의 기행은 인류에게 영속적인 영향을 남겼다. 코요테가 '물의 괴물'의 아기를 훔쳤을 때, 괴물이 분노하여 아래쪽 세상에 물이 차오르자 인류는 오늘날 살고 있는 위쪽 세상으로 올라올 수밖에 없었다. '검은 신'이 하늘에 별자리를 걸고 있을 때, 코요테는 그 별 주머니를 훔치다가 하늘에 마구잡이로 별을 뿌려 버렸다.[7] 우리 인간이 탄생뿐 아니라 죽음도 겪어야 한다고 결정한 것도 코요테였다.[8] 자신의 털로 우리에게 음모를 만들어 준 것도 코요테였다.

코요테가 우리의 궁극적 소멸을 결정했기 때문에, 오늘날의 코요테도 나바호족에게는 썩 반가운 징조가 아니다. 어떤 사람들은 코요테가 길을 건너는 것을 보면 차를 세우고 다른 차가 지나가기를 기다렸다가 그 후에야 다시 출발한다. "우리는 코요테를 피합니다. 코요테는 필요악을 뜻하죠." 인류학자이자 디네족 장로인 해리 월터스의 말이다. 세상에 죽음을 가져온 것이 코요테이기 때문에, 디네족에게 코요테는 우리가 내려야만 하는 어렵고 고통스러운 결정을 상기시키는 존재다. 전쟁터나 병원에서의 힘든 선택, 설령 옳을지언정 누구도 기쁘게 하지 못하는 결정 같은 것 말이다.

색욕과 도둑질에 더해, 코요테는 우리가 평생 만나 본 어떤 자기중심주의자보다도 더 과시욕이 심하다. 코요테의 과시욕은 '코요테 이야기'라고 불리는 설화 모음집에 잘 정리되어 있고, 여기서 코요테는 주로 사기꾼으로 등장한다. 사기를 잘 치는 것도 아니다. "나바호 설화의 코요테는 긁어 부스럼 내는 인물이죠." 월터스의 말이다. 코요테는 종종 자기가 최고라고 우쭐거리면서 이런저런 일을 시도하다가 코가 납작해진다. 예를 들면, 코요테가 늑대를 방문했을 때 늑대가 화롯불 재에 화살 두 대를 묻었다가 꺼내니 그것들이 두 덩이의 맛있는 고기로 변하는데, 그래서 코요테는 늑대가 자신을 찾아왔을 때 자신도 똑같이 할 수 있다고 장담한다. 애쓴 보람도 없이 코요테는 숯덩이만 얻는다.[9]

'코요테 이야기'는 전반적으로 우리에게 자만심을 경고하는 우화다. 오늘날의 코요테와 마찬가지로, 이야기 속 코요테는 우리에게 세상 그 누구도 제 생각만큼 대단하고 나쁘진 않다는 사실을 상기시킨다. 캐릭터로서 코요테는 자기 자신에게 좀 지나치게 도취된 사람의 대역이다.

선을 넘는 동물들

최근 우리는 코요테가 들이대는 거울에 우리를 비춰 볼 수밖에 없게 되었으니, 그 동물이 인간이 있는 곳으로 다가오고 있기 때문이다. 지난 세기를 거치는 동안 코요테는 일반적으로 '그들의 장소'라고 여겨지던 영역을 벗어나서 널리 퍼지기 시작했다. 즉 미시시피강을 기준으로 서쪽, 남쪽으로는 멕시코까지, 북쪽으로는 캐나다 초원 지대까지 아우르는 영역을 넘어 이제는 마이애미 해변을 거닐고 뉴욕 센트럴파크를 둘러볼 정도가 되었다는 뜻이다.

이 현상은 보통 식민지 정착민들이 미시시피강 동쪽에서 늑대를 소탕한 결과라고 설명된다. 자연은 진공을 혐오하므로, 빈 땅으로 코요테가 우쭐거리면서 건너왔다는 것이다. 하지만 롤런드 케이즈는 이 설명이 일부만 사실이라고 말한다. 하긴, 미시시피강 서쪽에 늑대가 있다고 해서 코요테 개체 수가 억제됐던 것도 아니었지 않나. 늑대는 큰 사냥감을 쫓지만 코요테는 청설모나 생쥐나 밭쥐를 쫓는다. 서로 차지한 공간이 다르므로, 두 동물은 큰 마찰 없이 더불어 살 수 있다.[10]

물론, 우리가 늑대를 죽이는 것은 분명 코요테가 더 넓게 퍼지는 데 도움이 될 것이다(새로 찾아든 코요테에게 녀석을 보호해 줄 무리가 없다면, 늑대는 틀림없이 그 코요테를 죽일 것이다).[11] 하지만 인간은 한 갯과 동물을 위해서 다른 갯과 동물을 죽이는 것 이상의 역할을 했다. "[코요테의] 원래 분포를 살펴보면, 기본적으로 울창한 숲 지대에서는 살지 않았다는 걸 알 수 있습니다." 케이즈는 말한다. "코요테는 동부 삼림에 살지 않았죠. 북부 삼림에도 살지 않았죠. 태평양 북서부 우림에도, 열대우림에도 살지 않았습니다." 한마디로 코요테는 숲에서 사는 동물이 아니다. 그런데 코요테에게는 운이 좋게도, 식민지 정착민도 마찬가지였다. "우리는 그 숲들을 많이 베었습니다. (…) 그래서 원래 숲이었던 장소들이 코요테에게 더 적합한 서식지로 바뀌었죠."

코요테는 새롭게 열린 지역으로 빠르게 들어왔다. 매 세대마다 일부 개체는 모험을 찾아 떠난다. "그들은 계속 멀리 나아갑니다." 프린스턴대학의 진화유전학자 브리짓 폰홀트는 이렇게 말한다. "그러다가 그들이 새끼를 낳고, 그 새끼들이 자라서 또 좀 더 멀리 나아갑니다. 덕분에 지리적으로 아주 넓은 영역에 유전자를 퍼뜨릴 수 있죠."

물론, 어디든 새로운 지역에 처음 도착한 개체에게는 짝짓기 기회가 드물 수 있다. 코요테는 여기서는 늑대로, 저기서는 개로 만족했다. 그래서 그동안 동쪽으로 퍼져 온 코요테의 물결은 서쪽의 친척과는 약간 다른 모습을 띠게 되었다. 동쪽 코요테는 더 크고, 약간 더 늑대 같고, 약간 더 개 같아졌다.[12] 폰홀트와 케이즈는 동쪽과 서쪽 코요테의 유전자를 비교해 보았다. "북동부 코요테는 평균적으로 늑대가 8퍼센트, 개가 8퍼센트, 코요테가 84퍼센트입니다." 케이즈의 말이다. "어느 주나 카운티에 처음 도착한 코요테에게는 짝짓기할 다른 코요테가 없었겠지만 주변에 돌아다니는 개는 있었겠죠. 우리는 그때 교잡이 벌어졌다고 봅니다. 이후 코요테가 더 많이 나타났고, 그러자 그들이 다시 코요테와 교배하여 개체군에 섞여 든 거죠."

이런 첫 교잡의 결과는 더 큰 체구, 더 큰 두개골, 다른 털색으로 지금까지도 남아 있다. "사람들이 내게 보내오는 사진이나 DNA 중에는 어쩌면 이렇게 희한하게 생겼나 싶은 개체도 많답니다." 폰홀트는 말한다. "털이 철사처럼 뻣뻣해 보이는 코요테도 있어요." 저먼셰퍼드 개라고 해도 그냥 넘어갈 코요테도 있었다. 개인적으로 나는 최초의 코요테-닥스훈트 잡종이 인터넷을 강타하기를 기대한다.

폰홀트가 코요테 DNA를 쉽게 구할 수 있는 것은 사람들이 그만큼 코요테를 많이 죽이기 때문이다. 『코요테 아메리카』에서 플로레스는 우리가 매년 50만 마리를 죽인다고 추산했지만, 연방 차원에서 그 수를 추적하는 데이터베이스가 없기 때문에 정확히 알기는 어렵다.[13] 그리고 우리가 코요테를 아무리 많이 죽여도, 빈 자리를 차지할 코요테가 늘 더 있는 듯 보인다. 폰홀트는 코요테 표본을 입수하기 위해서 덫이나 총으로 사냥하는 사람들과 자주 어울렸는데, 그러다 보니 한 가지 사실을 배웠다. "사냥꾼들은 자신들이 코요테를 많이 사냥하면 할수록 코요테가 더 많이 나타난다는 걸 알고 있어요."

코요테는 기체와 같다. 빈 공간이 있으면, 반드시 그곳을 채운다. 우리가 코요테를 죽이면, 남은 성체가 한배에 새끼를 좀 더 많이 낳기 시작할 수도 있고 어린 개체가 좀 더 일찍 번식하기 시작할 수도 있다.[14] 하긴, 우리가 코요테를 몇 마리 죽인다면 남은 개체들에게 먹이가 더 많이 돌아갈 테니까 그럴 만하다.[15] "통계적으로 그 수는 새끼 반 마리 남짓입니다." 폰홀트의 말이다. 이것은 아주 작은 증가분이어서, 경향성을 봐야만 유의미하다. "하지만 이 수치가 코요테 스무 마리, 백 마리에게 누적되면, 개체 수가 정말로 늘기 시작합니다." 하지만 개체 수가 대폭 느는 것은 번식 때문이 아니다. 그 대신 근처에서 들어온 개체들 때문인 듯하다. 사우스캐롤라이나주에서 덫을 설치하기 전후의 개체 수를 살펴본 연구 결과, 과학자들은 남은 개체들이 약간 더 많이 번식하기도 했지만 동시에 개체군 전체가 약간 더 어려졌다는 것을 발견했다. 이것은 약간 더 많은 수가 태어나기도 했지만 그보다 더 많은 수가 이주해 들어왔다는 뜻이다.[16]

빈 공간으로 확장할 때, 코요테는 종종 인간이 제 영역이라고 주장하는 장소로 들어간다. 그리고 우리 인간은 기대하지 않았던 것을 보면 동요하는 존재다. "도시에서 우리는 반려동물을 기대합니다." 캐나다 앨버타주 캘거리대학에서 야생동물의 인간적 차원을 연구하는 셸리 알렉산더는 이렇게 말한다. "근교 시골에서는 가축을 기대하고, 세번째 지역인 오지에서는 야생동물을 기대하죠." 동물은 이런 구분을 알지 못한다는 사실을 우리는 곧잘 잊는다. "그래서 만약 동물이 다른 지대로 들어오면, 그들이 영역을 위반했다고 여기죠."

알렉산더는 캘거리 근교 농업 공동체의 주민들과 심층 면담을 수행하여 그들이 그곳에서 사는 코요테를 어떻게 바라보는지 알아보았다. "나는 사람들의 견해가 훨씬 더 균질하리라고 예상했죠." 그렇기는커녕, 모든 사람이 각자 자신의 환경과 자신만의 관계를 맺고 있는 듯보였다.

소수의 주민들, 특히 농사를 짓지 않는 주민들은 자신과 코요테가 동등한 존재로서 환경을 공유한다고 보았고, 코요테를 제 정체성의 일부로서 아낀다고 말했다. 한편 다른 주민들은 자신을 지배적 동물로 보았는데, 이는 그들이 제 소유지에 있는 동물을 보는 관점에 영향을 미쳤다. "농사 짓는 사람들 중 일부는 자신을 그곳에 잠시 머물면서 자신의 목적에 맞게 자연을 이용하는 존재로 여깁니다." 알렉산더의 말이다. "가축 소유자는 그와는 다른 집단으로 (…) 자신이 땅을 소유한다고 봅니다. 동물은 그곳에 잠시 머물 뿐이죠. (…) 우선은 인간의 땅이고, 동물은 둘째입니다." 똑같이 자기 땅을 자기 소유물로 보는 경우에도, 그 땅에 들어온 코요테를 대하는 관점은 주민마다 달랐다. 사람들은 코요테를 절대 죽이지 않을 수도 있고, 생태계 균형을 유지하기 위해서 주기적으로 일부를 도태시켜야 한다고 생각할 수도 있다. 어떤 경우에는 동물이 사람보다 한참 뒤떨어지는 미물이어서, 사람이 재미로 코요테를 죽여도 된다고 생각하기도 한다.

알렉산더의 연구에 따르면, 어떤 사람이든 관용에는 한계가 있었다. 누구에게나 코요테가 너무 가까이 다가왔다고 말하는 지점이 반드시 있었다. 그것은 현관일 수도 있고, 마당일 수도 있다.[17] 어떤 사람이 말한 '너무 가까운' 지점은 200미터였다고 한다. "그의 라이플총이 코요테를 맞힐 수 있는 기리가 그 정도라서 그런 거였어요."

경계선은 인간의 장소(농장 마당이나 울타리)와 야생동물이 '허락되는' 장소 사이에 그어져 있었다. 코요테가 그 경계선을 슬쩍슬쩍 넘나드는 것은 허락될 수 있어도, 그곳에서 행동을 하는 것은 결코 허락되지 않았다. 고양이, 개, 가축을 죽이는 행동은 늘 경계 위반이었다.[18] "마치 코요테가 올바른 장소와 틀린 장소를 의식적으로 구별할 수 있다는 듯한 생각이죠." 알렉산더의 지적이다. 하지만 일부 주민은 코요테 애호가여서 자주 찾아오는 개체에게 개 사료를 주는 데 비해 또 다른 주민은 털 짐승이라면 뭐든 쏴 버리는 상황에서, 만약 코요테가 조금이라도 옳고 그른 장소의 차이를 이해할 수 있다면 그것은 그들이 끝내 주게 영리하다는 증거일 것이다.

코요테는 인간이 지배하는 질서를 침범한 야생을 상징하는 데에 그치지 않았다. 2014년에 캘거리는 인구가 100만 명이 훌쩍 넘었고, 점점 더 많은 시민이 좀 더 자연적인 환경에서 살고자 근교 시골로 이사했다.[19] 그들은 코요테에 대한 그들의 신념도 가져온 채로 농촌 사람들과 접촉하게 되었다. 알렉산더에 따르면, 농사 짓는 주민들 중 일부는 '도시인이 도시인의 정서를 그대로 가지고 온다고' 여겼다. 농사 짓는 주민들은 '동물 애호가' 도시인이 자신의 가치를 '농촌 사람들에게 강요하고, 법을 바꾸고, 아무것도 죽이지 말라고 말하고, 무언가를 죽이면 신고하려고 든다'고 느꼈다.

동물은 사람들이 '도시와 시골 간의 세력 다툼으로 받아들이는 현상'을 대변하게 되었다. 농촌 공동체 중 일부는 시골로 이사 온 도시인 집단이 농촌의 관점을 이해하지 않는다고 느꼈다. "그들은 도시인이 (…) 땀 흘려 일하는 게 뭔지 모른다고 말합니다. 농작물을 기르거나 가축을 돌보면서 땀 흘려 일하는 게 뭔지 안다면, 결코 그렇게 행동할 리 없다는 거예요." 알렉산더의 말이다.

세력 다툼은 폭력 사태로 번지기 시작했다. 2015년에 앨버타주의 한 지역이 코요테 사냥 대회를 열었을 때, 그에 관해 언론에서 논평해 달라는 요청이 알렉산더에게 들어왔다. "나는 누가 옳다 그르다 말하지 않고 중간을 지키려고 애썼습니다." 하지만 알렉산더는 다른 억제 방법을 시도할 것을 권하기는 했는데, 왜냐하면 폰홀트가 말했듯이 코요테를 사냥하면 더 많은 코요테가 나타날 뿐이기 때문이다. 새로 온 코요테는 그 지역을 잘 모르기에 자칫 '더 쉽게 가축 등에게 피해를 입힐지도' 모른다. "애초에 효과가 없는 방법이라는 거죠."

알렉산더의 의도는 통하지 않았다. 그는 세력 다툼에 휘말린 꼴이 되었다. 상아탑에 처박힌 채 시골 사람들에게 이래라저래라 하는 도시 여자의 상징이 되어 버린 것이었다. 한편 반대쪽 편에서는 사냥 개 최자가 자신에게 살해 협박이 들어왔다고 말했다. 진짜로 대가를 치른 것은 물론 코요테였다. "사냥꾼들은 코요테를 더 심하게 압박해서 두 배로 죽였어요. 적어도 두 배였죠." 알렉산더는 그 이유를 알 것 같다고 말한다. "내게 앙갚음하기 위해서였겠죠. 우리 모두에게 앙갚음하기 위해서."

도시의 코요테들

코요테가 시골이나 교외에 잘 적응한다 할지라도, 인구밀도가 높은 도심은 건드리지 못하지 않을까? 캘리포니아대학 버클리캠퍼스의 도시생태학자 크리스 셸에 따르면, 야생동물은 일반적으로 도시화에 잘 적응하지 못한다. 그래서 도심에 가까울수록 교외에 비해 코요테가 적게 목격된다.[20]

하지만 코요테는 상당한 수준으로 적응할 수 있는 데다가, '도시화'란 상대적인 용어다. 코요테에게는 사실 약간의 녹지만 있으면 된다. 셸은 유서 깊고 밀도 높은 도시 시카고를 예로 든다. "도시의 역사가 길고 도시가 형성된 방식이 오랫동안 변하지 않았기 때문에, 도시로 들어온 개체들이 그 환경을 충분히 익힐 수 있습니다."

그리고 도시 코요테가 되면 좋은 점이 있다. "도시에서의 생존률이 시골에서보다 상당히 더 높습니다. 코요테의 최대 사망 원인이 사냥과 덫인 미국 대부분 지역에서 그렇죠." 콜럼버스의 오하이오주립대학 야생생태학자 스탠 게르트의 설명이다. 다만 도시에서도 '코요테의 주 사망 원인은 인간'이다. 도시에서는 우리가 차로 코요테를 죽이지만, 아주 많이 죽이진 못한다. "총과 덫에 비해 차로 죽일 때는 효율이 한참 떨어지죠."

시카고의 코요테를 20년 가까이 연구해 온 게르트는 코요테가 세 가지 범주로 나뉜다는 것을 확인했다. 준*교외 코요테는 도심에서 가장 멀리, 카운티 근교에서 산다. 역시 그곳에 사는 사람들과는 달리 준교외의 코요테는 통근할 필요가 없다. 준교외에는 널찍한 공원과 조각난 숲과 자연보호구역이 있으므로, 코요테가 만약 사람을 안 보고 싶다면 안 보고 살 수도 있다.[21] 두 번째 범주는 교외에서 사는 코요테다. 이곳 환경은 좀 더 뜨문뜨문하다. 교외에도 골프장과 숲과 공원이 있지만, 수가 더 적고 서로 더 멀리 떨어져 있다. "이 코요테들은 사람과 부대껴 살아야 합니다. 그래도 이들에게는 피난처가 있죠." 게르트의 말이다.

시카고에서 제일 도시적인 코요테 집단은 말 그대로 도시적이다. 게르트의 논문에 실린 지도를 보면, 목걸이를 찬 코요테들이 호숫가나 고속도로 및 철로 주변이나 시내 한가운데를 돌아다니는 것을 알 수 있다.[22] "코요테에게 주어진 약간의 녹지는 보통 길쭉한 직선 형태입니다. 우리가 통행로를 그런 형태로 개발하기 때문이죠. 이 집단은 가장 많은 교통량과 사람을 감당해야 합니다."

코요테는 감당할 수 있다. 그리고 그렇게 한다. "우리는 코요테가 한배에 낳는 새끼 수를 알고, 새끼들의 건강 상태와 체구도 압니다." 건강에는 전혀 차이가 없다고 게르트는 말한다. "차이가 있다면, 오히려 도시에서 사는 코요테들이 보통 좀 더 크다는 점이죠."

구질구질한 시내나 단정한 교외에서 이 텁수룩한 야생의 증거를 목격하는 것은 감동적이지 않을까? 교외로 이사한 사람들은 자연과 가까이 살고 싶어서 그런 것 아닌가? 지역 기반 소셜미디어 넥스트도어에서 코요테가 언급된 게시물을 조사한 결과, 캘리포니아대학 로스앤젤레스캠퍼스의 인류학자 겸 역사학자 크리스 켈티는 전혀 그렇지 않다는 것을 확인했다. 켈티와 동료들은 코요테가 언급되었으며 로스앤젤레스 지역에서 작성된 넥스트도어 게시물 461건을 수집하여, 게시물과 댓글의 내용을 살펴보았다.[23]

가장 흔한 게시물은 경고로, "여기서 코요테를 봤어요, 반려동물을 집 안에 들이세요!" 하는 문장의 변주였다.[24] 한 줄의 문장일 뿐이지만, 켈티와 동료들은 이 속에서 많은 의미를 읽어 냈다. 이 문장은 사람들에게 어떤 장소를 경계하라고 말하며(정확한 위치도 알려 줄 때가 많다), 코요테는 그 장소에 속하지 않는다는 생각을 암시하고 있다. 반려동물에 관한 경고는 공존에 좋다. 사람들은 분명 반려동물을 실내로 들여야 하니까. 하지만 이런 경고는 사람들을 두렵게도 만든다.[25]

켈티는 코요테에 대한 두려움과 코요테가 그곳에 어울리지 않는다는 생각이 긴밀히 얽혀 있다고 말한다. 코요테는 까마득한 옛날부터 캘리포니아 남부에서 살았지만, 그동안 인간이 만든 생태 지위에 적응해서 마당의 과일, 쥐, 가끔은 고양이를 먹게 되었다. "인간이 도시 생태를 창조했으니, 동물들은 이곳에서 각자의 생태 지위를 찾아내고 있죠. 전혀 놀라운 일이 아닙니다." 켈티의 말이다. "하지만 도시는 인간의 것이고 야생동물은 다른 곳에 있다는 가정에서 출발한다면, 이런 일이 벌어진다는 사실이 놀랍게 느껴지죠."

흑인인 셀은 도시에서 코요테로 산다는 것과 미국에서 흑인으로 산다는 것 사이에 유사성이 많다고 말한다. 그것은 '극단적으로 분열되는 경험'이다. "나를 위해 만들어지지 않은 세상에서 살아남고자 내가 할 수 있는 일이라면 뭐든 하면서 애쓰지만, 다른 수많은 이유 때문에, 가끔은 전적으로 불공평한 이유 때문에 끊임없이 악마화되는 경험입니다." 가령 닭장이 습격당하면 사람들은 대뜸 코요테를 비난하지만, 실제로는 라쿤의 짓일 가능성이 높다.

그런 두려움과 무언가가 잘못된 장소에 있다는 감각은 지배 및 통제의 감각과 깊숙이 얽혀 있다고 셀은 말한다. 그는 워싱턴주 터코마에서 코요테와 라쿤에 대한 사람들의 태도를 조사해 보았다. "뒷마당의 코요테를 가장 불만스러워하는 사람은 경제적 지위가 높은 사람, 혹은 외출하는 고양이를 키우는 사람이었습니다." 셀의 말이다. "그들도 코요테가 야생에 존재할 권리가 있다고 믿지만, 자기네 야생에는 안 된다고 생각합니다. 몹시 식민주의적인 생각이죠." 코요테는 아무 짓도 안 해도, 그저 그 장소에 있다는 점만으로 악마화된다.

무력감을 통제하려는 다양한 노력

우리가 코요테를 비롯한 육식동물들을 유해동물로 여기는 한 가지 이유는 그들이 우리에게 취약감을 안기기 때문이다. 반려동물과 가축도 걱정되지만, 코요테가 사람을 공격했다는 뉴스를 볼 때면 우리 자신도 걱정된다.[26] 그런 동물들은 우리의 통제감에 도전하여, 인간이 환경을 지배하고 있다는 생각이 허상임을 까발린다. 우리가 보기보다 약하다는 사실을 드러낸다. 그렇다면 코요테와의 공존은 사람들에게 통제감을 돌려줌으로써 그들이 덜 취약하다고 느끼게 만드는 데 달려 있다.

이것은 코요테와 직접 맞닥뜨릴 뿐만 아니라 요즘에는 종종 늑대와도 마주치는 목축업자들에게는 힘든 과제다. 그들에게 통제감을 잃어버린다는 것은 송아지나 양이나 염소를 잃어버린다는 것이다. 목축업은 물론 삶과 죽음을 꽤 자주 접하는 일이지만, 그렇다고 해서 당신이 아끼던 동물이 피 웅덩이에 죽어 있는 모습을 보는 것이 덜 충격적이진 않다. 그것은 감정적인 상실이며, 현실적으로는 소득의 상실이다.

자신이 아끼는 동물을 안전하게 지킬 능력이 없다는 무력감을 좋아하는 사람은 아무도 없다. 그동안 미국의 농부와 목축업자가 통제력을 되찾는 수단은 주로 총과 덫이었다. 하지만 많은 지역에서 이제 늑대가 보호종인 데다가, 도시 사람들이 코요테를 포용하자고 촉구하는 현실이다. "그래서 우리가 만나 본 목축업자들은 그들이 뭘 할 수 있고 없는지에 대해 그들에게는 선택권이 없다고 느끼고 있었습니다." 미국

국립야생생물연구소의 포식자 생태·행동 프로젝트에서 현장 기지 지휘를 맡았었던 야생생물학자 줄리 영의 말이다.

현장 기지 지휘자로서 영의 임무는 연구자를 관리하는 것만이 아니었다. 그는 널따란 야외 울타리 내에 포획된 야생 코요테 100마리도 관리해야 했다. 코요테 행동 연구를 수행하고자 하는 과학자들이 전국에서 그곳을 찾아간다. 그리고 그곳에서 영과 동료들은 목축업자가 스스로 효과적으로 대처하고 있다고 느끼게 할 만한 방법을 궁리해 왔는데, 그들이 쓰는 수단은 깃발이다.

동물은 저마다 기벽이 있기 마련이다. 늑대나 코요테 같은 갯과 동물의 한 가지 기벽은 희한하게도 깃발을 싫어한다는 점이다. 영에 따르면, 유럽에서 사냥꾼들은 나부끼는 천 조각을 줄지어 설치해 두는 수법을 쓴다. 이것이 플래드리^{fladry}다. "이 플래드리가 장벽이 됩니다." 늑대는 플래드리를 넘으려 들지 않는다. 새롭고 낯선 사물을 본능적으로 경계하는 늑대는 바람에 깃발들이 펄럭거리는 모습에 깜짝 놀란다.[27] 사냥꾼들은 플래드리를 써서 '늑대를 구석으로 몰아넣은 다음에 몽땅 죽인다.'

2000년부터 과학자들은 구세계의 깃발 사냥 기법을 미국 서부로 이식하되 안팎을 뒤집었다.[28] 우리가 플래그풋볼(미식축구에서 몸싸움을 줄인 파생 종목으로, 태클이 불가능한 대신 깃발을 빼서 상대방의 공격을 저지할 수 있다-옮긴이)을 할 때 허리에 다는 깃발처럼 생긴 길쭉한 비닐 조각들이 펄럭거리면서 울타리 역할을 한다. 다만 늑대를 안쪽에 가두는 게 아니라 바깥에 머물게 만드는 울타리다.

영이 농가에 플래드리라는 용어를 보급하기 시작했을 때, 일부는 이 기법에 회의를 표명했다. "한 남자는 이렇게 말했어요. '아, 싫습니다, 우리 목장이 중고차 판매장처럼 보일 거라고요.'" 영의 회상이다. 하지만 이봐요, 만약 늑대가 중고차 판매장을 싫어한다면요? 그럼 그렇게 보이게 만들어야죠. 덤으로 익살스러운 풍선 인형까지 두는 게 어때요.

늑대는 깃발을 피하지만, 코요테는 덜 그렇다. "코요테가 늑대보다 자주 플래드리를 통과한다는 걸 알게 됐죠." 영은 말한다. "코요테는 떠보고, 떠보고, 떠본 뒤에 쏜살같이 지나갑니다. 그래서 우리는 플래드리가 늑대용이란 걸 깨달았어요. 늑대는 몸집이 더 크죠." 영과 동료들은 코요테가 지나가기에는 너무 좁아 보일 만큼 깃발 간격을 좁혀 보았다.[29] 성공이었다.

하지만 코요테와 늑대는 영리하다. 현란한 장식이 아무리 싫어도 그들은 언젠가 심하게 배고파질 테고, 깃발이 물지 않는다는 사실도 배울 텐데, 건너편에는 고기가 있다. 『포식자 패러독스』의 저자 존 시빅은 그래서 터보 플래드리를 실험해 보았다.[30] 깃발이 달린 줄에 전기를 흘려서 찌릿찌릿 불쾌한 충격을 가하게 개조한 것이다. "우리가 현장으로 나가서 플래드리를 설치하고 가축을 지킬 수 있게 도우면, 사람들은 취약감을 훨씬 덜 느낍니다." 영은 말한다. "손실이 전혀 없게 만들 순 없었지만 한결 줄었고, 사람들은 자신이 뭔가 조치를 하고 있다고 느꼈어요."

시간이 흐르면 코요테가 깃발에 익숙해질 수도 있고, 전기장치는 고장 나기 마련이다. 하지만 절대 고장 나지 않는 것이 있다면? 다른 포식자들이다.

오리건주 벤턴카운티의 자연 자원 담당자 제니퍼 워드가 나를 태우고 코밸리스시 외곽의 레드버드에이커 농장으로 차를 몬다. 12월 초의 윌래밋 계곡이 빛을 발한다. 하늘에선 거위들이 줄지어 빙글빙글 날고, 공기는 신기하게도 안개가 낀 동시에 상쾌하며, 농부들이 피복작물을 죽이려고 제초제를 뿌려 둔 밭조차 목가적인 황금빛 벌판으로 보인다. 작은 취미용 농장도 있고 취미가 아닌 큰 농장도 있다. 준교외 거주지가 있고, 자연과 가깝게 살고 싶어 하는 사람이 많이 있다. "야생동물 서식지와 인간 서식지가 끊임없이 부대끼죠." 워드가 말한다.

농장 정문에서 랜디 코멜레오가 우리를 기다린다. 그는 아내 팸 코멜레오와 함께 여유 시간에 벤턴카운티의 농업 및 야생동물 보호사업을 발족시킨 사람이다. 벤턴카운티는 서쪽으로 해안산맥과 맞닿아 있고, 산에는 퓨마와 코요테가 많이 산다. 매년 덫에 잡히는 포식자 개체 수를 근거로 할 때 양 농가가 겪는 피해 대부분을 야기하는 것은 코요테라고 랜디가 말한다.

예전에 코멜레오 부부는 사람들이 그런 피해를 어떻게 처리하는가에 대해서는 별로 생각해 보지 않았다. 그러던 2011년, 코밸리스의 오리건주립대학 농과대 근처에서 살던 한 주민이 자기 땅 경계선을 따라 걸어 보았다. "그러다가 덫에 걸려 죽은 새끼 사슴을 발견한 거예요." 팸이 말한다. "라쿤도 발견했는데, 아직 살아 있는 라쿤이 올가미에 걸린 채 울타리에 매달려 있었대요." 이 발견은 기사로 났고, 코멜레오 부부는 그것을 읽고서야 카운티와 대학이 가축에 접근하는 포식자를 막기 위해서 덫 치는 사람을 고용한다는 것을 깨달았다.

"우리 카운티에서도 연방의 야생동물 관리 활동이 진행되고 있다는 걸 그때 처음 안 거죠." 팸의 말이다. "나중에 생각해 보니 우리가 바보였더라고요. 당연히 그렇지 않겠어요? 하지만 당시에 우리는 야생동물 관리 활동이란 저 멀리 어딘가에서 진행되는 거라고만 여겼거든요." 저 멀리 야생에서 말이다. 포식자와 포식자를 잡는 덫이 집에서 이렇게 가까이 있을 줄이야.

2012년에 오리건주립대학은 대중의 압력 때문에 올가미를 모두 해체했지만, 농무부가 비용을 대 주는 덫 설치 업자와의 계약은 유지했다. 그래서 코멜레오 부부는 카운티를 통해서 야생동물 덫을 줄여 보기로 결심했다. 캘리포니아주 마린카운티의 농업부가 운영하는 사업에서 영감을 얻어, 부부는 2017년에 카운티 관계자들에게 그와 비슷한 보조금 사업을 제안했다. 농부들은 포식자를 포획하거나 죽이지 않고 그 대신 쫓아내기만 하는 도구를 갖추는 데에 최대 5,000달러까지 보조금을 신청할 수 있다. 카운티는 또 세상에서 가장 기묘한 도서관일 수도 있는 작은 도서관을 운영하는데, 크리터기터 Critter Gitter (움직임을 감지하여 불빛과 경고음을 내는 장치다)나 형광 플래드리(새를 막는 데 좋다) 같은 비치명적 포식자 대응 도구들을 갖추고 대여하는 도서관이다. 그러면 농부들이 구입하기 전에 써 볼 수 있다.

카운티는 동의했고, 그리하여 2017년에 농업 및 야생동물 보호사업이 보조금 신청 접수를 시작했다.[31] 사업을 계획한 것은 코멜레오 부부이고 남편 랜디가 아직 신청서 검토 등에 힘을 보태지만, 내가 방문한 시점에는 이제 워드가 일상적 운영을 맡고 있었다. 카운티는 농무부를 통해 덫 설치 업자를 고용하던 비용으로 워드의 역할에 드는 비용을 상쇄한다.

처음에는 반대도 있었다. "어떤 농부들은 치명적 관리 사업이 없어지는 걸 원하지 않아요. 그런 사고방식에서 빠져나오지 못하는 거죠. (…) 우리는 코요테를 증오하는 사람도 만나 봤어요. 말 그대로 증오하더라고요." 팸은 말한다.

첫 보조금 수령자는 그런 사람들이 아니었다. 애초에 치명적 방법을 쓰기를 원하지 않았던 사람, 혹은 좀 다른 방식을 시도해 보길 바라는 사람이 많았다.

1세대 농부인 로라와 로빈 세이지 부부는 레드버드에이커 농장의 소유주로, 엄격한 동물복지 지침에 따라 가축을 기른다는 점을 자랑스러워하며 치명적 방법은 쓰고 싶어 하지 않는다. 농장에 도착한 워드와 나를 로빈 세이지가 맞이하고, 우리는 축축한 풀이 군데군데 높게 자란 언덕을 걸어 내려가서 철조망 울타리로 구획이 지어진 목초지로 간다. 세이지가 빌린 땅 80에이커 중 일부다. 한 울타리에는 닭이 몇 마리 있다. 털갈이 중이어서 웃기게도 목에 맨살이 드러난 닭들은 꼭 핼러윈을 맞아 콘도르로 변장한 모습 같다. 다른 울타리에는 방목된 돼지들과 즐겁게 꿈틀거리는 새끼 돼지들이 있다. 돼지들 틈에 염소 두 마리도 섞여 있다. 때가 때이니만큼 원래 나머지 울타리들에는 칠면조가 있었는데, 추수감사절이 지났으니 지금 녀석들은 오리건주 사람들의 소화관을 통과하는 중이다.

그런데 울타리 사잇길을 걸을 때 가장 눈에 띄는 동물이 따로 있으니, 우리를 향해 돌진해 오는 크고 흰 덩어리들이다. 거대한 마렘마 목양견 네 마리가 우리에게 착하다는 소리를 들으려고 껑충껑충 달려온다. 녀석들의 귀를 긁어 주고 배를 만져 주는 사이사이, 나는 이 개가 어마어마하게 크다는 데에 놀란다. 한두 마리가 살짝 점프하는 걸 보니, 이 개는 내 어깨에 앞발을 얹는 것쯤은 쉽게 해낼 것이다.

위엄 있는 샤스타 라이언(엄밀히 따지자면 마렘마/그레이트피레네 잡종이다), 포옹을 좋아하는 라슨, 남학생 동아리 단짝 같은 아트레유와 팔코르로 구성된 이 무리가 세이지의 포식자 대응 체계다. 개들은 그들에게 맡겨진 동물들과 함께 야외 목장에서 살고, 산불 연기가 위험하거나 더위가 심할 때만 집 안에 들어간다. 굵고 빽빽한 털 덕분에 겨울도 문제없다. 이 종은 적절한 훈련만 받는다면 거의 무엇이든 잘 지킨다(마렘마는 미들섬의 작은 펭귄들을 여우로부터 지키는 것으로 호주에서 유명하다).[32]

내가 코요테 문제가 있는지 묻자, 세이지가 개들을 가리킨다. "이제는 없습니다." 하지만 개들이 오기 전에는 '여기 있으면 코요테들이 내지르는 불협화음이 온 부지에 메아리치는 걸 들을 수 있었다'고 한다. 이제 코요테는 거의 사라졌고, 세이지는 개들이 그 이유라고 확신한다.

세이지는 또 목장 바깥쪽 가장자리에 전기 울타리를 설치해 뒀는데, 이것은 다른 동물을 몰아내는 용도라기보다 주로 자기 가축을 안에 묶어 두는 용도다. 다른 동물을 몰아내는 것은 개들의 일이다. "주로 올빼미 같은 하늘의 포식자와 끊임없이 싸웠죠. 닭을 잡아가는 것도 주로 매였고요." 세이지는 말한다. 마렘마 개들은 코요테, 스컹크, 라쿤, 여우, 매를 비롯하여 세이지의 가축을 공짜 식사로 여길지도 모르는 모든 동물들을 쫓아낸다. "개들은 그냥 다가가서 짖기만 합니다."

세이지 부부가 당당하고 믿음직한 샤스타를 데려온 것은 2015년이 었다. 하지만 그들은 곧 개 한 마리로는 부족하다는 것을 깨달았다. 그 다음에 온 라슨은 코멜레오 부부가 설립한 농업 및 야생동물 보호사업 보조금의 결과였다. 세이지 부부는 올빼미를 비롯한 포식자를 저지하 기 위해서 개를 구입하고(강아지 한 마리에 800달러쯤 한다고 한다), 전기 울타리를 설치하고, 섬광등을 몇 개 구입하겠다고 보조금을 신청했다. 그 후에 개가 더 필요하다는 것을 깨달았고, 그래서 아트레유와 팔코 르가 합류했다.

그러자 달라졌다. 레드버드에이커 농장은 2015년에 칠면조와 닭을 150마리 이상 잃었는데, 2017년에는 샤스타의 도움으로 다섯 마리만 잃었다. 2018년에는 딱 한 마리만 잃었다. 가금류 몇 마리를 계속 올빼 미에게 잃긴 하지만, 이 정도는 '레드버드에이커 올빼미 기금에 기부하 는 셈'이라고 세이지는 말한다. 그는 자연이 제 몫을 일부나마 가져가 리라는 것을 알고 있다. 개, 울타리, 섬광등은 그 양을 최소화하기 위한 장치다.

섬광등은 몸무게 60킬로그램의 포식자를 효과적으로 저지할 만한 도구로 보이지 않는다. 하지만 해안산맥 건너편에서 리핑램 농장을 운영하는 스코티 존스는 그것으로 양을 보호한다. 그와 남편이 2003년 이래 소유하고 있는 67에이커의 농장은 황금색 컵처럼 가파르고 그 바닥에 연어가 산란하는 강이 흐르는 계곡에 있다. "포식자 고속도로죠." 우리가 부지를 둘러볼 때 워드가 말한다.

존스도 농업 및 야생동물 보호사업 보조금을 신청했는데, 그의 돈은 이동식 전기 울타리와 붉게 점멸하는 섬광등에 쓰였다. 그는 이제 마흔 개가 넘는 섬광등을 부지 곳곳에 설치하여 양, 염소, 닭, 오리, 엘튼이라는 이름의 공작, 간달프라는 이름의 거대한 노인 칠면조를 지킨다. 헛간에서 기르는 고양이 세 마리가—개중 한 마리인 루시 구지는 부지를 둘러보는 우리와 동행한다—생쥐, 쥐, 두더지 처리를 돕는다.

존스의 포식자 대응 체계 중 마지막 하나는 좀 더 평범하다. 낡은 대형 카세트 플레이어로 밤새 풀밭에 라디오를 틀어 두는 방법이다. 무엇을 트느냐는 "그때그때 잡히는 채널에 따라 달라진다"며 "요즘은 한동안 랩이었다"고 한다. 섬광등과 소음의 목표는 인간이 근처에 있는 것처럼 들리게 만드는 것이다.

섬광등과 소음 이전에 존스는 양을 잃었다. 한 해에는 아홉 마리나 잃었다. 미송이 늘어선 가파른 경사면을 미끄러지듯이 달려와서 새끼 양을 문 채로도 울타리를 거뜬히 뛰어넘어 사라지는 퓨마 때문이었다. 존스는 카운티의 덫 설치 업자를 불렀지만, 덫은 아무것도 잡지 못했다. 라쿤이 가금류를 덮치려 하기도 했다. "우리가 나가서 나무 틈에 있는 녀석들을 쐈죠." 존스는 말한다. "내가 잠옷 바람으로 손전등을 비추고, 남편이 총을 쏘고요."

존스가 보조금을 신청한 것은 '그냥 그런 게 있어서'였다. 섬광등과 울타리에 더해, 그는 밤에는 동물들을 불러들여서 헛간과 집으로부터 더 가까운 풀밭에 양을 둔다. 목장에 놔두고 섬광등을 켜 두려고도 해 봤지만, '그건 마음이 너무 힘들었다'고 한다. 양을 또 잃을까 봐 그는 너무 겁났다.

태도를 바꾸고 야간 섬광등을 설치한 덕분에, 퓨마 문제는 싹 사라졌다. 두 집 건너 이웃이 염소를 잃었을 때도 존스는 괜찮았다. 아직 족제비에게 병아리를 몇 마리 잃어버리곤 하므로, 그는 우리를 강화하는 중이다.

농부들은 물론 그냥 덫 설치 업자를 부를 수도 있다. 비용도 무료다. 하지만 적어도 1년에 한 번씩은 불러야 하고, 그래도 매년 가축을 잃었다. 비치명적 관리 방법은 품이 더 들고 돈도 더 든다. 그리고 워드의 말마따나 다른 사고방식이 필요하다. 이런 억제 기법은 한 번 설치해 두고 잊어버릴 수가 없다. "자기 동물들에게, 그리고 자신이 쓰는 도구에 지속적으로 관여해야 하니까요. 만약 그럴 의향이 있다면, 효과는 꽤 좋습니다."

이것은 공존의 사고방식이다. 우리가 사는 환경을 우리가 전적으로 지배해선 안 될지도 모른다는 것을 인정하는 사고방식이다. 상황이 나빠지기를 손 놓고 기다렸다가 앙갚음할 게 아니라 장기적으로 또한 선제적으로 변화를 추구해야 한다는 것을 받아들이는 사고방식이다.

알면 알수록 취약함은 줄어든다

과학자들은 가축은 물론이거니와 교외의 반려동물과 사람으로부터 코요테를 떨어뜨릴 수 있는 방법을 계속 찾고 있다. 니암 퀸이 죽은 코요테 머리를 친 것은 무슨 섬뜩한 살해 환상을 추구해서가 아니었다. 그 머리들은 캘리포니아주립대학 롱비치캠퍼스에서 중간 포식자를 연구하는 테드 스탠코위츠의 실험실로 갈 것들이었다.

그 실험실에 도착한 순간, 나는 냄새 때문에 움찔 물러난다. 부패하는 사체의 악취가 아니다. 스탠코위츠의 실험실은 코요테뿐 아니라 스컹크도 연구한다. 그 구린내가 온 실험실에 퍼져 있다.

스탠코위츠와 그의 학생 리즈베스 자던은 냄새가 '좀 있으면 사라진다'고 나를 안심시킨다. 한 시간 뒤, 그들이 틀렸다는 것이 밝혀진다. 그들이 이 실험실에서 몇 년간 일하다 보니 스컹크 향수에 둔감해진 것이거나 아니면 그냥 취재하러 온 나를 놀린 것이다.

자던이 바로 그 코요테 머리 수령자다. 자던은 턱 근육을 능숙하게 도려내고 뼈를 삶아서 깨끗하게 만든 뒤, 각각의 두개골에 대해서 섬세한 삼차원 모형을 제작한다. 그의 목표는 이렇게 얻은 근육 및 두개골 치수를 활용하여 캘리포니아 남부 코요테들의 저작력(무는 힘-옮긴이)을 계산하는 것이다. 자던과 스탠코위츠는 도시와 시골의 코요테들이 얻는 먹이를 통해 어느 개체가 어느 환경에서 성공적으로 살아가는지 확인하려고 한다. 일례로, 도시에서 사는 코요테는 과일이나 쓰레기나 반려동물 사료를 얻을 수 있으니 사냥을 많이 하지 않을 수도 있다.

그래서 시간이 흐르면 도시 코요테의 후손들은 턱 근육이 약해질지도 모른다. 그에 비해 시골의 코요테는 더 힘들게 살지도 모르고, 그 사실을 증명하는 강한 턱 근육을 가질지도 모른다. 아직까지는 차이를 발견하진 못했지만, 그들은 여전히 희망을 품고 새 코요테 머리를 계속 수집하고 있다..

약한 턱 근육이라도 반려동물 주인을 걱정시키기는 충분하다. 실험실에 들어설 때, 스탠코위츠가 문 옆의 기묘한 장치를 손짓으로 가리킨다. 그것은 샛노란 강아지 코트인데, 케블라 섬유로 보강되어 있고 몸통 양옆과 목 둘레에 뾰족한 금속 스파이크가 박혀 있는 데다가 등에 형광 오렌지색 술들이 솟아 있다. 당신의 미니 푸들이 펑크록 스타처럼 보이는 동시에 몹시 우스워 보이기를 바란다면 입힐 만한 옷이다. '코요테베스트'라는 이 제품은 [〈샤크 탱크〉 쇼(출연자들이 자신의 사업 아이디어를 갖고 나와서 심사를 받는 형식의 오디션 프로그램이다-옮긴이)에 출연한 적도 있다!][33] 걷고 짖을 줄 아는 코요테의 자그마한 간식에게 '나를 잡아먹으려다간 큰코다칠 걸' 하는 분위기를 덧입혀 주는 물건이다. 제작자가 스탠코위츠의 의견을 들으려고 샘플을 가져왔다가 주고 갔다고 한다. "흥미로운 제품이에요." 효과가 있나? "[제작자는] 있다고 말합니다. 데이터는 없다지만요. 그리고 효과를 입증할 방법이 사실상 없어요."

스탠코위츠의 실험실에 있는 다른 연구원들, 가령 캐시 보와 케이틀린 페이는 실험실이 구린내를 풍기게끔 만든 주범이다. 두 사람은 코요테가 잡아먹으면 반드시 후회할 동물, 즉 줄무늬스컹크*Mephitis mephitis*

를 연구한다. "사실 나는 후각이 나빠요." 보가 말한다. "이 실험실에서 일할 운명이겠죠."

페이는 유타주에서 줄리 영의 포획된 코요테들과 함께 여름을 보내면서 이 연구를 시작했다. 페이는 합판을 길고 납작한 육각형으로 잘라서 윗면에 가짜 털가죽을 덮었다. 밑면에는 '스컹크 항문샘 분비물' 희석액을 담은 스프레이를 붙인 뒤, 그 털가죽 접시 중앙에 맞난 미끼를 올렸다.

이때 가짜 털가죽의 색이 다양하다는 점이 핵심이었다. 그중 갈색 털가죽 '먹잇감'은 분비물을 뿌리지 않았고, 흑백 줄무늬 먹잇감은 분비물을 뿌렸다.[34] 코요테는 처음부터 스컹크 무늬 모형을 별로 좋아하지 않았거니와, 평균적으로 개체당 두 번만 분비물을 맞으면 상황을 파악했다. 그 뒤에 코요테는 흑백 줄무늬 털가죽으로 덮인 접시를 피했고, 흑백 바둑판무늬와 흑백 V형 무늬도 피했다. 몇몇 개체는 덤으로 소용돌이무늬까지 피했다.

이것은 코요테가 스컹크 줄무늬라는 자극과 스컹크 구린내라는 아주 나쁜 것을 연합시키게 만든 고전적 조건화였다. 스컹크의 그런 선명한 줄무늬는 경고 신호라는 게 과학자들의 가설이다.[35] 날 먹어 보시지, 혼쭐이 날 테니까.

이후 보는 가짜 스컹크 모형에 움직임 감지 카메라를 결합하여 캘리포니아의 실제 스컹크 서식지에 배치해 보았다. 코요테가 회색과 갈색의 털가죽, 그리고 대비가 선명한 흑백 줄무늬나 점무늬나 소용돌이무늬 털가죽 양쪽에 다르게 반응하는지 알아보기 위해서였다. 물론, 다른 동물들도 가짜 스컹크를 본다. 다른 스컹크들도 본다. "내 학위 연구의 또 다른 주제는 스컹크가 가짜 스컹크 모형에 어떻게 반응하는가예요." 보는 말한다. "놀랍게도 진짜 스컹크들이 우리 모형을 무척 좋아하더라고요." 달밤에 스컹크가 다른 줄무늬 동물을 만나면 로맨스가 피어날 수 있는데, 애정의 대상이 도망가지 않는다면 특히 더 그렇다. "우리는 상당한 빈도의 마운팅 행위(동물이 다른 동물이나 물건에게 올라타거나 껴안고서 교미하듯이 몸을 비비는 행동-옮긴이)를 관찰했죠. 그 정도만 얘기할게요."

보는 또 개나 고양이 같은 다른 동물들도 털색의 대비가 클수록 코요테가 거리끼는지 알아보고 있다. 연구자들은 온라인 설문 조사를 실시하여, 사람들에게 반려동물의 체구와 품종 등 외모를 묘사해 달라고 하고 매일 야외에서 보내는 시간이 얼마나 되는지도 물었다.[36] 사람들에게서 각자의 반려동물에 대한 이야기를 끌어내는 것은 식은 죽 먹기 같은 일이었다. 보는 약 1,300마리의 개와 590마리의 고양이를 만난 뒤, 고양이의 색깔은 중요하지 않음을 발견했다. 가장 중요한 요소는? 반려동물이 야외에서 보내는 시간이었다. 개도 고양이도 야외에서 시간을 많이 보내는 개체일수록 그렇지 않은 개체에 비해 코요테와의 부정적 상호작용을 경험할 가능성이 높았다. 코요테는 작은 동물을 식사거리로 여기기가 쉬우므로, 작은 개일수록 코요테의 관심을 받을 가능성이 높았다. 한편 털색 대비가 강한 개, 털에 검은색과 흰색이 많은 개는 실제로 코요테와 심각한 마찰을 겪는 경우가 적었다.[37]

영은 도시 코요테를 반려동물뿐 아니라 사람으로부터도 쫓아내는 방법을 연구해 왔다. 보통의 조언은 만약 코요테를 마주친다면 '헤이징 hazing'을 하라는 것인데, 이것은 소음과 불빛을 동원해서 시끄럽게 난리법석을 부리는 것을 뜻한다.[38] 하지만 코요테는 기억력이 좋고, 살면서 많은 사람을 만난다. 어떤 사람은 헤이징을 하고, 어떤 사람은 사진을 찍고, 심지어 어떤 사람은 간식을 건넨다. 이 모든 행동이 코요테가 다음번에 사람을 만날 때 보일 반응에 영향을 미친다.

자기 자신, 포획된 코요테 몇 쌍, (아주 느긋한 부모를 대동한) 아홉 살과 열 살 아이 둘, 개 한 마리(아이리스라는 이름의 검정색 래브라도리트리버였다)를 동원한 소규모 실험에서,[39] 영은 실제로 헤이징이 전반적으로 효과가 있음을 확인했다. 사람이 충분히 소리치고 동전이 든 캔을 흔들고 발을 구르면, 코요테는 자리를 뜬다. 하지만 이전에 사람에게 먹이를 얻어먹은 경험이 있는 코요테는 훨씬 더 오래 그 자리에서 머뭇거린다. 영에 따르면, 사람이 산책시키던 개가 옆에 있을 때도 헤이징을 좀 더 많이 해야 했다.[40] 코요테는 시끄러운 캔을 흔들며 소리치는 사람은 무시할 정도로 다른 갯과 동물에게 관심이 많았다.

헤이징을 하는 사람이 아이일 때는 더 힘들다. "코요테는 아이가 헤이징을 해도 위협으로 느끼지 않았어요." 영의 말이다. 코요테가 자리를 뜨게 만들려면, 아이들은 훨씬 더 열심히 애써야 했다.

코요테베스트처럼, 헤이징도 사실은 코요테의 문제가 아니다. 이것은 오히려 사람들이 느끼는 취약함의 문제다. 코요테는 여느 중간 크기 갯과 동물이 위험한 것만큼 위험해질 수 있다. 2009년, 캐나다의 포크싱어 테일러 미첼이 투어 중에 케이프브레턴섬의 하이랜드국립공원으로 등산하러 갔다가 코요테 한 쌍에게 공격당했다.[41] 다른 두 등산객이 미첼을 발견하고 도왔다. 미첼은 국립공원 밖으로 이송되어 핼리팩스의 병원까지 가는 데는 성공했지만, 부상 때문에 병원에서 죽었다. 열아홉 살의 나이였다. 미첼은 코요테에게 공격받아 사망한 유일한 성인 인간으로 기록에 남아 있다.[42]

케이프브레턴은 1950년대에야 둑길로 본토와 이어진 섬이고, 코요테는 최근에 도착한 존재였다. 그 습격은 그곳 작은 공동체에 충격이었다. 앨버타에서 캐나다 산림국과 함께 일하는 보전사회과학자 칼리 스포나스키는 이렇게 말한다. "그 사건은 트라우마였어요. 그곳 주민 상당수가 그 하나의 사례 때문에 외상후스트레스증후군PTSD을 겪었죠." 그런 작은 공동체에서는 모두가 그 불운의 날에 미첼을 만났던 사람을 아는 듯 보였다.

사건 후 국립공원을 찾은 방문객, 공원 직원, 근처 주민을 상대로 조사한 결과, 스포나스키는 공원 직원이나 관광객보다 주민들이 코요테를 훨씬 더 무서워한다는 것을 발견했다.[43] 주민들은 만약 코요테가 접근해 오더라도 자신은 거의 아무것도 할 수 없다고 느꼈고, 코요테를 만날 위험성을 실제보다 훨씬 더 높게 평가했다. "주민들은 코요테에게 자신들의 뒷마당을 빼앗겼다고 느꼈어요." 스포나스키의 말이다. 주민들이 즐겨 산책하던 아름다운 공원, 게다가 많은 주민의 소유지와 잇닿아 있는 공원이 어둡고 위험한 장소로 바뀌었다.

"매일 차를 몰고 출퇴근하는 사람은 차에 치이거나 교통사고를 당할 위험이 이따금 한 번씩 숲에 나갈 때의 위험보다 훨씬 높지요." 스포나스키는 이렇게 설명한다. "두려움을 안고 살다 보면, 그것에 익숙해지기 마련입니다." 시간이 흐르면, 우리는 운전처럼 실제 위험성이 아주 높은 행동에도 무감각해진다. 오히려 코요테가 있는 숲을 걷는 것처럼 실제 위험성이 낮은 행동이 훨씬 더 무섭게 느껴질 수 있는데, 이것은 그런 사건이 너무 드물기 때문이다. 케이프브레턴 주민들이 단 한 번의 트라우마적 경험 때문에 무력감을 느끼게 된 것은 그 일이 단 한 번 일어난 탓도 있었다. 코요테와의 상호작용은 일반적으로 치명적이지 않지만, 일상적으로 겪는 일이 아니다. "그렇다 보니 주민들이 인식하는 위험성이 실제의 적당한 수준으로 중화될 기회가 없는 겁니다." 스포나스키의 말이다.

스포나스키는 주민들에게 통제감을 돌려주기로 결심하고, 일련의 교육 활동을 조직했다. 첫 단계로 주민들은 코요테와 사는 것에 대한 각자의 경험과 느낌을 함께 이야기했다. 그다음에는 운전, 등산, 코요테와의 만남 같은 사건들이 얼마나 위험하다고 느끼는지 나름대로 순위를 매겨 보았고, 그 사건들의 실제 위험성이 얼마나 되는지 정보를 듣고서 다시 이야기를 나눴다.[44]

다음으로 주민들은 코요테의 입장이 되어 보았다. GPS 목걸이를 찬 코요테들의 위치를 지도로 보면서, 코요테의 하루가 어떨지 상상해 보았다. 스포나스키와 동료들은 코요테의 전형적 행동을 설명해 주었다. 주민들이 무섭게 여기는 낑낑거림과 울부짖음도 그중 하나였다.[45] "그런 울음소리는 우리가 하루 일을 마치고 귀가해서 '자기야, 나 왔어, 오늘 어땠어?' 하고 말하며 포옹하는 것과 그리 다르지 않아요." 스포나스키는 말한다. "발성을 사용해서 서로 다시 연결되려는 것이니까, 우리가 저녁 먹으면서 나누는 대화인 셈이죠."

주민들은 코요테 방어법도 배웠다. 케이프브레턴의 전형적인 집 마당을 묘사한 지도를 놓고, 스포나스키는 주민들에게 코요테를 끌어들일 듯한 요소에 스티커를 붙이는 '코요테 배치하기' 놀이를 시켜 보았다. 주민들은 어떤 요소가 코요테를 끌어들일지, 어떻게 그것을 없앨 수 있을지를 서로 의논하면서 배웠다.

마지막으로 스포나스키는 주민들의 제일 큰 두려움, 즉 자신이 코요테를 만날 수도 있고 그때 무슨 일이 벌어질지 모른다는 생각으로 인한 통제감 상실을 극복하도록 도왔다. 그는 주민들에게 헤이징을 가르쳤다. "[하이랜드국립공원이] 만든 구호를 사용했어요. '뱀BAM'인데, 물러나고Back away, 크게 행동하고Act big, 소리를 내라Make noise는 뜻이죠. 우리는 거기에 F를 덧붙였어요." F는 '맞서라Fight back'를 뜻한다.

'첨'이라는 이름의 바퀴 달린 나무 코요테 모형을 써서, 스포나스키는 주민들에게 방어 행동을 연습시켰다. 주민들에게 작대기를 쥐어 준 뒤, 자신은 첨을 굴려서 놈이 사람을 공격하는 것처럼 시늉했다. "여자들이 진짜 인정사정없었어요." 스포나스키는 말한다. "가엾은 첨은 귀를 잃었죠. 코도 약간 떨어져 나갔고요. (…) 사람들은 주로 머리를 노렸는데, 이런 상황에서 적절한 행동이에요."

스포나스키는 주민들이 GPS 신호를 살펴보고, 코요테 유인 요소를 검토하고, 첨을 공격하면서 달라지는 것을 목격했다. "사람들은 자신에게 힘이 있다고 느꼈고, 그러자 취약감이 줄었어요." 과연, 사후 조사에서 주민들은 덜 무섭다고 응답했다. 아는 것이 힘이다.

넥스트도어의 코요테 게시물을 살펴본 연구에서, 크리스 켈티는 코요테가 실제 무슨 짓을 저지르느냐가 중요한 게 아님을 발견했다. 중요한 것은 코요테의 존재가 사람들의 통제감에 미치는 영향이었다. "그 공간에서 코요테에 반대하는 사람들을 하나로 묶는 요소는 (…) 아무런 두려움 없이 살고 싶다는 욕구, 위험을 거의 전무한 수준으로 최소화하고 싶다는 욕구인 것 같습니다." 켈티 밑에서 공부하는 대학원생으로서 해당 연구에서 사람들을 직접 인터뷰했던 체이스 니스너는 이렇게 말한다. "사람들은 살 만한 삶이란 이런 것이다, 하는 이상을 품죠. 코요테는 실제로 그들의 반려동물을 잡아먹지 않더라도 존재만으로도 그 이상에 흠을 냅니다. 그 사람들은 코요테가 그냥 존재하기만 해도 자신의 이상적인 삶을 즐기기가 어려워지는 거죠."

니스너와 나는 그리피스공원에 나란히 앉아서 늦은 오후 햇살을 쬐며 이런 생각을 했다. 만약 우리가 환경에는—도시와 교외도 마찬가지다—늘 위험이 깃들어 있다는 사실을 인정하고 산다면 어떨까? 만약 우리가 통제력의 부족을 받아들이고, 그에 대해 선제공격이 아닌 사전 준비로 대처한다면 어떨까? 만약 우리가 두려운 나머지 환경을 단단히 틀어쥔 주먹을 아주 약간만 느슨하게 푼다면 어떨까? 위험은 있지만, 그곳에서 살아가는 사람들과 동물들 모두에게 돌아갈 보상도 있다.

우리가 대화하는 동안, 내 왼쪽에서 뭔가 부스럭거리는 소리가 들린다. 코요테 한 마리가 총총 걸어와서 비탈에 모습을 드러낸다. 코요테가 우리에게 다가와서 멈춘 뒤, 우리를 쳐다보면서 기다린다. 녀석의 몸가짐은 느긋하다. 녀석은 이곳이 편하다. 몇 초 뒤, 우리에게 음식이 없는 걸 알아차린 녀석은 10여 미터 떨어진 그늘에서 기다리는 웬 남자에게로 총총 걸어간다. 남자는 손에 뭔가 들고 녀석을 기다리는 듯하다. 또 다른 코요테가 뒤따르고, 더 위쪽 풀숲에서 세 번째 코요테가 걸어간다. 소리와 그림자로 짐작건대 녀석은 다리가 셋 뿐인 듯하다.

보도에서는 한 여자가 작은 개를 산책시키고 있다. 그들은 코요테를 전혀 못 본 것 같다.

나는 코요테를 봐서 놀랐지만 – 어스름이 아니라 여태 환한 대낮이었다 – 두렵진 않았다. 그 공원은 우리가 공유하는 영역이었다. 나는 여기에 우리만 있는 게 아니라는 사실을 알고 있었다. 그리고 내게는 지식이 있으니, 내가 무력하다고 느끼지 않았다.

8장

파닥거리는 참새

저 새는 해로운 새다!

1958년 12월, 당시 열 살의 쑨밍리는 물렛가락으로 쥐를 찌르고 있었다. 그는 하룻밤에 열 마리도 넘게 죽일 수 있었다. 쑨은 중국 후베이성 중하오 인민공사 중위안 생산여단 제4 생산대 소속이었고(공산국가가 되면서 중국 사람들은 마을과 도시가 아닌 생산여단과 생산대로 나뉘었다), 지금 하는 일은 숙제였다.

쑨은 제사해운동Four Pests campaign, 除四害運動에 참여하고 있었다. 마오쩌둥이 창설한 제사해운동은 1950년대에 진행되어 대약진운동 시기에 정점에 달한 대대적 공중위생 운동의 하나였다. 중국을 과거의 봉건적

농업 경제에서 밝은 공산주의 미래로 끌어가는 것이 운동의 목표였다. 그 일환으로, 마오쩌둥은 인민을 괴롭히는 네 가지 '해'를 근절하고자 했다. 개중 둘은 질병을 옮기는 탓에 표적이 되었다. 바로 설치류(생쥐와 쥐)와 모기였다. 다른 하나는 성가시기로 이름난 집파리였다. 네 번째는 종자를 먹어 치움으로써 중국의 미래 작황을 위험에 빠뜨리는 존재였다. 참새*Passer montanus*는 사라져야 했다.

참새 박멸 운동의 역사를 다룬 2012년 논문에서, 중국과학기술대학의 역사학자 시옹웨이민은 마오쩌둥에게 참새에 대한 개인적 원한이 있었을지도 모른다고 짐작한다. "중국 농민 대다수는 오랫동안 식량이 충분하지 못했고, 극도로 가난했다."[1] 번역한 중국어 논문에서 그는 이렇게 쓰고 있다. "농민들은 자기네 논밭에 와서 곡물을 쪼아 먹음으로써 식량을 두고 경쟁하는 참새를 대체로 싫어했다. 농민의 자식이었던 마오도 아마 어린 시절부터 참새를 싫어했을 것이다."

시옹은 참새 박멸 운동에 시각적 홍보 효과도 있었다고 말한다. 사람들이 파리와 모기를 아무리 많이 죽인들, 곤충 창궐을 막고자 고인 물을 없애고 쓰레기를 치우는 일은 그다지 인상적으로 보이지 않는다. "참새를 박멸하라는 지령은 사람들이 가장 쉽게 따를 수 있는 것이었다."[2] 시옹의 말이다. 실적을 내보이기도 쉬웠다. 쥐, 생쥐, 참새 사체가 산더미처럼 쌓인 모습은 실로 인상적이었다.

참새 박멸 노력은 1955년에 청년운동으로 시작되었지만,[3] 1958년에는 모두가 새를 죽이는 일에 동원되었다. "학교는 우리에게 새 학기 첫날에 생쥐·쥐 꼬리 열 개 또는 참새 다리 열 개를 제출하라고 요구했습니다." 쑨밍리의 회상이다. 하지만 참새는 잡기가 어려웠다. 중국 공산당은 조언을 담은 지침서를 몇 편 배포했다. "우리는 루쉰이 산문 「백초원에서 삼미서옥으로」에서 묘사한 기법을 시험해 보았죠." 그 기법이란 뒤집은 광주리를 작대기로 받쳐 세우고 그 밑에 낟알을 좀 두는 것이었다. 아이들은 참새가 광주리 밑으로 깡충깡충 들어갈 때까지 기다렸다가 작대기를 당겼다. 고전적인 상자형 덫이었다. 놀랍지 않게도, "그 방법은 효과가 없었습니다."

쑨이 더 쉽게 잡을 수 있는 것은 집 안의 설치류였다. "그때 나는 초가집에서 살았습니다. 손전등을 갑자기 켜면, 생쥐나 쥐가 지붕 도리에 멈춰 있는 게 보였죠. 쥐들은 내가 자기를 못 볼 거라 생각했을 거예요." 틀린 생각이었다. 쑨은 그들을 공격하여 숙제를 마쳤다. 그 일은 꽤 재미있었다고 그는 인정한다. "사람들은 [쥐와] 술래잡기를 했죠. 그 시절엔 아이들이 그걸 즐겼어요."

"나중에 어떤 [사람들이] 참새를 먹고 싶다면서 그물을 쳐서 잡았는데, 그 덕분에 우리는 학교 숙제를 마칠 수 있었어요. 가끔 새총으로도 참새를 잡았죠. 하지만 그 방법도 쉽지 않았어요." 쑨도 참새를 먹어 보았다. 그 쪼그마한 새에 먹을 게 뭐 있나 싶겠지만, 참새는 일부 식당들의 메뉴에도 올라 있었다. 쑨은 맛이 자세히 기억나진 않지만 '약간 시큼했다'고 회상한다.

참새 박멸 운동은 조직된 대중운동의 형태로 도시를 강타했다. 1958년 어느 봄날 아침,[4] 베이징 길거리로 시민들이 쏟아져 나왔다. '교활하고 간사한' 적을 성토하는 확성기 방송에 힘입어, 온 도시가 참새와의 전쟁에 나섰다. 사람들은 붉은 깃발을 흔들었고, 종 달린 허수아비를 세웠고, 징과 북을 두드렸고, 오만 가지 방법으로 소음을 냈다. 소년들은 엽총을 썼고, 소녀들은 참새가 전깃줄에 앉아서 쉬지 못하게 바지랑대로 훼방했다. 그 봄날이 끝날 무렵에는 31만 마리에서 80만 마리 사이의 참새가 죽었다고 베이징 신문들은 자랑했다.[5]

소련 화학자로서 과학 임무차 중국에 파견된 미하일 클로치코도 그때 베이징에 있었다. 그는 이런 글을 남겼다. "우리 러시아인은 참새 학살을 혐오스럽게 지켜보았으며, 특히 이름이 보로비예프 ['참새'를 뜻한다]인 사람들은 (…) 자신에게 죽음의 위협이 닥쳤다고 음울하게 농담했다."[6]

"4월 20일 일요일, 웬 여자가 머리털이 쭈뼛 설 듯한 비명을 지르는 것을 듣고 아침 일찍 깼다.[7] 클로치코는 이렇게 적었다. "건너편 건물 지붕에서 젊은 여자가 큰 천을 묶은 대나무 장대를 미친 듯이 흔들면서 왔다 갔다 뛰어다니고 있었다." 총, 소음, 천은 참새가 내려앉거나 먹이를 찾지 못하게 하는 방법이었다. 작은 나무라면 맹렬하게 흔들어서, 참새가 아무 데도 못 앉게 막았다.[8] "참새가 네 시간 넘게 날면 탈진하여 떨어져 죽는다는 주장이 있어서였다."[9]

처음에는 모두가 참새 사냥에 참여했다. 하지만 비명 지르고, 고함치고, 나무를 흔드는 일은 식탁에 밥을 올리는 데에 별 도움이 되지 않았다. 좀 더 부유하고 개발된 도시와 마을에서는 모두가 잠시 일손을 멈추고 참새를 죽일 여유가 있었을지도 모른다고, 미국 오클라호마 대학의 중국사학자 미리엄 그로스는 말한다. "하지만 극빈 지역에서는 이런 당의 사업을 온전한 생산자가 아닌 사람들에게 위임하게 됩니다." 해충을 죽이는 데 쓴 하루는 논밭에서 일하지 않은 하루였다. 시간이 좀 흐른 뒤에는 대부분의 사람이 일터로 돌아갔고, 해충 사업은 쑨밍리 같은 아이들과 노인들에게 맡겨졌다.

사람들은 보초를 세웠고, 알을 박살 냈고, 둥지를 찢어 버렸다. 참새는 중국에서 거의 멸종되다시피 했다.[10] 상하이시는 도합하여 파리 4만 8,695킬로그램, 쥐 93만 486마리, 바퀴벌레 1,213킬로그램, 참새 136만 7,440마리를 죽였다고 보고했다.[11] 뉴욕 빙햄튼대학에서 근대 동아시아 과학을 가르치는 판파티는 최종 통계를 믿을 순 없다고 말한다. 아무도 그 정도까지 숫자를 정확하게 세지는 않았다. 하지만 "부분 통계라고 볼 만한 자료들에 따르면, 1950년대에 사람들은 [참새를] 20억 마리가량 죽였다."

그러자 곤충이 나타났다.

참새는 물론 곡식을 먹는다. 하지만 새끼를 키울 때는 단백질을 몹시 갈구하게 되기 때문에, 벌레로 그 갈구를 채운다. 제사해운동 이후, 농부들은 곤충에게 작물을 더 많이 잃기 시작했다. 주디스 셔피로의 『마오의 자연과의 전쟁: 혁명기 중국의 정치와 환경』에 따르면,[12] 한 농화학자는 이렇게 회상한다. "1959년에는 곤충이 많아졌다. 육안으로 알아차릴 수 있는 사실은 아니었지만, 당 작물보호부의 계산에 따르면 곡식에 해충 창궐이 늘었다."[13]

곡물 소출량은 (쌀, 밀, 기장, 옥수수를 포함하여) 확실히 악화되었다. 1958년의 연 생산량은 2억 톤으로 추산되었지만, 중국 일부 지역 주민은 벌써 굵고 있었다.[14] 1961년 생산량은 1억 3,700만 톤이었다.

정부는 소출 감소를 가뭄 탓으로 돌렸다. 가뭄은 분명 원인 중 한 가지이기는 했다. 하지만 당시 작물 생산량에 대한 경제 모형을 구축해 본 2021년 기준 미발표 논문에서, 비루이강과 동료들은 1958년에서 1961년까지의 생산량 감소분 중 33퍼센트는 참새 박멸 탓일 수 있다고 주장한다. 만약 참새가 해충을 잡아먹음으로써 예방하는 곡물 손실량이 한 마리당 3.3킬로그램이고 참새가 총 21억 마리 죽었다고 가정하면, 살충제가 대신하는 양을 감안하더라도 연간 총 710만 톤의 농작물 손실이 발생한다는 계산이 나온다. 연구자들은 참새가 사라짐으로써 2,800만 명을 먹일 수 있는 양의 식량이 사라졌다고 추정한다.[15]

1960년, 마오쩌둥은 참새 사냥을 중지시키고 그 대신 빈대를 네 번째 해충으로 선언했다. 하지만 이미 피해는 벌어진 뒤였다. 제사해운동은 훗날 대기근이라고 불리게 되는 사건에 기여했을 텐데, 정확한 수치는 알 수 없겠지만 그 기근으로 죽은 사람이 1,500만 명에서 5,500만 명 사이라고 알려져 있다.[16] 이것은 인간이 상상하기조차 힘든 수준의 고통이다. 사람들은 나무껍질을 벗겨 먹었고, 진흙을 파먹었다. 사람의 시신을 먹었고, 산 사람을 죽여서 먹기도 했다.[17]

제사해운동은 애초에 유해동물 문제가 아니었다. 그것은 권력의 문제였다. 태산을 허물고, 계곡을 메우고, 강을 곧게 펴고, 그 밖에도 중국을 공산당이 꿈꾸는 이상향으로 바꿔 놓기 위해서 추진된 각종 대형 사업과 결합한 사건이었다. 적어도 이론적으로는, 인민이 진정으로 자신의 발목을 잡는 장애물인 자연을 마침내 정복해 내는 사건이었다.

하지만 인간의 정치와 자연환경은 다른 계획을 가지고 있었다. 완전히 이해하지 못하는 대상에게 우리가 완력을 행사할 때, 그 결과는 우리의 뒤통수를 때릴 수 있다.

섣부른 생물적 방제의 결과

1930년대 초, 호주 퀸즐랜드의 농부들은 사탕수수 산업을 육성하려고 애썼다. 그들을 괴롭히는 문제는 많았다. 그중 하나이자 현재까지 골칫거리인 것은 사탕수수유충, 즉 사탕수수딱정벌레라고 불리는 여러 딱정벌레 종의 새끼로서 사탕수수 뿌리를 갉아먹는 벌레였다.[18] 딱정벌레를 없애고 싶은 마음이 절실했던 사탕수수시험연구소 과학자들은 그 벌레를 잡아먹는 동물이 있는지 찾아보기 시작했다.

그들은 사탕수수두꺼비에 대한 새로운 연구를 알아냈다(학명은 원래 '부포 마리누스*Bufo marinus*'였고, 이후 '부포 라자루스*Bufo lazarus*', '봄비나토르 호리두스*Bombinator horidus*', '카우누스 마리누스*Chaunus marinus*' 등등 스무 가지 명명 시도를 거쳐서 현재 '르히넬라 마리나*Rhinella marina*'가 되었다. 분류학자들이여, 제발 손발 좀 맞추시라). 이것은 갈색에 혹투성이의 전형적인 두꺼비로, 무게가 1.5킬로그램까지 나가고 몸길이는 12센티미터에서 25센티미터 사이다. 푸에르토리코의 곤충학자 라헬 덱스테르가 그곳 사탕수수 농장에 도입된 이 두꺼비를 해부해 보았는데,[19] "그가 발견한 사실은 이 두꺼비가 아주 많이 먹는다는 것, 두꺼비의 먹이 중 꽤 많은 종류가 사탕수수 농업에 해충으로 여겨지는 곤충들이라는 것이었습니다." 호주 시드니 메쿼리대학 생태학자 겸 진화생물학자 릭 샤인의 설명이다.

이 발견을 토대로, 과학자들은 그 두꺼비가 사탕수수유충 문제를 먹어서 해결해 줄지도 모른다고 기대했다. 과학자들이 토끼에게 퍼뜨릴 질병을 찾아봤던 것처럼, 사탕수수두꺼비 도입도 유해동물을 천적이나 질병으로 통제하고자 하는 생물적 방제의 사례였다. 처음에는 진짜 좋은 방법처럼 보였다. "그 대안은 토양을 폭파시키는 것, 아니면 아주 독하고 발암물질로 입증된 화학물질을 살포하는 것이었습니다." 샤인의 말이다. "그러니 어떻게 보면 그 과학자들은 환경친화적 유해동물 방제법을 추진한 셈이었어요."

아무리 친환경적인 방제법이라도 시험은 거쳐야 한다. 만약 이상적인 세계에서라면, 과학자들은 깐깐하게 실험해 보았을 것이다. 울타리가 둘러진 시범 농지에서 사탕수수두꺼비가 실제로 유충 수를 줄이고 사탕수수 소출을 늘리는지 확인해 봤을 것이다. 두꺼비의 번식 패턴과 확산 잠재력도 살펴보았을 것이다. 두꺼비가 토착 동물상動物相을 위협하진 않을지 점검해 보았을 것이다.

그들은 이런 일을 전혀 하지 않았다. 그저 곤충학자 레지널드 윌리엄 몽고메리에게 하와이행 비행기표를 주고, 가서 두꺼비를 데려오라고 말했다. "몽고메리와 동료들은 정당한 주의를 기울이지 않았던 것으로 보입니다." 샤인은 말한다. "정치적 압박이 있었을 거예요. 사탕수수 농장주는 강력한 로비 집단이었습니다." 심지어 그들은 두꺼비를 데려오기 전에 질병이 있는지도 확인하지 않았다. 그래서 현재까지도 호주 두꺼비들은 폐선충을 갖고 있다. 샤인에 따르면, 그래도 그나마 진드기는 잡고 데려왔다고 한다.

몽고메리와 101마리의 사탕수수두꺼비는 퀸즐랜드에 도착했다. 두꺼비는 즉시 번식했고, 곧 수천 마리가 사탕수수 농장에서 폴짝거리게 되었다. 그리고 과학자들과 농부들은 자신들이 끔찍한 실수를 저질렀음을 깨달았다. "두꺼비가 벌레를 먹는다는 것과 두꺼비가 실제로 사탕수수 소출에 영향을 미친다는 것은 전혀 다른 이야기죠." 샤인은 말한다.

사탕수수두꺼비는 분명 사탕수수유충을 먹는다. 그러려면 일단 유충을 만나야 하는데, 여기에 문제가 있다. "두꺼비는 땅을 파고들지 않는데, 유충은 땅속에 있죠." 샤인의 설명이다. "두꺼비가 할 수 있는 건 알을 낳으려고 땅에 내려온 딱정벌레를 잡아먹는 겁니다." 그런데 딱정벌레는 날 줄 안다. 두꺼비는 못 난다. "딱정벌레가 땅에 머무는 시간이 너무 짧아서 두꺼비가 큰 영향을 미치기에 부족했을 겁니다."

그래서 두꺼비는 유충 문제를 해결해 주지 못했다. 하지만 알고 보니 진짜 문제는 사탕수수두꺼비가 무엇을 먹느냐가 아니라 무엇이 사탕수수두꺼비를 먹느냐였다. 사탕수수두꺼비 성체는 양 어깨에 영원한 유행 아이템인 커다란 어깨심을 붙인 것처럼 생겼다. 뭔가가 두꺼비를 꽉 쥐어짜면(가령 포식자가 꽉 깨물면) 그 어깨심에서 우윳빛 독이 흘러나오고, 토착종 동물은 자신이 그만 최후의 식사를 하고 말았다는 것을 깨닫는다.

쿠올(고양이를 닮은 귀여운 유대류로, 다시우루스속^{Dasyurus}이다), 악어, 뱀,

왕도마뱀(고애너라고도 하며, 바라누스속^{Varanus}이다) 같은 포식자들이 사탕수수두꺼비 덫에 빠졌다.[20] "연구에 따르면, 그 충격이 무서울 지경입니다. 하지만 다행히 영향을 받는 종의 수는 비교적 적습니다." 샤인은 말한다. 사탕수수두꺼비가 다른 동물을 멸종시키진 않았지만, 몇몇 토착종 포식자의 개체 수를 크게 줄였다. 그런 포식자는 생쥐와 쥐도 잡아먹는다. 그러니 그런 포식자가 독 두꺼비를 먹으면 살아서 설치류를 먹을 수 없게 되고, 따라서 설치류가 늘어난다.

두꺼비는 번식에 재주가 있다는 사실도 보여 주었다. 두꺼비는 인간과 연관된 환경을 사랑한다. 밤에 불이 켜진 곳에는 맛있는 벌레가 꾀고, 물 뿌려진 잔디밭은 교미 후 산란하기에 좋기 때문이다. 그래서 사람들의 눈에 두꺼비가 띄기 시작했다. 두꺼비가 점점 더 많이 보이게 되었다.

사탕수수두꺼비는 놀라운 속도로 퀸즐랜드로부터 서진하여 호주 북부를 횡단하기 시작했고, 남쪽으로도 시드니와 캔버라를 향해 퍼졌다.[21] 아직 아무도 두꺼비를 저지하지 못했다. (농부들은 결국 사탕수수딱정벌레에 효과적인 살충제를 찾아냈지만, 딱정벌레는 여전히 작물 손실의 주 원인이다. 사탕수수유충도 사탕수수두꺼비처럼 버텨 냈다.) 동해안에서 출발하여 서쪽으로 나아간 두꺼비는 이제 호주 북부에 넓게 퍼져 있다. 게다가 이 물결은 여태 이동하는 중이어서, 현재 호주 서부 최북단인 킴벌리를 통과하고 있다.

사탕수수두꺼비 사건의 역사를 알고 싶은 사람에게, 1988년 제작된 다큐멘터리 영화 〈사탕수수두꺼비: 비#자연의 역사〉보다 좋은 출발점은 없다.[22] 나는 어릴 때 여름 캠프에서 이 영화를 봤던 기억이 생생하고, 커서 다시 봤을 때도 실망하지 않았다. 공포스러운 음악이 깔리고, 거대 두꺼비를 껴안으며 괴기스럽게 키득거리는 아이들이 나온다. 한 벌거벗은 남자는 샤워실에서 자신을 훔쳐보는 두꺼비들을 발견하고 소스라친다. 한 복수자는 도로에서 차로 전진과 후진을 반복하여 뺑뺑 심란한 소리와 함께 두꺼비들을 짓뭉갠다(차가 실제로 짓뭉갠 것은 감자였고 촬영 과정에서 사탕수수두꺼비는 한 마리도 다치지 않았으니 걱정 마시길). 두꺼운 안경을 낀 한 노년 남성은 두꺼비들의 교미를 구경하는 게 정말 좋다고 아련하게 말한다.

진심으로 강력 추천하는 영화다.

이 영화는 호주에서 엄청나게 인기였고, 사탕수수두꺼비를 공공의 적 제1호로 굳히는 데 기여했다. 샤인에 따르면, '사탕수수두꺼비는 사람들이 새로운 도전에 맞닥뜨렸을 때 종종 이상한 반응을 보인다는 것을 완벽하게 보여 주는 사례'다.

물론, 사탕수수두꺼비가 두꺼비라는 점도 도움이 되지 않는다. 두꺼비는 오싹하게도 동공이 가로로 열린다. 덩치가 크고, 진흙 색깔이고, 땅딸막하다. "사람들은 두꺼비가 못생겼다고 여기고 싫어합니다. 두꺼비를 미워해도 된다고 사회적으로 허가가 주어진 듯하죠." 샤인의 말이다. "우리가 어떻게든 대처해야 할 끔찍한 침입종 목록에서 이 두꺼비가 1등으로 올라갔다고 할까요."

생태계의 일부가 된 '두꺼비 선생'

사람들이 두꺼비를 일부러 차로 치고, 덫으로 잡고, 파이프로 머리를 후려치는 동안에 자연은 나름의 생물적 방제를 시도해 왔다. 사탕수수두꺼비는 과학자들의 예측만큼 파괴적이진 않은 것으로 드러났다. 샤인의 연구에 따르면, 이 두꺼비의 밀도는 퍼져 나가는 물결의 최전선에서만 아주 높다. 일단 물결이 휩쓸고 간 뒤에는 개체 수가 진정된다. 두꺼비가 먹잇감을 다 먹어 치워서 그렇다거나 하는 건 아니었다. 그저 두꺼비가 생태계에 통합되기 때문이었다.

일부 토착 설치류와 조류는 피해를 입지 않는 방법으로 안전하게 두꺼비를 잡아먹을 줄 안다. 다윈시[註]의 솔개(작은 맹금이다)들은 두꺼비의 혀를 교묘하게 뽑아내어 먹는다. 중독되지 않고 간식만 얻는 방법을 터득한 것이다.[23] 물쥐들은 두꺼비를 뒤집어서 가슴을 반듯하게 도려낸 뒤에 피부나 독이 있는 어깨는 건드리지 않고 심장과 간만 즐긴다.[24] 동물들은 이 방법을 학습했을 수도 있고, 아니면 다른 독 있는 먹잇감을 다루는 과정에서 적응하게 되었을 수도 있다.[25]

어떤 경우에는 동물들이 두꺼비의 존재에 물리적으로 적응한다. 호주의 붉은배검정뱀은 처음에 두꺼비 독에 중독되어 죽었다. 하지만 시간이 흐르자 이 종은 두꺼비 섭취를 꺼리게 되었고, 또한 독에 약간의 저항력을 갖게 되었다.[26] 이 뱀과 호주나무뱀이라는 또 다른 뱀은 심지어 체구에 비해 머리가 더 작게 발달하기 시작했다. 머리가 작으면, 큰 두꺼비를 먹을 수 없다.

두꺼비도 변했다. 두꺼비는 호주의 따가운 열기로부터 수분을 지키기 위해서 피부가 더 질겨졌다.[27] 침입의 선봉에 선 개체들은 뒤에 남은 개체들보다 더 멀리 퍼질 수 있는 능력을 갖고 있다.[28] 그리고 주변에 먹잇감이 없으면, 두꺼비는 폭력성을 띤다. 이들은 고향 남아메리카에서보다 호주에서 동족 포식 행동을 더 많이 보인다.[29] "호주 대륙과 침입 과정 둘 다에 적응한, 독특한 호주산 사탕수수두꺼비가 생겨난 겁니다." 샤인의 말이다.

그는 사탕수수두꺼비가 지난 수십 년간 호주 토착 동물상에 미친 영향을 연구해 왔다. 그리고 이제 이 두꺼비가 공공의 적 제1호라고 생각하지 않는다. 만약 호주가 어찌어찌 이들을 근절한다면 쿠올과 왕도마뱀에게 좋겠지만, 쿠올과 왕도마뱀 개체 수가 줄어서 이득을 보았던 종들에게는 그것이 나쁜 소식일 것이다. "두꺼비는 먹이그물의 일부입니다." 샤인은 말한다. "위아래로 아주 복잡하게 영향을 미치고 있죠. (…) 체계의 일부가 된 겁니다. 그야 두꺼비가 없다면 더 좋긴 하겠죠. 하지만 이 두꺼비가 A급 생태 재앙은 아닙니다."

지금도 과학자들은 사탕수수두꺼비를 관리할 방법을 찾고 있다. 하지만 두꺼비를 완벽하게 제거하겠다는 생각은 애초에 없다. 호주 연방 과학산업연구기구에서 침입종 및 질병 관리 연구를 지휘하는 생태학자 앤디 셰퍼드는 이렇게 말한다. "결국 두꺼비가 우위를 차지하는 데 성공했다고 생각합니다." 과학자들은 그 대신 올챙이를 붙잡아서 유전자조작으로 두꺼비를 덜 유독하게 만들 수 있는지 알아보고 있다. 심지어 작은 두꺼비를 지역 야생동물들에게 먹이기도 한다. 동물들이 먼저 살짝 앓게 함으로써, 양서류가 벌이는 대학살로부터 살아남을 기회를 주는 것이다.

킴벌리 지역은 현재 두꺼비 전쟁의 최전선이다. 이곳은 극도로 습한 우기와 극도로 메마른 건기를 번갈아 겪고, 호주에서 가장 뜨거운 지역 중 하나다. 그곳에서, 매쿼리대학의 야생생물학자 조지아 워드피어는 두꺼비가 도착하기 전부터 야생동물들에게 두꺼비를 건드리지 말라고 가르치고 있다.

'두꺼비 선생'이라고 불리는 그 기법은 '학습된 맛 혐오conditioned taste aversion'라고 알려진 유명한 행동을 활용한다. 어떤 동물에게 그것을 아프게 만들 먹이를 주면, 동물은 그 나쁜 먹이의 생김새, 냄새, 혹은 맛이 비슷한 것을 피해야 한다는 사실을 빠르게 학습한다. 이 현상은 우리에게도 익숙하다. 뭔가를 먹고 나서 딱 한 번 끔찍한 식중독을 겪었을 뿐인데, 그 뒤로는 그 음식의 냄새나 맛을 아직까지도 견딜 수 없어 본 적 있을 것이다. 참치든 우유든 말이다. 심지어 수십 년이 지난 뒤에도 그럴 수 있다.

워드피어는 참치 대신 두꺼비를 써서 그 교훈을 가르치려는 중이다. 살아 있지만 작고 치사력이 덜한 두꺼비,[30] 독이 든 두꺼비 소시지, 구역질을 유발하는 화학물질을 뿌린 두꺼비 사체를 그 지역 포식자들에게 노출시킴으로써 실제 두꺼비가 나타났을 때 동물들이 두꺼비를 피하도록 만들려는 것이다.

내가 워드피어와 이야기 나누려고 그가 머무는 쿠누누라시*에 갔을 때, 킴벌리 지역은 건기의 끝이었고 그는 밖에 나가서 민물악어를 구하고 있었다. 우기에는 사탕수수두꺼비가 악어에게 위협이 되지 않는다. 악어는 넓은 영역에 퍼져 있고, 두꺼비보다 더 큰 먹잇감이 많다. 하지만 건기에는 물이 사라진다. 소수의 진흙탕에 굶주린 악어가 바글바글 모인다. 만약 사탕수수두꺼비가 나타난다면, 그 두꺼비도 건기에는 악어가 가득한 물웅덩이 주변에 모여든다. 좁은 곳에 갇혀서 굶주리는 악어들은 치명적 유혹에 넘어간다. "악어가 아주 취약해지죠." 워드피어는 말한다. "대량 폐사가 목격되기 시작합니다." '대량 폐사'란 최후의 사탕수수두꺼비 식사를 후회할 겨를도 없이 죽어 간 악어들의 퉁퉁 분 사체가 사방에 널린 모습을 가리키는 과학자들의 표현이다.

악어에게 두꺼비를 피하라고 가르치기 위해서, 워드피어는 건기 내내 죽은 두꺼비 조각을 악어들에게 던져 주었다. "두꺼비를 반으로 자릅니다." 독이 있는 어깨를 제거하기 위해서다. "몸통 뒷부분도 장기를 다 제거하고 주는데, 왜냐하면 암컷의 알에도 맹독이 있기 때문이에요." 두꺼비 궁둥이에는 독이 없다. 하지만 염화리튬이라는 화학물질이 뿌려져 있다. 염화리튬은 완벽하게 무해하여, 이 물질에 중독될 동물은 없다. 하지만 동물은 평생 처음 겪는 강력한 구역질을 느낀다. 이것은 강력한 메시지다.

이 메시지를 모든 포식자가 다 같은 방식으로 배우는 것은 아니다. 또 다른 실험실은 구충제이지만 역시 강력한 구역감을 유발하는 티아벤다졸을 뿌린 두꺼비 소시지로 쿠올들에게 두꺼비를 맛보지 말라고 가르쳤다. 한편 왕도마뱀은 죽은 먹이를 먹지 않으므로, 화학물질을 뿌린 두꺼비 궁둥이나 두꺼비 소시지로는 그들을 유인할 수 없다. 그 대

신 워드피어는 대대적인 두꺼비 침입에 앞서서 해당 지역에 사탕수수
두꺼비 올챙이를 방류한다. 올챙이는 자라서 어린 두꺼비가 되고 – 이
들이 바로 두꺼비 선생이다 – 왕도마뱀이 그것을 먹는다. 왕도마뱀은
살짝 앓겠지만, 더 크고 강력한 성체 두꺼비를 먹었을 때처럼 죽지는
않는다.

사탕수수두꺼비가 곧 들이닥칠 지역에 사탕수수두꺼비를 방류한
다는 것은 주민들을 설득하기 어려운 일이다. "미친 소리로 들리잖아
요. 직관에 완전히 반대되니까요." 워드피어도 인정한다. 하지만 그것
은 덮쳐 오는 물결이 어떤 결과를 낳을지 사람들이 잘 모르기 때문이
다. "사람들은 곧 목격하게 될 살육을 제대로 상상하지 못해요." 그는
정부 기관들과 큰 보전 단체들에게 호소하여 이 사업에 대한 공개적
지지를 끌어냈다. 전략은 통했다. 그에 따르면, 두꺼비 선생에게 가르
침을 받은 경우에는 전체 왕도마뱀 중 절반가량이 교훈을 잘 배웠다.
반면 두꺼비 선생으로부터 배우지 못한 왕도마뱀들은 서른한 마리 중
한 마리만 살아남았다.[31]

사탕수수두꺼비 이야기는 당연히 유명해졌고, 어쩌면 '생물적 방
제' 같은 단어에 씁쓸한 뒷맛을 남기는 일화가 되었을지도 모른다. 하
지만 셰퍼드는 생물적 방제를 적절히 사용할 경우에는 실제로 효과가
있다고 지적한다.

두꺼비의 문제는 식성이 까다롭지 않다는 점이다. "일반적으로 척
추동물은 특수종 포식자가 아닙니다." 셰퍼드의 말이다. "그래서 정의
상 좋은 생물적 방제 매개체가 되지 못해요." 두꺼비는 고양이, 개, 쥐

등등과 마찬가지로 거의 아무거나 다 먹는다. 그러니 만약 우리가 어떤 동물의 문제를 풀겠답시고 두꺼비를 내보낸다면, 두꺼비가 먹어 주었으면 싶은 동물은 두꺼비가 먹지 않을 수도 있지만 두꺼비가 먹지 말아 주었으면 싶은 동물은 두꺼비가 반드시 먹을 것이다.

반면 무척추동물은 훨씬 더 전문화될 수 있다. "마당에서 아무거나 식물에 붙은 곤충을 살펴보세요. 달팽이나 뭐 그런 보편종이 많을 겁니다." 셰퍼드는 말한다. "하지만 그 식물종에게만 전적으로 의존하고, 오직 그 식물종만 먹고 살도록 진화한 곤충도 한두 종쯤 있을 겁니다. 우리가 찾는 것이 바로 그런 종입니다." 식성이 까다로운 곤충계의 종들은 생물적 방제에서 최선의 선택지다. "잡초도 마찬가지입니다. 우리는 잡초 통제에 초식 곤충을 비롯한 절지동물과 질병을 활용하는 일을 120년 전부터 해 왔죠. 실적이 아주 좋습니다."

처음 사탕수수두꺼비에 관심을 보였던 몽고메리를 비롯한 과학자들도 사실 선인장에 대한 생물적 방제의 놀라운 성공에서 용기를 얻은 것이었다.[32] 호주의 첫 선인장은 1788년에 시드니항으로 들어왔다. 식민지 정착민들은 아마도 선인장에서 사는 코치닐 곤충 때문에 선인장을 원했던 것 같다. 영국군의 그 유명한 붉은 군복을 물들이는 안료가 바로 그 곤충에서 생산된다.

식민지 정착민은 곤충을 좋아했고, 선인장은 호주를 좋아했다. 선인장이 통제를 벗어나서 확산하자, 과학자들은 선인장을 먹어 치우는 생물이 있는지 찾아보기 시작했다. 그들은 몇 종을 시험한 끝에 요행히 선인장명나방*Cactoblastis cactorum*을 만났다. 학명이 유망해 보였고('칵토

블라스티스'는 '선인장을 죽인다'는 뜻이다-옮긴이), 나방은 실제로 그 기대를 저버리지 않았다. 1926년부터 1931년까지 호주는 선인장명나방 알을 20억 개 넘게 뿌렸다. 나방은 정말 선인장을 먹어 치웠다.[33] 선인장명나방은 오직 선인장만 먹는데, 생물적 방제에서 이것은 초능력 급이다. 이런 성공이 있었으니, 과학자들이 또 다른 생물적 방제 매개체를 찾아보는 일에 쉽게 뛰어들 만했다.

바이러스 같은 질병을 퍼뜨리는 일도 생물적 방제에 해당한다. 호주에서 토끼를 억제하는 데 쓰인 칼리시바이러스가 그런 예였고, 과학자들이 민물고기 초어에 대항하고자 연구 중인 헤르페스바이러스도 그런 예다.[34] 이때도 과학자들은 전문화된 질병을 고른다. 오직 그 질병이 감염시켜야 할 대상만을 감염시킬 정도로(적어도 이론적으로는 그렇다) 전문화한 질병을 찾는 것이다.

셰퍼드는 사탕수수두꺼비가 호주에 귀중한 교훈을 가르쳐 주었다고 말한다. "우리가 만약 아무런 규제 없이 무언가를 도입할 뿐 아니라 법적으로도 그럴 자유를 허락한다면, 장기적으로 반드시 거대한 결과와 비용에 맞닥뜨리게 된다는 교훈입니다." 오늘날 대부분의 국가에는 국경 내 반입이 금지된 생물종의 목록이 지정되어 있다. 호주에도 금지 생물종 목록이 있을 뿐 아니라 산 채로 반입이 허용되는 생물종을 나열한 짧은 목록도 별도로 지정되어 있다. 그 목록에 포함되지 않은 종들은 신청해 봤자다.

사탕수수두꺼비는 우리의 과학적 교만을 잘 보여 주는 사례인 듯하다. 유해동물을 통제하기 위해서 우리가 무언가를 도입했는데 그 무언가가 외려 유해동물이 된 경우니까. 하지만 이 이야기는 생태계가 장기적으로는 우리 생각보다 훨씬 더 유연하다는 것도 보여 주었다. 또한 우리가 만약 완전히 이해하지 못하는 생태계 문제를 지나치게 묵직한 망치로 부서뜨리고자 한다면, 가령 종을 마구 더하거나 몽땅 죽이려고 든다면, 그 망치가 우리 발가락에 떨어질지도 모른다는 것을 보여 주었다.

여전히 그들이 온다

중국이 참새를 박멸하고자 대중운동을 기획했던 결과는 참혹했다. 어쨌든 중국은 참새를 없애는 데는 성공했는데, 이것은 19세기와 20세기의 프랑스령 북아프리카가 꿈에서나 바란 성과였다. 아프리카를 점령한 프랑스 식민주의자들은 역병 같은 참새에 시달리게 되었다. 그것은 사실상 스스로 불러온 재앙이었다.

이 경우 골칫거리는 스페인참새*Passer hispaniolensis*였다. 중국의 참새나 집참새*Passer domesticus*와 달리, 스페인참새 중 일부는 철새다. 이 새는 매년 북아프리카로 날아가서 알제리, 튀니지, 모로코 같은 곳에 둥지를 틀고 새끼를 키운 뒤에 스페인과 포르투갈로 돌아가는데, 그 과정에서 해당 지역이 벌거숭이가 될 정도로 싹 먹어 치운다. 1890년대에 모로코를 방문했던 한 영국인 학자는 이런 글을 남겼다. "이곳은 경작이 거의 이뤄지지 않고, 아르부투스 같은 관목만 낮고 무성하게 자란다. 사람들이 이곳을 경작하지 않는 이유는 멧돼지와 참새가 들끓기 때문이다. 하나는 곡식을 뿌리째 뽑고, 다른 하나는 막 패려는 이삭을 망가뜨려서 낟알 하나 남기지 않는다."[35] 19세기에 북아프리카를 점령할 때 프랑스인은 참새를 중요하게 고려하지 않았던 모양이지만, 이런, 그들도 곧 알게 되었다.

"당시 많은 유럽인처럼 프랑스인도 북아프리카의 비옥함을 이야기했던 로마시대 문헌을 섭렵한 상태였습니다." 뉴욕식물원의 역사학자 잭슨 페리는 이렇게 말한다. 로마제국 시절의 북아프리카는 제국의 곡창으로서, 브리튼에서 중동까지 종횡무진하는 그 군대를 먹였다. 그로부터 약 2,000년 뒤, 프랑스는 로마제국의 선례를 따르기로 결심했다.

알제리를 점령한 프랑스인은 북아프리카인의 작은 농장, 양 떼, 염소 떼는 무시한 채 그들이 토양의 잠재력을 이용하지 않는다고 비난했다. 프랑스인은 그 대신 보리, 밀, 귀리를 기르는 단일 경작지를 조성했고, 밭을 구획하고 소유지 경계를 표시하기 위하여 수입 유칼립투스나무로 아름다운 방풍림도 조성했다.

유칼립투스는 단순히 미적인 선택만은 아니었다. "그들은 유칼립투스가 말라리아를 막아 준다고 믿었습니다." 페리의 말이다. 사실 유칼립투스는 말라리아를 막아 주지 않는다. 하지만 고약한 냄새가 질병을 퍼뜨린다고 여기는 이른바 독기 이론을 믿는 사람에게는 유칼립투스가 합리적 선택이었다. 유칼립투스는 좋은 냄새를 풍기니까 여기엔 독기가 있을 수 없다는 식이다. 그리고 유칼립투스는 물을 아주 많이 먹는 나무여서, 고인 물을 싹 빨아들인다. "늪지대에 유칼립투스를 많이 심으면, 실제로 모기 번식지 개수를 줄일 수 있습니다."

하지만 예쁘고 건강에 좋은 나무는 결정적 실수로 드러났다. 스페인참새가 그 나무를 사랑했던 것이다. 포식자가 닿지 못하는 나무 꼭대기는 둥지를 틀기에 좋았고, 나무는 곡식이 가득한 넓은 밭 바로 옆에 심어져 있었다. 꼭 빵집 위층의 아파트에서 사는 것 같았으리라.

페리는 사실 유칼립투스나무의 역사와 확산을 연구하고 있었는데, 그러다 보니 알제리 동부의 프랑스 식민주의자들이 참새에 대해 불평한 글을 많이 읽게 되었다. 가령 샬레프(당시에는 오를레앙빌이라고 불렸다)에서는 묘목장 옆 보리 농장 80헥타르를 참새가 싹 먹어 치웠다고 군정장관이 불평했다. 장관의 세산에 따르면, 묘목장에서 자라는 나무들에 참새 둥지 약 28만 4,000개 있었다고 한다.[36]

프랑스는 야생 조류를 법으로 보호했지만, 지역민들은 곧 스스로 문제를 해결해도 좋다는 허가를 받아 냈다. 사람들은 참새 둥지를 사냥하기 시작했다. 종종 소년들이 그 일에 고용되었는데, 아이들이 나무에 더 높이 오를 수 있기 때문이었다. "식민주의자들은 쉼 없이 전쟁을 벌인다. 그들은 참새로 속을 채운 파이를 먹고, 참새 알을 먹고, 참새를 개와 돼지에게 던져 주지만, 그러고서도 '여전히 그들이 온다 하고 외친다.'(셰익스피어의 희곡 『맥베스』 5장 5막의 대사 'the cry is still they come'을 인용하여 말한 것-옮긴이)" 한 임학 학술지에 실렸던 글이다. "프랑스인은 아랍인을 정복하고 식민지를 얻은 뒤에 참새에게 정복당했다."[37] 겔마라는 도시는 한 해에 참새를 30만 마리 죽였다고 보고했지만, 이듬해 더 많은 새가 오는 것을 볼 뿐이었다.

무언가를 유해동물로 규정한다는 것은 우리가 그것에게 하고 싶은 짓을 뭐든 해도 좋다는 뜻이다. 훗날 유명 영화감독이 될 모로코의 M. A. 타지는 유년기의 참새 학대 경험을 글로 쓴 적이 있다. "우리는 유칼립투스나무에 올라가서 새끼 참새를 거둬 왔다. 그것들은 움직이지도 날지도 못하는 깃털 달린 공에 지나지 않았다. 우리는 그것들을 도로에 한 줄로 늘어놓고 차가 오기를 기다렸다. 이것을 '기관총 놀이'라고 불렀는데, 차가 그것들을 뭉갤 때 나는 소리에서 착안한 이름이었다. 참새는 우리에게 죽여야 하는 것이었고, 기왕이면 그것들이 아직 둥지에 있어서 우리가 붙잡을 수 있을 때 싹수부터 없애는 편이 나았다. 이제 와서 돌아보면, 그것은 끔찍한 잔혹 행위였다."[38]

프랑스인은 상황을 잘 알았다. 참새가 유칼립투스나무를 농작물을 먹어 치울 기지처럼 사용한다는 것을 프랑스인도 금세 깨우쳤다. 그렇다면 식민주의자들은 나무를 싹 베었을까? 하지만 그렇게 간단한 일이 아니었다. 나무는 사유지에 있었고, 개인이나 기업이 길렀다. "참새는 공동의 문제죠. 따라서 어느 한 개인이나 (…) 철도 회사에 '자, 이제 나무를 다 잘라야 합니다' 하고 말하기는 어려운 겁니다." 페리의 말이다.

알제리는 1962년에 프랑스에서 독립했다. 하지만 여전히 참새로부터는 독립하지 못했고, 참새는 여태 그곳의 곡식을 먹어 치운다. 유칼립투스나무도 마찬가지여서, 참새는 여태 그 나무에서 둥지를 튼다. 오늘날까지도 정부는 참새 박멸 운동을 조직하고 있다.[39]

참새를 없애고 싶어 한 것이 프랑스인, 알제리인, 중국인만은 아니었다. 그 밖에도 여러 식민지 국가가 참새 전쟁을 벌였는데, 원래는 일부러 그 새를 도입한 경우도 많았다. 호주로 토끼를 데려온 빅토리아 순화협회와 같은 단체들은 타국에 고향의 느낌을 부여하기 위해서 유럽참새를 북아메리카와 호주에 데려왔다.[40] 19세기 사람들에게, 유럽에서 건너온 참새와 그 밖의 동물들은 새롭고 낯선 장소에 인간의 의지를—올바른 조류와 포유류는 이렇게 생겼다 하는 생각을—강제하는 한 방법이었다. 참새를 없애려는 노력이 힘의 행사였다면, 참새를 도입하는 행위도 힘의 행사였다. 참새의 쩍쩍 소리처럼 사소한 것일지라도, 고향의 위로는 식민지 정착민에게 약간의 자신감을 되찾아 주었다.

하지만 그 대가는 무엇이었나? 영리하고 적응력 있는 새들은 어느 땅에 내리든 그곳에서 퍼져 나갔다. 과학자들은 곧 참새가 친구인가 적인가 하는 문제로 학술지에서 전쟁을 벌였고,[41] 보통 사람들은 신문에서 전쟁을 벌였다.[42]

중국이 새를 없애겠다고 전국적 동원령을 내렸던 것은 지나친 짓으로 보이지만, 판파티에 따르면 그 바탕에는 꽤 납득이 가는 두려움이 깔려 있었다. 6·25전쟁 도중, 중국 북동부 지방에 갑자기 설치류 사체가 폭발적으로 늘었다. 많은 사람이, 심지어 미국 동조자들조차도, 미국이 설치류를 통해 중국 인민에게 질병을 퍼뜨리겠다는 생각에서 모종의 생물 무기를 살포했을 가능성이 없지 않다고 여겼다. (미국은 고발을 부인했다.[43] 1952년에 발표된 국제 단체의 조사 결과는 미국의 주장과 상반되었다.[44] 한편 그 이후 소련에서 나온 서류에서는 중국의 고발을 조작으로 결론지었다.[45] 진상에 관해서는 아직도 논란이 있다.[46]) 그 일은 마오쩌둥에게 유해동물은 물론이거니와 질병의 매개체라면 뭐든 없애도 좋다는 강력한 허가증으로 작용했다.

참새는 공중위생을 위협한다기보다 농업을 위협하는 존재였지만, 판에 따르면 참새가 유해동물이라는 사실을 과학적으로 뒷받침한 과학자가 몇 명 있었다. 그중 한 명으로서 중국 조류학의 아버지로 일컫는 정줘신은 참새의 영향을 알아보는 연구를 지시받았다. 정줘신이 이끄는 팀은 우리에 가둔 참새들을 대상으로 참새가 무엇을 얼마나 먹는지 살펴보았다. 그러고는 참새가 주로 곡식을 먹는다고 판단하고, 계산을 좀 해서, 참새가 국가에 해로울 수 있다고 결론 내렸다.

역사학자 시옹웨이민에 따르면, 이때 정줘신은 참새가 벼 이삭의 35퍼센트를 파괴한다고 주장했다. 그렇다고 해서 모든 참새를 죽여야 한다고는 생각하지 않았다. "정줘신은 특정 시기에 소수의 참새만을 죽여야 한다고 믿었다." 하지만 공산당 중앙위원회는 미온적 조치를 좋아하지 않았고, 정줘신은 당을 거스르고 싶지 않았다.

한편 새장 뒤에서 이뤄진 계산에 만족하지 않고, 새는 곡식과 곤충을 둘 다 먹으며 스스로 작물을 훔치는 정도만큼 해충으로부터 작물을 구해 준다고 주장한 과학자들도 있었다. "과학자들은 이 문제로 옥신각신했습니다." 판의 말이다. "하지만 공산당의 정치적 정책은 점점 더 명확해졌고, 당이 이 새를 유해동물 범주에 넣고 싶어 한다는 사실이 분명해졌습니다. 그러니 사람들이 목소리를 내기가 어려워졌습니다."

1959년에 벌레 창궐이 보고되기 시작하자, 과학자들은 다시 입을 열었다. 과학자들은 참새가 부당하게 악마화되었다고 말했고, 나아가

벌레 문제의 해법은 더 적은 참새가 아니라 더 많은 참새라고 주장했다. "새 한 마리가 사람 한 명보다, 심지어 100명보다 벌레를 잘 잡는다." 중국과학원 위원인 신경과학자 장샹퉁은 이렇게 말했다. "곤충 방제의 생물적 접근법, 즉 새를 이용하는 방법은 훌륭한 선택이다."[47]

정쥐신은 그런 지적에 동의하며, 자신도 유해동물에 해당하는 참새가 사라져야 한다고 말했을 뿐 참새가 완전히 사라지기를 바란 것은 결코 아니라고 말했다. 정쥐신은 또 근자의 벌레 창궐을 참새 박멸 운동과 연관 지으며, 당에 마음을 바꾸기를 권했다. 참새는 마침내 죄를 벗었다. 하지만 이후 문화혁명기에 정쥐신은 그가 수행했던 지적 작업을 빌미로 당으로부터 처벌받았다.

참새 박멸 전격전은 과학의 문제가 아니었다. 그것은 공산국가 중국의 문제였다. 중국이 스스로 무엇이 되고 싶어 하고, 무엇을 성취하고 싶어 하는가의 문제였다. 제사해운동의 핵심은 유해동물이 아니라 인민에게 힘을 부여하는 것이었다고 판은 설명한다. "자연을 통제한다는 것은 우리 자신의 운명을 통제한다는 뜻이니까요." 공산당은 인민이 스스로에게 힘이 있다고 느끼기를 바랐다. 인민에게 환경을 통제하는 사업을 제공한 것은 그 목표의 일환이었다.

모든 참새, 쥐, 모기를 죽이자는 중국의 목표는 '대약진운동 시기에 온갖 사업이 얼마나 극단적인 수준으로 추구되었는가'를 보여 주는 사례라고, 영국 케임브리지대학의 과학사학자 메리 브레즐턴은 말한다. 대약진운동 직전과 도중에, 중국에서는 수많은 사업이 대중 운동으로 발전했다. 그 결과가 다 나쁘기만 한 것은 아니었다. 1950년대 초의 백신 접종 운동은 천연두 같은 질병에 대항하여 만인이 백신을 접종할 것을 목표로 삼았고, 그 목표를 달성하는 데 성공했다. 그처럼 초기에 질병에 대항하여 성공을 거뒀으니, 여세를 몰아 참새를 죽이고, 모기를 짓뭉개고, 나아가 고철을 대량 수집 하자고 생각할 만도 했다. 이때 주안점은 성공에 있었다는 게 브레즐턴의 지적이다. 중국이 다른 어느 나라보다 빠르고 단호하게 공산주의를 실현해 낼 것임을 만방에 보여 주기 위해서 그 모든 성취를 이뤄야만 했다는 것이다. "가령 백신 접종 이라면 전 지역 백신 보급을 달성해야만 한다는 식의, 예의 전체주의 적 발상이었죠. 흥미롭게도 그런 생각이 긍정적인 의미로 받아들여졌 습니다." 브레즐턴은 말한다.

100퍼센트를 달성하고자 경주한 운동이 한두 개가 아니었으니, 1,500만 명에서 5,500만 명 사이의 죽음을 초래한 요인이 참새 박멸 운동 하나만은 아니었을 것이라고 미리엄 그로스는 말한다. 다른 요인도 많았다. 곡물 생산 요구량이 늘었고, 그와 더불어 당 내부의 압박이 늘 었다. "압박이 어마어마했죠. 집단 내부의 압박, 정부의 압박, 지난 운 동에서 얻은 두려움, 그래서 각 지역은 최소한 남들만큼은 생산하는 것처럼 보이길 바랐습니다." 그로스의 설명이다. 지역 지도자들은 자기 지역이 곡물을 너무 적게 생산했다고 말하고 싶지 않았고, 또한 너무 많이 생산했다고 말함으로써 기대치를 높이는 일도 바라지 않았다.

그 결과, 모두가 자신의 생산량을 아주 약간씩 부풀려서 말했다.[48] 수치는 위로 전달되면서 단계마다 부풀려지고 부풀려지고 또 부풀려 졌다. 최고 단계에서 정부는 각 지역에 세금을 부과했는데, 그것은 보고된 곡물 생산량에 기초하여 계산된 금액이었다. 농민들은 애초에 생산하지도 않은 곡물에 근거하여 세금을 내야 했을뿐더러 그 세금을 곡물로 납부해야 했다. 일부 당원들은 처벌을 면하기 위해서 제 상관에게 기근의 증거를 숨기려고 들었다.[49]

"농경시대였잖아요. 사람들은 아주 적은 잉여를 생산한단 말이죠. 그런 상황에서 그마저도 세금으로 떼어 가면, 더 이상 버틸 수 없는 거죠." 그로스의 말이다. 중국은 또 공산주의의 성공을 보여 주기 위해서, 자기네가 식량을 (이론적으로) 이만큼 많이 갖고 있다고 보여 주기 위해서 외국에 곡물을 대량 수출했다. 게다가 도로, 다리, 댐을 짓는 대규모 건설 사업을 시작으로 시민을 점점 더 많이 동원했다. 동원된 인력은 원래 논밭에서 곡물을 거두고 있었을 일손이었다. 토법고로를 지어서 고철을 녹이라는 명령도 떨어졌는데, 지시에 따르느라고 사람들은 종종 농기구까지 희생했다. 대약진운동 초기에 시행되었던 공동 식사는 다량의 음식물 쓰레기 배출을 부추겼고, 그럼으로써 식량 공급이 줄었다. 휴경을 허용한 것도 문제였다. 어떤 지역에는 가뭄이 들었고, 다른 지역에는 대홍수가 났다.[50]

그로스를 비롯한 역사학자들은 참새 박멸이 대기근의 결정적 원인이었다고 생각하지 않는다. 결정적 원인은 정치였다. 하지만 참새의 적은 숫자도 도움이 되진 않았다. 사람들이 겨우겨우 입에 풀칠하는 상황에서는, 곤충을 잡아먹는 참새 몇백만 마리가 사라진다는 것이 생존과 아사를 가르는 갈림길이 될 수도 있다. 제사해운동은 굶주림의 원인으로 지목된 유해동물을 박멸하려는 노력이 오히려 그 여파로 기근을 남긴 사건이었다.

쑨밍리에 따르면, 박해가 사라지니 참새가 돌아왔다. 오늘날 그의 고향 마을에는 다시 참새가 많이 산다.

우리가 뭐든 바꿀 수 있다는 교만

참새 제거를 시도했던 나라가 중국과 프랑스령 알제리만은 결코 아니었다. 프리드리히 2세 치하 프로이센은 1744년에 참새 학살에 새롭게 착수했다(첫 시도는 1656년이었다). 1790년대가 되자 프로이센 사람들은 참새가 없으니 애벌레들이 과실수를 깡그리 먹어 치운다는 것을 깨달았다.[51] 호주의 식민지 정착민들은 제 손으로 참새를 도입하고서도 나중에는 독, 총, 고양이로 새를 죽이려고 애썼다.[52] 그러자 우리가 앞에서 보았듯이, 이번에는 그 고양이가 문제가 되었다.

인간은 너무 많은 환경에서 이런저런 생물종을 도입하고, 혹은 제거하고, 개체 수를 통제하려고 절박하게 애쓴다. 우리가 가진 위력으로써 환경을 우리 목적에 맞게 바꾸려고 애쓴다.

사람들이 만약 자신이 제대로 이해하지 못하는 생태계에 그 힘을 적용한다면 ─ 특히 힘으로 남의 땅을 탈취한 사람들이 그럴 때가 많다 ─ 그 결과는 곤충의 습격, 사탕수수두꺼비 재앙, 참새 떼 범람이다. 이런 사건들은 종종 관련자나 식민주의자, 정치가 들이 남의 말을 듣지 않아서 발생하는 일이다. 그들은 과학자의 말을 듣지 않는다. 과학자가 압박에 굴복하는 경우도 있다. 그들은 토착 주민들의 지식을 무시하고, 자신이 제일 잘 안다고 확신한다. 자신의 희망과 신념으로 판단력이 흐려져서, 스스로 만들어 낸 유해동물에 거듭 직면하고 나서야 힘들게 교훈을 배운다.

5부.

과거와 미래의
유해동물

9장

사슴 무리

예전에는 분명 귀여웠는데…

캐리 이모는 사슴이 귀엽다고 생각했다.

이모와 이모부는 지난 30여 년 동안 애틀랜타 교외에 살면서 나의 두 사촌과 작은 부대를 이룰 만한 수의 미니어처닥스훈트를 길렀다. 그 동네는 조지아주치고는 나무가 많다고 말할 만한 곳이다. 소나무를 위주로 참나무, 단풍나무, 기타 나무들이 건강하게 섞여 있다는 뜻이다. 하지만 개울도 있고, 조경지도 있고, 잔디밭도 많다. 사슴에게 좋은 장소다.

매일 아침, 이모는 울타리 쳐진 뒷마당에 개들을 내보내기 전에 울타리를 따라 한 바퀴 걸으면서 사슴이 있는지 확인한다. 이모의 닥스훈트들은 발굽 달린 초식동물을 보면 발광이라고밖에 묘사할 수 없는 반응을 보인다. 개들은 동네를 걷다가 사슴을 보면 날뛰고 으르렁거리는 작은 사냥꾼으로 돌변하여, 제 몸집의 100배쯤 되는 먹잇감을 그 짤막한 다리로 쫓아가서 죽을 때까지 짖어 대려고 안달한다.

사슴들이 고막이 터져서 죽는 일을 방지하고자, 캐리 이모는 높이 90센티미터의 울타리를 매일 점검했다. 그러던 2020년 어느 봄날, 이모가 점검을 빼먹었다. 당시 열두 살이었던 개 보위가 마당으로 기쁘게 통통 튀어나가더니 2,000제곱미터(약 600평) 가까이 되는 부지 안쪽으로 곧장 달려갔다.

"보위가 평소와 다르게 짖기 시작했어." 이모의 말이다. 이모는 개가 뭘 하는지 보려고 쫓아갔다. 이모네 부지는 피자 조각처럼 생겼고, 집은 피자 테두리에 해당하는 지점에 있다. 마당의 앞쪽 절반은 트여 있다. 불 피우는 화덕과 탁자가 있고, 산책로가 놓인 조경지도 있다. 뒤쪽 절반은 숲으로, 개울을 향해 내려가다가 한 점으로 좁아진다. 보위가 사라진 곳이 그 뒤쪽 절반의 안쪽이었다.

이모는 개가 커다란 흰꼬리사슴*Odocoileus virginianus*에게 미친 듯이 짖고 있는 것을 발견했다. 이모가 보는 동안, 암사슴이 앞다리를 치켜들었다가 쿵 내리쳤다. 보위가 깽 짖으면서 넘어졌다. 사슴이 정말로 개를 밟았는지는 알 수 없었다. 암사슴은 달아났고, 이모는 개를 안고 집으로 달려갔다.

보위의 작은 네 다리는 모두 온전한 듯했고, 눕는 것도 문제없었다.

하지만 나중에 보니 배 전체에 거대한 멍이 들어 있었다. 멍이 사슴 발굽 때문에 생겼든 저 혼자 넘어지다가 생겼든, 보위는 분명히 부상을 입었다. 사슴에 대한 보위의 반응은 전에도 이미 더할 수 없이 격렬했지만 이전보다 더 격렬해졌다. 이모는 울타리 점검에 더 신경을 기울이게 됐다.

하지만 2021년의 어느 봄날 아침 일곱 시 반쯤, 이모네 가족에 핫도그 모양의 개 구성원 중 막내로 합류한 두 살 디건이 이모가 울타리 점검에 나서기 전에 이모의 다리 사이로 빠져나갔다. 디건은 뒷마당으로 쏜살같이 달려갔고, 예의 미친 듯한 소리로 짖기 시작했다. "청설모에게 짖는 것과는 전혀 달라." 이모의 말이다.

이모가 현장으로 달려가 보니, 디건이 나란히 심어진 팜파스풀 밑에 숨은 새끼 사슴 세 마리의 다리나 꼬리를 물려고 맹렬히 시도하고 있었다. 근처에서 암사슴 한 마리가 초조하게 맴돌고 있었다. 이모의 눈앞에서 개의 일생이 주마등처럼 스쳐갔다. "나는 울면서 비명을 질렀지. 진짜로 내 개가 죽을 거라고 생각했거든." 이모는 디건을 붙잡으려고 필사적으로 애쓰는 동시에 어미 사슴을 떨어뜨려 두려고 애썼다. 디건은 이것이 재미난 놀이인 줄 알고, 붙잡히기를 거부했다. 디건과 사슴 둘 다에게 미친 듯이 소리치던 이모는 마침내 개를 낚아채는 데 성공했다.

캐리 이모는 이모 부부가 이웃들과 함께 복식 게임을 하는 테니스장 근처에서 몇 년 전부터 사슴을 목격하기 시작했다. 처음에는 오전에 경기할 때 '서너 마리쯤 보였다'고 한다. "지금은 열두 마리에서 스무 마리가 보여."

조경된 땅과 맛있는 텃밭만으로도 사슴의 증가를 충분히 설명하겠지만, 그게 전부는 아니다. 캐리 이모의 친한 친구 중 한 명은 사슴에게 먹이를 준다. 그분은 사료 가게에서 구입한 옥수수가 가득 담긴 대형 금속 들통을 매일 아침 밖에 내놓는다. 다른 이웃 중 몇 명도 사슴에게 먹이 주기를 즐기며, 자신의 마당에 들어오는 자연을 반긴다. 그래서 자연히 사슴은 다른 사람들의 마당에도 출몰하는 자연이 되었는데, 그들이 이 자연을 늘 반기지만은 않는다.

캐리 이모는 이진에도 이미 사슴에게 양보를 했다. 이모는 이제 꽃이나 비비추를 심지 않는다. 사슴이 그것을 즐겨 먹는다는 걸 알기 때문이다. 두 개의 화단은 화덕으로 개조했다. 무엇을 기르든 사슴이 다 먹어 버리기 때문에 기를 수가 없다.

하지만 사슴과 개의 두 번째 대결 이후에 이모는 더 참을 수 없었다. 이모는 주택소유주협회 이사회 구성원일 뿐 아니라 그 의장이다. 이모의 요청으로 친구 몇 명이 이사회에 사슴에 관한 불평을 제기했고, 이모도 사슴 먹이 주기 금지 정책을 고려해 달라고 이사회에 요구했다.

사슴에게 먹이를 주는 친구도 이사회에 있는데, 그는 사슴 먹이 내놓기를 조만간 중단할 생각이 없다고 밝혔다. 이웃들은 중산층 교외 거주자의 주특기, 즉 문제를 아예 회피하는 방식으로 대응했다. "이사회는 괜히 긁어 부스럼 낼 문제가 아니라고 느꼈나 봐." 초식동물 때문에 친구와 불화하고 싶지 않았던 이모는 제2안을 선택했다. 7,000달러를 써서 높이 1.8미터의 울타리를 설치한 것이다. 그것은 이사회가 허용하는 최고 높이다.

이모에게 말하고 싶진 않았지만, 사실 1.8미터는 충분하지 않다. 보통의 흰꼬리사슴은 2.4미터까지 뛰어넘을 수 있다.[1] 이모는 여전히 매일 아침 사슴을 확인한다. "예전에는 사슴이 진짜 귀엽다고 생각했는데." 이제 이모에게 사슴은 위협으로 보인다.

사람과 사슴이 맞닥뜨리더라도 대부분 강아지 배에 든 멍을 처치해야 하는 결과로 이어지진 않는다. 하지만 사람들은 분명 제 마당과 공원에서 사슴을 보게 되고, 도롯가에서 퉁퉁 분 사체를 보게 된다. 혹은 제 차의 전조등 앞에서 보게 될 수도 있다.

2019년에서 2020년까지, 미국에서 사슴을 차로 치었다며 스테이트 팜 보험회사에 보험금을 청구한 운전자가 130만 명이었다.[2] 미국인이 구불구불한 시골길이나 그보다 붐비는 4차선 고속도로에서 우리의 발굽 달린 이웃을 칠 확률은 매년 0.6퍼센트다. 적어도 그런 사고로 보험금을 청구할 확률이 그 정도라는 말이다. 사실 건수로만 따져 보면, 북아메리카에서 사람과 동물의 접촉 중 가장 위험한 것은 늑대나 곰이나 백상아리와의 접촉이 아니다. 흰꼬리사슴을 치는 일이다.[3]

그런 교통사고에는 부정적 영향이 따른다. 미국에서 매년 수천 명이 유제류, 즉 발굽 달린 포유류와의 교통사고로 다친다. 대상은 사슴, 엘크(와피티사슴), (제발 그런 일은 없기를 바라지만) 말코손바닥사슴(무스)일 수도 있다. 매년 440명의 사망자가 나온다는 계산도 있다.[4] 이것은 수십억 달러의 피해, 수천 시간의 노동 손실, 알려지지 않은 육체적 또는 감정적 고통이다.

농작물 피해는 아직 따지지도 않았다. 사슴은 우리가 심는 식물을 사랑한다. 맛있는 층층나무나 주목도 좋고, 사람이 먹거나 농장 동물에게 먹이려고 심는 옥수수나 알팔파나 콩도 좋다. 미국에서 매년 사슴이 먹어 치우는 농작물의 피해 금액은 보통 지역적으로만 취합되는 데다가 계산하기가 어렵지만, 미국 국립농업통계청은 2001년에 약 7억 6,500만 달러어치의 밭 작물, 견과, 베리, 채소가 굶주린 야생동물의 배로 사라졌다고 추산한 바 있다.[5] 그중 밭 작물 피해의 약 58퍼센트와 견과, 채소, 과일 피해의 약 33퍼센트는 아마 사슴에 의한 피해일 것이라고 통계청은 추정했다. 이것은 물론 사슴이 당신 집 텃밭에서 당신의 어린 케일 잎을 입에 한가득 문 채 순진한 얼굴로 당신을 쳐다보는 경우 같은 건 포함하지도 않은 계산이다.

사슴을 한 마리, 두 마리, 혹은 열 마리쯤 보고서 "으윽, 이건 다 우리 잘못이야" 하고 생각하는 사람은 별로 없을 것이다. 하지만 사실이 그렇다. 사슴은 19세기 말에 거의 멸절까지 갔다가 되살아나서 우리 삶에 들어왔다.[6] 사슴이 되살아날 수 있었던 것은 우리가 수동적으로 사슴을 놔뒀을 뿐 아니라 그 이상을 해 주었기 때문이다. 우리는 적극적으로 사슴의 복귀를 장려했다. 어리고 푸른 숲을 다시 길렀고, 사슴이 절대 사냥당하지 않을 땅을 따로 떼어 두었고, 맛있는 식물이 가득한 택지를 조성했고, 사슴에게 사탕이나 다름없는 식물로 조경을 했다.

우리는 궁극의 사슴 서식지를 창조했다. 그 보답으로, 사슴은 급증했다. 이제 많은 지역에서는 사슴이 숲을 워낙 많이 먹어 치우는 바람에, 옛 세대의 사슴과 사람들도 알아보지 못할 모습으로 바뀌고 있다. 미국 동해안은 서식지 파괴, 교통사고, 병들고 굶주리는 사슴에 직면하게 되었고, 주민들은 제 행동의 결과물을 통제해야 하는, 심지어 죽여야 하는 처지에 놓였다.

죽였다가 되살리기

유럽인이 도착하기 전에 북아메리카에는 약 3,000만 마리의 흰꼬리사슴이 뛰놀았다고 추정되지만,[7] 동해안에서도 모든 곳에 골고루 그들이 뛰놀았던 것은 아니다. "유럽인이 식민지화하기 직전에 이곳 환경은 장소에 따라 약간씩 그 모습이 달랐습니다." 코네티컷대학의 고고학자 겸 인간생태학자로서 원주민 관리하의 사슴 개체 수 증거를 연구해 온 엘릭 와이젤은 이렇게 말한다. "토착민은 일부러 불을 내서 환경을 관리합니다. 하지만 어디서나 똑같이 그러는 것은 아닙니다. 자신들이 사는 곳 근처에서만 그렇게 합니다."

여러 문화의 아메리카 원주민이 사슴을 사냥하고, 먹는다. 그리고 초본 재생을 촉진하는 관리 기법으로서 방화를 흔히 활용한다. 풀이 자라는 곳에는 사슴이 나타난다. 많은 사람이 사슴을 깊은 숲의 거주자로 여기지만, 사실 꼭 그렇지는 않다. 사슴은 어린나무, 새순, 잔가지, 과일, 초본을 선호한다. 요컨대, 맛있는 잎이 달린 초본성 식물을 좋아한다. 하지만 아주 울창한 숲에는 먹음직한 먹이가 상대적으로 적다.

성숙한 숲의 도토리는 좋은 먹이지만, 정말로 오래된 숲은 큰 나무가 햇빛을 거의 다 막기 때문에 어린나무나 맛있는 피복 식물이 상대적으로 적다. 원주민들은 불을 지름으로써 땅이 하늘을 보게 만들고, 새로 식물이 자라게 돕는다. 그러면 사슴의 먹이가 많아진다.

일례로, 19세기 말과 20세기 초에 플로리다주의 세미놀족에게 사슴은 가장 흔한 주식 중 하나였다.[8] 그냥 취향이 그랬던 것이 한 이유였는데, 가죽을 사랑하는 유럽인이 도착하자 사슴 가죽이 교역에서 차지하는 가치도 또 하나의 이유가 되었다.

유럽인의 도래는 사슴에게 암울한 사건이었다. 식민지 정착민들은 사슴 고기, 사슴 가죽, 심지어 사슴 털도 좋아하여,[9] 17세기와 18세기에 동해안 전역에서 이 동물을 학살했다. 1698년에는 겨울 한파까지 공모하자 사태가 너무 나빠져서, 코네티컷주가 사냥 기간을 줄일 정도였다.[10] 더군다나 17세기와 18세기에 사람들은 미국 북동부의 방대한 영역에서 땔감으로 혹은 집이나 울타리나 헛간을 지을 재목으로 나무를 베었고, 숲을 농지로 바꾸고자 개벌했다. 사슴은 서식지 감소와 사냥의 타격으로 개체 수가 급감했다.

사슴을 먹기 위해서 죽이는 한편, 우리는 늑대와 퓨마를 죽여서 사슴의 주 포식자 중 두 종을 없애기도 했다. 인간은 곧 유일하게 남은 사슴 포식자가 되었고, 우리의 먹성은 게걸스러웠다. 1850년에 미국 농무부의 연구자 커트 베르카우터렌은 사슴 개체 수가 1,500만 마리 밑으로 떨어졌다고 추정했다.[11] 1900년에는 미국에 남은 흰꼬리사슴이 100만 마리도 되지 않았다.[12]

이즈음 식민지 정착민은 자신들의 실수를 다소 뒤늦게 깨달았다. 부자들은 땅을 사서 '야생' 상태로 놔두기 시작했다(물론 자신들이 사냥을 즐기기 위해서였다).[13] 애디론댁산맥처럼 흰꼬리사슴 개체군이 남아 있던 곳에서 사슴을 데려오기도 했다.[14] 주들은 사냥을 강하게 규제하기 시작했다. 1900년에는 일명 레이시법Lacey Act이 통과됨으로써 이제 밀렵한 야생동물을 주 경계 밖에서 판매하는 행위가 연방법을 위반하는 범죄가 되었다. 덕분에 많은 '시장 사냥', 즉 고기나 털가죽이나 깃털을 판매하기 위한 사냥이 사실상 불법이 되었다.[15] 그리고 미국에 산업혁명과 대공황이 닥치자, 사람들은 개벌한 삼림지대를 떠나 도시로 이주했다. 한때 밭이었던 곳에서 숲이 다시 자라기 시작했다.

정부 기관들도 사슴 개체 수 회복을 적극 장려했는데, 한 가지 이유는 스포츠용 사냥을 더 많이 허가하기 위해서였다. "나는 이것을 미국의 사슴산업기관복합체라고 부릅니다." 하버드포리스트(하버드대학이 소유하고 있는 숲으로, 생태 연구 지역으로 운영된다 - 옮긴이)의 식물학자 토머스 라윈스키는 이렇게 말한다. "정부 기관들은 겉으로는 우리를 대신하여 사슴을 관리한다고 말하지만, 사실 사슴이 많아지면 그들도 면허증이나 허가증을 더 많이 팔아서 수익을 올리죠." 물론 사냥복이나 총이나 활이나 기타 장비를 판매하는 사업체들도 많이 관여하지만, 그들이 직접 땅에 사슴을 묶어 두진 않는다. 그 일은 정부가 한다.[16] "정부 기관들은 (…) 사냥 수 감소와 사냥꾼 노령화라는 문제를 겪고 있죠. 따라서 지금까지 남은 최후의 사냥꾼들을 위협할 일은 꺼리고, 사냥을 육성하려고 노력합니다." 라윈스키의 말이다. "쏴서 잡을 사슴을 엄청 많이 확보하는 게 한 가지 방법이죠."

21세기에 사슴은 우리가 그들과 맞닥뜨리는 곳, 즉 2차림(기존의 숲이 산불, 홍수, 토양 유실, 벌목 등으로 훼손된 뒤에 남아 있던 종자, 뿌리, 포자 따위에서 새롭게 조성된 숲-옮긴이)에서 산다. 그리고 놀랍게도, 우리는 그동안 엄청나게 많은 2차림을 육성했다.

사람들은 숲을 보려면 차를 몰고 가야 한다고 생각하지만, 사실 미국 인구의 약 3분의 2는 이미 숲에서 살고 있다.[17] 이것은 짐 스터바가 『자연 전쟁: 야생동물 복귀는 어떻게 뒷마당을 전쟁터로 바꿔 놓았는가』에서 설명한 내용이다. 스터바는 이렇게 말한다. "미국 본토에서 삼림이 가장 많이 분포한 지역들을 둘러싸는 선을 그어 보면 - 대서양에서 대평원까지 뻗은 선이다 - 그 선에 둘러싸인 영역에 (알래스카를 제외하고) 미국 전체 삼림의 3분의 2와 미국 전체 인구의 3분의 2 가까이가 있다는 것을 알 수 있다."[18] 당연히 그것은 우리가 숲이라고 하면 머릿속에 그리도록 배운 것처럼 초록색과 갈색이 무한히 펼쳐진 그림은 아니다. 대신 군데군데 건물이 박혀 있고, 도로 격자망이 그어져 있다. 그래도 그것은 숲이다.

우리 동네의 나무, 우리가 산책하는 숲, 셰넌도어국립공원이나 그레이트스모키산맥국립공원이나 애디론댁산맥처럼 우리가 사랑하는 야생을 다 포함하는 이 숲은 보통 상대적으로 어린 나무가 많은 2차림이다. 이런 숲은 우듬지에 널찍한 빈틈이 많기 때문에, 햇살이 아름다운 빛기둥으로 스며든다. 그 햇살이 어린나무와 초본을 성장시킨다. 사슴의 먹이다.

사슴 개체 수는 대략 1970년대부터 늘었다. 가장 근사한 추정치에 따르면, 이제 3,000만 마리가 넘는 사슴이 미국의 가정과 사업체를 둘러싼 관목 숲으로 살그머니 들어와서 미국인이 만든 서식지에 자신을 끼워 넣고 있다.[19] 사슴이 어디나 고르게 퍼진 것은 아니다. 2008년 기준으로 메인주 대부분과 플로리다주 남부 같은 곳에는 사슴이 제곱마일당 열다섯 마리 미만으로 있었다. 노스캐롤라이나주 북부와 위스콘신주 대부분 같은 곳에는 제곱마일당 마흔다섯 마리 이상이 있었다.[20]

훌륭한 일이다. 이론적으로는 그렇다. 사냥꾼은 많은 사슴을 원했고, 그래서 사슴은 보전되었다. 정확하게 말하자면, 우리가 얻은 것은 예전보다 더 많은 사슴이다.

발굽이 바꿔 버린 환경

모든 동물은 어떤 환경을 통과할 때 어떻게든 그곳을 바꿔 놓는다. 인간은 물론 엄청나게 많이 바꾼다. 우리는 밟아서 길을 내고, 콘크리트 슬래브를 깔고, 작물을 심고, 아스팔트로 포장하고, 그 밖에도 무수한 방식으로 환경을 변화시킨다. 하지만 생태계 공학자가 되는 길은 하나만이 아니다. 비버는 댐을 지어서 못과 습지를 만듦으로써 그곳이 마른 땅인 줄 알고 도로를 냈던 사람들을 미치게 만든다. 그런가 하면 유제류는 식물을 흡입하고, 똥을 싸고, 달린다.

말*Equus caballus*은 무리 지어 달리기를 사랑한다. 그럴 때면 유제류 수백 마리 혹은 수천 마리의 몸무게가 땅에 끊임없이, 연거푸 가해진다. 아메리카 대륙 대평원 같은 지역에서는 초원 생태계 자체가 크고 발굽이 있고 풀을 뜯는 동물, 즉 아메리카들소*Bison bison*의 움직임에 맞추어 형성되었다. 들소는 초원의 흙을 쿵쿵 밟아 다지고, 그런 뒤에는 그 위에 똥을 싸서 식물이 새로 자라나도록 돕는다.[21] 불의 효과와 아주 비슷하다. 새로 자라난 연한 싹은 들소를 비롯하여 초원에서 사는 동물들에게 더 많은 먹이가 되어 준다. 잔디밭을 이루는 풀조차도 그 풀을 뜯어먹는 큰 동물들과 공진화했을 수도 있다.[22] 평평하게 다져진 땅은 새로운 기회의 장이기도 하여, 이를테면 거북에게 호숫가에서 일광욕할 장소를 제공한다.[23]

하지만 모든 흙이 잔디밭이 되는 것은 아니다. 호주의 일부 토양은 특히 그렇다.

말은 최초의 유럽 식민지 정착민들과 함께 1788년에 호주에 도착했고,[24] 이후 탈출하여(혹은 버려져서) 1804년에는 야생마로 돌아다니게 되었다.[25] 말이 달릴 드넓고 평평한 땅과 뜯어먹을 풀이 많은 호주는 그들에게 잘 맞았다. 이제 호주에는 40만 마리가량의 야생마가 돌아다니고 있다.[26] 그 대부분은 노던 준주에 있지만, 뉴사우스웨일스주와 빅토리아주에 걸친 호주알프스산맥에도 2만 5,000마리쯤 되는 무리가 돌아다닌다.

흰꼬리사슴에게도 문화적 가치가 있겠지만(마땅히 영화 〈밤비〉를 언급해야 할 대목이다), 말에 견주면 그것은 아무것도 아니다. 모든 훌륭한 기사에게는 강인한 종마가 있다. 모든 야성적이고 자유로운 아이에게는 블랙 뷰티나 신커티그섬의 미스티가 있다(블랙 뷰티도 미스티도 유명 동화에 등장하는 주인공 말 이름이다 - 옮긴이). 모든 중년의 위기에는 야생마 무스탕이 있다. 호주에서는 야생마가 '브럼비brumby'라고 불리며, 아주 유명한 동물이다. 밴조 패터슨이 1890년에 쓴 시 「스노위강에서 온 남자」는 1982년에 영화화되기도 했는데, 그 속에 한 노련한 기수가 야생마 떼를 몰아오는 장면이 있다. 시는 야성적이고, 사납고, 아름다우며, 가락을 붙여서 읊거나 노래로 부를 수 있을 것처럼 읽힌다.

> 그때 그들은 잠시 그를 시선에서 놓쳤다, 산맥의 두 협곡이 만나는
> 지점에서, 하지만 마지막으로 언뜻 보인 것은
> 멀리 흐릿한 산허리에서 야생마들이 여태 달리고 있고,
> 스노위강에서 온 남자가 그 뒤를 따르는 모습이었다.[27]

『실버 브럼비』라는 유명한 어린이책 시리즈도 있는데, 토라라는 은색 말이 스노위산맥에서 모험을 겪는 이야기다.

그 스노위산맥의 많은 부분이 현재는 뉴사우스웨일스주 코지어스 코국립공원에 해당한다. 공원명은 그곳 최고봉인 코지어스코산의 이름을 딴 것으로, 「스노위강에서 온 남자」에도 등장하는 산이다. 그곳의 브럼비들은 단순한 야생마가 아니다. 그 말들은 관광객을 끌어들이는 요인이고, 말을 사랑하는 아이들과 어른들에게 몽상적인 자유의 상징이다.

찰스스터트대학의 보전생물학자 매기 왓슨은 우리가 앞에서 비둘

기 똥 연구자로 만났던 사람인데, 그는 이 브럼비들을 헬리콥터에서 총으로 쏘아 죽이기를 바란다. 이것은 공중 도태라고 불리는 방법으로, 이 제안에 충격을 받는 독자가 있을까 봐 덧붙이자면, 날뛰는 동물의 대형 개체군을 관리할 때 꽤 자주 쓰이는 기법이다. 미국도 이 기법을 쓴다. 여러분도 사업 관계자들과의 팀워크 형성 차원에서 함께 텍사스에서 헬리콥터를 타고 야생 멧돼지를 쏴 죽이는 활동을 예약할 수 있다. 신이여, 미국을 축복하소서.

공중 도태는 이미 호주 북부에서 말, 들소, 멧돼지에게 쓰이고, 중부에서 낙타에게 쓰인다. 하지만 뉴사우스웨일스에서는 금지되어 있다. 2000년에 가이포크스리버국립공원에서 공중 도태가 시행되었을 때, 호주 왕립동물학대방지협회는 주무부인 국립공원·야생동물관리청이 심하게 다친 말들을 뒤에 방치했다며 법적 고발을 진행했다(이후 이뤄진 조사에서, 말 한 마리가 총상을 입고도 두 주 더 살아 있었던 것이 확인되었다).[28] 그 사건 후 뉴사우스웨일스는 이 관행을 금지했다.[29] 그리고 이제 왓슨을 비롯한 보전활동가들은 헬리콥터를 재도입하기를 바란다.

줌 화면에 나타난 왓슨은 카메라를 돌려서 내게 올버리-우동가의 자기 집 근처 방목장을 보여 준다. 방목장에서는 왓슨이 기르는 말로서 호리호리하고 반점 무늬가 있는 롤라가 그보다 작고 흰 털이 섞인 새 친구 로타를 처음 소개받고 있다. 아직까지는 순조로워 보인다. 살짝 발길질하려는 시도가 몇 번 있지만, 두 마리 다 진심은 아니다.

사실 왓슨이 내게 보여 주려는 것은 방목장이다. 왓슨이 뒤로 돌아서, 방목장부터 물이 든 구유까지 이어진 길에 카메라의 초점을 맞춘다. "양처럼, 말도 이렇게 해요." 왓슨이 이렇게 말하는데, 말이 일정한 경로를 반복적으로 걸어서 길을 낸다는 뜻이다. "이것은 진화적 관점에서 합리적인 일이에요. 말은 다리가 길고 섬세하니까요. (…) 자신과 새끼들을 위해서 이렇게 길을 내 둬야만, 만에 하나 크고 못된 퓨마가 다가오더라도 발굽이 구멍에 빠져서 죽을 걱정 없이 냉큼 달아날 수 있거든요."

왓슨의 방목장은 그렇다 쳐도, 호주알프스산맥의 토양은 문제가 다르다. 코지어스코국립공원과 일내 다른 공원들에는 고산 물이끼 습원이 있다. 이 습원은 호주에서 "멸종 위기에 처한 생태계"이고, 그곳에 살도록 전문화된 수많은 식물종을 품고 있다. 역시 고도로 특화된 동물종들도 산다. 노란색과 검정색이 섞인 작은 독개구리로서 물이끼가 옴폭 파인 곳에 알을 낳고, 개미를 잡아먹으며, 전 세계를 통틀어 오직 이곳에서만 사는 남부코로보리개구리가 한 예다. 이곳 습지와 개울에는 역시 특화된 물고기, 도마뱀, 민물가재도 산다.[30]

습원은(또한 코로보리개구리는) 말을 받아들이는 데 익숙하지 않다. "만약 이 대륙이 발굽 달린 동물과 함께 진화했다면, 이런 문제가 없었을 겁니다." 왓슨은 말한다. 만약 그랬다면, 식물들은 유제류 떼가 만드는 다져진 땅을 견디도록, 그리고 유제류에게 야금야금 뜯어 먹히는 것을 견디도록 진화했을 것이다. 하지만 호주에는 (상대적으로) 부드러운 발바닥을 가진 캥거루와 왈라비뿐이었다. 식물들은 브럼비가 나타날 줄 몰랐다.

야생마는 호주알프스를 짓밟고 뛰어다니며, 작은 개구리도 짓밟는

다. "현재 고산지대에 남은 개구리가 몇 마리인가 하면요, 쉰 마리 정도
예요. 농담이 아니라요. 쉰 마리, 딱 50마리 있다니까요." 왓슨이 내게
말한다.

브럼비는 또 습지와 개울에 똥을 싸서 물고기를 위협한다. 민감한
멸종 위기종 식물을 먹어 치운다. 고산 생태계에 발이 묶인 물이끼 습
원 주민들은 달리 갈 곳이 없다. "이 파괴적 동물과 그곳에서 진화한
야생 동물을 둘 다 가질 순 없습니다. 그냥 그럴 공간이 없어요." 왓슨
의 말이다.

국립공원에서 야생마를 보호한다는 것이 좀 이상해 보일 수도 있
다. 말은 확실히 호주 토착종이 아니니까 말이다. 그것이 너무 이상하
다고 여겼기 때문에, 매기 왓슨의 남편이자 찰스스터트대학 생태학 교
수인 데이비드 왓슨은 항의의 표시로 뉴사우스웨일스주 멸종위기종과
학위원회에서 사퇴했다. "우리는 야생마를 다른 종들을 위협하는 요소
로 등재한 보고서의 최종 편집을 마친 참이었죠." 데이비드 왓슨의 말
이다. 그런데 그때 연방정부가 그 국립공원에서 말을 보호해야 한다고
규정한 '2018년 코지어스코 야생마 유산법'을 입안하기 시작했다. 데이
비드 왓슨은 자신의 의견과 과학적 증거의 무게가 내팽개쳐졌다고 느
꼈다. 이후 왓슨 부부는 코지어스코국립공원의 야생마에 반대하는 목
소리를 내 왔고, 그곳 야생마 개체 수는 계속 늘었다.[31]

인간에게 환경을 바꿀 권리가 있을까

매기 왓슨은 특히 시드니의 기술대학 생태학자로서 온정적 보전 compassionate conservation 운동에 관여하고 있는 에이드리언 왈라치에게 열을 낸다. 온정적 보전이란 우리가 그냥 개체군과 종을 보전하는 것만으로는 부족하고 각 개체의 안녕까지 고려해야 한다는 발상이다. 왈라치는 브럼비 편이고, 야생마를 도태시키려는 움직임에 반대한다.

왈라치도 브럼비가 환경을 바꿀 수 있다는 사실을 반박하진 않는다. 하지만 그 변화를 생태학자들이 나쁜 것으로 규정할 순 없다고 생각한다. "나는 과학이 부정적인 생태적 충격을 측정하거나 정의할 수 있다는 생각을 거부합니다." 왈라치의 말이다. 달리 말하자면, 과학이 어떤 생태적 변화나 영향을 측정할 수는 있겠지만 그 변화가 나쁜지 아닌지를 측정할 수는 없다는 뜻이다.

게다가 그 개구리가 겪는 고난의 원인은 야생마의 과잉만이 아니다. 개구리와 습원이 그 밖에도 여러 압박을 겪고 있다는 사실은 왓슨 부부도 인정한다. 기후변화가 큰 문제이고, 전 세계 양서류를 감염시켜서 위험에 빠뜨렸던 항아리곰팡이도 문제다. 또 2019년과 2020년에는 산불 때문에 개구리가 거의 절멸할 뻔했다. 왈라치는 야생마가 최대의 위험이라고 믿지 않는다.

어떤 사람들은 이 말들이 여기 있는 것은 우리가 데려왔기 때문이라고 말할 것이다. 따라서 그들을 없애는 것도 우리의 책임이라는 것이다. 왈라치는 동의하지 않는다. "그건 말 같은 동물을 플라스틱 오염과 동등하게 보는 시각입니다. 바다를 플라스틱으로 오염시킨 것은 우리니까, 치우는 것도 우리가 해야 하죠. 그게 책임입니다. 거기엔 달리 아무도 없으니까요. 오염이 있을 뿐." 하지만 왈라치는 말은 기름이나 플라스틱이 아니라고 강조한다. 말은 생물이다. 사람 손에서 탈출했을지는 몰라도 자의로 호주알프스에 간 생물이다.

만약 호주알프스에 말이 없다면, 그곳의 많은 토착종 생물들은 아마도 더 잘 살 것이다. 그래도 일부 브럼비 팬들은 말을 죽이는 대신 다른 장소로 옮김으로써 말들이 가축으로서 삶을 마치게 하기를 바란다.

매기 왓슨은 많은 수의 말을 옮기는 것은 간단치 않은 일이라고 지적한다. "말을 집단으로 모아 두면, 서로 발길질하기 시작합니다. 그래서 다리가 부러지는 말이 많이 생기고, 결국에는 우리가 그런 말을 총으로 쏴 죽일 수밖에 없어요." 다른 말들도 기생충이나 장기적 부상에 시달리는 경우가 많아서 입양시키기가 아주 어렵고, 그러면 결국 우리가 대다수의 브럼비를 호주 남부의 도살장으로 이주시키는 꼴이 되고 만다. 애초에 현장에서 도태시키는 편이 더 간단하고 싸다.

왈라치는 이러한 논증에 설득되지 않는다. "말이 특정 개구리 종을 멸종시키는 주된 원인이라는 주장에 동의한다고 가정해 봅시다. 아무리 그렇다 할지라도, 맙소사! 우리는 창의적이고 혁신적인 동물이에요. 뭔가 다른 방법을 찾아낼 수 있다고요!" 왈라치는 우리가 더 잘할 수 있다고 말한다. 우리가 우리를 불만스럽게 만드는 자연과 반드시 전쟁을 벌일 필요는 없다는 것이다. 그 불만이 아무리 과학적이라도 다를 건 없다.

왈라치의 견해는 호주의 일부 생태학자들에게 논란의 대상이다. 온정적 보전의 이상에 따라, 왈라치는 바닷새를 위협하는 쥐를 죽이기 위해서 외딴섬에 끈끈이를 까는 일부터 호주알프스를 보호하기 위해서 브럼비를 쏘아 죽이는 일까지 야생동물을 해치는 모든 보전 프로그램에 반대한다.

이것은 매기 왓슨처럼 개체의 안녕보다 종의 생물다양성에 더 큰 가치를 두는 보전활동가들과는 대립되는 견해다. 2019년 논문에서 왓슨은 고산 습원에 브럼비 같은 침입종이 공존하게 내버려두는 것은 말과 개구리 양쪽 모두에게 피해가 된다고 주장했다.[32] 온정도 보전도 실패한다는 것이다. 왓슨을 비롯한 많은 보전활동가들에게 말이나 쥐를 죽이는 것은 비록 고통스럽지만 종을 구하기 위해서 필요한 일이다. 뉴질랜드의 '포식자 없는 2050년' 전략 같은 사업들이 그런 사고방식에서 진행되고 있으며, 호주에서 토끼와 사탕수수두꺼비와 이제 말을 통제하려고 하는 사업들도 마찬가지다.

나와 이야기를 나누던 왈라치가 갑자기 말을 멈춘다. 작은 개구리 하나를 보았기 때문이다. 호주청개구리*Ranoidea gracilenta*다. 왈라치가 개구리를 손에 얹고 그 아름다움에 감탄한다.

한 생태학자는 말을 총으로 쏘기를 바라지만, 그와 동시에 말에 대한 애정을 내게 보여 준다. 다른 생태학자는 개구리의 멸종이 자연스러운 일인지도 모른다고 말하지만, 그러다가도 잠시 멈춰서 개구리를 감상한다. 두 사람 다 내게 자신들의 메시지를 강하게 주입하고 있으니, 그 메시지란 이것이 그저 말이나 개구리의 문제만은 아니라는 것이다. 문제는 생태계다. 한 사람은 우리가 잃어 가는 생태계를 구하기를 바란다. 생물다양성이야말로 보전 문제에서 가장 중요한 것이기 때문이다. 그에게는 희귀한 것이 흔한 것보다 중요하고, 토착종이 침입종보다 중요하다. 다른 사람은 설령 그렇다고 한들 왜 우리가 다른 동물을 죽여야 하느냐고 말하고, 그 동물도 토착종처럼 개체로서 고통받을 수 있다고 말한다. 변화란 벌어지기 마련이라는 사실과 생태계가 늘 똑같은 상태로 머물 순 없다는 사실을 받아들이자고 말한다.

현재의 타협은 누구도 만족시키지 못한다. 말과 개구리도 마찬가지다. 최후의 쉰 마리 개구리는 울타리 안에서 보호받고 있다. 보전활동가들은 그 개체 수를 늘리고자 2022년에 개구리를 더 많이 방류했다. 하지만 데이비드 왓슨이 인정하듯이, 그 정도로는 개체군 존속에 필요한 유전자 다양성이 확보되지 않는다. 이 개구리와 함께 죽어 갈 운명에 처한 다른 종들도 있을 것이다. 한편 가장 최근의 계획은 사람들이 걸어서 돌아다니면서 직접 말 수천 마리를 도태시키자는 것이다.

이것이 호주에 있는 야생마 개체군 전체가 아니라는 점을 짚어 둬야 한다. 왓슨 부부를 비롯한 보전활동가들은 코지어스코국립공원의 말만 반대하는데, 왜냐하면 이곳은 생물다양성 보전을 위한 국립공원이기 때문이다.

관건은 뉴사우스웨일스의 야생마가 물이끼 습원을 건드리지 않게 만드는 것, 그러면서도 사람들이 그들을 야생 브럼비로 느낄 만큼 그들이 충분히 자유로워 보이게 만드는 것이다. "이 말들의 복지를 어떻게 관리하면 좋죠?" 데이비드 왓슨은 이렇게 묻는다. 말들은 병에 걸린다. 구멍에 발이 빠져서 다친다. 만약 그들이 가축화한 말이라면, 우리는 그들에게 수의학적 보살핌을 제공해야 할 것이다. 하지만 만약 그들이 야생마라면, 우리는 그들이 고통을 겪고 마침내 죽음의 평온을 맞이하도록 놔둬야 하지 않을까? 왓슨은 묻는다. "어떻게 그 말들을 관리하면서도 사람들에게 야생마의 경험을 제공할 수 있죠?"

만물의 적절한 균형을 향하여

사슴이 너무 많은 지역에서는 사냥 기간과 한도를 느슨하게 풀어 주는 것, 혹은 말에 대해서처럼 통제된 도태 작업을 대대적으로 벌이는 것이 해결책이라고 믿는 자연보호론자가 많다.

사냥꾼이 아닌 사람들은 사냥이 식은 죽 먹기라고 생각할지도 모른다. 교외의 사슴들은 거의 교만할 지경으로 인간에게 익숙하다. 나는 달리다가 산책로에 너무 가까이 있는 사슴을 보고 팔을 뻗어서 한 대 찰싹 때려 주고 싶었던 적이 있는데, 쉼 없이 그 옆을 지나가는 인간들에 대한 두려움을 녀석에게 조금이라도 심어 주고 싶어서였다. 교외의 자기 집 뒷마당에서 공공연히 잠들어 있는 사슴에게 익숙해진 사람의 눈에는, 사슴 사냥꾼은 그저 뒷문 밖으로 라이플을 겨누고 눈에 띄는 사슴을 아무거나 맞히면 될 것만 같다.

하지만 너무 확신하진 말자. 나는 지금 선명한 오렌지색 옷을 입고, 버지니아주 포키어카운티의 어느 나무 뒤 땅바닥에 앉아 있다. (재미난 사실 하나, 사슴은 색깔을 본다.[33] 오렌지색도 볼 수 있지만, 우리가 보는 것처럼 강렬한 색으로 보진 않는다.[34] 다행히 총이나 활을 든 다른 인간들은 칠흑같은 어둠만 아니라면 선명한 오렌지색을 선명하게 본다.) 기온은 섭씨 4.5도 정도이고, 나는 새벽 네 시 반부터 깨어 있었으며, 어찌나 꽁꽁 껴입었는지 거의 움직일 수 없다.

나는 친구 크리스털 랜츠 옆에 앉아서, 친구네 친척의 사유지에서 사냥하는 중이다. 크리스털과 나는 고등학교와 대학을 함께 다녔다. 심지어 박사학위도 서로 연관된 분야에서 받았다. 그를 알고 지내는 동안, 크리스털이 주말에 가끔 사냥하러 간다는 것을 나는 어렴풋이 알고 있었다. 크리스털은 사슴과 칠면조 사냥철이 아닐 때는 스키트 사격(클레이 사격의 일종. 점토로 만든 접시를 표적으로 삼아 산탄총을 쏜다-옮긴이)을 한다.

크리스털은 평생 사냥을 했다. "아주 어릴 때부터 총을 다뤘어." 크리스털의 말이다. 사냥은 집의 냉동실을 채워 주었고, 가족과 유대감을 느끼게 해 주었다. "난 진짜 사슴 고기를 좋아해. 하지만 사냥은 가족의 뿌리와 계속 이어져 있기 위한 일이기도 해. 과거엔 많은 사람이 자급형 사냥꾼으로 살았지. 고기를 먹고 싶다면 사냥을 해야 하는 거였어." 지금 크리스털은 말없이 내 오른쪽에 앉아 있다. 크리스털은 웨더비 6.5밀리미터 크리드무어의 방아쇠에 한 손을 조심스레 올려 두었고, 긴 총신 끄트머리는 부츠 앞코에 얹어 두었다.

우리는 어둠이 걷히고 새벽이 오는 모습을 조용히 함께 지켜본다. 처음에는 눈이 어둑한 흑백에 적응한 것처럼 느껴진다. 오래된 돌담은 허옇고, 진회색 하늘로 솟은 나무들은 검다. 그런데 눈을 한 번 깜박이니, 갑자기 왼쪽 감탕나무 덤불이 초록색처럼 보인다. 몇 분 뒤에 다시 깜박이니, 이제 블랙베리 줄기가 불그스름해 보인다. 흙은 갈색이고, 잎은 다채로운 황갈색과 적갈색이다. 눈을 다시 깜박인다. 이제 아침이고, 아까보다 더 춥다.

갑자기 사람들이 왜 이걸 하는지 이해된다. 정말 완벽한 순간이다. 우리가 등산을 할 때는 자신의 숨소리, 옷에서 나는 소리, 발자국 소리처럼 자신이 내는 소리에 둘러싸인다. 지금은 얼마나 조용한지, 우리 머리 위로 날아가는 새가 퍼덕퍼덕 날개 치는 소리까지 들린다. 우리는 정말로 꼼짝 않고 앉아 있다. 내 왼쪽에 쌓인 나뭇잎 속에서 작은 동물이 하나 지나간다. 내 발에서 겨우 10센티미터 떨어진 곳에서, 그 작은 등이 잎을 뒤흔든다. 내가 절대적으로 이 순간에만 존재한다는 느낌이 든다. 헤드폰에서 명상 안내자가 특유의 잔잔한 말투로 소곤거리는 것을 들을 때는 느끼지 못했던 감각이다.

멀찍이서 들려오는 덜레스공항의 비행기 소리와 근처 고속도로의 자동차 소리가 갑자기 세상에서 제일 이기적인 짓으로 느껴진다. 아침이 우리에게 이런 감각을 안겨 줄 수 있는데, 어떻게 감히 저런 소음을 낼 수 있담?

우리가 있는 곳은 교외가 아니다. 우리는 더 멀리 나와 있다. 소음이 들리는 것은 그저 인간의 소리가 멀리, 아주 멀리 퍼지기 때문이다. 크리스털에 따르면, 많은 사냥꾼에게 교외에서 사슴을 사냥한다는 것은 '떳떳한 추격'의 감각에 위배되는 일이다. 놀라우리만치 인간에게 익숙해진 사슴을 사냥하는 것은 떳떳하지 못한 일이다. 떳떳한 추격이란 우리가 수고를 들인다는 뜻이다.

'떳떳한 추격'이라고 불리는 활동치고는 가만히 앉아 있는 시간이 길다. 나는 새벽마다 여기 나와 앉아 있을 핑계가 있으면 좋겠다고 생각할 만큼 이 일이 마음에 들지만, 한편으로 사냥꾼들이 사슴을 좀 더 많이 보고 싶어 하는 이유도 알겠다. 우리는 그동안 청설모를 많이 봤고, 새도 조금 봤고, 카메라 끈을 점검하는 남자도 한 명 봤다. 아마도 코요테인 듯한 동물도 한 마리 봤다. 나는 두 시간째 엉덩이에 감각이 없다. 크리스털은 딱 한 번 총을 들었다. 소득은 없었다. 사냥을 나간 대부분의 아침이 이런 식이다. 밖에서 몇 시간 꽁꽁 얼다가 미지근해진 커피를 챙겨서 귀가하는 것이다. 유일하게 남은 포식자가 인간뿐인 환경에서, 우리는 그 활동에 끔찍하게 서툴다.

하지만 사슴이 우리 시야에 어슬렁어슬렁 들어와 주길 기대하는 것은 잘못된 생각인지도 모른다. "원주민의 관점에서는, 우리가 동물의 생명을 취하는 것이 아니라 동물이 제 생명을 내놓음으로써 우리의 필요를 충족시켜 주는 것을 우리가 받아들이는 겁니다." 오대호원주민 어류·야생동물위원회에서 일하는 야생생물학자 피터 데이비드는 이렇게 말한다. 데이비드는 스스로 원주민 출신은 아니지만, 오지브웨족이 원주민보호구역 바깥 땅에 대한 권리를 관리하는 일을 돕고자 위원회에서 일하고 있다. "모든 나무 뒤에 사슴이 꼭 있어야 하는 건 아닙니다. 당연히 주어지는 것이 아닙니다." 비원주민은 사슴이 안 보이면 사슴에게 문제가 있다고 생각하는 경향이 있다. 특히 미끼를 놓아 두고서 사슴이 다가오기를 기대하는 경우에 그렇다. 원주민은 사슴이 안보이면 자신이 사슴이 있는 곳에 가지 않아서 그렇다고 생각한다. 그 것은 사냥꾼의 잘못이다. 사슴의 잘못이 아니다.

원주민의 관점에서는 또 늑대 같은 다른 포식자가 경쟁자가 아니라 그 환경에서 사슴의 균형을 지키는 일에 함께하는 중요한 파트너다. "사람들은 가끔 원주민의 관점이란 관습에 불과하다고 콧방귀 뀌죠. 부족들이 엄청나게 오랫동안 이곳에서 살아왔다는 사실을 간과하고서 말입니다." 오지브웨족은 사슴이 주변 생태계에 미치는 영향을 아주 실용적인 차원에서 이해하고 있다. "인간이 식량이나 약으로 채집하는 식물들 중에는 사슴이 지나치게 많아지면 악영향을 받는 종류가 있거든요. 그러니까, 원주민 부족들의 관점에서 보는 좋은 삶의 기본 원칙 중 하나는 만물이 적절한 균형을 지켜야 한다는 것입니다. 원주민은 사슴이 다른 모든 것을 압도하는 상태보다는 균형 잡힌 상태를 보고 싶어 할 거예요."

균형이란 늑대와 인간이 사슴을 사냥하여 개체 수를 억제함으로써 식물을 살리는 것이다. 오지브웨족과 메노미니족이 관리하는 숲은 포식자를 포용할 줄 안다. 또한 그들의 숲은 식물이 더 다양하고, 나무가 더 잘 자라고, 사슴 밀도가 더 낮다.[35]

사냥꾼이 충분하지 않으면, 사슴이 지나치게 늘어난다. 이것은 우리에게 나쁜 일이다. 그러면 우리는 사슴을 차로 치게 되고, 사슴에게 텃밭을 뜯어 먹히게 되고, 가끔은 사슴 때문에 멍이 든 개를 돌봐야 한다. 하지만 이것은 또한 사슴에게도, 사슴이 사는 환경에도 좋지 않은 일이다.

호주의 야생마와는 달리, 미국의 사슴은 토착종이다.[36] 하지만 과거에는 밀도가 지금과는 달랐다. 현재의 사슴 개체 수는 유럽인이 아메리카 대륙을 식민화하기 이전의 수준과 비슷한지도 모르겠지만, 지금은 도로와 콘크리트와 하고많은 인간에 내몰려서 과거보다 더 좁은 영역에 모여 있다. 그 사슴들은 먹어야 한다. 하버드포리스트의 식물학자 토머스 라윈스키에 따르면 사슴은 평균적으로 매일 3킬로그램씩 먹어야 하는데, 더군다나 치즈처럼 열량이 높은 음식을 먹는 것도 아니다. "예전에 한 연구자가 잔가지 4.5킬로그램이면 대체 몇 개나 되는지 알아보려고 일부러 잔가지를 꺾어 본 적이 있어요. 족히 수천 개를 꺾어야 했죠. 사슴은 매일 그만큼씩 먹어야 하는 겁니다."

라윈스키는 사슴 수가 제곱마일당 스무 마리가 넘으면 주변 관목이 금세 고갈된다고 말한다. 그 결과가 바로 중서부와 동해안에서 우리가 보고 자란 숲이다. 그런 숲은 나무가 많고 잎도 많지만, 그 밖의 관목은 칼미아처럼 질기고 맛없는 종을 제외하면 거의 없다. "우리는 대부분 건강한 숲이 어떻게 생겼는지 모르고 자랐습니다." 라윈스키의 말이다.

사슴 개체 수를 줄이면 그걸 알게 된다. 톰 알멘딩거가 뉴저지주 힐즈버러의 듀크팜스재단에서 자연자원 및 농업-생태 관리자가 되었을 때, 그곳 부지의 사슴들은 고통받고 있었다. "사슴들이 영양부족에 시달리고 있었어요." 알멘딩거는 말한다. "어느 겨울에는 사슴이 푸른가문비나무랑 회양목을 먹는 걸 봤던 기억이 있습니다. 배라도 채우려고 그런 거예요." 과밀해진 개체군은 또한 동물출혈성질병EHD,[37] 만성소모성질병CWD,[38] 심지어 코로나19바이러스[39] 같은 질병을 서로 더 쉽게 옮긴다.

숲도 고통받는다. 알멘딩거는 그것을 '노쇠한' 숲이라고 부르는데, 수령이 다 같은 어른 나무만 있고 그것들을 대체할 어린나무는 자라지 않는 숲을 말한다. 하목층과 어린나무가 없으니, 새와 포유류도 사라졌다. "나무에서는 번식하지 않고 그 대신 하목층에서 번식하는 종들도 많은데, 하목층이 없으면 그것들이 사라지죠."

알멘딩거의 팀은 2004년에 듀크팜스에 사격수 업체를 불렀다.[40] 사격수들은 사흘 밤에 걸쳐서 부지 중 1제곱마일의 면적 내에서 사슴 220마리를 제거했다. 알멘딩거는 이제 사슴이 없는 그 1제곱마일 영역에 울타리를 둘렀다. 부지의 나머지 영역에서는 자원한 사냥꾼 75명이 사슴 395마리를 더 잡았다. 이렇게 한 차례 도태 작업을 한 뒤, 알멘딩거는 사냥과 사슴 몰기로 울타리 밖 개체 수를 계속 적게 유지했다. 사슴 몰기란 사람들이 인간 띠를 형성하여 숲을 걸어감으로써 그 앞쪽에 있는 사슴들을 나무 뒤 사격수들에게 몰아가는 것을 말한다.

2004년 이래, 숲은 빠르게 되살아났다. 2020년 조사에서 알멘딩거는 어린나무가 울타리 안에서는 이전의 열두 배로 늘었고 울타리 밖에서도 다섯 배로 늘었음을 확인했다.[41] 토착종 생물들이 돌아왔다(물론 침입종들도 이전보다 더 잘 산다). "아직 연구 중이지만, 소형 포유류도 많이 돌아오고 있습니다." 알멘딩거의 말이다. "예전에는 토끼가 없었거든요. 다람쥐도 없었고요. 예전에는 땅이 가려지지 않아서 포식자가 맘

껏 활개 쳤으니까요." 이제 숲에는 하목층이 있다. 그리고 작은 포유류
가 돌아왔다.

진드기를 옮기는 사슴

흰꼬리사슴을 둘러싼 감정은 격렬하다. 한쪽에는 캐리 이모와 이모
의 개들이 있고, 다른 쪽에는 이모의 친구와 사슴이 먹을 옥수수가 담
긴 사료 통이 있다. 한편 매사추세츠주에서는 라임병의 위협이 있고,
진드기의 숙주로서 사슴이 맡는 역할이 있다.

라임병은 ― 보렐리아 부르그도르페리*Borrelia burgdorferi*라는 세균종 복합
군이 일으키는 병이다(그렇다, 세균은 워낙 이상한 존재여서 종 복합군이란
게 있다) ― 사람들의 머릿속에서 영원히 진드기와 연결되어 있다. 당연
하다. 진드기가(특히 사슴진드기라고도 불리는 검은다리진드기*Ixodes scapularis*, 서
해안에서는 서부검은다리진드기*Ixodes pacificus*라고도 불린다) 그 세균을 품고 있
기 때문이다. 진드기는 흡혈생물이고 식성이 까다롭지 않다. 새, 청설
모, 사슴, 도마뱀. 피가 있는 생물이라면 뭐든 좋아한다.

진드기가 사람을 문 채 서른여섯 시간 이상 붙어 있으면(보통 약충
단계에서 그렇게 하는데, 너무 작기 때문에 우리는 깨알이나 유감스럽게 큰 블
랙헤드로 착각하기 쉽다), 세균이 사람에게 옮겨 간다. 그래서 그 사람은
라임병에 걸린다. 증상은 열, 악독한 두통, 관절통, 과녁처럼 생긴 희한
한 발진(내가 겪어 봤으니 믿으시라) 등이 있다. 일부 감염자는 나처럼 강

력한 항생제를 몇 주 복용하며 불행한 시간을 보낸 뒤에는 나아진다. 반면 몇 달 혹은 몇 년씩 앓는 사람도 있다. 미국 질병통제예방센터에 보고되는 감염 건수는 매년 3만 건 정도이지만, 실제로는 미국에서만 최대 47만 6,000명이 매년 감염되고 있을지도 모른다.[42]

19세기와 20세기 대부분의 기간에 라임병은 아무도 모르는 병이었다. 그러던 중 1975년에 코네티컷주 라임이라는 마을 주변에서 아이 서른아홉 명과 어른 열두 명이 이상한 병에 걸렸고,[43] 1977년에는 그 병이 '라임관절염'이라는 이름으로 알려지기 시작했다.[44] 그때까지 동해안에서는 진드기가 별 걱정거리가 아니었다. 북동부의 많은 지역에서 숲이 베어진 데다가 사슴도 사냥으로 줄어서, 사슴을 필요로 하는 진드기의 수가 제약되었기 때문이다.[45] 우리가 숲을 재건해서 사슴에게 맛난 먹이가 되어 주는 숲 가장자리를 되살린 뒤에야 사슴이 돌아왔고, 더불어 진드기가 돌아왔다.

하지만 사슴, 라임병, 인간의 관계는 겉보기보다 더 복잡하다. 사슴은 세균의 숙주로는 그다지 좋지 않고, 진드기에게 세균을 전달하는 것은 다른 동물이다. "세균 보유 능력이 가장 뛰어난 종은 흰발쥐Peromyscus leucopus입니다." 미주리대학의 응용계산생태학자 샘 니카 할시는 이렇게 말한다. "흰발쥐는 세균을 진짜 잘 옮기고, 진드기를 갖고 있고, 어디에나 있죠."

세균을 가장 잘 보유하는 숙주는 생쥐일지라도, 진드기를 가장 잘 보유하는 숙주는 사슴이다. 사슴 한 마리에 붙어 있는 진드기 성충의 평균 개수는 어느 연구를 보느냐에 따라 차이가 있다. 1992년 일리노이주의 연구에서는 진드기가 평균적으로 수사슴 한 마리당 7.1마리씩 있고 암사슴 한 마리당 3.6마리씩 있다고 했지만,[46] 2012년 펜실베이니아주의 연구에서는 사슴 한 마리당 평균 12.7마리씩 있다고 했다.[47] 이것은 성충만 헤아린 수였다. 작디작은 유충을 살펴보니(사람에게 보통 옮는 약충보다 더 작다), 사슴 한 마리당 진드기 유충이 약 555마리씩 있었다.[48]

만약 우리에게 숲 가장자리와 사슴과 생쥐와 진드기가 너무 많이 있다면, 우리가 취할 수 있는 해결책은 몇 가지가 있다. 하목층을 도로 베어 내고 통제된 방식으로 불을 질러서, 피에 목마른 진드기가 우리의 맨 발목을 기다리면서 매달려 있는 풀과 식물을 없애는 것이 라임병 관리 대책이 될 수 있다.[49] 또는 미끼 상자와 소금 덩어리를 설치해서, 사슴과 생쥐에게 진드기 구충제(살비제라고 한다)를 먹일 수도 있다. 그리고 야생동물 관리자가 사람들에게 숲에 갈 때는 늘 긴바지를 입고, 벌레 퇴치제를 뿌리고, 진드기가 붙었는지 확인하라고 예방 교육을 시킬 수도 있다. 1998년에 승인된 라임병 백신도 있었는데, 부작용에 대한 두려움과 수요 부족으로 판매가 중단되었다.[50] 어떤 사람들은 백신이 새롭게 개발되기를 희망한다.[51] 아무쪼록 행운을 빈다.

그리고 물론 사슴을 없애는 방법도 있다. 터프츠대학 커밍스수의약리학대 의료곤충학자 샘 텔퍼드 3세는 이것을 '이중 초점 기법'이라고 부른다. 과학자들은 진드기에게 피를 뜯김으로써 그 번식을 돕는 동물[사슴-옮긴이]을 공격할 수도 있고, 아니면 진드기에게 라임병 세균을 옮기는 동물[흰발쥐-옮긴이]을 공격할 수도 있다. "나는 진드기를 감염시키는 동물을 공격하는 것보다 진드기를 더 많이 만드는 데 일조하는 동물을 공격하는 편이 훨씬 효과적이라고 봅니다." 텔퍼드의 말이다.

굶주리는 진드기는 번식에 에너지를 쏟지 않는다. 그것은 곧 사슴을 없애자는 말이다. "내가 라임병 위험을 줄이는 방법으로서 사슴 제거를 누구보다 강하게 지지하는 것은 내 박사 논문 연구 결과 때문입니다." 텔퍼드는 말한다. "사슴 개체 수가 줄면 진드기도 그에 따라 감소한다는 사실을 우리가 최초로 확실하게 실험으로 보여 주었거든요."

진드기, 라임병, 사슴의 연관성은 사람들이 진드기를 더 싫어하게 만드는 데 그치지 않는다. 보스턴대학에서 보전 및 환경 정책을 연구하는 앤 쇼트 자노티는 매사추세츠주 블루힐스자연보호구역의 흰꼬리사슴 관리 방식을 살펴본 연구에서 사슴 개체 수와 라임병의 증가가 주민들이 자기 동네 밤비를 대하는 태도에 미치는 영향을 실시간으로 목격할 수 있었다.

보스턴시 바깥에 있는 블루힐스자연보호구역은 교외 주거지에 둘러싸인 숲 지대다. 그곳도 당연히 1990년대 중순이나 말 무렵부터는 사슴에게 훌륭한 서식지가 되었다. 2013년 조사에서 보호구역 내 사슴 밀도는 제곱마일당 85마리로 확인되었다.[52] 매사추세츠주 자연보전·여가활동부는 사슴 개체 수를 줄이고자 2015년에 통제된 사냥을 조직했다.[53] 사슴은 과잉 상태였다. 하지만 쇼트 자노티는 '과잉'의 진짜 의미가 무엇이냐고 묻는다. "이 용어 자체가 어떤 종은 유해동물이고 따라서 관리되어 마땅하다는 생각을 일으킵니다. 물론, 무엇이 과잉인가 하는 기준은 인간의 주관적 판단에 따라 정해지죠."

보전활동가들은 사슴이 환경에 해를 끼칠 때 그것을 '과잉'으로 부른다. 알멘딩거가 그랬다. "나는 생태계의 기능을 봅니다. 생태계가 야생생물을 위하여 잘 작동하게 만드는 것이 내 목표입니다." 알멘딩거의 말이다. 알멘딩거는 토착 식물이 융성하기를 바라고, 토착 조류와 포유류가 돌아오기를 바란다.

그런데 그것도 인간의 욕구다. 과학에 근거를 두었더라도 어쨌든 인간의 욕구다. "[사슴 과잉이라는 개념은-옮긴이] 풍경이 어떠해야 하는가, 사슴 개체군이 어떠해야 하는가, 사슴의 고통이 어떠해야 하는가, 인간과 사슴의 상호작용이 어떠해야 하는가 등등에 대한 인간의 판단을 반영한 인간의 용어예요." 쇼트 자노티의 지적이다.

일례로, 블루힐스자연보호구역에서는 사슴 사냥에 반대하고 나선 주민들이 있었지만 찬성한 주민들도 있었다. 린다라는 익명으로 기록된 한 공동체 지도자는 라임병에 걸린 뒤에 사냥에 찬성하게 되었다. 그가 주변에 물어보았더니 동네에서 그를 제외하고도 최소 열여덟 명이 라임병에 걸렸고, 여러 번 걸린 사람도 있다고 했다.[54] 쇼트 자노티는 린다와의 대화에서 '상황이 반드시, 반드시 바뀌어야 한다고 거의 절박하게 느끼는 듯하다'는 인상을 받았다. 그리고 그 당시에 해답은 사슴 제거인 듯 보였다.

놔두거나 바꾸거나, 어느 쪽에 서야 할까?

문제는 풍경을 우리의 '욕구'에 맞추려고 할 때는 우리 사이에서도 의견이 갈릴 여지가 많다는 점이다. 예를 들어, 한쪽은 블루힐스자연보호구역이 자연 생태계라는 점을 지적하면서 우리가 그 생태계를 그동안 진화해 온 모습으로 지키려면 사슴 사냥을 해야 한다고 말할 수 있다. 한편 반대쪽은 옳다, 이것은 자연 생태계다, 그러니까 인간이 관리하려고 들지 말아야 한다고 말할 수 있다. "무언가가 자연적이라는 데 모두 동의하더라도, 그러니까 우리는 무엇을 할 수 있고 해야 하는가 하는 문제에서 어느 쪽으로든 결론이 도출되진 않거든요." 쇼트 자노티의 말이다.

양 진영은 결집했다. 사냥 찬성파에는 '블루힐스의 친구들' 같은 단체가 있었고,[55] 반대파에는 헷갈리게도 '블루힐스 사슴의 친구들'이라는 단체와 왕립동물학대방지협회 등이 있었다. 이 협회는 사슴 개체 수를 피임으로 조절하는 것이 좋다고, 혹은 아예 조절하지 않는 것이 좋다고 생각한다.

실제로 어떤 상황에서는 사슴(또한 말) 개체 수를 화학적 피임법으로 관리할 수 있다. 암컷에게는 난소절제술을, 수컷에게는 정관절제술을 시행하는 것이다. 어느 쪽이든 해당 개체군이 사는 지역에 다른 사슴이 들어올 수 없을 때 효과가 가장 좋다. 한 예로, 스태튼섬에서는 수사슴에게 정관절제술을 시행한다.[56] 오하이오주에서는 암사슴에게 난소절제술을 시행한다. 미국 국립보건원도 부지 내의 사슴에게 피임 시술을 한다.[57] 국립보건원 부지와 오하이오주 현장은 울타리로 둘러싸여 있다. 섬은 아니지만, 사슴의 입장에서는 섬이나 다름없다. 이 작업은 모두 생태 및 야생동물 관리 분야의 비영리단체인 화이트버펄로가 맡아서 하고 있다. 사슴 피임 시술은 사실 단체의 활동 중 일부이고, 단체가 그보다 훨씬, 훨씬 더 많이 하는 작업은 사격과 통제된 사냥이다.

피임 기법의 문제점은 수사슴이 돌아다닌다는 점이다. "수사슴 한 마리가 암컷 여러 마리를 임신시킬 수 있죠." 화이트버펄로 대표인 제이슨 불랑제의 말이다. "수컷을 전부는 아니어도 대다수 처리해야 합니다." 거꾸로 암컷을 시술하더라도 대다수를 처리해야 한다. 놓치는 사슴은 모두 번식하는 사슴이기 때문이다. 시술은 양쪽 다 비싸다. 시술이 아직 연구용으로만 허가되는 주도 많다. 정관 절제술은 그냥 풀숲 뒤에서 할 수 있지만, 암컷은 마취총으로 잡은 뒤 들것에 실어서 수술대가 차려진 특정 지점으로 데려왔다가 끝나면 다시 풀어 줘야 한다. 불랑제는 섬이어야 피임 기법이 성공할 가능성이 높다고 말한다. 섬이 아니라면, 울타리를 세워서 인위적으로 섬을 만든 뒤 개체군을 계속 고립시키면 된다. 이따금 통제된 사냥 및 도태를 피임 기법과 병행하는 지역도 있다고 한다.

하지만 피임 기법도 블루힐스를 돕진 못할 것이다. 말의 경우처럼, 매사추세츠의 현 상황은 누구도 만족시키지 못한다. 사냥은 계속 이루어지고, 사슴도 계속 존재한다. 현재 보호구역의 사슴 밀도는 제곱마일당 약 23마리로 추산되는데,[58] 이것은 목표인 12마리를 한참 웃도는 수다. 식물도 소형 목본과 어린나무가 여전히 적어서, 사슴에게 지나치게 많이 뜯어 먹힌다는 것을 알 수 있다.

블루힐스의 흰꼬리사슴 연구에서, 쇼트 자노티와 동료 저자는 그곳 사슴이 죽여도 되는 존재가 되었다고 말했다.[59] 사람들이 사슴을 인간에게 너무 가까이 다가와서 문제를 일으키는 개체군으로 정의했다는 것이다. 사슴은 생태계를 바꿨고, 인간의 라임병 위험을 높였다. 사슴은 유해동물이 되었다.

흰꼬리사슴을 보면, 우리가 어떻게 스스로 유해동물을 만들어 내는지 잘 알 수 있다. 우리는 의도적으로 혹은 무의식적으로 사슴이 살 서식지를 만들어 냈다. 사냥이 벌어지지 않는 도시를 만들었고, 사슴의 다른 포식자들을 싹 없앴다. 사슴을 아름답고 조용하고 온화한 자연으로 여겼으며, 지금도 그렇게 여긴다. 사람들이 사슴을 원한 곳으로 사슴은 들어왔다. 하지만 이제 우리는 이것이 우리가 바란 풍경이 아니라고 생각하게 되었고, 이것이 우리가 바란 사슴도 아니라고 생각하게 되었다. 우리는 태도를 180도로 바꿨다. 개체 수가 지나치게 많아지면 사슴이 고통받는다는 사실을 깨달은 것도 한 가지 이유이지만, 그보다도 우리 자신이 사슴과 점점 더 많이, 더군다나 점점 더 부정적으로 상호작용하게 되었기 때문이다.

사슴이 우리에게 문제를 많이 안겨 줄수록, 우리의 관용은 줄어든다. 우리는 이제 사슴이 여기 있기를 바라지 않지만, 그렇다고 해서 우리가 만들어 낸 문제를 우리 손으로 죽일 엄두도 나지 않는다. 만약 이 상황에서 꼭 바뀌어야 할 것이 있다면, 그것은 우리다. 우리는 개발과 정원 가꾸기의 선택들이 진공 상태에서 행해지는 것이 아님을 이해해야 한다. 우리가 어떤 서식지를 어떤 동물에게 제공하고 있는지 알아야 한다. 그런데 만약 우리가 만든 장소를 바꾸기는 싫다면, 그 대신 동물의 '자연스러운' 운명에 대한 생각을 바꿔야 할지도 모른다. 우리와 가장 가깝게 사는 동물들이 진정한 야생동물인가 아닌가를 다시 생각해 봐야 한다. 만약 아니라고 판단한다면, 그들의 삶과 죽음에 우리가 개입할 것인지, 한다면 어떻게 개입할 것인지 다시 생각해 봐야 한다.

10장

게으른 곰

집을 찾아 먹이를 찾아

매사추세츠주 서부의 버크셔즈답지 않게 푸근한 2월의 어느 날, 나는 농장들과 집들 사이의 반쯤 언 늪에 서 있다. 멀리서 끊임없이 차 소리가 울린다. 나무 사이로 건물들이 보이고, 내 발치에 아메리카흑곰 *Ursus americanus*이 뻗어 있다.

곰은 마취 약이 돌기 시작했을 때 쓰러진 장소에서 배를 대고 엎어져 있다. 원래 이 곰의 보금자리는 누가 봐도 사람이 산다는 것을 알 수 있는(왕왕 짖어 대는 큰 개도 있다) 큰 농가 뒤편 잡목림, 그것도 쓰러진 소나무의 껍질 안이었다. 사실 보금자리라기에는 민망하고, 그냥 곰과 새끼 세 마리가 겨우내 쿨쿨 잘 수 있는 평평한 땅이었다. 이 곰은 과학자들이 2018년에 처음 목걸이를 채운 이래 계속 이 지역에 보금자리를 마련했다. 묘지 옆 숲속일 때도 있었고, 농장 부지일 때도 있었다.

미국 어류·야생생물관리국 매사추세츠 지부에서 흑곰 및 모피동물 생물학자로 일하는 데이브 와틀스는 곰이 찬 GPS 목걸이가 내는 신호를 추적하여 여기 덤불까지 왔다(현대 미국의 공원 및 보전 활동이 사냥 문화에서 왔다는 사실을 의심한 사람이 있다면, 종류를 불문하고 판매할 만한 털가죽을 뜻하는 '모피동물furbearer'이라는 단어가 좋은 단서가 되어 줄 것이다). 테크니션들은 강력한 마취제가 든 화살을 마취총에 채운 뒤, 곰이 탈출할 가능성이 높은 방향에 집중하여 멀리서 둘러싸고 있다. 와틀스는 역시 마취용 화살이 장착된 긴 장대를 든 그 구역 담당 생물학자와 함께 직접 보금자리로 들어간다. 장대로 곰을 찌를 수 있는 거리까지 다가가서 곰이 내빼기 전에 마취시키는 것이 목표다.

하지만 이곳 흑곰은 겨울잠에 깊게 빠지지 않고 선잠에 가까운 정도로만 잔다. 곰은 벌떡 깨어서 달아났고, 세 마리 새끼는 사방으로 흩어졌다. 한 젊은 테크니션이 곰을 겨냥하고 마취총을 쏴서 정확히 녀석의 엉덩이에 화살을 박아 넣었다. 곰은 계속 달아났고, 도로를 건넜고, 그 후에 늪에서 쓰러졌다.

곰의 귀에 붙은 이름표에 '190'과 '191'이라고 적혀 있지만, 야생생물학자들과 테크니션들은 자신들이 처음 이 곰을 덫으로 잡아서 무진장 비싼 GPS 전송기가 달린 두꺼운 가죽 목걸이를 채웠던 장소 이름을 따서 이 곰을 보통 '페어필드'라고 부른다. 이제 과학자들은 곰을 끌어다가 방수포에 올린 뒤, 낡은 목걸이를 벗기고 새 목걸이를 채우는 작업을 진행하면서 곰의 몸 상태도 살핀다.

페어필드의 털은 따뜻하고 부드럽다. 단단한 발바닥의 색과 질감은 오래된 아보카도 껍질 같다. 녀석은 혀를 빼물고 나지막이 코를 골고 있다. 녀석에게서는 개 냄새가 나는데, 꼭 깨끗한 저면셰퍼드 냄새 같다. 페어필드는 건강하고, 목걸이를 찬 이래 두 번째로 낳은 새끼를 기르고 있다.

농가 주인 데이브 도널드는 페어필드가 이 지역에서 꽤 오래 살았다고 말한다. 그가 내게 페어필드의 이전 새끼인 작은 곰 네 마리가 자기 집 마당에서 노는 모습을 찍은 2020년 영상을 보여 준다. 그가 미샤라고 부르는 이 곰에 그는 익숙하다. 평생 이 지역에서 살았을 뿐 아니라 이 집도 직접 지은 그는 곰과 함께 사는 것이 편하다. 몇 달 전에 그의 개가 밤 아홉 시쯤에 현관문을 보고 짖기 시작했다고 한다. "불을 켰더니 곰이 현관 앞에 서 있지 않겠어요." 현관문 창으로 곰과 눈이 마주쳤다. 그는 그날 자신이 새 모이를 좀 흘렸나 싶다고 말한다. 하지만 놀라진 않았다. 그냥 밖에 나가지 않았다.

이 마당에는 새 모이통이 많이 놓여 있고, 따뜻한 날이라서 모이통마다 꽤 붐빈다. 도널드는 밤마다 모이통을 집 안으로 들여놓는다고 주장한다. 와틀스가 찌푸린 눈으로 모이통을 보면서 말한다. "내 일생의 골칫거리죠." 곰에게 새 모이는 땅콩버터나 다름없다. 상대적으로 작은 부피에 열량이 많이 채워진 음식이다. 우리는 곰 보금자리를 찾아가려고 돌턴을 통과하여 달리고 있다. 와틀스는 집들을 지나칠 때마다 "저기 새 모이통이 있네요", "저기도 새 모이통이네요" 하고 딱딱거린다. 요즘 유행하는 뒷마당 닭장도 그는 그다지 좋아하지 않는다. 둘다 곰에게 저항할 수 없는 기회이고, 또한 갈등의 근원이다. 새 모이가 아주 많이 사라지면, 누군가 와틀스를 부를 것이다. 곰이 닭을 잡으려고 들면, 누군가 대뜸 산탄총에 손을 뻗을지도 모른다.

페어필드가 깨기 시작하여 머리를 까딱거린다. 과학자들은 녀석을 그물에 얹어서, 미리 지어 둔 새 보금자리로 데려간다. 새끼들은 알아서 어미를 찾아올 것이다. 과학자들은 곰을 집어넣고, 나뭇가지로 조심스레 몸을 덮어 준 뒤, 애정 어린 손길로 토닥여 준다. 한 테크니션이 방수포를 턴다. 페어필드가 마취에서 깨는 동안 그곳에 똥을 쌌다.

똥은 쉽게 떨어진다. 새 모이가 가득 든 똥이다.

매사추세츠주 서부는 곰에게 좋은 장소다. "개벌과 식민지 정착 후, 곰은 버크셔즈의 한구석으로 밀려났었습니다." 몬태나주의 알도레오폴드 야생연구소와 함께 일하는 공간생태학자 캐시 젤러는 이렇게 말한다. 사슴과 늑대처럼, 흑곰도 사냥당하고 쫓겨나서 동해안의 많은 영역에서 사라졌다.

사냥 제한과 삼림 재건으로 득을 본 것은 사슴만이 아니었다. 지난 40~50년간, 과학자들과 주민들은 흑곰이 다시 돌아와서 매사추세츠주 동쪽으로 그 수를 늘려 나가는 것을 지켜보았다. "우리가 이 주에서 실질적으로 연구를 시작했던 1970년대에는 주의 북서부에 곰이 100마리 정도 남아 있는 것으로 추정했었습니다. 지금은 5,000마리쯤 있는 것으로 추정됩니다." 젤러의 말이다. "그 곰들이 보스턴으로 점점 다가오고 있어요."

곰들이 다가오는 속도가 느리기는 하다. 맨 먼저 어린 수컷들이 어미로부터 멀리 더 넓게 이동한다. 암컷들은 태어난 곳 근처에 남는 편이고, 부분적으로 어미와 겹치는 영역을 개척한다. 하지만 그 영역도 동쪽으로 전진하고 있다. 그래서 지금 우리가 피츠필드에서 평생 찻길과 자동차와 풍성한 새 모이를 보고 살아온 곰을 만나게 된 것이다. 와틀스에 따르면, 교외에 보금자리를 마련한 어미 곰은 '봄에 깼을 때 먹이가 충분하지 않으면 마당으로 와서 새 모이를' 먹는다. 곰에게 새끼가 있다면 새끼들도 그렇게 하고, 나중에 자기 새끼도 그렇게 키운다. "새끼 곰이 태어나자마자 그런 행동을 배우는 거죠. 그런 장소에서 먹이를 찾고 시간을 보내야 한다고 배우는 거죠." 와틀스의 말이다.

와틀스와 나는 노샘프턴의 한 목재 회사로 간다. 그 회사 사람들이 와틀스에게 전화를 걸어서 자기네 부지에 곰이 살고 있다고 말했다. 우리는 얼어붙은 바퀴 자국을 넘어서 서둘러 건물 뒤로 간다. 잘린 나무가 거대한 벽을 이루고 있고 목재칩이 산처럼 쌓인 곳이다. 근처에서 남자 세 명이 기계톱을 돌리고 있다. 귀청이 터질 듯 시끄럽다. 10미터도 채 떨어지지 않은 곳에, 겨울 동안 콘크리트블록에 올려 둔 덤프트럭의 조용하고 거대한 회색 몸체가 보인다. 그 밑에 와틀스가 덱이라고 부르는 곰과 새끼 한 마리가 있다. 곰들은 기계톱의 굉음을 전혀 인식하지 못하는 듯하다.

덱은 시나몬색 코를 가진 덩치 큰 암컷으로, 근처 주택단지의 수영장 옆과 여러 합판^{deck} 밑을 보금자리로 삼은 이력이 있다(그래서 덱^{deck}

이라고 불린다). 덱은 새 모이와 쓰레기를 많이 먹지만, 근처 습지에서 자라는 앉은부채를 비롯한 자연식도 먹는다. 와틀스에 따르면, 여기처럼 곰이 많은 지역에서 곰 한 마리의 영역은 고작 40제곱킬로미터밖에 안 될 수도 있다. 덱은 더 조용하고 자연적인 장소에 보금자리를 마련할 수도 있을 것이다. 하지만 새끼에게는 쉽게 얻을 수 있는 먹이가 필요하고, 그런 먹이는 여기에 있다. 와틀스가 회사 사람들에게 곰에 대해 물으니, 그들은 월요일에 녀석이 언덕 위에 있는 걸 봤다고 말한다. 그들은 별로 걱정하지 않는다. 단지 곰이 언제 이동하는지 알고 싶을 뿐이다. 언젠가는 덤프트럭을 써야 할 테니까.

흑곰은 나무에서 보금자리를 구할 수 있을 때는 그 편을 선호한다고, 롤리 소재 노스캐롤라이나주립대학에서 야생동물 및 어류 보전생물학을 연구하는 대학원생 제니퍼 스트룰스는 설명한다. 동해안에 식민지 정착민들이 와서 오래된 나무를 대부분 베어 버린 뒤, 곰은 체구에 맞는 구멍이 있는 큰 나무를 찾기가 어려워졌다. 그래서 요즘은 곰들이 땅에서 잔다. 곰은 덤불 뒤나 쓰러진 나무 밑처럼 제법 잘 가려진 장소를 고른다. 그러고는 그곳에서 땅을 좀 파거나 빙글빙글 돈다. "개들이 잠자리를 만들 때 하는 것처럼 말이죠." 스트룰스의 설명이다(다만 이것은 추측이고, 스트룰스도 현실에서 곰이 잠자리를 마련하는 모습을 본 적은 없다). 곰은 그 아늑하고 오목한 보금자리에 나뭇잎이나 잔가지를 끌어다 놓을 수도 있고, 아니면 페어필드의 취향처럼 맨땅으로 둘 수도 있다. 그리고 그곳에 자리 잡는다. 물론 좀 다른 경우도 있으니, 어쩌다 보니 나무 밑이 아니라 누구네 집 합판 밑 같은 장소를 고르는 경우다. 자리 주인은 곰을 보면 기뻐하지 않을 것이다.

애슈빌시* 안팎에서 흑곰은 현관이나 건물 밑에, 혹은 고속도로에서 겨우 몇 미터 떨어진 곳에 보금자리를 마련한다. 한 녀석은 버려진 자동차 정비소를 집으로 삼았는데, 정비공이 차 밑으로 들어갈 수 있도록 땅에 깔린 콘크리트 기반을 일부 파낸 곳이었다. 정비공은 오래전에 사라졌고, 흑곰은 가시덤불이 구멍을 덮은 곳으로 들어갔다. "지하의 그 작은 은신처에 곰이 있더라니까요." 스트룰스는 말한다. "새끼도 두 마리 데리고 있었어요."

차들과 엔진오일 교체는 사라졌을지라도, 사람들은 남아 있는 지역이었다. 근처에 가게가 하나 있었고, '한 50미터 떨어진 곳에 활발하게 돌아가는 노숙인 캠프'도 있었다. "야생에서 사는 동물은 사람으로부터 멀리 떨어진 곳에서만 생존하고 번식할 수 있다는 생각이 있죠. 우리 곰들의 보금자리에 와 보면 (…) 그 생각에 금세 의심이 들 겁니다." 스트룰스는 말한다.

사냥과 서식지 파괴로―미국밤나무가 사라진 것도 문제였다―흑곰이 동해안 대부분 지역에서 밀려난 뒤, 보전활동가들은 곰을 되찾으려고 애썼다. 테네시주, 버지니아주 남서부, 켄터키주에 과학자들이 곰을 다시 데려다 두기도 했다.[1] 노스캐롤라이나주에서는 그레이트스모키산맥국립공원 같은 곰 보호구역이 개체군 회복을 도왔다.

노스캐롤라이나 야생생물자원위원회에서 흑곰 및 모피동물 생물학자로 일하는 콜린 올펜부텔에 따르면, 노스캐롤라이나주의 곰 복귀는 최고의 야생동물 보전 성공 사례다. 곰이 돌아와서 번성하고 있다는 것은 생태계가 그들을 뒷받침할 수 있다는 신호다. 상대적으로 밋밋한 동부 삼림에서 그처럼 카리스마 있는 거대 동물을 본다는 것은 짜릿한 일이다. "야생동물 이야기는 암울한 죽음의 이야기일 때가 많죠. 하지만 이 이야기는 우리가 자랑스러워해야 할 성공 사례예요." 올펜부텔의 말이다.

하지만 인간의 쓰레기장, 새 모이통, 사람들이 주는 개 사료 때문에 곰이 우리 근처에서 살고 있으니, 올펜부텔은 이 성공이 새로운 실패로 이어질까 봐 걱정한다. 사람들은 흑곰이 수영장, 잔디밭, 나무에 있는 모습을 사진이나 영상으로 찍으면서 흥분한다. 이것은 긍정적 상호작용이다. 하지만 곰은 점차 편하게 느끼게 되고, 그러면 부정적 상호작용이 늘어난다. 상호작용이 갈등으로 변한다. 곰이 너무 가까이 다가온 것이다. "곰은 사람들 근처에 오면 보상을 받고 있어요. 그건 우리가 곰에게 가르치고 싶은 교훈이 아니에요." 올펜부텔의 말이다. 사람들이 곰을 사진 찍고 처벌 대신 먹이를 제공하므로, 곰은 계속 찾아온다. "내가 가장 염려하는 문제 중 하나는 갈등이 이어지면 (…) 주변에 사는 곰에 대한 사람들의 관용이 줄어들 거라는 점입니다."

와틀스도 이 문제를 염려한다. 곰이 보스턴 교외로 점점 다가오기 때문에 더 그렇다. 매사추세츠 서부 시골에서는 사람들이 곰에게 익숙하다. 도시에서는? 아이고. "도시인에게 동네에 곰이 어슬렁거린다는 것은 비상사태죠." 와틀스의 말이다. "그리고 도시에서는 사태가 정말 급속히 악화할 수 있습니다. 고속도로와 개발지의 밀도가 높다는 점 때문에라도요."

갈등이 잦아지면, 사람들의 눈에 비치는 흑곰은 야생의 감동적 상징에서 초대형 라쿤으로 전락할 것이다. "나는 이런 종들이 수가 많다는 이유로 사람들이 덜 관대해지는 걸 봐 왔어요." 올펜부텔은 말한다. "사람들은 [라쿤을] 질병 및 갈등 유발과 연관해서 생각하죠." 올펜부텔은 곰도 다음번 쓰레기 판다가 될까 봐, 다음번 유해동물이 될까 봐 걱정한다.

인간이라는 위험한 유혹

확실히 해 두자. 곰은 우리가 사랑하는 것을 사랑한다. 간식 말이다. 인간과 흑곰의 갈등은 곰이 인간의 음식에, 혹은 음식으로 통할 만한 것에 유혹을 느껴서 발생하는 경우가 많다. 곰은 식성이 까다롭지 않다. 곡물은 맛있고, 숲의 덩이줄기와 견과와 나무 열매도 맛있다. 하지만 굳이 건강식을 고집할 이유가 있을까? 곰은 쓰레기나 퇴비도 먹는다. 패스트푸드가 버려진 쓰레기장? 접수하자. 개 사료나 새 모이? 그것도 식단에 넣자. 연어는 물론 맛있지만, 닭과 달걀도 맛있다. 곰은 당신의 그릴에 눌어붙은 음식물을 핥고, 핼러윈 장식용 호박을 우걱우걱 먹는다. 내가 아는 사람 중에 텐트 속에 치약을 놔뒀다가 한밤중에 곰의 방문을 받은 남자들이 있었다. 곰에게는 모두 시도할 만한 대상이다.

곰이 까다롭지 않은 이유 중 하나는 엄청나게 많이 먹어야 하기 때문이다. 일부 지역에서 흑곰은 겨울에 먹지도, 마시지도, 배설지도, 배뇨하지도 않는 채 최장 7개월 반까지 온전히 동면한다. 설령 온전히 동면하지는 않고 그냥 좀 덜 움직이고 잠을 좀 더 자는 경우라도, 겨울은 먹이를 찾기 힘든 시기다. 따라서 곰은 여름과 가을에 하루 2,000칼로리 따위의 제약은 잊는다. 곰에게는 하루 2만 칼로리가 필요하다. 콜로라도주 포트콜린스 소재 농무부 산하 국립야생생물연구소에서 일하는 야생생물학자 스튜어트 브렉에 따르면, 곰의 식탐은 차원이 다르다. 늦여름과 가을에 곰은 하루 최대 스무 시간씩 먹이를 찾아 돌아다니고 먹는다.

와틀스는 매사추세츠 서부와 뉴욕을 오가며 사는 곰 이야기를 들려준다. "녀석은 가을마다 뉴욕으로 와서 옥수수밭을 완전히 거덜 냅니다." 곰이 어찌나 많이 먹는지, 밭에서 녀석이 먹어 치운 부분이 마치 크롭 서클처럼 뚫린 모습이 구글어스 위성 영상에서 보일 정도다. 가을의 곰은 먹이를 찾아 돌진하는 거대한 털북숭이 미사일로, 예전에 먹이를 봤던 장소와 다시 먹이를 찾을 수 있을 듯한 장소를 어마어마한 후각과 기억력으로 외우고 있다.

요세미티국립공원에서 곰들이 어떤 차에 침입하는지 분석한 브렉과 동료들의 연구는 이제 널리 알려져 있다. 2001년에서 2007년까지 곰의 방문을 받은 차는 총 908대였다.[2] 곰에게 주어진 차들이 어떤 종류였는지 살펴본 결과, 과학자들은 2004년에서 2005년 사이에 국립공원에 주차된 차들 중 곰이 유달리 선호한 종류가 있었음을 발견했다. 미니밴이었다. 곰들은 아무 차나 무작위로 골랐을 때의 확률보다 미니

밴을 네 배 더 선호했다.

왜 곰들은 막 서른다섯 살이 되고 세 번째 아이가 생긴 사람처럼 미니밴을 좋아할까? 브렉과 동료들이 확실한 이유를 찾진 못했으나, 브렉은 아이들이 그 답이라고 거의 확신한다. 미니밴은 가족이 모는 경우가 많다. 그것은 곧 뒷좌석에 과자 부스러기가 흩어져 있고 요거트가 묻어 있다는 뜻이다. 곰은 예민한 코로 대박의 냄새를 맡는다. "구체적인 증거가 있는 건 아닙니다만, 곰은 냄새 혹은 냄새가 날 확률에 근거하여 차를 고를 가능성이 높습니다. '좋았어, 이 근처에 먹이가 있을 확률이 높아' 하고 생각하는 거죠." 브렉의 말이다.

그것은 사람들이 곰의 출몰을 예상하는 국립공원에서의 이야기였다. 국립공원에서 사람들은 행동을 조심해야 한다는 것을 알고 있으며, 심지어 야생동물에 관한 안내문을 진짜로 읽고 그 지침을 따를 수도 있다. 적어도 그러겠다고 생각은 한다. 사람들은 자신이 특별한 장소에 있다는 것을 안다. 그곳은 야생이다. 사자와 호랑이와 곰을 볼 수 있을지도 모른다고 기대하는 곳이다. 하지만 교외의 집에서는 사람들이 곰을 덜 기대하고, 곰을 보았을 때 확실히 덜 기뻐한다.

곰은 사람 근처에서 좋은 삶을 누릴 가능성이 있다. 노스캐롤라이나에서는 실제로 도시 지역 곰이 시골 지역 곰보다 더 크게 자라고 더 많이 번식한다. "애슈빌을 떠나는 곰은 죽는다는 얘기가 있죠." 롤리의 노스캐롤라이나주립대학 야생생물학자 크리스 드페르노의 말이다. 지난 40년간 한 살배기 곰들을 살펴본 연구에서,[3] 드페르노는 애슈빌에서 사는 어린 곰이 근처 숲에서 사는 시골 곰보다 훨씬 더 크다는 것을 발견했다.

드페르노와 동료들은 도시와 시골의 곰 보금자리를 찾아다니면서 곰을 생포 덫으로 유인한다. 곰 연구자의 밑을 구석은 만든 지 하루 지난 슈퍼마켓 페이스트리다. "동네 슈퍼마켓들과 협조가 잘되고 있죠. 우리에게 빵을 공짜로 주시거든요." 드페르노의 말이다.

암컷 흑곰은 보통 네 살쯤 되면 처음 새끼를 낳는다. 하지만 애슈빌의 도시환경에서 사는 곰은 훨씬 더 일찍 가족을 꾸린다. 드페르노의 연구를 보면, 도시 곰은 시골 곰보다 훨씬 더 어릴 때부터 번식한다. 도시 곰의 58퍼센트가 두 살에 첫 새끼를 낳은 데 비해, 시골 곰은 그 연령에 번식한 경우가 없었다.[4]

사람들과 함께 살아가기 위해서, 곰도 생쥐나 라쿤처럼 신기술을 계발한다.[5] 2019년 발표한 연구에서, 젤러와 와틀스는 매사추세츠 서부와 중부의 암곰 76마리에게 목걸이를 채운 뒤 2012년에서 2017년까지 곰들의 움직임을 GPS로 추적했다. 곰이 이동하는 영역은 뉴욕주 올버니에서 뉴햄프셔주 도버까지 뻗어 있었고, 심지어 저 아래 로드아일랜드주까지 내려간 개체도 있었다.

어떤 생태학자들은 인간의 환경이 곰에게는 '두려움의 환경'이라고 말한다.[6] 인간은 무섭다. 곰의 덩치로도 그렇다고 젤러는 말한다. 인간에게는 차와 총과 덫이 있다. 하지만 새 모이통과 쓰레기장도 있다. 그래서 곰은 인간을 만날 위험과 인간이 너그럽게 제공하는 먹이의 보상 사이에서 저울질해야 한다.

위험을 관리하고 보상을 받기 위해서, 곰은 행동을 바꾼다. 야생에서 곰은 보통 새벽과 황혼 녘에 가장 활동적이고, 밤 열한 시부터 새벽 세 시까지의 한밤중에는 잔다.[7] 하지만 캠핑장이든 교외든 인간 근처에서 사는 곰은 야간에 근무하고, 낮에는 활동을 줄인다. 젤러와 와틀스는 곰이 주로 밤중에 도로와 주거지에 출몰한다는 것, 특히 봄가을에 그렇다는 것을 확인했다.[8] 밤에는 사람들에게 들키지 않고 먹이를 구할 수 있기 때문이다. 모든 주민이 보안 카메라가 달린 초인종을 구입한다면 얘기가 달라지겠지만 말이다. 시간이 흐르면, 인간 근처에서 사는 곰은 밤에 활동하는 법을 배울 뿐 아니라 경계를 좀 더 늦추게 되어서 야생 곰에 비해 포장도로를 덜 피한다.

곰은 길 건너는 법도 익힌다. GPS 목걸이에 심박수 측정기를 결합한 연구에 따르면, 곰은 평균적으로 하루에 한 번 도로를 건너고 그때마다 매번 심박수가 높아진다(슬프게도, 곰이 도로를 건너기 전에 먼저 좌우를 살펴보는지는 측정기가 알려 주지 않는다).[9] 곰은 어디에서 인간의 음식을 발견할 수 있는지 알고, 인간의 생활환경 중 어느 구역이 가장 위험한지도 안다. 그렇다고 해서 곰이 영원히 성공적으로 헤쳐 갈 수는 없다. 우리가 노샘프턴을 차로 달릴 때, 와틀스가 내게 곰 보금자리를 연달아 가리켜 보인다. 철로의 지하 배수로에 하나, 고속도로 옆 수풀에 하나, 잔디 관리 회사 뒤편에 하나. 와틀스가 들려주는 곰 이야기는 대체로 곰이 죽는 결말로 끝난다. 보통은 주간고속도로 제91호선이나 근처의 다른 큰 도로를 건너려다가 그렇게 된다. 와틀스가 목걸이를 채운 곰 중 몇 마리는 간신히 살아남았는지 다리를 전다고 한다.

위험은 확산되고 있다. 콜로라도주 서부처럼 훌륭한 곰 서식지로 사람이 점점 더 많이 이주하기 때문이라고, 알래스카에서 지질조사국과 함께 일하는 야생생물학자 헤더 존슨은 말한다. 게다가 매사추세츠와 노스캐롤라이나를 비롯한 여러 지역에서 지난 몇십 년간 곰 개체 수가 늘었는데, (사슴의 경우처럼) 재삼림화가 요인 중 하나를 차지하지만 사냥의 변화도 기여했다.

존슨과 동료들은 콜로라도 서부와 네바다 같은 곳에서 사는 곰들이 자연 서식지의 벌이가 신통치 않을 때 인간이 지배하는 지역으로 향하는 경향이 있음을 보여 주었다. 이른바 '나무 열매 흉년'의 문제다. 숲의 먹이는 단단한 나무 열매와 부드러운 나무 열매로 나뉜다. 부드러운 나무 열매는 아로니아, 블루베리, 사과 등이다. 단단한 나무 열매는 도토리나 잣 같은 먹이다. 애스펀, 타호, 듀랑고 주변의 곰 109마리에게 목걸이를 씌운 또 다른 연구에서(미국의 곰들 중 절반은 GPS 장신구를 찬 채 숲을 돌아다니는 게 아닌가 싶을 때도 있다),[10] 존슨과 동료들은 나무 열매 흉년일 때 곰이 도시로 더 많이 흘러든다는 것을 확인했다.

교외의 유혹은 기후변화 때문에 더 강해질 수 있다. 나무 열매 흉작의 한 원인은 가뭄이다. 봄과 초여름에 뜬금없이 내리는 서리도 마찬가지다. 기후변화는 그런 기상 사건이 더 잦아지게 만든다. "앞으로 자연의 먹이가 더 자주 부족해지리라고 예상해야 합니다." 존슨은 말한다. 자연의 먹이가 부족해지면, 곰은 다른 먹이를 찾아 나서야 한다.

따뜻해지는 기후는 또한 곰의 긴 겨울잠을 줄인다. 존슨과 동료들은 콜로라도의 가을 기온이 평년보다 1도 높아지면 곰의 동면 기간이 2.3일 짧아진다는 것을 확인했다.[11] 곰은 또 인간의 음식이든 자연의 먹이든 먹을 것이 많을 때 덜 잔다.[12] 가령 페어필드와 덱은 앉은부채가 자라는 봄까지 기다릴 필요가 없었다. 겨우내 새 모이통이 가득 차 있었고, 사람들은 쓰레기 내놓기를 중단하지 않았으니까. 푸근한 날씨와 큰 쓰레기통? 그걸 놔두고 왜 자겠는가?

우리는 곰이 너무 가까이 다가오는 것이 우리에게 위험하다고 생각한다. 그럴 수 있다. 하지만 보통은 곰에게 더 위험하다는 것이 존슨의 말이다. "사람과 상호작용하는 시간이 길어질수록 곰은 더 위험해지고, 죽을 확률이 더 높아집니다."

존슨의 동료인 야생생태학자 리베카 커비는 또 다른 연구에서 콜로라도 곰 296마리의 혈액과 털을 조사하여 곰들이 무엇을 먹는지 알아보았다. 커비는 표본에서 탄소-13 동위원소가 검출되는지 살펴보았는데, 탄소-13은 가장 미국다운 식단이라고 할 수 있는 옥수수당과 사탕수수당에 많이 포함된 원소다. 곰의 털과 피에 탄소-13이 많다는 것은 곰이 옥수수, 코카콜라, 그 밖에도 팝타르트 필링(두 장의 얇고 바삭한 페이스트리 사이에 필링, 즉 속 재료가 든 과자인데 대체로 몹시 달다 - 옮긴이)부터 우리가 옥수수를 잔뜩 먹여 기른 가축까지 옥수수와 설탕이 많이 들어간 식품을 먹었다는 뜻이다.

커비는 곰의 탄소-13 함유량이 1퍼센트 늘 때마다, 달리 말해 핫도그와 아이스크림 섭취가 1퍼센트 늘 때마다 그 곰이 "민폐"로 규정될 확률이 60퍼센트나 치솟는다는 것을 보여 주었다.[13] 곰은 소셜미디어에서 볼 때는 무지 귀엽다. 하지만 그렇지 않은 순간이 온다. 당신의 개가 곰에게 짖어 대는데 곰이 도전을 받아들일 때, 당신이 새로 들인 뒷마당 닭이 곰의 KFC가 될 때, 당신이 차고에 식량을 보관한다는 사실을 곰이 알아차릴 때.

그리고 옥수수를 먹는 곰은 건강한 곰이 아닐 수 있다. 커비와 존슨은 둘 다 인간의 음식을 먹는 곰이 동면을 적게 한다는 것을 보여 주었다. 하지만 흑곰에게 동면은 음식이 귀한 시기에 에너지를 아끼는 일만이 아니다. 동면은 젊음을 지키는 일이기도 하다. 세포가 나이 들면, 염색체 끄트머리의 반복적 DNA 서열인 텔로미어가 차츰 짧아진다. 동면은 그 과정을 늦춰 주므로,[14] 어쩌면 동면은 더 오래 살기 위한 전략일 수도 있다.

하지만 인간의 음식을 먹고 동면을 적게 하는 곰은 그 몸에 좋은 잠을 놓치게 된다. 커비와 동료들은 동면을 적게 하는 곰의 텔로미어가 실제 더 짧다는 사실도 확인했다. 이것은 세포가 더 빠르게 노화하는지도 모른다는 신호다.[15]

이런 여러 영향들의 결과로, 콜로라도에서 인간이 지배적인 지역은 흑곰의 '개체 수 함몰population sink' 지역이다. 그 지역으로 들어가는 곰의 수가 살아서 나오는 수보다 많다는 뜻이다. 듀랑고의 곰을 살펴본 또 다른 연구에서, 존슨과 동료들은 먹이가 부실한 해에는 암곰의 수가 57퍼센트 줄어든다는 것을 확인했다. 굶어 죽는 것은 아니었다. 인간으로 인한 죽음의 급증과 맞물린 개체 수 감소였다.[16] 곰은 부실한 자연의 먹이에 등 떠밀렸고, 풍성한 인간의 먹이에 유혹되었다. 그래서 용감하게 인간의 지역으로 들어갔다가 그곳에서 죽고 말았다. 대개의 경우에는 '수확'되었고(사냥되었다는 뜻이다), 자동차 범퍼에 치였고, 아니면 야생동물 관리 당국에 의해 제거되었다. 유해동물이라는 이유에서.

문제는 비용이 아니라 습관

우리는 이제 동물이 인간에게 너무 가까이 다가오는 것을 막을 이상적 방법을 안다. 먹을 것이 없다? 그러면 곰도 없다. 만약 우리가 쓰레기통을 잠그고, 새 모이통을 치우고, 그릴을 닦고, 개 밥그릇을 실내로 들이고, 과실수를 면밀히 지켜본다면, 곰이 사람을 찾아올 이유가 적어질 것이다.

사람들에게 어떤 일을 하라고 말하는 것과 실제로 그 일을 하게 만드는 것은 전혀 다른 문제다. 곰이 찾아오지 않는 도시를 만들겠다는 목표로 시범 사업에 나섰던 존슨과 동료 스테이시 리슈카가 깨달은 바가 그것이었다. "이 프로젝트에 깔린 가정은, 만약 우리가 갈등을 줄일 수 있다면 곰에 대한 사람들의 관용을 늘릴 수 있으리라는 것이었습니다." 포트콜린스의 사회생태솔루션에서 수석 컨설턴트로 일하는 리슈카의 말이다. 리슈카는 이것이 터무니없는 가정이 아니라고 강조한다. 갈등이 줄면 사람들이 곰을 더 사랑할 것이라는 생각은 미국 전역의 곰 관리자들에게 퍼져 있다.

과학자들은 콜로라도주 듀랑고를 '곰이 찾지 않는 도시'로 만들기로 결정했다. 연구가 진행된 시기인 2011년부터 2016년 사이에 듀랑고의 인구는 약 1만 8,000명이었고, 인간과 곰의 갈등이 많이 발생했다.

듀랑고가 위치한 프론트레인지산맥은 참나무와 관목이 많은 서식지, 한마디로 곰의 동네다. 지난 40년 동안 인구도 67퍼센트나 늘어서, 이 작은 도시는 주에서 곰 교통사고가 제일 많이 발생하는 위험 지대가 되었다.[17]

곰이 찾지 않는 도시 프로젝트를 도시 전체에 실시하는 것은 예산을 넘어서는 일이었거니와, 과학자들에게는 통제군으로 기능할 지역이 필요했다. 그들은 듀랑고 북쪽과 남쪽에서 두루 장소를 고르고, 각각의 장소를 통제 지역이나 실험 지역으로 지정했다. 통제 지역에서는 그들이 아무것도 바꾸지 않았다. 실험 지역에서는 존슨과 리슈카와 동료들이 총공세에 나섰다. 2013년부터 그들은 곰이 못 여는 쓰레기통을 주민들에게 1,000개 넘게 나눠 주었다.[18] 두껍고 무거운 플라스틱으로 만들어져 있고, 잠금 걸쇠가 하나가 아니라 두 개나 있는 쓰레기통이었다. 공짜 쓰레기통은 시시한 일이 아니었던 것이, 하나당 200달러가 훌쩍 넘는 물건이었기 때문이다. 배포가 끝났을 때, 실험 지역 가정의 95퍼센트 이상이 곰이 못 여는 쓰레기통을 갖게 되었다.

과학자들은 거기서 그치지 않았다. 집집마다 다니면서 주민들에게 쓰레기통을 잠가야 한다고 상기시켰다. 그리고 쓰레기통 말고도 새 모이통이나 반려동물 밥그릇처럼 곰을 유인하는 요소를 다 치우라고 요청했다. 마치 곰에 대한 관용을 가르치는 선교사처럼 전단지를 나눠 주고 다녔다. 잠시 저랑 곰에 대해 이야기하실래요?

그리고 과학자들은 주민들을 염탐했다. 존슨은 자신들이 매년 여름 새벽 다섯 시에 동네를 돌면서 주민들의 쓰레기통을 점검하는 일만 하는 사람을 하나 고용했다고 말한다. 어떤 집 쓰레기통이 열려 있으면, 감시자는 커다란 스티커를 쓰레기통에 붙여서 그 집이 규정을 위반했다는 사실을 천하에 알렸다. 문고리에도 커다란 오렌지색 표지판을 걸어서 추가로 사회적 망신을 가했다. 공짜 쓰레기통은 당근이고, 커다란 오렌지색 위반 표지판은 채찍이었다.

새벽녘에 차로 천천히 동네를 돌면서 남의 집 쓰레기를 유심히 살피는 사람이라니 좀 수상하다. "아니나 다를까 경찰이 우리를 찾아왔다고만 말해 둘게요." 리슈카의 말이다. 하지만 쓰레기 염탐꾼 덕분에, 존슨과 리슈카는 연구 참여자들이 했던 약속이 현실과 얼마나 다른지 확인할 수 있었다. 과학자들은 물론 쓰레기통을 잘 쓰고 있느냐고 묻는 설문지를 주민들에게 우편으로 보낼 수도 있었다(실제로 보냈다). "하지만 우리는 좋은 과학자니까, 직접 확인해 봐야 한다고 생각했습니다. 프로젝트 전체에서 가장 중요한 결정 중 하나였죠."

알고 보니, 우리가 사람들을 인간과 곰 사이의 갈등 해결책으로 유도할 순 있어도 쓰레기통을 잠그게 만들 순 없었다. 주민들이 쓰레기통을 쓰기는 했다. 하지만 많은 주민이 그것을 여느 쓰레기통처럼 썼는데, 그것은 곰에게 뻔히 열려 있다는 뜻이었다. 주민들은 뚜껑을 잠그지 않았고, 아니면 쓰레기가 넘쳐흐르게 두거나 쓰레기통 옆 바닥에 큰 쓰레기봉투를 놔두거나 했다.

"이 프로젝트를 시작할 때 우리는 (…) 곰이 못 여는 쓰레기통 사용의 장애물은 그런 쓰레기통이 개당 250달러라는 점일 것이라고 가정했어요. 누가 쓰레기통에 250달러나 쓰나요." 리슈카는 말한다. "우리가 모두에게 쓰레기통을 나눠 줬으니까, 주민의 98퍼센트 정도가 잘 쓰리라고 예상했죠." 연구를 시작한 지 5년째, 비용은 문제의 절반에 지나지 않음이 명확해졌다.

과학자들이 1년 후에 주민들에게 쓰레기통을 잘 쓰고 있느냐고 물었을 때, 연구 참가자의 70퍼센트 이상이 그럼요, 당연히 제대로 쓰죠, 하고 대답했다. 하지만 염탐꾼이 확인한 바에 따르면 실제로는 절반만이 제대로 썼다.[19] 2016년에는 모두에게 새 쓰레기통이 돌아갔지만, 그것을 항상 제대로 쓰는 주민은 24퍼센트뿐이었다. 주민의 34퍼센트는 한 번도 정확하게 쓰지 않았다.[20] 나소 우울한 이 수치는 존슨이 점잖게 '행동의 의도'라고 부르는 현상 때문이었을 것이다. 엄밀히 따지자면, 주민들이 거짓말한 것은 아니었다. 다만 그들의 의도가 그들의 행동과 일치하지 않을 뿐이었다. 쓰레기통을 이렇게 써야지, 하는 생각과 실제로 쓰레기통을 그렇게 쓰는 행동은 서로 다른 문제다.

희망이 아주 없는 건 아니었다. 곰이 못 여는 쓰레기통을 도입하자, 인간과 곰의 갈등은 거의 당장 줄었다. 실험 지역은 통제 지역에 비해 곰이 쓰레기에 접근하는 사건이 60퍼센트 더 적게 발생했고, 쓰레기를 잠그는 사람은 39퍼센트 더 많았다.[21] 어떤 블록에서는 주민들이 곰에 대해 제대로 인식하게 되자 갈등이 확 줄었다. 쓰레기통과 전단지와 반복된 고지 덕분에 주민들은 곰 관리가 효과적일 수 있다고 느끼게 되었으며, 쓰레기를 찾아 동네를 배회하는 곰 문제를 덜 걱정하게 되었다.

듀랑고 주민들은 곰과의 갈등을 바라지 않는다. 세상에 그걸 바라는 사람은 아무도 없다. 그렇지만 밤 열 시에 쓰레기를 내놓아야 하는데 아직 설거지를 안 했고 개 산책도 시켜야 하고 아이 하나는 숙제를 거부하고 밖은 너무 춥고 그런데 이제 새 모이통까지 들여놓아야 한다고? 좋은 의도를 한 번 잊어버리면 두 번 잊기는 더 쉬운, 그런 문제일 뿐이다. 새해 결심을 지키려고 애써 본 사람은 누구나 알겠지만, 습관을 바꾸기는 어렵다.

자연을 비웃지 말라는 오래된 가르침

캐나다 브리티시컬럼비아주의 그레이트베어우림지대는, 이름에서 상상할 수 있듯이, 곰이 많은 숲이다. 그곳에는 아메리카흑곰뿐 아니라 불곰*Ursus arctos*도 산다. 키타수·사이사이스 원주민 부족들을 비롯하여 사람도 산다.

키타수·사이사이스의 관리 책임자 겸 조직 대표인 더글러스 네아슬로스에 따르면, 그곳 사람들은 곰과 더불어 살아온 역사가 깊다. 한 번은 그가 서구 과학 기법과 원주민 지식의 결합을 논하는 회의에 참석했다고 한다. "한 퍼스트네이션First Nation(캐나다에서 이누이트를 제외한 원주민을 부르는 이름 – 옮긴이) 여성이 이렇게 말하더군요. '과학이 뭐죠? 오랫동안 쌓인 지식과 관찰? 퍼스트네이션에게는 1만 년 이상 쌓인 관찰이 있어요.'" 네아슬로스를 비롯한 여러 동료들은 그동안 과학자들과 함께 작업해 왔다. 그런 전통생태지식traditional ecological knowledge, TEK과 그 지식의 제공자, 즉 네아슬로스와 그의 공동체 같은 존재들이 과학 연구에 포함되고 존중받게 만들기 위함이다.

네아슬로스가 언급하는 전통생태지식 중 많은 부분이 경험과 이야기로 전수된다. "우리의 법칙은 우리의 이야기에서 나옵니다." 그리고 그런 이야기에는 반드시 야생동물이 상징으로서 등장하며, 동물 자체로서도 등장한다. 야생동물은 키타수·사이사이스 문화에 깊숙이 얽힌 존재다. "우리는 늘 그들을 존중해야 한다고 배웁니다."

네아슬로스가 그런 이야기에서 배운 교훈 중 제일 중요한 것은 바로 야생동물을 조롱하지 말라는 것이다. 그는 유럽인이 지배하는 사회에서 사람들이 듣고 자라는 이야기는 자신들의 것과 다르다는 점에 주목한다. 빨간 망토 소녀, 골디락스, 아기 돼지 세 마리. 이런 이야기에서 잠재적 포식자는 모두 악당이다. 늑대는 군침을 흘린다. 곰은… 여러분도 알다시피 골디락스는 곰이 어떻게 행동하든 무조건 도망친다. 대조적으로 네아슬로스가 듣고 자란 이야기에서 동물은 가끔 무섭기는 해도 늘 그들만의 위엄을 가진 존재였다.

네아슬로스는 내게 한 여자와 곰의 이야기를 사례로 들려주었다. 여자의 아버지가 새를 죽였기 때문에, 그의 집에는 봄이 찾아오지 않게 되었다. 좌절한 그는 이미 봄이 와 있는 만으로 가족을 데리고 가서 엘더베리를 따기로 했다. "여기서부터 이야기가 좀 어두워집니다." 네아슬로스의 말이다. "어머니는 아이들을 데리고 산에 올랐습니다. 일을 마치고 내려오는데, 한 딸의 바구니가 터져서 베리가 땅에 쏟아졌습니다." 딸은 가족에게 먼저 가라고 말하고 베리를 주웠다. 그런데 바구니가 또 터졌다. 여자는 다시 베리를 줍다가 그만 곰의 똥 무더기를 밟았고, 불쾌한 나머지 역겨움을 겉으로 드러냈다. 여자가 자리를 뜨려는데 바구니가 세 번째로 터졌고, "뒤에서 웬 목소리가 들렸습니다. 목소리는 이렇게 말했죠. '네 똥은 내 것보다 나으냐?'" 여자가 휙 돌아보니, 웬 남자가 서 있었다. 하지만 온전한 인간이 아니었다. 여자가 마주한 것은 털가죽을 벗어서 인간 남자처럼 보일 줄 아는 곰이었다.

여자는 거짓말을 했다. 그래요, 내 똥은 당신 것보다 나아요. "여자는 구리 팔찌를 벗었습니다. 그러고는 화장실을 쓰는 척했지요." 여자는 일어나면서 팔찌를 떨어뜨려서, 자신이 구리 똥을 눈 척했다. 하지만 곰 남자는 여자의 거짓말을 꿰뚫어 보았다. 그는 산속의 제 동굴로 여자를 데려갔고, 그곳에서 그들은 자식을 여러 명 낳았다. 결국에는 여자의 오빠가 여자를 찾아냈다. 여자가 눈 뭉치를 산 밑으로 던져서 제 위치를 알린 덕분이었다. 하지만 곰이 될 수도 있고 가죽을 바꿔서 인간이 될 수도 있는 여자의 자식들은 산속에 흔적을 남겼다. "여기에는 암벽화가 있는데요, 그곳이 바로 그 자식들이 있었던 장소라고 여겨집니다." 그들이 자신의 손자국을 – 발자국이라고 해야 할까 – 돌에 남긴 것이다.

"이 이야기의 첫 번째 요지는 (…) 야생동물을 조롱해선 안 된다는 겁니다." 네아슬로스의 말이다. 곰이 당신만큼 똑똑하지 않다고 생각하지 말라. "또 다른 요지는 인간과 곰의 밀접한 관계를 강조하는 것입니다." 곰과 인간은 그다지 다르지 않다. 키타수·사이사이스 사람들에게 곰과의 공존은 아주 중요했고, 겸손도 중요했다.

네아슬로스에 따르면, 키타수·사이사이스 부족은 곰이 자기네 공동체에 이득을 안겨 준다는 사실을 뚜렷하게 인식하고 있다. 곰이 주는 이득은 관광의 이득을 한참 넘어선다(물론 관광의 이득도 크다). 부족이 사는 곳에는 통조림 공장이 하나 있고, 연어가 산란하는 강이 두 줄기 있다. 연어가 있는 곳에는 곰이 있다. 흑곰도 불곰도 있다. 곰은 연어를 강에서 주변 숲으로 옮기는데, 주로 먹다 남은 머리와 뼈를 버리는 방식이지만 배설물 형태로도 옮긴다. 그 양분이 토양을 살찌운다. 곰은 또 하구의 땅을 파헤친다. "연어가 사라지면 곰이 사라지고, 곰이 사라지면 숲이 사라집니다." 네아슬로스의 말이다. "우리는 세상을 다소 전체론적인 관점으로 봅니다."

몇 년 전, 벨라벨라항에서 페리를 타고 그레이트베어우림지대 속으로 80킬로미터쯤 북상한 지점에 있는 네아슬로스의 동네는 곰 때문에 문제를 좀 겪었다. 몇몇 주민이 쓰레기를 밖에 내놓았고, 동네에 과실수도 몇 그루 있었다. 곰이 마을에 들어오기 시작했다. 결국 누군가 정부에 연락했고, 곰들은 사살되었다(브리티시컬럼비아주에서 인간에게 너무 가까이 다가왔다는 이유로 사살된 곰이 2021년 한 해에 500마리가 넘었다).[22]

주민들은 경악했다. 그들이 바란 건 곰을 쫓는 것이지 쏘는 게 아니었다. "그래서 내가 전화를 걸었습니다." 네아슬로스는 말한다. "이렇게 물었죠. '곰을 안 쏠 순 없습니까? 다른 방법을 찾아볼 순 없나요?' 그들은 이렇게 대답하더군요. '우리에게 내려오는 지시는 사살뿐입니다.' 그래서 우리는 대충 이렇게 말했습니다. '뭐, 그렇다면 이제 우리는 당신들을 환영하지 않을 테고, 우리가 독자적으로 대처하겠습니다.'"

마을은 조사에 나서서, 모든 주민에게 일대의 곰들을 어떻게 처리하고 싶은지 물었다. "주민의 95퍼센트였나 97퍼센트였나 그 정도가 곰을 해치면 안 된다, 공존하는 법을 배워야 한다, 더불어 살아야 한다고 응답했습니다. 덕분에 이제 우리가 할 일이 확실해졌죠." 네아슬로스의 말이다.

마을에는 이제 과실수가 없다. 모든 집 마당에 대형 곰 방지 쓰레기통이 있고, 주민들은 모든 쓰레기를 그곳에 버린다. 곰을 생포해서 다른 곳으로 옮길 때 쓰는 덫도 설치되어 있다. 혹시 모르는 일이니까. "우리는 먼저 모든 방법을 다 써 볼 겁니다. 곰을 죽이고 싶지 않아요." 네아슬로스의 말이다. 물론 사람들은 가끔 실수한다. 당연히 그렇다. 하지만 주민들은 곰과 더불어 살기 위해서는 그런 일을 감수해야 한다는 것을 대체로 확실히 알고 있다. 키타수·사이사이스 부족은 이제 주변 지역의 사냥 허가증을 사 들이는, 더 큰 사업에 참여하고 있다. 그들은 곰과 함께 살 테고, 남들이 곰을 쏴 죽이는 것도 용인하지 않을 것이다.

더불어 살아가기 위해 감수해야 할 몫

네아슬로스의 공동체는 곰을 바꾸려고 들지 않았다. 대신 자기들 스스로를 바꾸었다. 그들만 그러는 것이 아니다. 몬태나주 버지니아시티 같은 마을도 곰에 대한 인식을 일깨우고자 엄청나게 애쓰고 있다.[23] 주민들은 집단을 꾸려서, 동네의 과실수가 곰을 끌어들이기 전에 과일을 싹 따 버린다. 곰이 못 여는 쓰레기통을 쓴다. 제대로 된 방식으로. 곰이 쓰레기를 뒤지게 놔두었다가 뒤늦게 처벌하는 공동체와 곰이 처음부터 접근하지 않게 만드는 공동체의 차이점은 능력도, 자연과의 영적 결합도 아니다. 차이점은 의욕이다. 자신들이 해야 할 일을 배우겠다는 의욕, 곰의 존재와 곰을 막을 수 있는 관행을 공동체에 통합시키겠다는 의욕이 공동체 전반에 있다는 점이다. 우리는 타인과 더불어 살기 위해서 정지신호를 지킨다. 곰과 더불어 살기 위해서는 새 모이통을 들여놓아야 한다.

이런 의욕은 단순히 갈등을 피하고자 하는 마음에서 생겨나는 것이 아니라고 리슈카는 말한다. 그런 의욕은 우리가 곰을 긍정적 존재로 여길 때, 그로부터 나 자신을 방어해야 할 부정적 존재로 여기지 않을 때 생겨난다. 인간과 곰의 갈등을 줄이려면, 사람들이 곰을 유해동물로 여기지 않게 만들어야 한다. "사람들의 관용을 끌어내고 싶다면, 소통 방식부터 생각해 봐야 합니다. (…) 우리가 어떻게 곰과의 긍정적 상호작용을 만들어 낼 수 있을지 말입니다." 리슈카의 말이다.

듀랑고 주민들을 대상으로 곰에 대한 인식을 조사한 결과, 리슈카와 존슨은 곰과의 부정적 경험이 – 곰이 자기 쓰레기를 뒤졌다거나 재산 피해를 일으켰다거나 하는 경험이다[24] – 곰에 대한 관용 수준을 예측하는 지표가 되진 않는다는 것을 발견했다. 오히려 동물과의 긍정적 경험이 예측 지표였다. "긍정적 경험이란 이런 거예요. '나는 자연에서 하이킹할 때 곰을 보는 게 좋다, 내 동네에서 곰을 보는 것도 좋다. 이곳에 곰이 있다는 사실, 게다가 존속 가능한 개체군이 있다는 사실을 아는 것은 내게 중요한 일이고, 알다시피 그것은 생태계의 질을 알려주는 신호다.'" 리슈카는 이렇게 설명한다. 곰이 주는 이득을 믿는 사람일수록 곰과 더불어 살 때 감수해야 할 일을 더 잘 받아들였다.

"곰을 노상 문젯거리라고만 이야기할 순 없어요." 리슈카의 말이다. 그저 골칫거리를 다루기 위해서라면, 사람들은 자기 행동을 바꿔야겠다는 욕구를 느끼지 않을 것이다. 대조적으로 만약 사람들이 다루는 것이 자연의 이웃, 그것도 잘 살기를 바라는 이웃이라면, 아마도 사람들은 더 기꺼이 행동할 것이다.

그리고 사람들은 관용할 필요가 있다. 왜냐하면 곰은 – 인간도 그렇지만 – 물러나지 않을 것이기 때문이다. "일부 지역에서는 갈등이 전혀 없는 수준에는 결코 도달하지 못할 거예요." 리슈카의 말이다. "타호가 그렇고, 애스펀도 그렇죠. (…) 곰 서식지의 질이 너무 좋아요. (…) 그러니까 우리는 갈등을 가능한 한 최소화할 방법을 찾아야 합니다." 갈등은 계속 벌어질 것이다. 사람도 곰도 실수하기 때문이다. "하지만 사람들이 이만하면 괜찮다고 여기는 지점에 도달해야 하는 거죠."

만약 우리가 그러지 않고 우리의 곰 이웃에 대해 나쁜 점만 생각하려 한다면, 우리는 그들을 아예 이웃으로도 여기지 않게 될 것이다. 그 대신 우리가 발 들이는 숲은 모두 우리 소유라고 여길 테고, 곰은 우리가 그들을 원치 않는다는 사실조차 깨닫지 못하는 골칫거리라고 여길 것이다. 다른 침입자를 관리하는 방식대로 그들을 관리하려고 들 것이다. 짜증 내고, 두려워하고, 화낼 것이다. 그리하여 곰은 유해동물이 될 것이다.

어떤 이름으로 불러도
유해동물

뜻밖의 라쿤 손님

2021년 8월 주중의 어느 날 저녁, 내 친구 에마와 폴은(살짝 창피한 이야기이므로 가명을 썼다) 메릴랜드 교외의 집에서 딸을 재운 뒤 거실에서 〈스타트렉: 딥 스페이스 나인〉 재방송을 보고 있었다.

"뭔가 달가닥거리는 소리가 들렸어." 에마의 말이다. 그들은 근래 집에 생쥐가 출몰하는 문제를 겪고 있었으므로, 에마는 쥐덫에 또 생쥐가 걸렸나 보다 하고 생각했다. 하지만 소리가 계속 커졌다. "속으로 생각했지. 맙소사, 생쥐가 아니라 쥐 같은 게 걸린 거야?"

그때 폴이 고개를 돌리고는 외쳤다. "으악, 저게 뭐야?!"

우리가 공통으로 속한 단체 채팅방에 에마가 다급하게 메시지를 올렸기에, 나는 상황을 꽤 일찍부터 알았다. 에마가 올린 것은 거실 한 구석, 책장이 있고 그 위에 보드게임이 쌓여 있는 곳의 사진이었다. 그 꼭대기에, 윙스팬 게임 상자 뒤에, 봉제 인형처럼 보이는 것이 천장에 닿을 듯이 끼어 있었다.

그것은 봉제 인형이 아니었다. "고개를 돌렸더니 책장 위에, 보통은 라쿤이 없는 곳에 라쿤이 있는 거야." 폴의 말이다. 동물은 최대한 구석에 코를 박고 있었고, 사람 눈에 띄지 않으려고 몹시 애쓰고 있었다. 확실한 실패였다.

부부는 완전히 공황에 빠졌다. "나는 싸워야 되나, 도망쳐야 되나 하는 상태가 되었는데, 도주를 선택했어." 에마의 말이다. 에마는 휴대 전화를 쥐고, 사진을 찍은 뒤, 딸의 방으로 달려 들어가서 문을 잠갔다. 폴은 에마가 싸우거나 도망치거나 하는 상태였음에도 불구하고 사진을 깨끗하게 잘 찍었다는 점을 지적한다. 현대인의 공황 반응은 투쟁, 도주, 혹은 사진 찍기다.

동물 관리 센터를 정신없이 검색해 본 에마는 사무실이 다 닫았다는 것을 깨달았다. 그래서 911에 전화했다. 911 교환원은 에마에게 그냥 라쿤이 나갈 때까지 기다리라고 일러 주었다. 에마가 아직 깨어 있을지도 모르는 가족들과 친구들에게 메시지를 보내기 시작한 것이 그때였다.

그동안, 무술가인 폴은 벽에 걸린 장검을 꺼내어 쥐고 거실 문간에

섰다. "야생동물을 베다니, 그건 장검을 가진 사람이 할 수 있는 최악의 짓으로 느껴져." 에마는 말한다. 하지만 당시에는 둘 다 생각이 제대로 되지 않았다. "놈이 거기 계속 있을지, 아니면 집 밖으로 달려 나갈지 모르겠더라고." 폴은 이렇게 설명한다. "놈이 광견병을 갖고 있는지 아닌지도 모르겠고."

다행히 에마의 친구들이(나를 포함하여) 깨어 있었다. 우리는 에마에게 거실로 돌아가서 현관으로 이어진 문을 열어 두고, 라쿤에게 길을 알려 줘야 하니 (참치 캔이 제일 좋겠지만) 뭔가 냄새 나는 음식을 밖에 두고, 불을 다 끄고, 거실을 비워 두라고 말했다. 이즈음 폴은 작업용 장갑과 부츠를 착용하고 등산 스틱으로 라쿤을 찔러서 나가게 만들려고 시도하고 있었다. "무시하더라고." 폴의 회상이다. "하지만 내가 머리 가까운 쪽을 좀 세게 찌르니 놈이 스틱을 물었어. 내가 치울 때까지."

단체 채팅방에서 대화가 좀 더 오간 뒤, 부부는 크래커와 슬라이스 햄을 시도해 보고 결국 참치로 결정한 뒤에 불을 다 끄고 현관으로 통하는 유리문을 열어 두었다. 그리고 폴이 부엌 문간에서 망을 봤다. 유일한 불빛은 가정용 보안 기기가 내는 빛이었는데, 그 빛은 라쿤이 거실에서 움직일 때마다 그 동작을 감지하여 잠깐씩 밝아졌다. 폴은 이렇게 말한다. "불빛을 보고 있었는데, 이번에는 빛이 환해질 때마다 뭔가 뚝딱거리고 달그락거리는 소리가 함께 들리는 걸 보니 가능성이 있겠더라고. 결국 라쿤이 마루를 휙 가로질러서 저 문으로 나갔지. 놈은 음식을 살필 생각도 없었어."

폴은 그 장면이 거의 영원히 이어지는 듯 느껴졌다고 말한다. "우리는 아주 오래 기다렸어. 라쿤이 마침내 떠난 뒤에 보니까 거의 자정이었지." 나는 단체 채팅방에 찍힌 시각을 확인해 보았다. 에마가 처음 당황한 메시지를 올린 것은 밤 10시 2분이었다. "나갔어!"라는 안도의 메시지는 밤 11시 정각에 올라왔다. 전체 사건이 펼쳐지는 데 한 시간도 걸리지 않았던 것이다. 그 시간이 라쿤에게 어떻게 느껴졌을지는 그저 상상만 할 수 있을 따름이다.

이것이 약간 과잉 대응처럼 보인다면, 뭐, 그렇긴 하다. 하지만 대부분의 사람에게는 라쿤과 밀접하게 접촉한 경험이 없고, 하물며 자기 집에 들어온 라쿤을 보는 일은 더 없다. "라쿤과의 경험이라고 하면 놈들이 우리 새 모이통을 훔쳐 가려고 했던 것뿐이야. 있잖아, 새 모이통을 바닥에서 뜯어서 숲으로 끌고 가려고 했다니까." 폴의 말이다.

이후 며칠간 부부는 거실의 모든 물건을 소독했고, 라쿤이 들어왔을지도 모르는 구멍을 찾아서 모조리 널빤지로 막았다.

폴은 장검을 꺼낸 것은 터무니없는 반응이었다는 것을 알고 있다. "돌아보면, 그 동물은 완전히 겁에 질려 있었어. 우리는 오히려 놈을 불쌍하게 여겨야 했어. 하지만 그 순간에는 위협으로 느껴지는 대상에 대해서 그 반응이 먼저 나오지 않더라고." 폴이 그토록 격렬하게 반응했던 것은 자기 공간이 침범당했다고 느꼈기 때문이다. "이건 내 집이야. 그 동물은 내 집에 있으면 안 되지. 집이란 야생동물로부터 안전한 곳이어야 하잖아."

모든 유해동물 이야기에서 같은 주제가 등장한다. 동물이 뜻밖의 장소에 나타난다. 어떤 생태 지위를 채우려고 들어온 것인데, 그 지위는 책장 꼭대기 같은 물리적 공간일 수도 있다. 어쩌면 우리가 그것에게 새로운 서식지를 주었을 수도 있고, 새 모이통 같은 새로운 기회를 주었을 수도 있다. 아니면 우리가 녹음 우거진 주거지를 개발하느라 그것의 서식지에 끼어들었을 수도 있다. 내 친구들은 라쿤을 직면했을 때 자신이 취약하고 무력하다고 느꼈다. 혐오와 두려움을 느꼈고, 당장 광견병과 ─ 라쿤이 실제로 옮기는 병이다 ─ 물렸을 때의 아픔이 걱정되었다. 야생동물은 좋은 이웃으로 대해야 한다던 자신들의 신념과 정면으로 부딪혔고, 그 신념이 집이란 곧 자연으로부터 떨어진 장소여야 한다는 또 다른 신념과 충돌하는 것을 보았다. 동물이 스스로의 생태 지위를 찾아 들어온 것을 보았고, 사람들의 교외 주거지 조성에 동반된 서식지 변화가 어떤 영향을 끼쳤는지 보았다. 어떤 깨달음은 당장 떠올랐고, 다른 깨달음은 이튿날에야 찾아왔다. 더 나중에 느낀 깨달음도 있었다. 하지만 당시에는 모든 생각이 단 하나로 압축되었다. 저걸 내보내야만 해.

생각을 바꾸지 않으면
유해동물은 사라지지 않는다

만약 우리가 유해동물과의 전쟁을 계속 벌이기로 고집한다면, 확신컨대 그것은 우리가 이길 수 있는 전쟁이 아니다. 무언가를 근절하겠다는 기대는 한참 뒤의 미래에나 성사될 테고, 더구나 그 범위는 제한적일 것이다. 미국 해충구제·소독업자협회는 1936년에 '구제업자extermi-nator'에서 '유해생물 관리pest control management'로 이름을 바꾸기로 결정했다 (이제 이 협회의 이름은 유해생물관리협회로 바뀌었다).[1] 관리라고 하니 예전만큼 든든한 느낌이 들진 않지만, 관리는 적어도 가능한 목표다. 근절은 애당초 가능하지 않았다.

그야 물론, 우리는 섬에 쥐나 고양이나 생쥐가 한 마리도 남지 않을 때까지 독과 덫을 쓸 수 있다. 더 높은 울타리를 지을 수 있고, 더 치명적인 토끼 질병을 개발할 수 있다. 생쥐를 불임으로 만드는 유전학적 기법을 시도할 수 있고, 비둘기 모이에 피임약을 섞을 수도 있다. 다만, 우리가 동물 하나를 죽일 때마다 다른 동물이 나타나서 그 자리를 차지할 것이다. 어쩌면 그것은 쥐가 아닐 수도 있다. 청설모나 라쿤일 수도 있다. 사슴이나 갈매기, 돼지일 수도 있다. 곰, 칠면조, 원숭이, 까마귀가 될 수도 있다.

우리가 지금의 방식대로 계속 사는 한, 그러니까 계속 새 공간과 새 쓰레기를 만들고, 새롭고 이국적인 반려동물을 들이고, 야생의 공간으로 이주하고, 우리가 귀하게 여기지 않는 공간은 싹 밀어 버리는 한, 동물들은 계속 우리를 이용하려고 찾아와서 우리 앞을 막아설 것이다. 계속 우리를 성가시게 만들 것이다. 유해동물은 늘 존재할 것이다.

이 책의 동물들은 예시일 뿐이다. 사실은 다른 많은 동물이 대신 등장할 수도 있었다. 찌르레기, 까마귀, 갈매기. 멧돼지, 코키개구리. 너무나 많은 원숭이들. 이조차도 노린재, 지네, 말벌 같은 무척추동물은 아예 제쳐 둔 것이다. 라쿤이 코요테를 대신할 수 있었고, 원숭이가 코끼리를, 멧돼지가 뱀을 대신할 수도 있었다. 이들은 모두 우리가 그들의 자리라고 생각하는 장소에 머물기를 거부한 동물이다. 인류학자 메리 더글러스가 먼지를 가리켜 '제자리를 벗어난 물질matter out of place'이라고 말했던 것은 유명한 표현이다.[2] 유해동물도 비슷하게 볼 수 있다. 유해동물은 제자리를 벗어난 동물이다.

하지만 어떤 상태가 제자리를 벗어난 것인지는 누가 결정하는가? 당연히 인간이 한다. 투스카로라 부족에 속하는 화이트베어 씨족의 일원으로서 뉴욕주립대학 환경과학 및 임학대학에서 전통 지식 체계를 연구하는 닐 패터슨 주니어는 인간이 세상을 지배한다는 감각이란 유대-기독교적 사고방식이라고 지적한다. "대부분의 서구인은 기독교가 그들의 과학에, 또는 야생동물을 보는 시각에, 또는 세상을 보는 시각에 영향을 미쳤다고는 결코 말하지 않죠." 패터슨의 말이다. "과학자들은 종교가 그런 것들로부터 철저히 분리되어 있다고 말할 겁니다. 하지만 난 그게 사실이 아니라고 봅니다. 그들의 종교는 그 모든 것 속에 스며 있습니다."

자신이 헤엄치는 물, 자신이 호흡하는 공기를 의식하기란 어려운 법이다. 우리가 접하고 자란 문화도 마찬가지다. 만약 우리가 인간이 모든 것을 책임지는 존재라고 가정한다면, 그로부터 자연히 온갖 결론이 도출된다. 정말로 우리가 모든 것을 책임진다면, 우리에게는 모든 것을 파괴할 힘이 있음은 물론이려니와 우리가 바꿔 놓았던 것을 우리가 원하는 방식으로 바로잡을 책임과 권리도 있다. 우리 문화의 편향을 못 보는 맹목은 또한 다른 문화의 사람들이 자기네 생태계를 보는 시각을 함부로 비판하게 만든다. 패터슨은 이렇게 말한다. "서구 과학 자들은 원주민의 전통생태지식을 보고 이렇게 말합니다. '하지만 이것 은 그들의 우주론과, 그들의 종교와 긴밀하게 결부된 내용이잖아요.'" 하지만 그 과학자들은 자신들의 세계관도 자신들의 신념에 영향받아 형성되었다는 것을 깨닫지 못한다. 원주민의 지식이 그들의 우주론과 결부되어 있는 것은 사실이다. "하지만 적어도 원주민은 그 점을 솔직 하게 인정합니다." 패터슨의 말이다.

지배의 개념, 즉 인간은 이 세상을 다스리기 위해서 생겨난 존재라 고 보는 생각은 우리 문화에 깊게 깔려 있다. 유명 보전활동가 이언 맥 하그는 모든 환경 파괴를 성서 탓으로 돌릴 수도 있다고 말한 적 있다. 창세기 제1장 제28절은 이렇게 노골적으로 말한다.[3] "하느님께서는 그 들에게 복을 내려 주시며 말씀하셨다. 너희는 자식을 낳고 번성하여 온 땅에 퍼져서 땅을 정복하여라. 바다의 고기와 공중의 새와 땅 위를 돌아다니는 모든 짐승을 부려라."[4] 이처럼 우리 인간이 주변 환경을 지 배한다는 생각, 따라서 우리가 보기에 알맞은 방식으로 그것을 다뤄도 된다는 생각은 대부분의 서구 문화에 침투해 있다.

시카고신학대학원에서 성서 문화와 성서해석학을 연구하는 켄 스 톤은 우리가 주변 환경을 제 뜻대로 다루고 싶을 때 '창세기를, 특히 그 구절을 끌어들이는 경향이 있다'고 말한다. 그 구절은 정말로 자주 언 급되기 때문에, 그 속에 담긴 지배의 개념은 그동안 우리가 인간과 환 경의 관계를 생각하는 방식에 지나치게 큰 영향을 미쳤을 것이다.

하지만 창세기가 성서의 전부는 아니다. "[자연보호론자들이] 인간과 동물의 관계에 대한 성서적 시각은 하나뿐이라고 믿는 건 틀렸습니다." 스톤은 이렇게 말한다. "그렇게 결정하면 지배와 정복을 중시하는 것이 성서의 주된 시각이라고 강조하게 되는데, 그렇지 않습니다. 물론 그것이 성서적 시각이긴 하죠. 하지만 유일한 시각은 아닙니다."

창세기에 의지하는 사람들과 마찬가지로, 대부분의 윤리학자들도 아마 몹시 강한 압박하에서는 인간을 동물에 앞세울 것이다. 윤리학자들에게 불타는 건물에서 새끼 고양이와 인간 아기 중 한쪽만을 선택해서 구출하라고 한다면 어떨까? 고통이 모든 생물종에게 동등하다고 믿는 확고한 공리주의자조차 그런 상황에서는 보통 굴복하여 인간 아기를 고르리라는 것이 매사추세츠대학 로웰캠퍼스의 철학자인(그리고 내 친구인) 니컬러스 G. 에번스의 대답이다.

윤리는 단순히 옳고 그름의 본능적 느낌에 따른 개인적 체계를 뜻하는 게 아니라, 도덕적 중추이자 영혼의 핵심이다. 에번스에 따르면, "대부분의 윤리 체계는 사전에 정해 둔 원칙들을 바탕으로" 삼는다. "그다음에 그것을 바깥세상에 적용해서 어떤 일의 선악을 판단하는 잣대로" 쓰는 것이다.

인간과 동물, 상생의 윤리학

모든 윤리 체계는 득과 실을 저울질하는 방식이 저마다 조금씩 다르다. 에번스에 따르면, 윤리 체계들은 크게 네 범주로 묶인다. 첫 번째 범주는 결과를 중시한다. "삶에서 선한 것이 무엇인지 찾은 뒤, 그걸 더 많이 만들어 내자는 식이야." 반면 의무를 중시하는 체계들도 있는데, 여기서 어떤 행동은 결과와 무관하게 그 자체로 선 혹은 악이다. "살인은 늘 나쁘고, 진실을 말하는 것은 늘 좋다고 보는 식이지." 에번스의 설명이다. "설령 진실을 말함으로써 모든 사람이 훨씬, 훨씬, 훨씬 덜 행복해지더라도 말이야. 실제로 가끔 그렇잖아."

세 번째 범주는 당신이 어떤 사람인가 하는 문제를 따진다. 설령 당신이 세상의 모든 새끼 고양이와 인간 아기를 구할지라도, 그 행동을 잘못된 이유에서 수행했다면? 여전히 당신은 선한 사람이 아니다. 마지막 네 번째 범주는 그 밖의 모든 체계들을 담은 것이다.

서로 다른 체계들도, 가령 새끼 고양이가 든 상자에 아무 이유 없이 불 지르는 짓은 나쁘다는 명제에는 모두 동의할 것이다. 의견이 갈리는 대목은 그것이 왜 나쁜가 하는 이유에서다. 에번스에 따르면, 이와 마찬가지로 대부분의 윤리학자들이 '유해동물'이라는 단어의 정의에는 동의할 수도 있다. 유해동물의 존재는 부정적이고, 유해동물이 사라지면 긍정적이라는 식으로 말이다. 하지만 과연 무엇을 유해동물로 볼 것인가 하는 대목에서는 윤리학자마다 의견이 다를 것이다. 어떤 사람은 토끼가 유해동물이라고 볼 테지만, 다른 사람은 아닐 것이다. 어떤 사람은 살아 있는 생물 중 그 이름에 부응하는 존재는 하나도 없다고 주장할 테지만, 다른 사람은 사방에서 유해동물을 볼 수도 있다.

이것은 중요한 문제다. 왜냐하면, 일단 '유해동물'이라는 꼬리표가 논의에 포함되면 그 동물의 안녕을 염려하는 시각은 논의에서 제외되기 때문이다. "그 용어는 사람들에게 이 동물은 별로 고려할 가치가 없다고 말해 주는 셈이죠." 프로젝트코요테의 보전활동가 프란시스코 산티아고아빌라의 말이다.

당신이 만약 어떤 동물이 당신을 해친다고 설득력 있게 주장할 수 있다면, 당신은 그 위협을 제거하기 위해서 취하는 행동에 대해 자신이 무죄라고 느낄 수 있을 것이다. 더 나아가 그 동물이 당신의 생존을 위협한다고, 혹은 당신의 정원이나 개나 고양이나 소에서 멸종 위기에 처한 생태계에 이르기까지, 무엇이 되었든 당신이 귀하게 여기는 것의 생존을 위협한다고 주장할 수 있다면 더 좋을 것이다. 그런데 그보다 훨씬 더 쉬운 방법은, 그냥 어떤 동물을 유해동물이라고 부름으로써 그것을 죽여도 되는 존재로 만드는 것이다. 우리가 미워하는 동물에 대해서는 "보통 윤리적 문제를 다 따져서 체계적으로 접근하진 않죠." 뉴욕시 헌터대학의 동물행동학자 리브 베이커는 이렇게 말한다. "일단 생각 자체가 불편한 데다가, 그러다 보면 우리가 하고 싶지 않은 일을 억지로 해야 할 상황에 처할 가능성이 있거든요." 우리가 만약 유해동물을 아름답고 다정하고 감동적인 존재로 보게 된다면—우리가 코끼리, 집고양이, 말을 볼 때가 그렇다—그 동물이 사라져야 한다고 믿기는 훨씬 어려워진다. 거꾸로 우리가 만약 좋아하는 어떤 동물을 유해동물로 지칭하기를 거부한다면, 그 동물이 일으키는 어떤 피해라도 선뜻 용서하기가 훨씬 쉬워진다. 그 피해가 우리에게서 먼 곳에 있거나 우리 시야에서 벗어난 사람들과 생태계에 벌어질 때는 더욱더 그렇다.

오래전부터 자연보호론자들은 인간이 이 땅의 포식자라고, 심지어 역사상 가장 치명적인 포식자라고 누누이 말해 왔다. 하지만 유해동물과 대면했을 때, 우리는 우리가 먹잇감이라고 느끼기 쉽다. 그 유해동물이 쥐나 생쥐나 얼굴로 날아드는 비둘기라도 그렇다. 우리가 그 동물보다 (생쥐의 경우) 아마 몸집이 3,000배는 더 크겠지만, 갑자기 동물이 너무 커다랗게 느껴지는 것이다. 에마와 폴이 대면한 동물은 평균 6킬로그램에서 10킬로그램쯤 나가는 라쿤이었다. 하지만 두 사람은 라쿤의 작은 개만 한 체구가 아니라 이빨과 발톱을 보았다. 그리고 물리면 아플까 봐 겁이 났다.

먹잇감이 된다는 것, 우리가 벗어나고자 애쓰는 자연의 지속적 피해자가 된다는 것은 초조하고 불안한 일이다. 우리는 방어하고 싶어지고, 선제공격을 가하고 싶어진다. 우리도, 우리의 작물도, 우리의 동물도, 우리가 염려하는 여타 멸종 위기종들도 모두 먹잇감처럼 느껴진다. 어떤 위협이든 당장에 제거해야 할 것만 같다.

하지만 모두가 자신을 먹잇감으로 느끼는 것은 아니다. 라코타족은 그렇지 않다. 오히려 라코타족은 늑대, 퓨마, 곰과 어깨를 나란히 하는 포식자다. 『늑대와 원주민을 대변하여』에서 조지프 마셜 3세는 원주민이 늑대를 비롯하여 자신들과 상호작용하는 다른 포식자들의 사냥 방식을 모방했다고 말한다. "하지만 인간이 늑대를 따라 한다는 것은, **우리 인간도** 환경에 기여하는 방식으로 존재해야 한다는 것을 뜻했다. 이는 곧 삶의 상호성을 받아들인다는 것이다."[5] 모든 동물에게는 세상을 잘 살아가는 데 도움이 되는 고유한 특징이 있다고 마셜은 말한다. 사슴에게는 뛰어난 후각이 있고, 스컹크에게는 강렬한 냄새가 있다. 호저에게는 가시털이 있다. 인간에게는 추론하고 이해하는 능력이 있다. "달리 말해, 원주민은 자신들의 추론 능력이나 이해 능력이 자신들을 우월하게 만들어 준다고 여기지 않았다. 그것은 그저 **우리 인간이** 지닌 생존의 열쇠였다."[6]

이런 관점은 생태계 속에서 더불어 살아가는 삶에 관한 것이다. 이런 시각을 취하면 '우리' 공간에 들어온 다른 동물을 보는 시각이 바뀌는데, 왜냐하면 이 공간은 사실 온전히 우리만의 것이 아니기 때문이다. 이 공간은 공유하는 공간이다. "계약과 관계 형성에 관한 우리의 개념들은 (…) 우선 비인간을 대상으로 합니다." 페놉스콧 부족 공동체의 일원이자 인류학자로서 오로노의 메인대학에서 아메리카원주민학을 가르치는 대런 랜코는 이렇게 말한다. 동물은 우리보다 덜 중요하기에 우리가 이용해도 되는 단순한 존재가 아니다. 불편하면 그냥 없애도 되는 존재가 아니다. 인간은 그 대신 주변 생명체들과 계약과 관계를 맺고 그것을 잘 지켜야 한다.

그것이 성문화된 계약은 아니다. "그들에 관한 무슨 문서를 작성한 뒤에 그걸 어딘가 처박아 두고 잊어버리는 걸 뜻하는 게 아닙니다." 랜코는 말한다. "이 관계가 살아서 생동하려면, 우리가 그들과 지속적으로 관계를 맺고 이어져야 합니다." 생태계의 모든 구성원에게는-동물도, 식물도, 물도, 기타 등등도-그것만이 지닌 지식이 있고, 그것이 충족시켜야 할 책임이 있다. 비인간은 이웃이다. 인간이 이 세상을 살아가려면 협력해야만 하는 이웃이다. 만약 당신이 잔디밭을 깎지 않고,

쓰레기를 쌓아 두고, 새벽 다섯 시에 시끄럽게 파티를 연다면, 남들에게 당신은 좋은 이웃이 아니다. 계속 그랬다간 언젠가 주택소유주협회나 아파트운영위원회나 경찰이 찾아와서 당신이 좋은 이웃 계약에서 제 역할을 방기하고 있다고 알릴 것이다.

이 관계에는 침입종도 포함된다. "원주민에게도 침입종은 문젯거리입니다." 랜코의 말이다. 하지만 랜코의 연구에 따르면, 원주민은 침입종을 늘 독살이나 말살로만 다루진 않는다. "원주민은 생태계의 여러 이해관계들을 폭넓게 유지하고 강화하는 편을 선호합니다. 그냥 박멸해 버리자는 태도로 대응하지 않습니다." 설령 새로운 종이나 개체가 인간에게 문제를 일으키더라도, 그들은 적이 아니다. 새로운 이웃이다. 새로운 계약으로 접근해야 할 이웃이다. 상호 책임의 기조로 보면, 세상은 괴롭힘당하는 인간과 사악한 유해동물이 전쟁을 벌이는 곳이 아니다. 생태계가 지속적으로 돌아가게끔 관련된 모두가 함께 집합적으로 행동하는 곳이다.

일부 원주민 집단은 '유해동물'이라는 말 자체를 쓰지 않는다. "원로들이 우리에게 '유해동물'이라는 단어를 쓰지 말라고 구체적으로 당부했습니다." 야생생물학자 트래비스 바트닉의 말이다. 바트닉은 원주민이 아니지만 오대호원주민 어류·야생동물위원회에서 일하는데, 이 위원회는 오지브웨의 열한 개 부족을 대변하여 위스콘신, 미네소타, 미시간에서 조약으로 보장된 그들의 사냥, 어업, 채집 권리를 관리하는 곳이다. 바트닉에 따르면, 오지브웨 부족에게 "이 땅의 모든 존재는 창조자가 다 이유가 있어서 만든 것입니다. 그리고 그들이 이곳에 있게 된 것은 그들의 잘못이 아닙니다. 그들이 원래 있어야 할 자리가 아닌 장소로 내몰리게 된 것은 결국 다 인간의 잘못입니다."

체념하지 않는 법

로버트 설리번은 『쥐들』에서 쥐를 "우리의 거울 종, 뒤집어진 채로 닮아 있으며, 우리가 번성하고 고통받는 도시에서 그들 역시 부침을 거듭한다."라고 묘사한다.[7] 쥐는 정말로 우리의 삶에 거울을 비춘다. 쥐 뿐만이 아니라 유해동물이란 으레 다 그렇다. 유해동물은 우리가 싫어하는 우리 자신의 모습을 적나라하게 드러낸다. 우리의 탐욕, 우리의 완고함, 우리의 두려움, 우리가 멸시하는 존재를 다루는 방식을. 유해 동물이 우리에게 허무함과 무력감을 안기는 것은 사실이다. 하지만 유해동물은 또한 우리 자신의 행동이 초래한 결과를 보여 주기도 한다.

이쯤 되면, 인간이야말로 – 특히 자연의 정복이라는 서구적 개념으로 타자를 식민화하는 문화들이야말로 – 진정한 유해동물이라고 결론 짓는 것이 당연해 보인다. 도시에 모여들고, 남의 서식지를 침범하고, 쓰레기를 공급하는 것은 우리다. 게걸스러운 고양이와 쥐와 기타 등등을 반격할 줄 모르는 새들이 가득한 취약한 섬에 데려간 것은 우리다. 쓰레기를 아무렇게나 내던지고서는 웬 동물이 그것을 소중하게 여기는 모습에 경악하는 것은 우리다. 파네라 브레드(미국의 유명한 베이커리 체인-옮긴이)를 열고서 어떤 동물이든 들어올 테면 들어와 보라고 부추

긴 것은 우리다.

하지만 이런 답변은 너무 쉬워 보인다. 이런 선언 앞에서는 우리가 그냥 졌다며 두 손을 들게 된다. 우리가 뭘 할 수 있겠어? 우리는 지구의 재앙인걸!

다행히 인간은 끈덕지고, 지략이 풍부하고, 변할 수 있는 존재다. 우리는 스스로 시작한 전쟁에 갇혀 있지 않아도 된다. 우리는 서로 배울 수 있다. 다른 문화, 다른 사람, 다른 삶의 방식에서 배울 수 있다. "우리가 유해동물로서 수행하는 역할을 인정해야 하고, 이 문제에 우리가 어떤 영향을 끼치고 있는지 생각해 봐야 합니다." 시드니대학의 수의 윤리학자 앤 콰인은 이렇게 말한다. "우리는 어떻게 이런 동물들의 개체 수를 급증시키는 조건을 구축하고 있을까요? 이를 해결하기 위해서 그냥 동물들을 쫓아 버리는 것 외에 어떤 조치를 취하고 있을까요?"

나는 왜 우리가 어떤 동물은 유해동물이라고 부르고 다른 동물은 그러지 않는지 알고 싶어서 이 책을 쓰기 시작했다. 유해동물을 새롭게 정의하고 싶었다. 원래 내 의도는 유해동물이란 인간적 관점의 산물임을 보여 주자는 것이었다. 유해동물이 유해동물인 것은 그저 우리를 짜증 나게 하고 우리에게 해를 끼치기 때문이라고. 유해동물은 그 동물의 문제가 아니라 우리에 관한 문제라고. 지금도 나는 그렇게 믿는다. 하지만 이 책을 쓰려고 쥐와 코끼리와 비둘기와 두꺼비와 거위와 원숭이와 기타 등등에 관한 논문과 책을 탐독했더니, 조금 다른 생각도 들기 시작했다.

나는 '유해동물'이라는 말을 내버리고 싶다. 그렇다, 이 책의 제목이 그것인데도 말이다(이 책의 원제는 'Pests', 즉 '유해동물'이다-옮긴이).

"유해동물"이라는 말은 우리 삶을 편하게 만들어 준다. 하지만 우리에게 썩 유익하진 않다. "복잡한 문제를 흑백논리로 바라보는 것은 반드시 우리에게 나쁜 영향을 줍니다." 컬럼버스의 오하이오주립대학 환경사회과학자 크리스티나 슬레이글은 이렇게 말한다. 유해동물이라는 말은 동물을 틀에 가둔다. 이 동물은 나쁘다. 이 동물에게는 장점이 전혀 없다.

'유해동물'이라는 말은 동물에게뿐만 아니라 우리에게도 기회를 뺏어 간다. 이 말은 맥락과 복잡성을 제거한다. 궁금증을 차단하고, 다른 각도로 접근하거나 해결책을 알아보려는 욕구를 차단한다. 이 말은 동물을 틀에 가둔다. 그리고 우리의 생각도 틀에 갇힌다.

우리가 유해동물을 대면할 때 느끼는 놀라움, 두려움, 앙심의 많은 부분이 무지의 결과다. 길에서 코요테를 볼 때, 쓰레기통에서 쥐를 볼 때, 다락에서 청설모를 볼 때, 우리는 당황한다. 뭘 어떻게 해야 할지 모르는 사람은 무력감을 느낀다. 취약감을 느낀다. 자신이 무력하다는 것을 깨달으면, 이어서 수치심이 솟는다. 그래서 문제가 – 수치심을 일으킨 동물도 – 사라지기를 바라게 된다.

우리는 이 정신적 쥐덫에서 벗어날 수 있다. 우리 주변에서 사는 동물에 대해 배울 수 있다. 생쥐와 밭쥐와 쥐의 차이를 배울 수 있다. 우리가 사는 곳의 생태를 배울 수 있으며, 우리가 환경에 어떤 영향을 미치고 환경은 그에 대응하여 어떻게 적응하는지 알아볼 수 있다.

그런 지식 중 일부는 이 책을 쓰는 내게 너그럽게 가르침을 준 많은 야생동물 과학자 같은 사람들에게서 배울 수 있을 것이다. 그들은 우리 주변의 동물을 더 깊이 이해하는 일에 삶을 바치고 있다. 어떤 지식은 내가 이야기를 나눈 사회학자나 심리학자 같은 사람들에게서 배울 수 있을 것이다. 그들은 사람들이 왜 지금처럼 생각하는지 이해하기 위해서, 또한 어떻게 사람들의 행동을 바꾸고 그 변화를 정착시킬 수 있는지 알기 위해서 연구하고 있다.

그리고 어떤 지식은 수천 년에 걸쳐서 자신들 주변의 늑대, 코끼리, 그 밖의 동물들을 관찰하고 더불어 살아온 전 세계 원주민에게서 배울 수 있다. 그중 여러 명이 너그럽고 끈기 있게 그 지식을 내게 나눠 주었다. 그것은 원주민이 공들여 배우고 육성해 온 지식, 공들여 살려 온 지식이다.

이는 서구 문화에 깊이 물들어 자라 온 우리가 멀리하며 스스로 외면해 온 지식이고, 심지어는 원주민들이 보존하지 못하게끔 막아서기도 했던 종류의 지식이다. 우리가 라쿤, 청설모, 사슴에 대해서 알아야 하나? 쥐나 비둘기에 대해서도?

만약 우리가 그들과 맞서서 살 것이 아니라 더불어 살고 싶다면, 확신컨대 대답은 '그렇다'이다. 만약 우리가 주변에서 야생동물을 즐기고 싶다면, 우리가 그들을 놓아 둔 곳에 그들이 가만히 머물진 않는다는 사실을 알아야만 한다. 그들이 어디로 갈 가능성이 높은지도, 무엇을 필요로 하는지도, 왜 그렇게 행동하는지도 알아야만 한다.

우리가 모두 숲에 들어가서 견과류와 열매를 채집하자는 말이 아니다. 우리가 모두 사냥꾼이 되어야 한다는 말도, 집 안에 새들을 맞아

들여야 한다는 말도 아니다. 그보다 이것은 우리가 원주민의 말에 귀 기울여야 한다는 말이고, 그들의 지식과 관점을 진지하게 여겨야 한다는 말이다. 우리가 각자 살아가는 곳의 생태를 과학자들로부터, 또한 주변 환경으로부터 배워야 한다는 말이다.

"우리의 임무는 모든 사람들에게 이 지침을 되살리는 것이 아닐까 싶습니다." 패터슨은 이렇게 말한다. 호디노쇼니(투스카로라 부족이 소속된 연맹이다) 사람들에게는 한 가지 예언이 전해진다고 한다. "언젠가 사람들이 우리를 찾아와서 이렇게 물을 것이라는 예언입니다. '당신들에겐 어떤 일들이 예언되어 있습니까? 이렇게 사람들이 자신의 생각을 바꿀 수 있습니까?' 나는 현재 그런 일이 벌어지고 있는 것 같습니다. 어쩌면 내가 틀렸을 수도 있지만, 우리 부모 세대가 자랄 때보다 지금 그런 일이 더 자주 벌어지는 것만은 분명합니다." 사람들은 우리가 자신을 보는 관점과 우리의 장소와 맺는 관계가 유일한 방식은 아니라는 것, 어쩌면 최선의 방식도 아니라는 것을 차츰 깨닫고 있다. 정말로 이제는 우리가 그동안 무시하고 주변화한 집단들의 지식에 관심을 기울일 때가 되었다.

패터슨은 자신이나 투스카로라족이나 다른 원주민 부족들이 그들만의 고유한 지식을 갖고 있다고 생각하진 않는다. 패터슨은 그것을 자연화한 지식이라고 부르는 편을 선호한다. 그것은 공유될 수 있는 지식이고, 바로 그렇기 때문에 모든 사람들이 바뀔 수 있다. "왜냐하면 이것은 모두를 위한 지침이니까요."

함께 살아가기 위한 규칙

이 책의 생각에서 새로운 것은 하나도 없다. 원주민의 시각을 고려한다면 더 그렇다. 야생동물과의 공존에 관한 생각은 역사가 수천 년에 이른다. 서구 과학도 따라잡고 있다. 이미 오래전부터 야생동물 관리자들은 갈등을 공존으로 바꿔야 한다고 말해 왔다.

'공존'이라는 말을 들으면, 파란 하늘 아래 공원에서 사람들이 소풍을 즐기고 그 옆에서 라쿤과 사슴이 평화롭게 뛰노는 장면이 그려진다. 사자와 어린 양이 함께 눕는 것도 좋겠다. 아무튼 이 그림에서 눈여겨봐야 할 점은, 사람들은 그들이 좋을 대로 행동하고 있고 동물들은 정확히 우리가 그들에게 바라는 대로 행동하고 있다는 점이다.

만약 그것이 우리가 생각하는 공존이라면, 우리는 결코 그 목표에 도달하지 못할 것이다.

공존을 생각할 때, 나는 내가 도시의 거리를 걷고, 운전을 하고, 식료품을 쇼핑하는 모습을 떠올린다. 그럴 때 우리의 행동은 대부분 별 고민 없이 자동적으로 이뤄진다. 사회 속에서 남들과 함께 살기 위한 행동들이 그렇다. 우리는 차도가 아니라 인도로 걷는다. 자신의 안전을 위해서 그러는 것이지만, 사회가 작동하려면 사람들이 방해받지 않고 각자의 목적지로 갈 수 있어야 하기 때문이기도 하다. 걸어서든, 자전거로든, 차로든 말이다. 우리는 예측 가능한 방식으로 행동한다. 정지 신호에서는 멈추고, 타인이 지나갈 수 있도록 옆으로 비켜 준다. 가게에서는 줄을 서서 기다린다. 유달리 붐비는 도시에서는 타인을 쳐다보지 않는 예의까지 갖춘다. 맞은편에서 걸어오는 사람을 못 본 척 지나침으로써 상대에게 군중 속에서의 프라이버시를 선사하는 것이다. 우리는 (대개의 경우) 다른 사람들과 갈등을 빚고 있어서 그런 식으로 행동하는 것이 아니다. 우리는 그들과 공존하는 것이다.

여기에 만병통치약 같은 건 없다. 모든 유해동물이, 심지어 단 한 마리의 유해동물이라도, 우리를 가만 놔두게 만들 하나의 묘수는 없다. 그보다도 우리에게 필요한 것은 동물을 우리 세상에 끊임없이 침입하는 불청객으로 보는 대신 우리와 더불어 사는 존재로 인정하는 변화의 확산이다. 사회란 기본적 차원에서는 모든 구성원이 상호 공존 하기 위하여 따르는 규칙들의 집합이라고 할 수 있다. 우리가 유해동물로 여기는 동물들을 포함해서, 동물 일반을 일상적으로 마주 대해야 할 존재들로 받아들인다면, 어떤 세상이 펼쳐질까? 그 세상에는 지금과는 다른 규칙과 행동 방식이 있을 것이다. 다른 사람이 들어오지 못하게 문을 잠그듯이, 그 세상에서 우리는 더 나은 쓰레기통을 구입하고(또한 그것을 제대로 쓰고) 생쥐와 쥐와 곰과 라쿤이 들어오지 못하게 '문을 잠글' 것이다. 더 많은 사람에게 견고하고, 깨끗하고, 편안한 거처를 제공할 것이다. 다른 동물에게 멀찌감치 거리를 두고, 시속 110킬로미터로 달리는 차를 동물이 알아보기를 기대하는 대신 우리가 더 천천히 달릴 것이다. 우리의 개에게 목줄을 꼭 채울 것이다. 우리의 고양이를 집 안에 둘 것이다. 가끔 거위 똥이 떨어져 있는 건 어쩔 수 없으니까, 발을 디딜 때 조심할 것이다.

우리는 우리가 사슴에게 서식지를 만들어 주었다는 사실을 인정할 것이다. 그래서 다른 포식자를 다시 데려올 수도 있을 테고, 아니면 우리 식단에 사슴 고기를 더할 수도 있을 것이다. 비둘기와 토끼는 우리가 한때 식량으로서 귀하게 여겼던 생태 지위에 지금껏 머물고 있다. 그런 그들을 우리가 다시 귀하게 여길 수도 있을 것이다.

사회가 현재의 방식으로 계속 운영되는 데 필요한 조건 중 하나는 우리 행동의 일관성이다. 사람들이 빨간불에서 멈추지 않는 것은 나쁜 일이다. 아무도 그런 행동을 지지하지 않는다. 누가 새치기를 하면, 우리는 그에게 한마디 해 준다. 이와 비슷하게, 도시 야생동물과의 공존에도 일관성이 필요하다. 현재 서구화한 사회에서 인간을 마주치는 동물들은 치명적일 가능성이 있는 룰렛 게임을 하는 셈이다. 어떤 인간은 그들에게 먹이를 주고 예뻐한다. 어떤 인간은 비명을 지르며 달아나고, 어떤 인간은 총을 쏘거나 덫을 놓는다. 우리가 단순히 야생동물 곁에서 사는 것을 넘어서 진정으로 그들과 공존하고 싶다면? 사람마다 다르게 반응해선 안 되고, 개인적 접촉을 추구해서도 안 된다. 어쩌면 차마 싫은 일을 해야 할 수도 있으니, 야생동물에게 먹이를 주지 말아야 할지도 모른다.

우리에게는 또 지식이 필요하다. 우리는 사회를 운영하기 위해서 규칙을 정해 두는데, 대다수의 사람들에게 그것을 배우고 따를 능력이 있음을 알기 때문이다. 케냐인은 코끼리와 공존하는 데 필요한 비치명적 대응 기법을 누적된 경험과 과학적 방법을 통해서 다양하게 알아냈다. 그들은 그 기법을 — 수선 피우기, 꿀벌, 헬리콥터 등등을 — 최대한 일관되게 적용한다. 우리가 쥐와 비둘기와 공존하려면, 먼저 그들에 대해서 배워야 한다. 곰, 칠면조, 비단뱀을 공부해야 한다. 공존하기 위해서는 우리가 대하는 상대에 대한 깊은 이해가 필요하다.

마지막으로 필요한 것은 겸손이다. 우리는 동물과의 공존에는 약간의 불편이 따른다는 것을, 심지어 어려움과 괴로움이 따른다는 것을 인정해야 한다. 공존이 늘 평화롭고 달콤할 수는 없다. 우리 서구인은 아무런 괴로움 없이 자연을 경험하는 것에 너무 익숙해져 있는데, 그런 상태에서는 어떤 손실도 – 반려동물이든, 농작물이든, 닭 한 마리이든 – 받아들이지 않게 된다. 하지만 돼지를 기르는 농부 로빈 세이지가 말했듯이, 공존은 약간의 손실을 뜻한다. 커다란 개들과 전기 울타리를 갖추고 있는 세이지도 가끔은 레드버드에이커 올빼미기금에 기부하는 셈 치고 손실을 감수한다.

사람들은 코끼리와 공존하고 있다. 하지만 그 사람들은 그것이 늘 무탈하거나 쉬운 일이 아님을 알고 있다. 가끔은 아주 힘들다. 하지만 코끼리와 함께 사는 사람들은 코끼리가 공존할 가치가 있는 존재라고 믿으며, 그들의 믿음은 그들의 반응에 반영되어 있다. 유해동물과 한 사회에서 공존한다는 것은 우리가 힘의 일부를 포기한다는 뜻이며, 세상에는 우리가 늘 통제할 수는 없는 존재도 있음을 인정한다는 뜻이다. 우리는 경비견, 겁을 주는 불빛, 혹은 깃발을 써서 우리의 가축과 작물을 보호할 것이다. 우리와 우리의 반려동물은 아무런 조심성도 없이 숲속을 쏘다니진 않을 것이다.

시소의 균형

내가 이 책을 마무리하던 중에 야생 칠면조에게 공격당한 것은 어쩌면 시의적절한 사건이었다.

우중충하고 쌀쌀했던 12월 어느 날, 나는 애너코스티아 강가에서 달리려고 나갔다. 굽이를 돌다가 마침 산책로를 건너던 칠면조 세 마리와 마주쳤을 때, 솔직히 머리가 멍해졌다. 앞의 두 마리는 암컷이었고, 세 번째는 얼굴에 장식된 파란색과 빨간색의 육수(칠면조나 닭과 같은 동물 수컷의 부리에서 배 쪽으로 늘어진 피부의 융기 - 옮긴이)로 보아 수컷이었다. 암컷들은 길을 거의 다 건넜고, 수컷은 그들을 보호하듯이 뒤에서 걷고 있었다. 나는 속도를 늦추어 그에게 시간을 준 뒤, 산책로 건너편으로 달려가면서 내가 충분히 거리를 뒀다고 믿었다.

아니었던 모양이다. 칠면조가 홱 돌아보고는 틀림없이 위협하려는 의도인 듯 꾸르륵꾸르륵 소리를 냈다(슬프지만 꾸르륵 소리란 어떻게 내더라도 진짜 위협적일 수는 없다). 그는 곁을 지나쳐 달려가는 나를 뒤쫓기 시작했다.

내가 다시 곁눈질했을 때, 칠면조는 변신해 있었다. 산책로를 건널 때 그는 작고 매끈했으며, 키가 내 무릎에 올 정도였고, 그가 수컷임을 알 수 있는 신호는 육수뿐이었다. 하지만 이제 그는 발끈한 상태였다. 그가 일어서서 꼬리를 좍 펼치고 날개를 부풀리자 갑자기 몸집이 두 배가 되었고, 키도 거의 내 엉덩이까지 왔다. 그를 보니 칠면조가 공룡의 핏줄을 타고났다는 사실이 새삼 떠올랐다. 그는 그렇게 계속 나를 쫓아 달려왔다.

나는 큰 소리로 "저리 가! 바보야!" 하고 외친 뒤에 더 빨리 달렸다. 어서 그의 숙녀들의 곁을 벗어난다면 그도 진정하리라고 생각했다.

그는 진정하지 않았다. 자기도 더 빨리 달려서, 꾸르륵거리면서 나를 쫓아왔다. 그리고 날개를 앞뒤로 퍼덕이며 위협적으로 달려들어서 길고 위험한 발톱으로 나를 할퀴려고 했다. 칠면조 발톱은 장난이 아니다. 하지만 문득 이 야생 칠면조가 이렇게 수선을 피우는 건 나를 쫓아내려는 것뿐이라는 깨달음이 들었다. 사실 그는 너무 가까이 다가오진 않았고, 내게 닿지 않을 만큼 신중하게 거리를 두고 있었다. 그는 몸을 사리고 있었다. 내가 꺼지는 걸 보고 싶은 것뿐이었다.

나는 꺼지려고 했다. 하지만 내가 아무리 그에게 소리소리 지르면서 나는 샌드위치에 낀 칠면조 햄만 좋아한다고 알려 주고 아무리 빨리 달려도, 이 칠면조는 포기하지 않았다. 나는 400미터쯤 그렇게 달리다가 내게 필요한 것을 발견했다. 그가 다시 달려들 때, 나는 산책로 옆으로 몸을 날려서 큰 작대기를 집었다. 그 자리에 멈춰 서서, 추수감사절 만찬거리에게 맞섰다.

자, 이제 누가 더 큰 새지? 그러자 칠면조의 태도가 180도 바뀌었다. 맹세컨대 그의 눈빛조차도 이글거리는 분노에서 휘둥그레진 실망으로 바뀌었다. 그는 나 같은 동물에게는 발톱이 없다는 사실을 잊었던 것 같지만, 우리에게는 대향적 엄지가 있다. 나는 맞받아서 수선을 피웠다. 소리를 지르고, 작대기를 흔들었다. 그가 물러났다. 그러고는 그가 한 번 더 달려들었고, 나도 맞받아 달려들었다. 그의 깃털이 우스꽝스럽게 납작해지더니, 그가 슬그머니 숲속으로 들어갔다. 나는 작대기를 든 채 뒷걸음질해서, 그의 시야에서 완전히 벗어날 때까지 물러난 뒤에야 달리기를 재개했다. 그리고 마주치는 사람들에게 저 앞에 엄청 흥분한 칠면조가 있다고 경고했다. 작대기를 들고 가시는 게 좋을지도 몰라요.

대번에 부조리하기 그지없는 일이라는 생각이 들었다. 우리는 분명히 우스꽝스러워 보였을 것이다. 하지만 나중에 내가 이 일화를 글로 썼을 때, 칠면조가 조깅이나 산책을 하거나 자전거를 타는 사람을 공격한다는 사실에 대해 많은 사람들이 경악스러운 반응을 보였다.[8] 그들의 도시 생활에서 야생 칠면조란 낯선 경험이었던 것이다.

그런 상태는 오래가지 않을 것이다. 아메리카 원주민은 일찍이 기원전 300년부터 현재의 멕시코에 해당하는 지역에서 칠면조*Meleagris gallopavo*를 길렀다.[9] 물론 유럽인들은 이 땅에 도착하자마자 사냥에 나섰고, 칠면조의 서식지를 베어 버렸다. 뉴잉글랜드에서는 남북전쟁이 끝날 무렵에 칠면조가 완전히 사라졌다.[10] 짐 스터바의 『자연 전쟁』에 따르면, 칠면조 개체 수가 다시 불어난 것은 1950년대에 칠면조가 미국에 재도입된 뒤였다.[11] 칠면조도 흰꼬리사슴처럼 인간이 정말로 잘 만들어 내곤 하는, 숲과 공터가 바둑판처럼 번갈아 펼쳐진 곳에서 번성한다. 2000년에 칠면조 개체 수는 400만 마리를 넘겼다.[12]

그러자 불평이 시작되었다. 칠면조는 씨앗과 어린나무를 좋아하기 때문에, 농부들은 칠면조에게 양조용 포도나무를 도둑맞았다거나 칠면조가 발톱으로 할퀴어서 건초를 못 쓰게 되었다고 불평했다.[13] 칠면조는 게다가 대담했다. 처음 도시에서 야생 칠면조를 봤을 때 – 케임브리지의 매사추세츠가를 당당하게 행진하는 모습이었다 – 나와 친구들은 엄청 신났다. 하지만 곧 칠면조가 아이들과 반려동물을 쫓곤 한다는 소식이 들려오기 시작했다. 2020년에는 캘리포니아주 모펫필드의 미국항공우주국NASA의 에임스연구센터에 큰 칠면조 무리가 자리 잡아서, 로켓 과학자가 세상의 모든 문제를 다 풀 수 있는 건 아니라는 사실을 나사에게 일깨웠다.[14] 칠면조는 갑자기 너무 과도한 자연, 너무 가까운 존재가 되었다. 칠면조는 예상치 못한 존재였고, 더 중요한 것은 사람들이 어떻게 해야 하는지 몰랐다는 것이다. 사람들은 달아날 수도 있었고, 덩치를 부풀려서 수선을 피움으로써 칠면조를 쫓아낼 수도 있었다. 아니면 음식을 남겨 줄 수도 있었다. 사람들은 각자가 지닌 야생동물에 대한 지식을 총동원하여 칠면조에 대응했는데, 그 지식이란 거의 아무것도 모르는 수준일 때가 많았다.

우리 삶에 들어온 동물에 대한 우리의 반응은 치명적인 갈등과 다정한 연민이 오르락내리락하는 시소게임일 때가 많다. 어떤 사람은 사슴에게 먹이를 주며 사슴을 쓰다듬고 싶어 한다. 다른 사람은 자기 개를 보호하고자 사슴을 필사적으로 마당에서 쫓아낸다. 어떤 사람은 쓰레기를 함부로 버려서 쥐가 바스락거리며 찾아오게 만드는데, 바로 그 사람이 나중에 쥐약을 놓아서 쥐를 죽이기도 한다. 어떤 사람은 비둘기에게 모이를 주고, 다른 사람은 비둘기를 쫓으려고 못을 박아 둔다. 어떤 사람은 새 모이통을 사랑한다. 그래서 곰이 찾아와서 새 모이통을 뜯어내려고 애쓰거나 여분의 냉장고와 새 모이가 보관된 헛간에 침입할 때면, 다른 사람이 와서 덫으로 곰을 잡는다.

아주 짧은 한순간, 오르락내리락하던 시소가 균형을 잡을지도 모른다. 그것은 모두의 발이 땅에 닿아 있는 순간이다. 우리가 주변의 동물을 돌아보고, 그들을 인정하고, 우리의 행동을 바꾸는 순간이다. 하지만 대부분의 시간에 시소는 끊임없이 흔들린다. 인간-야생동물 갈등의 핵심은 균형이 너무 부족하다는 것, 자연이 어떤 식으로든 우리 삶에 영향을 미치지 않은 채 존재할 순 없다는 사실을 인정하는 관용이 우리에게 너무 부족하다는 것이다.

칠면조를 쫓아내는 사람이 한 명 있으면, 칠면조에게 옥수수를 주고 그 근사한 새를 동영상으로 찍는 사람도 한 명 있다. 나중 일이지만, 예의 그 칠면조는 산책로에 출몰하면서 조깅이나 산책을 하거나 자전거 타는 사람들을 공격해서 동영상에 자주 찍히는 위협적 존재가 되었다. 지역 야생생물학자들과 공원 관리자들이 녀석을 붙잡아서 다른 곳으로 옮기려고 추적에 나섰다. 그러나 그들은 잡지 못했고, 칠면조는 현재 사라진 상태다. 하지만 만약 칠면조가 돌아와서 계속 신경질을 부린다면, 사람들은 금세 참을성을 잃을 것이다. 칠면조는 르네상스 축제(중세 또는 르네상스 시대를 재현하는 미국의 축제 – 옮긴이)의 다리 구이로 변한 채, 전직 유해동물로서 사라질 것이다.

나는 그 칠면조를 쫓아냈고, 다른 사람들에게도 그렇게 하라고 권했다. 순전히 나를 위해서 그런 것만은 아니었다(물론 나를 위한 일이기는 했지만). 그것은 또한 칠면조를 위한 일이기도 했다. 칠면조와 우리

사이가 서로 너무 편해지진 말아야 한다. 우리는 계속 경계해야 하고, 규칙을 알아야 하고, 칠면조의 행동이 무슨 뜻인지 알아야 한다. 칠면조에 대한 반응을 예측 가능하게 유지해야 한다. 그래야만 칠면조의 행동도 따라서 예측 가능해진다. 우리는 이 동물들을 우리 사회의 일부로 보아야 한다. 우리와 함께 빨간불과 인도를 공유하는 존재로 보아야 한다. 나는 그 칠면조에게 겸손을 배웠다. 칠면조가 장난 아닌 녀석이라는 걸 그때 알았다. 앞으로 나는 녀석을 만나면 멀찍이 거리를 둘 것이다. 어쩌면 녀석이 우리의 만남으로 바뀌었을지도 모르지만, 우리가 더불어 살려면 나도 바뀌어야 한다.

자연이 늘 우리 구미에 맞게 온순하고 거세된 상태만 취하진 않는다. 자연이 늘 저 멀리, 우리가 차를 타고 가야만 만날 수 있는 곳에 머물진 않는다. 자연은 우리의 벽과 하수구 속을 달린다. 우리의 길거리에서 파닥거리고, 우리의 마당에 들어온다. 우리의 쓰레기와 농작물을 먹는다. 우리의 약점에서 이득을 챙긴다. 우리는 강해지는 방법이 하나뿐이 아님을 배워야 한다.

그리고 내가 책에서 내내 보여 주었듯이, 우리가 정말로 자연을 이길 길은 없다. 자연에 대하여 우위를 차지하려는 노력이 어느 집 한 채에서는, 나아가 어느 섬 하나에서는 효과가 있을지도 모른다. 하지만 인간은 모든 곳에 있고, 인간이 있는 곳에는 '유해동물'이 있다. 우리의 행동과 소유물은 하나의 생태계를 이뤘으며, 그 생태계에서 동물들은 우리를 이용하여 살아간다.

만약 우리가 삶에 자연이 있기를 바라고 야생과 가까이 살기를 바란다면, 우리는 자신을 보는 시각을 바꿔야 한다. 우리 주변의 동물들을 이해하여 무엇이 그들을 끌어들이거나 물리치는지 배워야만, 그들에게 맞서지 않고 더불어 살아갈 수 있다. 우리가 온 세상을 지배해서 그것을 인간의 선호와 규정이라는 틀에 억지로 쑤셔 넣을 수는 없다. 하지만 우리는 이 사실을 받아들일 수 있고, 이 사실에 적응할 수 있다. 우리는 지식으로 스스로를 보호할 수 있다. 그리고 싸움을 걸고 다니는 짓을 그만둘 수 있다.

감사의 말

나는 이 책의 많은 부분을 나코치탱크(아나코스탄) 원주민의 이양되지 않은 땅에서 썼고, 다른 부분은 칼라푸야와 노노터크 원주민의 이양되지 않은 땅에서 썼다. 내가 이 책을 쓰면서 배운 것이 있다면, 우리와 환경 간의 상호작용을 변화시키기 위해서는 세계 곳곳의 토착 지식 보유자들이 정말 중요하다는 점이다. 토착민이 아닌 사람들은 그들의 지식을 경청하고, 배우고, 활용해야 한다.

책을 쓰는 과정에서 제일 좋은 점은 내 끝없는 호기심을 속속들이 추구할 기회가 주어진다는 점이다. 내게 그럴 기회를 준 분들에게 감사한다. 맨 먼저, 내 에이전트 앨리스 마텔은 작가가 가질 수 있는 최고의 홍보자다. 담당 편집자 개브리엘라 두브, 노마 바크스데일, 제인 카볼리나, 데니즈 오즈월드에게, 이 프로젝트를 믿어 주고 내가 한계에서 벗어날 수 있도록 도와준 데 대해 감사한다. 조사 담당자 카일 플란츠에게, 그의 매 같은 눈과 뛰어난 기량에 감사한다. 책에 오류가 남아 있다면 이는 다 내 잘못이다.

이런 큰 프로젝트에는 공간, 시간, 기술이 필요하다. 공간과 시간 측면에서, 데버라 블룸과 애슐리 스마트가 운영하는 MIT의 나이트과학

저널리즘 프로그램은 없어선 안 될 도움을 주었다. 그 덕분에 내가 전문성을 함양할 강좌를 들을 수 있었고, 집필 제안서를 쓸 시간을 얻었으며, 게다가 2019-2020년 KSJ 클래스를 만났다. 둘도 없이 특별한 모임인 아닐 아난타스와미, 존 파우버, 안드라다 피스쿠티안, 리처드 피셔, 토니 레이스, 티아고 메달리아, 소날리 프라사드, 몰리 시걸, 에바 울프에인절은 내가 생각을 정돈하는 것을 많이 도와주었다.

기술에 있어서는 《사이언스뉴스》와 《사이언스뉴스익스플로어》의 동료들이 의지가 되었다. 낸시 슈트, 새라 지엘린스키, 케이트 트래비스, 그 밖의 모든 팀원들이 훌륭한 동료로서 내게 정직성, 진실성, 올바른 보도에 대하여 모든 것을 가르쳐 주었다(하지만 그들도 내게 옥스퍼드 콤마를 포기시키진 못할 것이다). 특히 재닛 랄로프는 내게 기회를 줌으로써 내가 지금과 같은 저널리스트가 될 수 있게 해 주었다. '사이언스포더피플'의 멋진 팟캐스트 팀은 내가 인터뷰 기술을 갈고닦는 것을 도와주었다.

많은 훌륭한 조직과 전문가들이 시간을 내어 내게 자신들의 전문 지식을 나눠 주었다. 어떤 분은 한 시간을 내주었고, 어떤 분은 자신의 수업을 듣게 해 주었으며, 다른 분들도 크고 작은 방식으로 나를 가르쳐 주었다. 그런 분들이 거의 300명쯤 된다. 본문에 이름이 언급되지 않은 분도 많지만, 모든 분의 생각이 이 책에 도움이 되었다. (먼저 목 스트레칭과 심호흡을 하고 읽으시길 바란다.) 알파벳 순이다. 수난단 아드하, 셸리 알렉산더, 알렉시스, 톰 알멘딩거, 레이철 앤커니, 파비앵 오브레, 에이미 바흐먼, 캐리 베이커, 리브 베이커, 캐서린 반힐 딜링, 헤더

바, 트래비스 바트닉, 존 베크먼, 마크 베코프, 베스 버코위츠, 캐리 빅윗, 돈 빌러, 마크 비엘, 마이클 블룸, 벤 볼커, 브래드 볼먼, 제이슨 불랑제, 조너선 보야르, 구스타보 브라보, 메리 브래즐턴, 스튜어트 브렉, 개릿 브로드, 저스틴 브라운, 크리스틴 브룬크, 제러미 브루스코터, 헨리 불러, 케일리 바이어스, 칼 캠벨, 엘리자베스 칼렌, 콜린 칼슨, 캐리, 새라 캐럴, 미겔 체베레, 톰 칠러, 소니아 크리스텐센, 크리스 시우로, 팸 코멜레오, 랜디 코멜레오, 킴 쿠퍼, 제이나 콘스, 보비 코리건, 마이클 코브, 필립 콕스, 세라 크롤리, 토마 쿠치, 요아힘 다그, 피터 데이비드, 캐서린 딘, 미할 드바라, 크리스틴 네닌저 스나이더, 크리스 드페르노, 트리스탄 도노반, 데이비드 드레이크, 돈 드리스콜, 알렉스 더처, 바하르 더트, 스콧 에드워즈, 수전 일라이어스, 에마, 케빈 에스벨트, 닉 에번스, 판파티, 로언 플래드, 리처드 포먼, 제인 포스터, 커밀라 폭스, 지투단 가드하비, 조지 갤러거, 라파엘 가르시아, 스탠 게르트, 매들린 가이거, 톰 길버트, 재클린 질, 데이비드 기븐스, 안드레아스 글랜츠닉, 헤니 A. 글리크만, 존 고드윈, 유진 골드파브, 메러디스 고어, 애슐리 그람자, 대니얼 그리어, 미리엄 그로스, 로리 그루언, 안냐 귄터, 아니타 게리니, 파티마 굴레드, 캐서린 홀, 샘니카 할시, 리베카 하데스티, 크리스틴 하트, 도라 헨릭슨, 스티브 헨리, 핼 헤어조그, 조 힌네부시, 호피 혹스트라, 매슈 홈스, 앨리스 호보르카, 아던 홈-비먼, 멀리사 젠킨스, 콜린 제롤맥, 헤더 존슨, 댄슨 카엘로, 도나 칼릴, 엘리너 칼슨, 마틴 캐벌리어스, 롤런드 케이즈, 크리스 켈티, 브루스 킴벌, 바버라 J. 킹, 루시 킹, 파비엔 크라우어, 수레시 쿠치푸디, 칼 래키, 맥스 램버트, 펠릭스 란드리 유안, 켈리 레인-드그라프, 크리스털 랜츠, 그레거 라슨, 루이 르페브르, 새라 레그, 커스틴 레옹, 줄리 레비, 맷 리브먼, 안나 린트홀름, 웨인 링클레이터, 로렌 립시, 스테이시 리슈카, 아나스타샤 리트빈체바, 버네사 러부, 마크 롱, 캐스린 로드, 윌리엄 린, 크리스토스 린테리스, 수전 맥도널드, 피트 마라, 린 마틴, 대니얼 마르티네스, 베서니 오얄레토 메이스, 리처드 메도, 라울 메디나, 가이 머천트, 앨런 미카일, 안데르스 뮐러, 하비에르 몬손, 리사 모지스, 스콧 멀래니, 에이시아 머피, 모린 머리(보스턴), 모린 머리(세인트루이스), 멜라니 나던, 아오테아로아/뉴질랜드국립도서관, 리사 노턴트리브스, 빅토르 은돔비, 니콜 넬슨, 체이스 A. 니스너, 커밀라 노드, 필립 나이후스, 콜린 올펜부텔, 에일린 오루크, 데이비드 오턴, 크리스튼 페이프, 톰 파, 마이클 파슨스, 폴, 잭슨 페리, 애나 피터슨, 버네사 페트로, 재러드 피아차, 애나 피전, 레이 피에로티, 제임스 포키네스, 카르니 프라탑, 케이트 프리쳇-코닝, 로라 프루, 에밀리 퍼킷, 앤 콰인, 니암 퀸, 모드 퀸진, 캐런 레이더, 토머스 라윈스키, 제니퍼 레이너, 폴 리고, 조너선 리처드슨, 유르겐 리흐트, 해리엇 리트보, 앤드루 로비쇼드, 조슈아 로트먼, 폴 로진, 제임스 러셀, 앨런 러트버그, 로이든 사아, 윌슨 사이로우아, 프란시스코 산티아고 아빌라, 줄리 새비지, 크리스 셀, 보리스 슈미드, 매넌 슈바인퍼트, 에스터 세렘, 제임스 서팔, 앤디 셰퍼드, 릭 샤인, 존 시빅, 앤 쇼트 자노티, 수전 슈라이너, 셰인 시어스, 조지애나 실비에라, 팔라티 시누, 크리스티나 슬레이글, 커스티 스미스, 윌 스미스, 칼리 스포나스키, 펠리샤 스테일리, 테드 스탠코위츠, 켄 스톤, 대니얼 스톰, 타냐 스트라이브, 제니퍼 스트룰스, 재클린 설리번, 쑨밍리, 마를리제 탈라이, 샘 텔퍼드, 리디아 틸러, 사라 트릴리, 에이드리언 트리브스, 애슐리 밤, 마크 비에이라, 캐시 보, 수사네 보겔, 브리짓 폰홀트, 제이크 월, 에이드리언 왈라치, 왕페이란, 데릭 완잘라, 제니퍼 워드, 조지아 워드-피어, 데이비드 왓슨, 매기 왓슨, 데이브 와틀스, 매슈 웹스터, 샘 와이스 에번스, 리오르 웨이스브로드, 에릭 와이철, 마거릿 와일드, 애덤 윌킨스, 매티 윌크스, 팡샤오핑, 줄리 영, 멀린다 체더, 캐시 젤러, 장즈빈.

여러 나라에서 나와 이야기를 나눠 주고, 나를 가르쳐 주고, 자원을 제공해 준 토착민 구성원들에게 특히 감사한다. 나스바 벤, 캐런 벤날리, 브래드퍼드 하미, 새뮤얼 칼라, 마틴 마이나, 조지프 마셜 3세, 대니카 밀러, 더글러스 네아슬로스, 조나 누사론, 호리 파라타, 닐 패터슨, 대런 랜코, 메레 로버츠, 엘리 스즈코비치, 퓨리티 타엑, 해리 월터스(그가 내게 스티브 패블릭의 작업을 알려 주었다)가 베풀어 준 시간과 인내와 가르침에 감사한다.

연구자의 능력은 그 통역자들의 능력에 달린 법이다. 내게 자신들의 언어 기술을 빌려준 첸옌팅, 디나 가드너, 헤이즈 리프, 사이먼 음완자에게 깊이 감사한다. 사전에 내용을 검토해 준 독자 얼리샤 갱곤, 림 카잘, 조지프 리, 사이먼 음완자, 소날리 프라사드, 지젤 루티에, 양주텐에게도 감사한다. 나의 멋진 전문가 독자 로드리고 페레스 오르테가, 조너선 리처드슨, 몰리 시걸, 수사네 보겔에게도 고맙다. 그들의 솔직함이 나와 책을 둘 다 더 나아지게 만들어 주었다.

그리고 내 동료들은 나의 끊이지 않는 불안을 달래 주었고, 내가 보도의 순수한 즐거움을 느끼도록 격려해 주었다. 메린 매케나, 크리스티 애시원든, 에밀리 윌링엄, 섀넌 팔루스, 에이미 맥스멘, 애덤 로저스, 브렌던 마허, 리베카 보일, 베치 메이슨, 제프리 퍼켈, 팀 드 챈트, 잭 조리치, 애널리 뉴위츠, 데이비드 뱀퍼드, 티나 새이에게, 지지와 우정에 깊이 감사한다.

과학자와 저널리스트는 제 직업으로 정의되는 사람이 되고 말 때가 많다. 내가 그렇지 않은 것은 혈연과 선택으로 맺어진 가족 덕분이다. 내가 어떤 사람인지 늘 일깨워 주는 캐피틀힐 합창단, DC 유도, 브루시즈에게 고맙다. 조티 다니에르는 내가 (비교적) 제정신을 유지하도록 도와준다. 팀 포더길과 K. O. 마이어스, 세라 브렛 잉글랜드, 에리카 매클라우드는 나를 줄곧 지지해 주었고, 알코올을 보급해 주었다. 더그 맥나마라는 커피로, 데이비드 스투시는 긴 달리기로 내게 동기를 불어넣어 주었다. 내 곁에 있고 내 마음속에 있는 친구들, 켄드라 피에르 루이, 미카 매키넌, 켈리 힐스는 매일 그 자리에 있어 주었다. 라일리 블랙은 나조차 나를 믿지 못했을 때부터 나를 작가로서 믿어 주었다. 섀넌 그리스월드와 함께라면 나는 세상 끝까지도 여행할 수 있다.

오빠 데이비드는 내 토론 기술이 녹슬지 않게 해 주는 사람이다. 내 어머니 캐시의 무한한 믿음은 나를 앞으로 나아가게 한다. 내 아버지 밥은 내 오탈자를 모조리 잡아 주신다. 내 파트너 빈스에게, 당신이 없다면 이 모든 게 불가능했을 거야. 나는 세계 최고의 행운아이고, 건어물류의 조달자 H. H. 부츠와 엘리자 스카일러 해밀턴은 세계 최고의 행운묘들이야.

마지막으로 망할 케빈에게. 친구, 네가 내게 영감을 주었어. 네가 옴에 걸렸으면 좋겠다고 말했던 건 농담이었어. 너를 위해서 토마토를 하나 놓아 둘게.

(주)

서문: 유해생물이란 __이다?

1. A. Brodin, "The History of Scatter Hoarding Studies," *Philosophical Transactions of the Royal Society of London B: Biological Sciences* 365 (2010), doi: 10.1098/rstb.2009.0217.

2. I. M. V. MacDonald, "Field Experiments on Duration and Precision of Grey and Red Squirrel Spatial Memory," *Animal Behaviour* 54 (1997), https://doi.org/10.1006/anbe.1996.0528.

3. M. Holmes, "The Perfect Pest: Natural History and the Red Squirrel in Nineteenth-Century Scotland (William T. Stearn Prize 2014)," *Archives of Natural History* 2, no. 1 (2015), https://doi.org/10.3366/anh.2015.0284.

4. Holmes, "The Perfect Pest."

5. Holmes, "The Perfect Pest."

6. P. Coates, "A Tale of Two Squirrels: A British Case Study of the Sociocultural Dimensions of Debates over Invasive Species," in *Invasive Species in a Globalized World: Ecological, Social, and Legal Perspectives on Policy*, ed. Reuben P. Keller, Marc W. Cadotte, and Glenn Sandiford,(Chicago: University of Chicago Press, 2014), doi: 10.7208/chicago/9780226166216.001.0001.

7. Coates, "A Tale of Two Squirrels."

8. Holmes, "The Perfect Pest."

9. S. Loss, T. Will, and P. Marra, "The Impact of Free-Ranging Domestic Cats on Wildlife of the United States," *Nature Communications* 4 (2013), https://doi.org/10.1038/ncomms2380.

10. P. J. Nyhus, "Human-Wildlife Conflict and Coexistence," Annual *Review of Environment and Resources* 41 (2016): 143–71, https://doi: https://doi.org/10.1146/annurev-environ-110615-085634.

11. Nyhus, "Human-Wildlife Conflict and Coexistence."

12. E. Cortesi, et al., "Cultural Relationships Beyond the Iranian Plateau: the Helmand Civilization, Baluchistan and the Indus Valley in the 3rd Millennium BCE," *Paléorient* 34 (2008), doi:10.2307/41496521.

13. 1 Samuel 6:5.

14. "The Farmer and the Stork," *Aesop Fables*.

15. No matter where they are found, gray wolves the world over are *Canis lupus*, and can and do interbreed with domestic dogs. Nature isn't far away after all.

16. J. Strutt, *The Sports and Pastimes of the People of England from the Earliest Period, Including the Rural and Domestic Recreations, May Games, Mummeries, Pageants, Processions and Pompous Spectacles* (London: Methuen, 1903).

17. Strutt, *The Sports and Pastimes of the People of England*.

18. J. T. Coleman, *Vicious: Wolves and Men in America* (New Haven, CT: Yale University Press, 2006).

19. "Wolf Wars: America's Campaign to Eradicate the Wolf," *The Wolf That Changed America*, season 24, episode 4, PBS, September 14, 2008.

20. "Ma'iingan (The Wolf) Our Brother," White Earth Land Recovery Project, https://www.welrp. org/about-welrp/maiingan-the-wolf-our-brother/.

21. "Ma'iingan (The Wolf) Our Brother."

22. "Wolf Wars."

23. J. A. Estes, et al., "Trophic Downgrading of Planet Earth," *Science* 333 (2011), doi: 10.1126/ science.1205106.

24. S. Brasch, "It's Official: Colorado Has Its First Wild Wolf Pups Since the 1940s," CPR News, June 9, 2021.

25. D. Biehler, *Pests in the City: Flies, Bedbugs, Cockroaches, and Rats* (Seattle: University of Washington Press, 2013).

26. Biehler, Pests in the City.

1장: 역병 같은 쥐

1. "About Karni Mata," Karni Mata Temple, http://matakarnitemple.com/karni-mata/, accessed May 17, 2022.

2. K. Rielly, "The Black Rat," in *Extinctions and Invasions: A Social History of British Fauna*, ed. T. O'Connor and N. Sykes (Oxford, UK: Oxbow Books, 2010), 134–45.

3. Jonathan Burt, *Rat* (London: Reaktion Books, 2005).

4. Burt, *Rat*.

5. P. Ekman and W. V. Friesen, "Constants Across Cultures in the Face and Emotion," *Journal of*

Personality and Social Psychology 17 (February 1971), http://doi.org/10.1037/h0030377.

6. C. L. Nord, et al., "A Causal Role for Gastric Rhythm in Human Disgust Avoidance," *Current Biology* 31 (February 2021), https://doi.org/10.1016/j.cub.2020.10.087.

7. California State Assembly Bill No. 1788, Pesticides: Use of Second Generation Anticoagulant Rodenticides, September 30, 2020, https://leginfo.legislature.ca.gov/faces/billTextClient.xhtml?bill_id=201920200AB1788.

8. Leptospirosis in Dogs in Los Angeles County in 2021," County of Los Angeles Public Health, Veterinary Health, updated March 11, 2022, http://www.publichealth.lacounty.gov/vet/Leptospirosis2021.htm.

9. J. Frith, "The History of Plague—Part 1: The Three Great Pandemics," *Journal of Military and Veterans' Health* 20 (April 2012).

10. J. Susat, "A 5,000-Year-Old Hunter-Gatherer Already Plagued by *Yersinia pestis*," *Cell Reports* 35 (June 29, 2021), https://doi.org/10.1016/j.celrep.2021.109278.

11. M. A. Spyrou, et al., "Analysis of 3800-year-old *Yersinia pestis* Genomes Suggests Bronze Age Origin for Bubonic Plague," Nature Communications 9 (June 2018), https://doi.org/10.1038/s41467-018-04550-9.

12. K. R. Dean, et al., "Human Ectoparasites and the Spread of Plague in Europe during the Second Pandemic," *Proceedings of the National Academy of Sciences* 116 (January 2018), https://doi.org/10.1073/pnas.1715640115.

13. D. J. D., Earn, et al., "Acceleration of Plague Outbreaks in the Second Pandemic," *Proceedings of the National Academy of Sciences* 117(October 2020), https://doi.org/10.1073/pnas.2004904117.

14. Michael Vann and Liz Clarke, *The Great Hanoi Rat Hunt: Empire, Disease, and Modernity in French Colonial Vietnam* (New York: Oxford University Press, 2019).

15. Maurits Bastiaan Meerwijk, "Bamboo Dwellers: Plague, Photography, and the House in Colonial Java," in *Plague Image and Imagination from Medieval to Modern Times, Medicine and Biomedical Sciences in Modern History*, ed. C. Lynteris (Palgrave Macmillan, Cham), https://doi.org/10.1007/978-3-030-72304-0_8.

16. "Predator Free 2050," Department of Conservation, Te Papa Atawhai, Government of New Zealand, https://www.doc.govt.nz/nature/pests-and-threats/predator-free-2050/.

17. P. M. Wehi, et al., "Managing for Cultural Harvest of a Valued Introduced Species, the Pacific Rat (*Rattus exulans*) in Aotearoa New Zealand," *Pacific Conservation Biology* 27 (August 2021), https://doi.org/10.1071/PC20094.

18. Robert Sullivan, *Rats: Observations on the History & Habit of the City's Most Unwanted*

Inhabitants (New York: Bloomsbury, 2004).

19. "A Look at UM's New $4,500 Trash Cans," *Daily Mississippian*, January 16, 2019, https://thedmonline.com/a-look-at-ums-new-4500-trash-cans/.

20. K. A. Byers, et al., " 'They're Always There': Resident Experiences of Living with Rats in a Disadvantaged Urban Neighbourhood," *BMC Public Health* 19 (July 2019), https://doi.org/10.1186/s12889-019-7202-6.

21. Michael H. Parsons, et al., "Rats and the COVID-19 Pandemic: Considering the Influence of Social Distancing on a Global Commensal Pest," *Journal of Urban Ecology* 7, no. 1 (September 2021), https://doi.org/10.1093/jue/juab027.

22. "NYC Trash Bin Pilot Program Aims to Curb Large Garbage Piles on City Streets," Eyewitness News, ABC, April 20, 2022, https://abc7ny.com/eric-adams-new-york-city-boroughs-waste-bins/11773111/.

2장: 미끄러지는 뱀

1. "Burmese Python," Everglades National Park, National Park Service, updated August 12, 2021, https://www.nps.gov/ever/learn/nature/burmese-python.htm.

2. M. E. Dorcas, et al., "Severe Mammal Declines Coincide with Proliferation of Invasive Burmese Pythons in Everglades National Park," *Proceedings of the National Academy of Sciences* 109 (January 2012), https://doi.org/10.1073/pnas.1115226109.

3. "Florida Python Challenge 2022," https://flpythonchallenge.org/, accessed May 17, 2022.

4. "223 Pythons Removed during 2021 Florida Python Challenge," Spectrum News, Bay News 9, August 4, 2021, https://www.baynews9.com/fl/tampa/news/2021/08/04/223-pythons-removed-during-2021-florida-python-challenge.

5. G. C. Davey, "Self-Reported Fears to Common Indigenous Animals in an Adult Uk Population: The Role of Disgust Sensitivity," *British Journal of Psychology* 85 (November 1994), http://www.doi.org/10.1111/j.2044-8295.1994.tb02540.x.

6. V. LoBue and K. E. Adolph, "Fear in Infancy: Lessons from Snakes, Spiders, Heights, and Strangers," *Developmental Psychology* 55 (September 2019), http://doi.org/ 10.1037/dev0000675.

7. V. LoBue, et al., "Young Children's Interest in Live Animals," *British Journal of Developmental Psychology* 31 (March 2013), https://doi.org/10.1111/j.2044-835X.2012.02078.x.

8. Susan Mineka, et al., "Fear of Snakes in Wild-and Laboratory-Reared Rhesus Monkeys (*Macaca*

mulatta), *Animal Learning & Behavior* 8, no.4 (1980): 653–63, https://doi.org/10.3758/BF03197783.

9. J. Joslin, H. Fletcher and J. Emlen, "A Comparison of the Responses to Snakes of Lab-and Wild-Reared Rhesus Monkeys," *Animal Behaviour* 12, nos. 2–3 (April–July 1964): 348–52, https://doi.org/10.1016/0003-3472(64)90023-5.

10. S. Mineka, et al., "Observational Conditioning of Snake Fear in Rhesus Monkeys," *Journal of Abnormal Psychology* 93, no. 4 (1984): 355–72, https://doi.org/10.1037/0021-843X.93.4.355.

11. J. Souchet and F. Aubret, "Revisiting the Fear of Snakes in Children: The Role of Aposematic Signalling," *Scientific Reports* 6, November 2016, https://doi.org/10.1038/srep37619.

12. LoBue and Adolph, "Fear in Infancy."

13. M. Conrad, L. B. Reider, and V. LoBue, "Exploring Parent–Child Conversations about Live Snakes and Spiders: Implications for the Development of Animal Fears," *Visitor Studies* 24 (February 2021), doi:10.1080/10645578.2020.1865089.

14. Conrad, Reider, and LoBue, "Exploring Parent–Child Conversations."

15. Emma Marris, *Wild Souls: Freedom and Flourishing in the Non-Human World* (New York: Bloomsbury, 2021).

16. H. J. R. Lenders and I. A. W. Janssen, "The Grass Snake and the Basilisk: From Pre-Christian Protective House God to the Antichrist," *Environment and History* 30 (August 2014), http://doi.org/10.3197/096734014X14031694156367.

17. C. Arnold, "Snakebite Steals Millions of Years of Quality Life in India," *Nature News*, December 4, 2020, https://www.nature.com/articles/d41586-020-03327-9.

18. Z. E. Selvanayagam, et al., "ELISA for the Detection of Venoms from Four Medically Important Snakes of India," *Toxicon* 37 (May 1999), https://doi.org/10.1016/S0041-0101(98)00215-3.

19. S. C. Greene, et al., "Epidemiology of Fatal Snakebites in the United States 1989–2018," *American Journal of Emergency Medicine* 45 (July 2021), https://doi.org/10.1016/j.ajem.2020.08.083.

20. "Snakebite Envenoming," World Health Organization, May 17, 2021, https://www.who.int/news-room/fact-sheets/detail/snakebite-envenoming.

21. F. L. Yuan, et al., "Sacred Groves and Serpent-Gods Moderate Human-Snake Relations," *People and Nature* 2 (March 2020), https://doi.org/10.1002/pan3.10059.

22. Yuan, et al., "Sacred Groves and Serpent-Gods."

23. T. H. Fritts, et al., "Symptoms and Circumstances Associated with Bites by the Brown Tree Snake (Colubridae: *Boiga irregularis*) on Guam," *Journal of Herpetology* 28 (March 1994), https://doi.org/10.2307/1564676.

24. L. Clark, C. Clark, and S. Siers, "Brown Tree Snakes: Methods and Approaches for Control," in *Ecology and Management of Terrestrial Vertebrate Invasive Species in the United States*, ed. W. C. Pitt, J. C. Beasley, and G. W. Witmer (Boca Raton, FL: CRC Press, 2017), 415.

25. R. A. Garcia, et al., "Adaptation of an Artificial Bait to an Automated Aerial Delivery System for Landscape-Scale Brown Treesnake Suppression," *Biological Invasions* 23 (May 2021), https://doi.org/10.1007/s10530-021-02567-8.

26. Mary Roach, *Fuzz: When Nature Breaks the Law* (New York: W. W. Norton & Company, 2021).

27. S. R. Siers, et al., "In Situ Evaluation of an Automated Aerial Bait Delivery System for Landscape-Scale Control of Invasive Brown Treesnakes on Guam," in *Island Invasives: Scaling Up to Meet the Challenge*, ed. C. R. Veitch, et al. (Gland, Switzerland: IUCN, 2019), 348–55.

28. S. R. Siers, et al., "Evaluating Lethal Toxicant Doses for the Largest Individuals of an Invasive Vertebrate Predator with Indeterminate Growth," *Management of Biological Invasions* 12, no. 2 (June 2021), https://doi.org/10.3391/mbi.2021.12.2.17.

29. K. M. Hart, P. J. Schofield, and D. R. Gregoire, "Experimentally Derived Salinity Tolerance of Hatchling Burmese Pythons (*Python molurus bivittatus*) from the Everglades, Florida (USA)," *Journal of Experimental Marine Biology and Ecology* 413 (February 2012), https://doi.org/10.1016/j.jembe.2011.11.021.

30. M. E. Hunter, et al., "Cytonuclear Discordance in the Florida Everglades Invasive Burmese Python (*Python bivittatus*) Population Reveals Possible Hybridization with the Indian Python (*P. molurus*)," *Ecology and Evolution* 8 (September 2018), https://doi.org/10.1002/ece3.4423.

31. B. J. Smith, et al., "Betrayal: Radio-Tagged Burmese Pythons Reveal Locations of Conspecifics in Everglades National Park, " *Biological Invasions* 18 (July 2016), https://doi.org/10.1007/s10530-016-1211-5.

32. J. Maheshwari, "Cobra Effect: The Law of Unintended Consequences (Part 1)," Medium, February 13, 2019, https://medium.com/@jayna.1989/cobra-effect-the-law-of-unintended-consequences-part-1-3e674f68400.

3장: 생쥐의 둥지

1. T. Dayan and D. Simberloff, "Natufian Gazelles: Proto-Domestication Reconsidered," *Journal of Archaeological Science* 22 (September 1995), https://doi.org/10.1016/S0305-4403(95)80152-9.

2. B. Brookshire, "How the House Mouse Tamed Itself," *Science News*, April 19, 2017, https://www. sciencenews.org/blog/scicurious/how-house-mouse-tamed-itself.

3. Gilbert Smith, et al., "Human Follicular Mites: Ectoparasites Becoming Symbionts," *Molecular Biology and Evolution* 39, no. 6 (June 2022), https://doi.org/10.1093/molbev/msac125.

4. J. A. Bravo, et al., "Ingestion of Lactobacillus Strain Regulates Emotional Behavior and Central Gaba Receptor Expression in a Mouse via the Vagus Nerve," *Proceedings of the Natioanl Academy of Sciences* 108 (August 2011), https://doi.org/10.1073/pnas.1102999108.

5. J. R. Kelly, et al., "Lost in Translation? The Potential Psychobiotic Lactobacillus Rhamnosus (Jb-1) Fails to Modulate Stress or Cognitive Performance in Healthy Male Subjects," *Brain, Behavior, and Immunity* 61 (March 2017): 50–59, https://doi.org/10.1016/j.bbi.2016.11.018.

6. A. Alberdi, et al., "Do Vertebrate Gut Metagenomes Confer Rapid Ecological Adaptation?," *Trends in Ecology & Evolution* 31, no. 9 (September 2016): 689–99, https://doi.org/10.1016/j.tree.2016.06.008.

7. K. M. Neufeld, et al., "Reduced Anxiety-like Behavior and Central Neurochemical Change in Germ-Free Mice," *Neurogastroenterology & Motility* 23, no. 3 (March 2011): 255–64, https://doi.org/10.1111/j.1365-2982.2010.01620.x.

8. K-A. M. Neufeld, et al., "Mouse Strain Affects Behavioral and Neuroendocrine Stress Responses Following Administration of Probiotic *Lactobacillus rhamnosus* JB-1 or Traditional Antidepressant Fluoxetine," *Frontiers in Neuroscience* 12 (May 2018): 294, https://doi.org/10.3389/fnins.2018.00294.

9. L. Vrbanec, et al., "Enhanced Problem-Solving Ability as an Adaptation to Urban Environments in House Mice," *Proceedings of the Royal Society of Sciences—BiologicalSciences* 288, no. 1945, February 2021, http://doi.org/10.1098/rspb.2020.2504.

10. V. Mazza and A. Guenther, "City Mice and Country Mice: Innovative Problem Solving in Rural and Urban Noncommensal Rodents," *Animal Behaviour* 172 (February 2021): 197–210, https://doi.org/10.1016/j.anbehav.2020.12.007.

11. Pizza Ka Yee Chow, Nicola S. Clayton, and Michael A. Steele, "Cognitive Performance of Wild Eastern Gray Squirrels (*Sciurus carolinensis*) in Rural and Urban, Native, and Non-native Environments," *Frontiers in Ecology and Evolution* 9 (February 2021), https://doi.og10.3389/fevo.2021.615899.

12. L. Lefebvre, "The Opening of Milk Bottles by Birds: Evidence for Accelerating Learning Rates, but Against the Wave-of-Advance Model of Cultural Transmission," *Behavioural Processes* 34, no. 1 (May 1995): 43–53, https://doi.org/10.1016/0376-6357(94)00051-H.

13. L. Cecco, "Raccoons v Toronto: How 'Trash Pandas' Conquered the City," *Guardian*, October 5,

2018, https://www.theguardian.com/world/2018/oct/05/canada-toronto-raccoons.

14. E. Cortesi, et al., "Cultural Relationships Beyond the Iranian Plateau: The Helmand Civilization, Baluchistan and the Indus Valley in the 3rd Millennium BCE," *Paléorient* 34, no. 2 (January 2008): 5–35, http://doi.org/10.2307/41496521.

15. W. C. Hooker, "Animal Trap," Patent No. 528,671, November 6, 1894.

16. D. Drummond, *Nineteenth Century Mouse Traps Patented in the U.S.A.: An Illustrated Guide* (Galloway, OH: North American Trap Collectors Association, Inc., 2004).

17. S. M. Herald, *"A Mouse Plague,"* *Queanbeyan Age*, June 15, 1871.

18. "Mice Plague in Australia," *Nature* 129, no. 755 (May 1932), https://doi.org/10.1038/129755b0.

19. N. Zhou, "Three Hospital Patients Bitten as Mouse Plague Sweeps Western NSW," *Guardian*, March 18, 2021, https://www.theguardian.com/australia-news/2021/mar/18/three-hospital-patients-bitten-by-mice-as-absolute-plague-sweeps-western-nsw.

20. " 'Follow the Instructions,' Customers Warned after Several Hospitalized by Rodent Bait," *Mudgee Guardian* (February 9, 2021), https://www.mudgeeguardian.com.au/story/7118595/residents-urged-to-be-cautious-with-mouse-bait-misuse-resulting-in-poisoning/.

21. V. Olmos and C. Magdalena López, "Brodifacoum Poisoning with Toxicokinetic Data," *Clinical Toxicology* 45, no. 5 (October 2008): 487–89, doi: 10.1080/15563650701354093.

22. Reka K. Kelemen, Marwan Elkrewi, Anna K. Lindholm, and Beatriz Vicoso, "Novel Patterns of Expression and Recruitment of New Genes on the T-Haplotype, a Mouse Selfish Chromosome," *Proceedings of the Royal Society B* 289, no. 1968 (February, 2022): 20211985, https://doi.org/10.1098/rspb.2021.1985.

23. A. Manser, B. König, and A. K. Lindholm, "Polyandry Blocks Gene Drive in a Wild House Mouse Population," *Nature Communications* 11, no. 5590 (November 2020), https://doi.org/10.1038/s41467-020-18967-8.

24. J. Godwin, et al., "Rodent Gene Drives for Conservation: Opportunities and Data Needs," *Proceedings of the Royal Society—Biological Sciences* 286 (November 2019), http://doi.org/10.1098/rspb.2019.1606.

25. J. N. Runge, "Selfish Migrants: How a Meiotic Driver Is Selected to Increase Dispersal," *Journal of Evolutionary Biology* 35, no 4 (April 2022): 621–32, https://doi.org/10.1111/jeb.13989.

26. A. Manser, et al., "Female House Mice Avoid Fertilization by T Haplotype Incompatible Males in a Mate Choice Experiment," *Journal of Evolutionary Biology* 28, no. 3 (January 2015): 54–64, https://doi.org/10.1111/jeb.12525.

27. A. Manser, et al., "Controlling Invasive Rodents via Synthetic Gene Drive and the Role of

Polyandry," *Proceedings of the Royal Society—Biological Sciences* 286 (August 2019), https://doi.org/10.1098/rspb.2019.0852.

28. H. A. Grunwald, et al., "Super-Mendelian Inheritance Mediated by CRISPR–Cas9 in the Female Mouse Germline," *Nature* 566 (January 2019): 105–9, https://doi.org/10.1038/s41586-019-0875-2/.

29. "History of Blood Transfusion," American Red Cross, https://www.redcrossblood.org/donate-blood/blood-donation-process/what-happens-to-donated-blood/blood-transfusions/history-blood-transfusion.html, accessed May 18, 2022.

30. C. C. Little, "A New Deal for Mice," *Scientific American*, January 1, 1935.

31. Leila McNeill, "The History of Breeding Mice for Science Begins with a Woman in a Barn," *Smithsonian Magazine*, March 20, 2018.

32. Little, "A New Deal for Mice."

33. Standardizing Animals for American Biomedical Research, 1900–1955 (Princeton, NJ: Princeton University Press, 2004).

34. "Fast Facts," Jackson Laboratory, https://www.jax.org/about-us/fast-facts, accessed May 18, 2022.

35. "The World's Favourite Lab Animal Has Been Found Wanting, but There Are New Twists in the Mouse's Tale," *The Economist*, December 24, 2016, https://www.economist.com/christmas-specials/2016/12/24/the-worlds-favourite-lab-animal-has-been-found-wanting-but-there-are-new-twists-in-the-mouses-tale.

4장: 비둘기의 똥

1. "The Long History of Speed at Reuters," Reuters, October 21, 2020, https://www.reuters.com/article/rpb-historyofspeed-idUSKBN2761XC.

2. Michael D. Shapiro and Eric T. Domyan, "Domestic Pigeons," *Current Biology* 23, no. 8 (April 2013): PR302-R303, https://doi.org/10.1016/j.cub.2013.01.063.

3. D. S. Farner, et al., ed., *Avian Biology* VI (New York: Academic Press, 1982).

4. C. A. Driscoll, et al., "From Wild Animals to Domestic Pets, an Evolutionary View of Domestication," *Proceedings of the National Academy of Sciences*, 106 (June 2009): 9971–78, https://doi.org/10.1073/pnas.0901586106.

5. Andrew D. Blechman, *Pigeons: The Fascinating Saga of the World's Most Revered and Reviled Bird* (New York: Grove Press, 2006), 13.

6. C. Darwin, *On the Origin of Species: A Facsimilie of the First Edition* (Cambridge: Harvard University Press, 1964).

7. J. Jokimäki and J. Suhonen, "Distribution and Habitat Selection of Wintering Birds in Urban Environments," *Landscape and Urban Planning* 39, no. 4 (January 1998): 253–63, https://doi.org/10.1016/S0169-2046(97)00089-3.

8. "Hoving Calls a Meeting to Plan for Restoration of Bryant Park; Cleanup Is Urged for Bryant Park," *New York Times*, June 22, 1966, https://www.nytimes.com/1966/06/22/archives/hoving-calls-a-meeting-to-plan-for-restoration-of-bryant-park.html.

9. C. Jerolmack, "How Pigeons Became Rats: The Cultural-Spatial Logic of Problem Animals," *Social Problems* 55, no. 1 (February 2008): 72–94, https://doi.org/10.1525/sp.2008.55.1.72.

10. Jerolmack, "How Pigeons Became Rats."

11. C. Humphries, *Superdove: How the Pigeon Took Manhattan . . . and the World* (Washington, DC: Smithsonian, 2008).

12. Humphries, *Superdove.*

13. "Reuters: A Brief History," Guardian, May 4, 2007, https://www.theguardian.com/media/2007/may/04/reuters.pressandpublishing.

14. D. Ducatez, et al., "Ecological Generalism and Behavioural Innovation in Birds: Technical Intelligence or the Simple Incorporation of New Foods?," *Journal of Animal Ecology* 84 (June 2014): 79–89, https://doi.org/10.1111/1365-2656.12255.

15. J. Audet, "The Town Bird and the Country Bird: Problem Solving and Immunocompetence Vary with Urbanization," *Behavioral Ecology* 27, no. 2 (March–April 2016): 637–44, https://doi.org/10.1093/beheco/arv201.

16. "How European Rabbits Took Over Australia," *National Geographic*, https://www.nationalgeographic.org/article/how-european-rabbits-took-over-australia/, accessed May 18, 2022.

17. "State Barrier Fence Overview," Department of Primary Industries and Regional Development, Government of Western Australia, updated May 4, 2022, https://www.agric.wa.gov.au/invasive-species/state-barrier-fence-overview.

18. Jerolmack, "How Pigeons Became Rats."

19. Jerolmack, "How Pigeons Became Rats."

20. Jerolmack, "How Pigeons Became Rats."

21. "Health Board Bids City Abolish Pigeon-Feeding Areas in Parks," *New York Times*, October 23, 1963, https://www.nytimes.com/1963/10/23/archives/health-board-bids-city-abolish-pigeonfeeding-areas-in-parks.html.

22. A. P. Litvintseva, et al., "Evidence That the Human Pathogenic Fungus Cryptococcus Neoformans Var. Grubii May Have Evolved in Africa," PLOS ONE 11, no. 6 (May 2011), doi: 10.1371/journal.pone.0019688.

23. T. Strive and T. E. Cox, "Lethal Biological Control of Rabbits—The Most Powerful Tools for Landscape-Scale Mitigation of Rabbit Impacts in Australia," *Australian Zoologist* 40, no. 1 (2019): 118–29, https://doi.org/10.7882/AZ.2019.016.

24. D. Peacock and I. Abbott, "The Mongoose in Australia: Failed Introduction of a Biological Control Agent," *Australian Journal of Zoology* 58, no. 4 (November 2010): 205–27, http://doi.org/ 10.1071/ZO10043.

25. "Extermination of Rabbits," *Sydney Morning Herald*, September 7, 1867, https://trove.nla.gov.au/newspaper/article/13649462.

26. J. F. Prescott, review of *Pasteur's Gambit: Louis Pasteur, the Australasian Rabbit Plague and a Ten Million Dollar Prize, Veterinary Microbiology* 149 (May 2011): 3N4, http://doi.org/ 10.1016/ j.vetmic.2010.12.019.

27. Myxoma took off: T. Strive, "Lethal Biological Control of Rabbits," *Australian Zoologist* 40, no. 1 (2019): 118–28.

28. P. J. Kerr, R. N. Hall, and T. Strive, "Viruses for Landscape-ScaleTherapy: Biological Control of Rabbits in Australia," in *Viruses as Therapeutics: Methods and Protocols*, ed. A. R. Lucas (New York, Humana Press, 2021).

29. Kerr, Hall, and Strive, "Viruses for Landscape-Scale Therapy."

30. Kerr, Hall, and Strive, "Viruses for Landscape-Scale Therapy."

31. Kerr, Hall, and Strive, "Viruses for Landscape-Scale Therapy."

32. Kerr, Hall, and Strive, "Viruses for Landscape-Scale Therapy."

33. D. S. L. Ramsey, et al., "Emerging RHDV2 Suppresses the Impact of Endemic and Novel Strains of RHDV on Wild Rabbit Populations," *Journal of Applied Ecology* 57, no. 3 (March 2020): 630–41, https://doi.org/10.1111/1365-2664.13548.

34. D. H. R. Spennemann and M. J. Watson, "Experimental Studies on the Impact of Bird Excreta on Architectural Metals," *APT Bulletin: Journal of Preservation Technology* 49, no. 1 (2018): 19–28, https://www.jstor.org/stable/26452201.

35. D. H. R. Spennemann, M. Pike, and M. J. Watson, "Effects of Acid Pigeon Excreta on Building Conservation," *International Journal of Building Pathology* 35, no. 1 (April 2017), https://doi.org/10.1108/IJBPA-09-2016-0023.

36. "How Does Acid Precipitation Affect Marble and Limestone Buildings?," United States Geological Survey, https://www.usgs.gov/faqs/how-does-acid-precipitation-affect-marble-and-

limestone-buildings?qt-news_science_products=0#, accessed May 18, 2022.

37. Spennemann, Pike, and Watson, "Effects of Acid Pigeon Excreta."

38. E. Bernardi, et al., "The Effect of Uric Acid on Outdoor Copper and Bronze," *Science of the Total Environment* 407, no. 7 (March 2009): 2383–89, https://doi.org/10.1016/j.scitotenv.2008.12.014.

39. D. H. R. Spennemann, M. Pike, and M. J. Watson, "Bird Impacts on Heritage Buildings: Australian Practitioners' Perspectives and Experiences," *Journal of Cultural Heritage Management and Sustainable Development* 8, no. 1 (January 2018): 62–75, https://doi.org/10.1108/JCHMSD-07-2016-0042.

40. M. Conover, *Resolving Human-Wildlife Conflicts: The Science of Wildlife Damage Management* (Boca Raton, FL: CRC Press, 2001).

41. Conover, *Resolving Human-Wildlife Conflicts*.

42. "Optical Bird Gel Repellant," BirdBusters, https://www.birdbusters.com/shop/Optical-Bird-Gel-Repellent.html, accessed May 18, 2022.

43. A. Mikhail, *The Animal in Ottoman Egypt* (Oxford: Oxford University Press, 2016).

44. "Fatwa No: 335128: Impurity of Dogs — Command to Kill Black Dogs," Fatwa, October 22, 2016, https://www.islamweb.net/en/fatwa/335128/impurity-of-dogs-command-to-kill-black-dogs.

45. "Fatwa No: 335128."

46. S. A. Rahman, "Religion and Animal Welfare—An Islamic Perspective," *Animals (Basel)* 7, no. 2 (February 2017), http://doi.org/ 10.3390/ani7020011.

47. Mikhail, *The Animal in Ottoman Egypt*.

48. Mikhail, *The Animal in Ottoman Egypt*.

49. L. Hornack, "London's Pigeon Problem Has a Simple Solution: A Hawk," *The World*, March 15, 2017, https://theworld.org/stories/2017-03-15/londons-pigeon-problem-has-simple-solution-hawk.

50. C. Jerolmack, *The Global Pigeon* (Chicago: University of Chicago Press, 2013).

51. Jerolmack, *The Global Pigeon*.

52. Jerolmack, *The Global Pigeon*.

5장: 코끼리의 기억력

1. "Adopt an Orphan," Sheldrick Wildlife Trust, https://www.sheldrickwildlifetrust.org/orphans,

accessed May 19, 2022.

2. Stephanie Hanes, *White Man's Game: Saving Animals, Rebuilding Eden, and Other Myths of Conservation in Africa* (New York: Metropolitan Books, 2017), 101.

3. J. R. Poulsen, , C. Rosin, A. Meier, E. Mills, C. L. Nuñez, S. E. Koerner, E. Blanchard, J. Callejas, S. Moore, and M. Sowers, "Ecological Consequences of Forest Elephant Declines for Afrotropical Forests," *Conservation Biology* 32, no. 3 (June 2018): 559–67, https://doi.org/10.1111/cobi.13035.

4. PTI, "Elephants Killed over 2,300 People in Last Five Years: Elephant Ministry," *The Hindu*, June 28, 2019, https://www.thehindu.com/sci-tech/energy-and-environment/elephants-killed-over-2300-people-in-last-five-years-environment-ministry/article28208456.ece.

5. PTI, "Elephants Killed over 2,300 People."

6. in the United States, it's news: Normvance, "Bear Put Down after Trapping Family in Home for 45 Minutes," *Pagosa Springs Journal*, September 16, 2021, https://pagosasprings.com/bear-put-down-after-trapping-family-in-home-for-45-minutes/.

7. E. Di Minin, et al., "A Pan-African Spatial Assessment of Human Conflicts with Lions and Elephants," *Nature Communications* 12, no. 2978 (May 2021), https://doi.org/10.1038/s41467-021-23283-w.

8. Di Minin, et al., "A Pan-African Spatial Assessment."

9. Reuters Staff, "COVID Slashes Kenyan Tourism Revenues by $1 Billion," Reuters, December 2, 2020, https://www.reuters.com/article/health-coronavirus-kenya-tourism-idUSL8N2II4DE.

10. at least a generation: Jon T. Coleman, *Vicious: Wolves and Men in America* (New Haven: Yale University Press, Lamar Series in Western History, 2006).

11. Coleman, *Vicious: Wolves and Men in America*.

12. Coleman, *Vicious: Wolves and Men in America*.

13. Coleman, *Vicious: Wolves and Men in America*.

14. "Coleman, *Vicious: Wolves and Men in America*.

15. G. Bombieri, J. Naves, V. Penteriani, et al. "Brown Bear Attacks on Humans: a Worldwide Perspective," *Scientific Reports* 9, no. 8573 (June 2019), https://doi.org/10.1038/s41598-019-44341-w.

16. S. Woodham, "Wolf May Have Killed Teacher Near Chignik Lake," *Anchorage Daily News*, March 20, 2010, https://www.adn.com/alaska-beat/article/wolf-may-have-killed-teacher-near-chignik-lake/2010/03/10/.

17. USDA, "Cattle and Calves Death Loss in the United States Due to Predator and Nonpredator Causes, 2015," APHIS, VS, NAHMS, December 20, 2017.

18. USDA, "Cattle and Calves."

19. J. Shivik, *The Predator Paradox: Ending the War with Wolves, Bears, Cougars, and Coyotes* (Boston: Beacon Press, 2014).

20. Joseph Marshall III, *On Behalf of the Wolf and the First Peoples* (Santa Fe: Museum of New Mexico Press, 1995).

21. Anthony J. Hall-Martin and L. A. van der Walt, "Plasma Testosterone Levels in Relation to Musth in the Male African Elephant," *Koedoe* 27 (December 1984): 147–49, https://doi.org/10.4102/koedoe.v27i1.561.

22. Michiel P. Veldhuis, Mark E. Ritchie, Joseph O. Ogutu, et al., "Cross-Boundary Human Impacts Compromise the Serengeti-Mara Ecosystem," *Science* 363, no. 64636 (March 2019): 1424–28, https://doi.org/10.1126/science.aav0564.

23. Connor J. Cavanagh, Teklehaymanot Weldemichel, and Tor A. Benjaminsen, "Gentrifying the African Landscape: The Performance and Powers of for-Profit Conservation on Southern Kenya's Conservancy Frontier," *Annals of the American Association of Geographers* 110, no. 5 (March 2020): 1594–612, https://doi.org/10.1080/24694452.2020.1723398.

24. J. Shaffer, "Human-Elephant Conflict: A Review of Current Management Strategies and Future Directions," *Frontiers in Ecology and Evolution* 6 (January 2019), https://doi.org/10.3389/fevo.2018.00235.

25. Shaffer, "Human-Elephant Conflict."

26. T. Kalam, et al., "Lethal Fence Electrocution: A Major Threat to Asian Elephants in Assam, India," *Tropical Conservation Science* 11 (December 2018), https://doi.org/10.1177/1940082918817283.

27. E. J. Christie, "The Idea of an Elephant: Ælfric of Eynsham, Epistemology, and the Absent Animals of Anglo-Saxon England," *Neophilologus* 98 (October 2013): 465–79, https://doi.org/10.1007/s11061-013-9374-0.

28. L. E. King, "African Elephants Run from the Sound of Disturbed Bees," *Current Biology* 17, no. 19 (2007): R832–33, https://doi.org/10.1016/j.cub.2007.07.038.

29. King, "African Elephants Run."

30. L. E. King, et al., "Beehive Fence Deters Crop-Raiding Elephants," *African Journal of Ecology* 47, no. 2 (June 2009): 131–37, https://doi.org/10.1111/j.1365-2028.2009.01114.x.

31. "Our Beehive Fence Design," Elephants and Bees Project, Save the Elephants, https://elephantsandbees.com/beehive-fence/, accessed May 18, 2022.

32. King, et al., "Beehive Fence Deters Crop-Raiding Elephants."

33. G. Rapsomanikis, "The Economic Lives of Smallholder Farmers," Food and Agriculture

Organization of the United Nations, 2015.

34. T. Chapman, "Brewing Smelly Elephant Repellant," Elephants and Bees Project, Save the Elephants, December 17, 2019, https://elephantsandbees.com/brewing-smelly-elephant-repellent/.

35. Renaud Hecklé, Pete Smith, Jennie I. Macdiarmid, Ewan Campbell, Pamela Abbott, "Beekeeping Adoption: a Case Study of Three Smallholder Farming Communities in Baringo County, Kenya," *Journal of Agriculture and Rural Development in the Tropics and Subtropics* 119, no. 1 (2018).

36. J. Wall, et al., "Novel Opportunities for Wildlife Conservation and Research with Real-Time Monitoring," *Ecological Applications* 24, no. 4 (June 2014): 593–601, http://doi.org/10.1890/13-1971.1.

37. "Monitor," Mara Elephant Project, https://maraelephantproject.org/our-approach/monitor/, accessed May 18, 2022.

38. N. Hahn, et al., "Unmanned Aerial Vehicles Mitigate Human–Elephant Conflict on the Borders of Tanzanian Parks: A Case Study," *Oryx* 51, no. 3 (November 2016): 513–16, doi: 10.1017/S0030605316000946.

39. "Protect," Mara Elephant Project, https:// maraelephantproject.org/our-approach/protect/, accessed May 18, 2022.

40. E. Atienza, "Fact Check: Did Kenya Introduce the Death Penalty for Wildlife Poachers?," Checkyourfact.com, December 25, 2019, https://checkyourfact.com/2019/12/25/fact-check-kenya-introduce-death-penalty-law-poachers-elephants-rhinos/.

41. "The Elephant's Placenta and the Lucky Brothers," Lion Guardians, June 9, 2017, http://lionguardians.org/the-elephants-placenta-and-the-lucky-brothers/.

42. J. Kioke, et al., "Maasai People and Elephants: Values and Perceptions," *Indian Journal of Traditional Knowledge* 14, no. 1 (January 2015): 13–19.

6장: 골치 아픈 고양이

1. B. Brookshire, "I Spent 5 Months Trying to Coax a Cat from My Ceiling," *Atlantic*, August 19, 2021, https://www.theatlantic.com/science/archive/2021/08/ceiling-cat-meme-came-live-my-house/619832/.

2. Loss, Will, and Marra, "The Impact of Free-Ranging Domestic Cats."

3. F. Medina, et al., "A Global Review of the Impacts of Invasive Cats on Island Endangered

Vertebrates," *Global Change Biology* 17 (November 2011), https://doi.org/10.1111/j.1365-2486.2011.02464.x.

4. T. S. Doherty, et al., "Invasive Predators and Global Biodiversity Loss," *Proceedings of the National Academy of Sciences* 40 (October 2015), https://doi.org/10.1073/pnas.1602480113.

5. D. R. Spatz, et al., "Globally Threatened Vertebrates on Islands with Invasive Species," *Science Advances* 3 (October 2017), doi:10.1126/sciadv.1603080.

6. C. A. Driscoll, et al., "The Near Eastern Origin of Cat Domestication," *Science* 317 (July 2007), https://doi.org/10.1126/science.1139518.

7. J. Bradshaw, *Cat Sense: How the New Feline Science Can Make You a Better Friend to Your Pet* (New York: Basic Books, 2013).

8. J. A. Serpall, "Domestication and History of the Cat," in *The Domestic Cat: The Biology of its Behaviour* (Cambridge: Cambridge University Press, 2013), 89.

9. A. Haruda, et al., "The Earliest Domestic Cat on the Silk Road," *Scientific Reports* 10 (2020), https://doi.org/10.1038/s41598-020-67798-6.

10. E. Vázquez-Domínguez, G. Ceballos, and J. Cruzado, "Extirpation of an Insular Subspecies by a Single Introduced Cat: The Case of the Endemic Deer Mouse *Peromyscus guardia* on Estanque Island, Mexico," *Oryx* 38 (August 2004), doi: 10.1017/S0030605304000602.

11. E. Mellink, G. Ceballos, and J. Luévano, "Population Demise and Extinction Threat of the Angel De La Guarda Deer Mouse (Peromyscus Guardia)," *Biological Conservation* 108 (November 2002), https://doi.org/10.1016/S0006-3207(02)00095-2.

12. Vázquez-Domínguez, Ceballos, and Cruzado, "Extirpation of an Insular Subspecies."

13. Vázquez-Domínguez, Ceballos, and Cruzado, "Extirpation of an Insular Subspecies."

14. R. Galbreath and D. Brown, "The Tale of the Lighthouse-Keeper's Cat: Discovery and Extinction of the Stephens Island Wren (*Traversia lyalli*)," *Notornis* 51 (2004).

15. Galbreath and Brown, "The Tale of the Lighthouse-Keeper's Cat."

16. "Hawaii TV Stations to Go Digital One Month before National DTV Transition," *Hawaii News Now*, October 15, 2008.

17. A. F. Raine, et al., "Managing the Effects of Introduced Predators on Hawaiian Endangered Seabirds," *Journal of Wildlife Management* 84 (April 2020), https://doi.org/10.1002/jwmg.21824.

18. Raine, "Managing the Effects of Introduced Predators."

19. Raine, "Managing the Effects of Introduced Predators."

20. House of Representatives Standing Committee on the Environment and Energy, "Tackling the Feral Cat Pandemic: A Plan to Save Australian Wildlife: Report of the Inquiry into the

Problem of Feral and Domestic Cats in Australia," Commonwealth of Australia, 2020, https://www.aph.gov.au/Parliamentary_Business/Committees/House/Environment_and_Energy/Feralanddomesticcats/Report.

21. A. N. Rowan, T. Kartal, and J. Hadidian, "Cat Demographics & Impact on Wildlife in the USA, the UK, Australia and New Zealand: Facts and Values," *Journal of Applied Animal Ethics Research* 2 (2019), https://doi.org/10.1163/25889567-12340013.

22. House of Representatives Standing Committee on the Environment and Energy, "Tackling the Feral Cat Pandemic."

23. S. Legge, et al., "Australia Must Control Its Killer Cat Problem. A Major New Report Explains How, but Doesn't Go Far Enough," The Conversation, February 9, 2021.

24. P. Foley, et al., "Analysis of the Impact of Trap-Neuter-Return Programs on Populations of Feral Cats," *Journal of the American Veterinary Medical Association* 227 (December 2005), https://doi.org/10.2460/javma.2005.227.1775.

25. Foley, et al., "Analysis of the Impact of Trap-Neuter-Return Programs."

26. Idit Gunther, et al., "Reduction of Free-Roaming Cat Population Requires High-Intensity Neutering in Spatial Contiguity to Mitigate Compensatory Effects," *Proceedings of the National Academy of Sciences* 119, no. 15 (April 2022): e2119000119, https://doi.org/10.1073/pnas.2119000119.

27. D. D. Spehar and P. J. Wolf, "Back to School: An Updated Evaluation of the Effectiveness of a Long-Term Trap-Neuter-Return Program on a University's Free-Roaming Cat Population," *Animals* 9 (2019), https://doi.org/10.3390/ani9100768.

28. Spehar and Wolf, "Back to School."

29. K. Tan, J. Rand, and J. Morton, "Trap-Neuter-Return Activities in Urban Stray Cat Colonies in Australia," *Animals* 7 (2017), https://doi.org/10.3390/ani7060046. See also: Spehar and Wolf, "Back to School."

30. M. C. Urban, "Climate-Tracking Species Are Not Invasive," *Nature Climate Change* 10 (May 2020): 382–84, https://doi.org/10.1038/s41558-020-0770-8.

31. Marris, Wild Souls, 173.

32. Loss, Will, and Marra, "The Impact of Free-Ranging Domestic Cats"; S. Loss, T. Will, and P. Marra, "Correction: Corrigendum: The Impact of Free-Ranging Domestic Cats on Wildlife of the United States," *Nature Communications* 4 (2013), https://doi.org/10.1038/ncomms3961.

33. R. Kays, et al., "The Small Home Ranges and Large Local Ecological Impacts of Pet Cats," *Animal Conservation* 23 (October 2020), ttps://doi.org/10.1111/acv.12563.

34. F. B. Golley, "Energy Dynamics of a Food Chain of an Old-Field Community," *Ecological*

Monographs 30 (April 1960), https://doi.org/10.2307/1948551.

35. Martina Cecchetti, et al., "Drivers and Facilitators of Hunting Behaviour in Domestic Cats and Options for Management," *Mammal Review* 51, no. 3 (July 2021): 307–22, https://doi.org/10.1111/mam.12230.

36. Cecchetti et al., "Drivers and Facilitators of Hunting Behaviour."

37. Cecchetti et al., "Drivers and Facilitators of Hunting Behaviour."

38. M. H. Parsons, et al., "Temporal and Space-Use Changes by Rats in Response to Predation by Feral Cats in an Urban Ecosystem," *Frontiers in Ecology and Evolution* (September 2018), https://doi.org/10.3389/fevo.2018.00146.

39. S. L. Crowley, M. Cecchetti, and R. A. McDonald, "Diverse Perspectives of Cat Owners Indicate Barriers to and Opportunities for Managing Cat Predation of Wildlife," *Frontiers in Ecology and the Environment* 18 (December 2020), https://doi.org/10.1002/fee.2254.

40. W. L. Linklater, et al., "Prioritizing Cat-Owner Behaviors for a Campaign to Reduce Wildlife Depredation," *Conservation Science and Practice* 5 (May 2019), https://doi.org/10.1111/csp2.29.

41. G. Williams, "Caught Cats Put to Good Use Catching Rabbits in Queenstown," *Otago Daily Times*, July 18, 2021.

42. Linklater, et al., "Prioritizing Cat-Owner Behaviors."

43. Crowley, Cecchetti, and McDonald, "Diverse Perspectives of Cat Owners."

44. W. L. Linklater, et al., "Prioritizing Cat-Owner Behaviors."

45. M. Cecchetti, et al., "Provision of High Meat Content Food and Object Play Reduce Predation of Wild Animals by Domestic Cats *Felis catus*," *Current Biology* 31 (2021), https://doi.org/10.1016/j.cub.2020.12.044.

46. K. M. Leong, A. R. Gramza, and C. A. Lepczyk, "Understanding Conflicting Cultural Models of Outdoor Cats to Overcome Conservation Impasse," *Conservation Biology* 34 (October 2020), https://doi.org/10.1111/cobi.13530.

7장: 코요테 무리

1. Jesse O'Neill, "Coyote Attacks Toddler on California Beach," *New York Post*, April 30, 2022, https://nypost.com/2022/04/30/huntington-beach-coyote-attack-injures-toddler-in-california/.

2. J. Salo, "Coyote Spotted in Central Park," *New York Post*, February 8, 2021, https://nypost.

com/2021/02/08/coyote-spotted-in-central-park/.

3. "Mammal Collections," La Brea Tar Pits & Museum, https://tarpits.org/research-collections/tar-pits-collections/mammal-collections, accessed May 28, 2022.

4. Dan Flores, *Coyote America: A Natural and Supernatural History* (New York: Basic Books, 2016).

5. Steve Pavlik, *Navajo and the Animal People: Native American Traditional Ecological Knowledge and Ethnozoology* (Golden, CO: Fulcrum Publishing, 2014).

6. Pavlik, *Navajo and the Animal People.*

7. Pavlik, *Navajo and the Animal People.*

8. Pavlik, *Navajo and the Animal People.*

9. Pavlik, *Navajo and the Animal People.*

10. K. M. Berger, et al., "Indirect Effects and Traditional Trophic Cascades: A Test Involving Wolves, Coyotes and Pronghorn," *Ecology* 89, no. 3 (March 2008): 818–28, https://doi.org/10.1890/07-0193.1.

11. Berger, et al., "Indirect Effects and Traditional Trophic Cascades."

12. J. G. Way, "A Comparison of Body Mass of *Canis latrans* (Coyotes) between Eastern and Western North America," *Northeastern Naturalist* 14, no. 1 (March 2007): 111–24, https://doi.org/10.1656/1092-6194(2007)14[111:ACOBMO]2.0.CO;2.

13. Flores, *Coyote America.*

14. J. C. Kligo, et al., "Reproductive Characteristics of a Coyote Population Before and During Exploitation," *Journal of Wildlife Management* 81, no. 6 (November 2017): 1386–93, https://doi.org/10.1002/jwmg.21329.

15. Kligo, et al., "Reproductive Characteristics of a Coyote Population."

16. Kligo, et al., "Reproductive Characteristics of a Coyote Population."

17. S. M. Alexander and D. L. Draper, "The Rules We Make That Coyotes Break," *Contemporary Social Science* 16, no. 1 (May 2019): 127–39, http://doi.org/10.1080/21582041.2019.1616108.

18. Alexander and Draper, "The Rules We Make That Coyotes Break."

19. S. M. Alexander and D. L. Draper, "Worldviews and Coexistence with Coyotes," in *Human Wildlife Interactions: Turning Conflict into Coexistence*, ed. Beatrice Frank, Jenny A. Glikman, and Silvio Marchini (Cambridge: Cambridge University Press, 2019).

20. M. Fidino, et al., "Landscape-Scale Differences among Cities Alter Common Species' Responses to Urbanization," *Ecological Applications* 31, no. 2 (March 2021): e02253, https://doi.org/10.1002/eap.2253.

21. E. H. Ellington and S. D. Gehrt,"Behavioral Responses by an Apex Predator to Urbanization," *Behavioral Ecology* 30, no. 3 (May/June 2019): 821–29, https://doi.org/10.1093/beheco/

arz019.

22. Ellington and Gehrt, "Behavioral Responses by an Apex Predator."

23. S. Altrudi and C. Kelty, "Animals, Angelenos and the Arbitrary: Analyzing Human-Wildlife Entanglement in Los Angeles," personal communication, 2021.

24. Altrudi and Kelty, "Animals, Angelenos and the Arbitrary."

25. Altrudi and Kelty, "Animals, Angelenos and the Arbitrary."

26. B. Erickson, "Lake Highlands Residents, Authorities Tell Different Stories About Coyote That Attacked Toddler," *Dallas magazine*, May 4, 2022, https://www.dmagazine.com/frontburner/2022/05/coyote-attack-dallas-lake-highlands/.

27. N. J. Lance, et al., "Biological, Technical, and Social Aspects of Applying Electrified Fladry for Livestock Protection from Wolves (*Canis lupus*)," *Wildlife Research* 37, no. 8 (January 2011), http://doi.org/ 10.1071 /WR10022.

28. M. Musiani, et al., "Wolf Depredation Trends and the Use of Fladry Barriers to Protect Livestock in Western North America," *Conservation Biology* 17, no. 6 (December 2003): 1538–47, https://doi.org/10.1111/j.1523-1739.2003.00063.x.

29. J. Young, et al., "Mind the Gap: Experimental Tests to Improve Efficacy of Fladry for Nonlethal Management of Coyotes," *Wildlife Society Bulletin* 43, no. 9 (June 2019), http://doi.org/10.1002/wsb.970.

30. Lance, et al., "Biological, Technical, and Social Aspects of Applying Electrified Fladry."

31. "Agriculture & Wildlife Protection Program," Benton County, OR., https://bentonawpp.wordpress.com/home/, accessed May 19, 2022.

32. E. Nobel, "Maremma Sheepdog and Little Penguin Protector Retires after Nine Years on Middle Island," ABC News, October 16, 2019, https://www.abc.net.au/news/2019-10-17/middle-island-penguin-protector-oddball-maremma-retires/11607662.

33. CoyoteVest, https://www.coyotevest.com/products/coyotevest, accessed May 19, 2022.

34. Caitlin Fay, "Aposematic Variation and the Evolution of Warning Coloration in Mammals" (master's thesis, California State University, Long Beach, 2016).

35. Fay, "Aposematic Variation," 27.

36. Kathy Vo, speech at the Society of Integrative and Comparative Biology, 2021.

37. Vo, speech at the Society of Integrative and Comparative Biology.

38. "Take Action: Coexisting with Coyotes," Santa Monica Mountains National Recreation Area, National Park Service, https://www.nps.gov/samo/learn/management/support-coyotes.htm, accessed May 19, 2022.

39. J. K. Young, E. Hammill, and S. W. Breck, "Interactions with Humans Shape Coyote Responses

to Hazing," *Scientific Reports* 9 (December 2019), https://doi.org/10.1038/s41598-019-56524-6.

40. Young, Hammill, and Breck, "Interactions with Humans."

41. "Coyotes Kill Toronto Singer in Cape Breton," CBC News, October 28, 2009, https://www.cbc.ca/news/canada/nova-scotia/coyotes-kill-toronto-singer-in-cape-breton-1.779304.

42. Carly C. Sponarski, et al., "Attitudinal Differences Among Residents, Park Staff, and Visitors Toward Coyotes in Cape Breton Highlands National Park of Canada," *Society & Natural Resources* 28, no. 7 (May 2015): 720–32, https://doi.org/10.1080/08941920.2015.1014595.

43. Sponarski, et al., "Attitudinal Differences Among Residents."

44. Sponarski, et al., "Attitudinal Differences Among Residents."

45. Sponarski, et al., "Attitudinal Differences Among Residents."

8장: 파닥거리는 참새

1. Weimin Xiong, "The 1950s Eliminate Sparrows Campaign."

2. Xiong, "The 1950s Eliminate Sparrows Campaign."

3. Xiong, "The 1950s Eliminate Sparrows Campaign."

4. Sha Yexin, "The Chinese Sparrows of 1958," EastWestSouthNorth, August 31, 1997, https://web.archive.org/web/20120808000323/http://www.zonaeuropa.com/20061130_1.htm.

5. Yexin, "The Chinese Sparrows of 1958."

6. Mikhail Klochko, *Soviet Scientist in Red China* (New York: F. Praeger, 1964).

7. Klochko, *Soviet Scientist in Red China.*

8. "Great Leap," *People's Century*, PBS, Wednesday, June 16, 1999, https://www.pbs.org/wgbh/peoplescentury/episodes/greatleap/description.html.

9. Klochko, *Soviet Scientist in Red China.*

10. Michael McCarthy, "The Sparrow That Survived Mao's Purge," *Independent*, September 3, 2010, https://web.archive.org/web/20120723011028/http://www.independent.co.uk/environment/nature/nature_studies/nature-studies-by-michael-mccarthy-the-sparrow-that-survived-maos-purge-2068993.html.

11. Frank Dikötter, *Mao's Great Famine: The History of China's Most Devastating Catastrophe, 1958–1962* (New York: Bloomsbury, 2010), 192.

12. Judith Shapiro, *Mao's War Against Nature: Politics and the Environment in Revolutionary China* (Cambridge: Cambridge University Press, 2001), 87.

13. Shapiro, *Mao's War Against Nature*, 87.

14. Dikötter, *Mao's Great Famine*.

15. Hanyi Chen, et al., "Sparrow Slaughter and Grain Yield Reduction during the Great Famine of China," posted to SSRN April 23, 2021, http://dx.doi.org/10.2139/ssrn.3832057.

16. Vaclav Smil, "China's Great Famine: 40 Years Later," *British Medical Journal* 318, no. 7225 (December 1999): 1619–21, http://doi.org/ 10.1136/bmj.319.7225.1619. See also Chen, "Sparrow Slaughter and Grain Yield Reduction," and Xin Meng, et al., "The Institutional Causes of China's Great Famine, 1959–1961," *Review of Economic Studies* 82 (April 2015): 1568–611, http://doi.org/ 10.1093/restud/rdv016.

17. Dikötter, *Mao's Great Famine*, 321, 322.

18. "Canegrubs," Sugar Research Australia, https://sugarresearch.com.au/pest/canegrubs/, accessed May 19, 2022.

19. Rick Shine, *Cane Toad Wars* (Oakland: University of California Press, 2018).

20. Richard Shine, et al., "A Famous Failure: Why Were Cane Toads an Ineffective Biocontrol in Australia?," *Conservation Science and Practice* 2, no. 12 (December 2020): e296, https://doi.org/10.1111/csp2.296.

21. Richard Shine, "The Ecological, Evolutionary, and Social Impact of Invasive Cane Toads in Australia," in *Invasive Species in a Globalized World*, ed. Keller, Cadotte, and Sandiford.

22. Cane Toads: An Unnatural History, documentary, 1988, https://www.youtube.com/watch?v=6SBLf1tsoaw, accessed May 19, 2022.

23. Christa Beckmann and Richard Shine, "Toad's Tongue for Breakfast: Exploitation of a Novel Prey Type, the Invasive Cane Toad, by Scavenging Raptors in Tropical Australia," *Biological Invasions* 13 (2011): 1447–55, https://doi.org/10.1007/s10530-010-9903-8.

24. Marissa Parrott, et al., "Eat Your Heart Out: Choice and Handling of Novel Toxic Prey by Predatory Water Rats," *Australian Mammalogy* 42, no 2 (September 2019): 235–39, http://doi.org/ 10.1071/AM19016.

25. Parrott, et al., "Eat Your Heart Out."

26. Ben Phillips and Richard Shine, "An Invasive Species Induces Rapid Adaptive Change in a Native Predator: Cane Toads and Black Snakes in Australia," *Proceedings of the Royal Society—Biological Sciences* 273 (March 2006): 1545–50, http://doi.org/10.1098/rspb.2006.3479.

27. Georgia Kosmala, et al., "Skin Resistance to Water Gain and Loss Has Changed in Cane Toads (Rhinella Marina) during Their Australian Invasion," *Ecology and Evolution* 10, no 23 (December 2020): 13071–79, https://doi.org/10.1002/ece3.6895.

28. Shine, "The Ecological, Evolutionary, and Social Impact of Invasive Cane Toads."

29. Jayna DeVore, et al., "The Evolution of Targeted Cannibalism and Cannibal-Induced Defenses in Invasive Populations of Cane Toads," *Proceedings of the National Academy of Sciences* 118, no. 35 (August 2021): e2100765118, https://doi.org/10.1073/pnas.2100765118.

30. Reid Tingley, et al., "New Weapons in the Toad Toolkit: A Review of Methods to Control and Mitigate the Biodiversity Impacts of Invasive Cane Toads (*Rhinella Marina*)," *Quarterly Review of Biology* 92, no. 2 (June 2017): 129–49, http://doi.org/ 10.1086/692167.

31. tG. Ward-Fear, J. Thomas, J. K. Webb, D. J. Pearson, and R.Shine, "Eliciting Conditioned Taste Aversion in Lizards: Live Toxic Prey Are More Effective Than Scent and Taste Cues Alone," *Integrative Zoology* 12, no. 2 (March 2017): 112–20, https://doi.org/10.1111/1749-4877.12226.

32. "The Prickly Pear Story," Queensland Government, Department of Agriculture and Fisheries, 2020, https://www.daf.qld.gov.au/__data/assets/pdf_file/0014/55301/prickly-pear-story.pdf.

33. "The Prickly Pear Story."

34. "Carp Herpes Virus First Step in Native Fish Recovery Says Alliance," Invasive Species Council, April 6, 2016, https://invasives.org.au/media-releases/carp-herpes-virus-first-step-native-fish-recovery-says-alliance/.

35. Jackson Perry, " 'Conquered by the Sparrows': Avian Invasions in French North Africa, circa 1871–1920," *Environmental History* 25, no. 2 (April 2020).

36. Perry, " 'Conquered by the Sparrows.' "

37. Perry, " 'Conquered by the Sparrows.' "

38. Perry, " 'Conquered by the Sparrows.' "

39. Perry, " 'Conquered by the Sparrows.' "

40. Matthew Holmes, "The Sparrow Question: Social and Scientific Accord in Britain, 1850–1900," *Journal of the History of Biology* 50 (August 2017): 645–71, https://doi.org/10.1007/s10739-016-9455-6.

41. Holmes, "The Sparrow Question."

42. Michael Brodhead, "Elliott Coues and the Sparrow War," *New England Quarterly* 44, no. 3 (September 1971): 420–32.

43. Pierre Juin, "Clark Denounces Germ War Charges; Accuses Chinese Communists of Fabricating Statements Attributed to Captives," *New York Times*, February 24, 1953.

44. "Report of the International Scientific Comission for the Investigation of the Facts Concerning Bacterial Warfare in Korea and China," International Scientific Commission, 1952.

45. Milton Leitenberg, "China's False Allegations of the Use of Biological Weapons by the United States during the Korean War," *Cold War International History Project*, Working Paper 78,

March 2016.

46. Diarmuid Jeffreys, "Dirty Little Secrets," Al Jazeera, March 17, 2010.

47. Xiong, "The 1950s Eliminate Sparrows Campaign."

48. Dikötter, *Mao's Great Famine.*

49. Dikötter, *Mao's Great Famine*, 309, 317.

50. Shapiro, *Mao's War Against Nature.*

51. Holmes, "The Sparrow Question."

52. Holmes, "The Sparrow Question."

9장 : 사슴 무리

1. Leonard Perry, "Effective Deer Fences," Green Mountain Gardener, University of Vermont Department of Plant and Soil Science, https://pss.uvm.edu/ppp/articles/deerfences.html, accessed May 21, 2022.

2. "How Likely Are You to Have an Animal Collision," SimpleInsights, StateFarm, https://www.statefarm.com/simple-insights/auto-and-vehicles/how-likely-are-you-to-have-an-animal-collision, accessed May 21, 2022.

3. Sophie Gilbert, et al., "Socioeconomic Benefits of Large Carnivore Recolonization Through Reduced Wildlife-Vehicle Collisions," *Conservation Letters* 10, no. 4 (July/August 2017): 431–39, https://doi.org/10.1111/conl.12280.

4. Derrell Lyles, Department of Transportation, personal communication.

5. Michael Mengak and Mark Crosby, "Farmers' Perceptions of White-Tailed Deer Damage to Row Crops in 20 Georgia Counties During 2016," University of Georgia Warnell School of Forestry and Natural Resources, August 2017.

6. Jim Sterba, *Nature Wars: The Incredible Story of How Wildlife Comebacks Turned Backyards into Battlegrounds* (New York: Crown Publishers, 2013), 87.

7. Kurt VerCauteren, "The Deer Boom: Discussions on Population Growth and Range Expansion of the White-Tailed Deer," in *Bowhunting Records of North American Whitetail Deer*, 2nd ed., ed. Glenn Hisey and Kevin Hisey (Chatfield, MN: Pope and Young Club, 2003).

8. Albert Gonzalez, "Seminole Food: Patterns of Indigenous Foodways in South Florida, 1855 to 1917," *New Florida Journal of Anthropology* 2, no. 2 (February 2021), https://doi.org/10.32473/nfja.v1i2.123723.

9. Sterba, *Nature Wars*, 151.

10. J. W. Grandy, E. Stallman, and D. Macdonald, "The Science and Sociology of Hunting: Shifting Practices and Perceptions in the United States and Great Britain," in *The State of the Animals II*, ed. D. J. Salem and A. N. Rowan (Washington, DC: Humane Society Press, 2003), 107–30).

11. VerCauteren, "The Deer Boom."

12. VerCauteren, "The Deer Boom."

13. Sterba, *Nature Wars*, 87

14. Sterba, *Nature Wars*, 98.

15. Sterba, *Nature Wars*, 95.

16. Sterba, *Nature Wars*, 103.

17. Sterba, *Nature Wars*.

18. Sterba, *Nature Wars*, 2.

19. VerCauteren, "The Deer Boom."

20. fQuality Deer Management Association, QDMA Whitetail Report, Bogart, GA, 2009.

21. Keith Geluso, Carter G. Kruse, and Mary J. Harner, "Wetland Edge Trampled by American Bison (Bos Bison) Used as Basking Site for Painted Turtles (*Chrysemys picta*)," *Transactions of the Nebraska Academy of Sciences and Affiliated Societies* (2020), https://digitalcommons.unl.edu/cgi/viewcontent.cgi?article=1543&context=tnas.

22. Geluso, Kruse, and Harner, "Wetland Edge Trampled by American Bison."

23. Geluso, Kruse, and Harner, "Wetland Edge Trampled by American Bison."

24. "Australian Brumby Horse," Breeds of Livestock, Department of Animal Sciences, Oklahoma State University, http://afs.okstate.edu/breeds/horses/australianbrumby, accessed May 21, 2022.

25. "Feral Horse (*Equus caballus*) and Feral Donkey (*Equus asinus*)," Fact Sheet, Australian Government, Department of Agriculture, Water, and the Environment, 2011.

26. "Feral Horses," Invasive Species Council, https://invasives.org.au/our-work/feral-animals/feral-horses/, accessed May 21, 2022.

27. Banjo Paterson, "The Man from Snowy River."

28. Biance Nogrady, "In Australia's Snowy Mountains, a Battle Over Brumbies," Undark, July 25, 2018, https://undark.org/2018/07/25/battle-over-brumbies/.

29. Nogrady, "In Australia's Snowy Mountains, a Battle Over Brumbies."

30. Rosie King, "Kosciuszko National Park Brumbies Causing 'Abhorrent' Damage, Says Indigenous River Guide," ABC News (Australia), July 6, 2020, https://www.abc.net.au/news/2020-07-07/kosciuszko-feral-horses-controversy/12405310.

31. Don Driscoll, et al., "Feral Horses Will Rule One Third of the Fragile Kosciuszko National

Park under a Proposed NSW Government Plan," The Conversation, October 7, 2021, https:// theconversation.com/feral-horses-will-rule-one-third-of-the-fragile-kosciuszko-national-park-under-a-proposed-nsw-government-plan-169248.

32. Don A. Driscoll and Maggie J. Watson, "Science Denialism and Compassionate Conservation: Response to Wallach et al. 2018," *Conservation Biology* 33, no. 4 (August 2019): 777–80, https://doi.org/10.1111/cobi.13273.

33. Margaret Davis, "Australia Culling 10,000 Feral Horses to Control Their Rapidly Growing Population Threatening Endangered Species, Habitats," *Science Times*, November 1, 2021, https://www.sciencetimes.com/articles/34272/20211101/australia-culling-10-000-feral-horses-control-rapidly-growing-population.htm.

34. Kurt VerCauteren and Michael Pipas, "A Review of Color Vision in White-Tailed Deer," *Wildlife Society Bulletin* 31, no. 3 (Autumn 2006): 684–91.

35. Donald Waller and Nicholas Reo, "First Stewards: Ecological Outcomes of Forest and Wildlife Stewardship by Indigenous Peoples of Wisconsin, USA," *Ecology and Society* 23, no. 1 (2018): 45, https://doi.org/10.5751/ES-09865-230145.

36. Sterba, *Nature Wars*.

37. Sonja A. Christensen, et al., "Spatial Variation of White-Tailed Deer (*Odocoileus Virginianus*) Population Impacts and Recovery from Epizootic Hemorrhagic Disease," *Journal of Wildlife Diseases* 57, no. 1 (January 2021): 82–93, https://doi.org/10.7589/JWD-D-20-00030.

38. Michael Samuel and Daniel Storm, "Chronic Wasting Disease in White-Tailed Deer: Infection, Mortality, and Implications for Heterogeneous Transmission," *Ecology* 97, no. 11 (November 2016): 3195–205, https://doi.org/10.1002/ecy.1538.

39. Mitchell Palmer, et al., "Susceptibility of White-Tailed Deer (*Odocoileus virginianus*) to SARS-CoV-2," *Journal of Virology* 95, no. 11 (2021), https://doi.org/10.1128/JVI.00083-21.

40. Thomas Almendinger, et al., "Restoring Forests in Central New Jersey Through Effective Deer Management," *Ecological Restoration* 38, no. 4 (December 2020): 246–56, http://doi.org/10.3368/er.38.4.246.

41. Almendinger, "Restoring Forests in Central New Jersey."

42. "Lyme Disease: Data and Surveillance," Centers for Disease Control and Prevention, https://www.cdc.gov/lyme/datasurveillance/index.html?CDC_AA_refVal=https%3A%2F%2Fwww.cdc.gov%2Flyme%2Fstats%2Findex.html, accessed May 21, 2022.

43. "A Brief History of Lyme Disease in Connecticut" Connecticut State Department of Health, updated July 1, 2019. https://portal.ct.gov/DPH/Epidemiology-and-Emerging-Infections/A-Brief-History-of-Lyme-Disease-in-Connecticut.

44. "A Brief History of Lyme Disease in Connecticut."

45. A. M. Kilpatrick, et al., "Lyme Disease Ecology in a Changing World: Consensus, Uncertainty and Critical Gaps for Improving Control," *Philosophical Transactions of the Royal Society B* 372, no. 1722 (April 2017), http://dx.doi.org/10.1098/rstb.2016.0117.

46. Uriel Kitron, et al., "Spatial Analysis of the Distribution of Ixodes dammini (Acari: Ixodidae) on White-Tailed Deer in Ogle County, Illinois," *Journal of Medical Entomology* 29, no. 2 (March 1992): 259–66, https://doi.org/10.1093/jmedent/29.2.259.

47. M. L. Baer-Lehman, et al., "Evidence for Competition between *Ixodes scapularis and Dermacentor albipictus* Feeding Concurrently on White-Tailed Deer," *Experimental and Applied Acarology* 58 (May 2012): 301–14, https://doi.org/10.1007/s10493-012-9574-5.

48. Ching-I Huang, et al., "High Burdens of *Ixodes scapularis* Larval Ticks on White-Tailed Deer May Limit Lyme Disease Risk in a Low Biodiversity Setting," *Ticks and Tick-borne Diseases* 10, no. 2 (February 2019): 258–68, https://doi.org/10.1016/j.ttbdis.2018.10.013.

49. Kilpatrick, et al., "Lyme Disease Ecology in a Changing World."

50. L. E. Nigrovic and K. M. Thompson, "The Lyme Vaccine: A Cautionary Tale," *Epidemiology & Infection* 135, no. 1 (January 2007): 1–8, http://doi.org/ 10.1017/S0950268806007096.

51. Cassandra Willyard, "Lyme Vaccines Show New Promise, and Face Old Challenges," Undark, October 2, 2019, https://undark.org/2019/10/02/new-landscape-lyme-vaccines/.

52. John Patrick Connors and Anne Short Gianotti, "Becoming Killable: White-Tailed Deer Management and the Production of Overabundance in the Blue Hills," *Urban Geography* (May 2021), https://doi.org/10.1080/02723638.2021.1902685.

53. Connors and Gianotti, "Becoming Killable."

54. Connors and Gianotti, "Becoming Killable."

55. Connors and Gianotti, "Becoming Killable."

56. Brooke Jarvis, "Deer Wars and Death Threats," *New Yorker*, November 8, 2021, https://www.newyorker.com/magazine/2021/11/15/deer-wars-and-death-threats.

57. "Fertility Control," White Buffalo, Inc., https://www.whitebuffaloinc.org/fertility-control, accessed May 21, 2022.

58. Blue Hills State Reservation, White-Tailed Deer Management Program, 2021 Deer Management Plan, October 8, 2021.

59. Connors and Gianotti, "Becoming Killable."

10장: 게으른 곰

1. Sean M. Murphy, et al., "Early Genetic Outcomes of American Black Bear Reintroductions in the Central Appalachians, USA," *Ursus* 29, no. 2 (May 2019): 119–33, https://doi.org/10.2192/URSU-D-18-00011.1.

2. Stewart W. Breck, Nathan Lance, and Victoria Seher, "Selective Foraging for Anthropogenic Resources by Black Bears: Minivans in Yosemite National Park," *Journal of Mammalogy* 90, no. 5 (October 2009): 1041–44, https://doi.org/10.1644/08-MAMM-A-056.1.

3. Nicholas P. Gould, et al., "Growth and Reproduction by Young Urban and Rural Black Bears," *Journal of Mammalogy* 102, no. 4 (August 2021): 1165–73, https://doi.org/10.1093/jmammal/gyab066.

4. Gould, et al., "Growth and Reproduction."

5. B. Brookshire, "Changing People's Behavior Can Make Bear Life Better," *Science News for Students*, April 8, 2021, https://www.sciencenewsforstudents.org/article/changing-people-behavior-can-make-bear-life-better.

6. Kathy Zeller, et al., "Black Bears Alter Movements in Response to Anthropogenic Features with Time of Day and Season," *Movement Ecology* 7, no. 19 (July 2019), https://doi.org/10.1186/s40462-019-0166-4.

7. Lee Anne Ayers, et al., "Black Bear Activity Patterns and Human Induced Modifications in Sequoia National Park," *Bears: Their Biology and Management* 6 (1986): 151–54, https://doi.org/10.2307/3872819.

8. Zeller, "Black Bears Alter Movements."

9. Mark A. Ditmer, et al., "American Black Bears Perceive the Risks of Crossing Roads," *Behavioral Ecology* 29, no. 3 (May/June 2018): 667–75, https://doi.org/10.1093/beheco/ary020.

10. H. E. Johnson, et al., "Shifting Perceptions of Risk and Reward: Dynamic Selection for Human Development by Black Bears in the Western United States," *Biological Conservation* 187 (July 2015): 164–72, https://doi.org/10.1016/j.biocon.2015.04.014.

11. Heather Johnson, et al., "Human Development and Climate Affect Hibernation in a Large Carnivore with Implications for Human–Carnivore Conflicts," *Journal of Applied Ecology* 55, no. 2 (2017): 663–72, https://doi.org/10.1111/1365-2664.13021.

12. Johnson, et al., "Human Development and Climate Affect Hibernation."

13. Rebecca Kirby, et al., "The Diet of Black Bears Tracks the Human Footprint across a Rapidly Developing Landscape," *Biological Conservation* 200 (August 2016): 51–59, https://doi.org/10.1016/j.biocon.2016.05.012.

14. Rebecca Kirby, et al., "The Cascading Effects of Human Food on Hibernation and Cellular Aging in Free-Ranging Black Bears," *Scientific Reports* 9, no. 2197 (February 2019), https://doi.org/10.1038/s41598-019-38937-5.

15. Kirby, et al., "The Cascading Effects of Human Food."

16. Jared S. Laufenberg, et al., "Compounding Effects of Human Development and a Natural Food Shortage on a Black Bear Population along a Human Development-Wildland Interface," *Biological Conservation* 224 (August 2018): 188–98, https://doi.org/10.1016/j.biocon.2018.05.004.

17. Sharon Baruch-Mordo, et al., "Spatiotemporal Distribution of Black Bear–Human Conflicts in Colorado, USA," *Journal of Wildlife Management* 72, no. 8 (November 2008): 1853–62, https://doi.org/10.2193/2007-442.

18. Heather Johnson, et al., "Assessing Ecological and Social Outcomes of a Bear-Proofing Experiment," *Journal of Wildlife Management* 82, no. 6 (August 2018): 1102–14, https://doi.org/10.1002/jwmg.21472.

19. Stacy A. Lischka, et al., "A Conceptual Model for the Integration of Social and Ecological Information to Understand Human-Wildlife Interactions," *Biological Conservation* 225 (September 2018): 80–87, https://doi.org/10.1016/j.biocon.2018.06.020.

20. Stacy A. Lischka, et al., "Psychological Drivers of Risk-Reducing Behaviors to Limit Human–Wildlife Conflict," *Conservation Biology* 34, no. 6 (December 2020): 1383–92, https://doi.org/10.1111/cobi.13626.

21. Johnson, et al., "Assessing Ecological and Social Outcomes."

22. Alyze Kotyk, "Humans' Behaviour May Change if They Realized How Many Black Bears Are Killed Every Year in B.C.: Advocate," CTV News, Vancouver, Canada, January 20, 2022, https://bc.ctvnews.ca/humans-behaviour-may-change-if-they-realized-how-many-black-bears-are-killed-every-year-in-b-c-advocate-1.5747815.

23. Michael Cast, "Virginia City: The Model Bear-Smart Community," *Missoulian*, January 9, 2022, https://missoulian.com/news/local/virginia-city-the-model-bear-smart-community/article_06cd732b-7dfe-55db-bf77-419f0fbaf711.html.

24. Stacy A. Lischka, et al., "Understanding and Managing Human Tolerance for a Large Carnivore in a Residential System," *Biological Conservation* 238 (October 2019), doi: 10.1016/j.biocon.2019.07.034.

11장: 어떤 이름으로 불러도 유해동물

1. Sullivan, *Rats*.

2. Mary Douglas, *Purity and Danger: An Analysis of Concept of Pollution and Taboo* (New York: Routledge & Kegan Paul, 1966).

3. Genesis 1:28: Richard Wright, "Responsibility for the Ecological Crisis," *BioScience* 20, no. 15 (August 1970): 851–53, https://doi.org/10.2307/1295493.

4. Genesis 1:28, https://www.kingjamesbibleonline.org/Genesis-1-28/.

5. Marshall, *On Behalf of the Wolf and the First Peoples*.

6. Marshall, *On Behalf of the Wolf and the First Peoples*, 8.

7. Sullivan, *Rats*, 2.

8. B. Brookshire, "As Wild Turkeys Grow in Number, so Do Risky Encounters with Humans," *Washington Post*, April 22, 2022, https://www.washingtonpost.com/health/2022/04/22/wild-turkey-anacostia-attacks/.

9. Erin Kennedy Thornton, et al., "Earliest Mexican Turkeys (*Meleagris gallopavo*) in the Maya Region: Implications for Pre-Hispanic Animal Trade and the Timing of Turkey Domestication," *PLOS ONE 7*, no. 8 (August 2012): e42630, https://doi.org/10.1371/journal.pone.0042630.

10. Sterba, *Nature Wars*, 151.

11. Sterba, *Nature Wars*, 151.

12. James E. Miller, et al., "Turkey Damage Survey: A Wildlife Success Story Becoming Another Wildlife Damage Problem," *Wildlife Damage Management Conference Proceedings*, October 2000.

13. James E. Miller, "Wild Turkeys," Wildlife Damage Management Technical Series, USDA, APHIS, WS, January 2018.

14. Joshua Bote, "Destructive Turkeys Are Creating a Nightmare at Bay Area NASA Lab," SFGate, February 8, 2022, https://www.sfgate.com/bayarea/article/Turkeys-create-nightmare-NASA-Ames-lab-16841998.php.

이것은 내가 읽은 자료를 모두 나열한 목록이 아니다(단언컨대, 그런 목록은 아무도 원하지 않을 것이다). 중요하게 인용한 자료는 대부분 미주에 표기해 두었다. 아래의 문헌들은 이 책에 담긴 생각을 형성하는 데 도움을 준 책이나 논문, 기타 등등의 목록이다. 여러분도 이 자료에서 인간과 더불어 살기를 좋아하는 동물들에 관하여 놀라운 정보를 더 많이 알 수 있을 것이다.

인간-야생동물 상호작용

나다나엘 존슨, 『우리가 몰랐던 도시』, 정서진 옮김, 눌와 (2018)
로빈 월 키머러, 『향모를 땋으며』, 노승영 옮김, 에이도스 (2020)
프랭크 디쾨터, 『마오의 대기근』, 최파일 옮김, 열린책들 (2017)
할 헤르조그, 『우리가 먹고 사랑하고 혐오하는 동물들』, 김선영 옮김, 살림 (2011)

Barilla, James. *My Backyard Jungle The Adventures of an Urban Wildlife Lover Who Turned His Yard into Habitat and Learned to Live with It.* New Haven: Yale University Press, 2013.

Biehler, Dawn. *Pests in the City: Flies, Bedbugs, Cockroaches & Rats.* Seattle: University of Washington Press, 2013.

Donovan, Tristan. *Feral Cities: Adventures with Animals in the Urban Jungle.* Chicago: Chicago Review Press, 2015.

Hanes, Stephanie. *White Man's Game: Saving Animals, Rebuilding Eden, and Other Myths of Conservation in Africa.* New York: Metropolitan Books, 2017.

King, Barbara J. *Animals' Best Friends: Putting Compassion to Work for Animals in Captivity and in the Wild.* Chicago: Chicago University Press, 2021.

Marris, Emma. *Rambunctious Garden: Saving Nature in a Post-Wild World.* New York: Bloomsbury, 2011.

_____. *Wild Souls: Freedom and Flourishing in the Non-Human World.* New York: Bloomsbury, 2021.

Marshall, Joseph, III. *On Behalf of the Wolf and the First Peoples.* Santa Fe: Museum of New Mexico

Press, 1995.

Pavlik, Steve. *Navajo and the Animal People: Native American Traditional Ecological Knowledge and Ethnozoology*. Golden, CO: Fulcrum Publishing, 2014.

Roach, Mary. *Fuzz: When Nature Breaks the Law*. New York: W. W. Norton & Company, 2021.

Shapiro, Judith. *Mao's War Against Nature: Politics and the Environment in Revoluntionary China*. Cambridge: Cambridge University Press, 2001.

Shivik, John A. *The Predator Paradox: Ending the War with Wolves, Bears, Cougars, and Coyotes*. Boston: Beacon Press, 2014.

Sterba, Jim. *Nature Wars: The Incredible Story of How Wildlife Comebacks Turned Backyards into Battlegrounds*. New York: Crown, 2013.

특정 종에 관한 책과 글

존 브래드쇼, 『캣 센스』, 한유선 옮김, 글항아리 (2015)

Blechman, Andrew D. *Pigeons: The Fascinating Saga of the World's Most Revered and Reviled Bird*. New York: Grove Press, 2006.

Brookshire, Bethany. "As Wild Turkeys Grow in Number, So Do Risky Encounters with Humans." *Washington Post*, April 22, 2022. https://www.washingtonpost.com/health/2022/04/22/wild-turkey-anacostia-attacks/.

_____. "Changing People's Behavior Can Make Bear Life Better." *Science News for Students*, April 8, 2021. https://www.sciencenewsforstudents.org/article/changing-people-behavior-can-make-bear-life-better.

_____. "How the House Mouse Tamed Itself." *Science News*, April 19, 2017. https://www.sciencenews.org/blog/scicurious/how-house-mouse-tamed-itself.

Burt, Jonathan. *Rat*. London: Reaktion Books, 2005.

"Cane Toads: An Unnatural History." Youtube. Posted May 11, 2015. https://youtu.be/6SBLf1tsoaw.

Cecco, Leyland. "Raccoons v Toronto: How 'Trash Pandas' Conquered the City." *Guardian*, October 5, 2018. https://www.theguardian.com/world/2018/oct/05/canada-toronto-raccoons.

Coleman, Jon T. *Vicious: Wolves and Men in America*. New Haven, CT: Yale University Press, 2004.

Flores, Dan. *Coyote America: A Natural and Supernatural History*. New York: Basic Books, 2016.

Hongoltz-Hetling, Matthew. *A Libertarian Walks into a Bear: The Utopian Plot to Liberate an American Town (And Some Bears)*. New York: PublicAffairs, 2020.

Humphries, Courtney. *Superdove: How the Pigeon Took Manhattan... and the World*. New York: HarperCollins, 2008.

Jarvis, Brooke. "Deer Wars and Death Threats." *New Yorker*, November 8, 2021. https://www.newyorker.com/magazine/2021/11/15/deer-wars-and-death-threats.

Jerolmack, Colin. *The Global Pigeon*. Chicago: University of Chicago Press, 2013.

Justice, Daniel Heath. *Raccoon*. London: Reaktion Books, 2021.

Marra, Peter P., and Chris Santella. *Cat Wars: The Devastating Consequences of a Cuddly Killer*. Princeton, NJ: Princeton University Press, 2016.

National Geographic Society. "How European Rabbits Took Over Australia." National Geographic.org. Posted on January 27, 2020. https://www.nationalgeographic.org/article/how-european-rabbits-took-over-australia/.

Nogrady, Bianca. "In Australia's Snowy Mountains, a Battle over Brumbies." Undark, July 25, 2018. https://undark.org/2018/07/25/battle-over-brumbies/.

Shine, Rick. *Cane Toad Wars*. Oakland: University of California Press, 2018.

Stolzenburg, William. *Rat Island: Predators in Paradise and the World's Greatest Wildlife Rescue*. New York: Bloomsbury, 2011.

Sullivan, Robert. *Rats: Observations on the History & Habitat of the City's Most Unwanted Inhabitants*. New York: Bloomsbury, 2004.

Vann, Michael, and Liz Clarke. *The Great Hanoi Rat Hunt: Empire, Disease and Modernity in French Colonial Vietnam*. New York: Oxford University Press, 2019.

인간-야생동물 상호작용: 과학 논문과 책

메리 더글러스, 『순수와 위험』, 유제분 외 1인 옮김, 현대미학사 (1997)

Frank, Beatrice, Jenny A. Glikman, and Silvio Marchini, eds. *Human Wildlife Interactions: Turning Conflict into Coexistence*. Cambridge University Press, 2019.

Mikhail, Alan. The Animal in Ottoman Egypt. Oxford: Oxford University Press, 2014.

Nyhus, Phillip J. "Human-Wildlife Conflict and Coexistence." *Annual Review of Environment and Resources* 41 (2016): 143-71. https://doi.org/10.1146/annurev-environ-110615-085634.

Ritvo, Harriet. *The Animal Estate: The English and Other Creatures in the Victorian Age*.

Cambridge, MA: Harvard University Press, 1987.

Stone, Ken. *Reading the Hebrew Bible with Animal Studies*. Stanford, CA: Stanford University Press, 2018.

특정 종에 관한 과학 논문과 책

Haami, Bradford. *Cultural Knowledge and Traditions Relating to the Kiore Rat in Aotearoa. Part 1: A Maori Perspective*. Science and Mathematics Education Papers. Hamilton, NZ: University of Waikato, 1993.

Holmes, Matthew. "The Perfect Pest: Natural History and the Red Squirrel in Nineteenth-Century Scotland." *Archives of Natural History* 2, no. 1 (2015): 113-25. https://doi.org/10.3366/anh.2015.0284.

LoBue, Vanessa, and Karen E. Adolph. "Fear in Infancy: Lessons from Snakes, Spiders, Heights, and Strangers." *Developmental Psychology* 55, no. 9 (2019): 1889-907. https://doi.org/1010.1037/dev0000675.

Nelson, Nicole C. *Model Behavior: Animal Experiments, Complexity, and the Genetics of Psychiatric Disorders*. Chicago: University of Chicago Press, 2018.

Rader, Karen. *Making Mice: Standardizing Animals for American Biomedical Research, 1900-1955*. Princeton, NJ: Princeton University Press, 2004.

Roberts, Mere. *Scientific Knowledge and Cultural Traditions. Part 2: A Pakeha View of the Kiore Rat in New Zealand*. Science and Mathematics Education Papers. Hamilton, NZ: University of Waikato, 1993.

Serpall, James A. "Domestication and History of the Cat." In *The Domestic Cat: The Biology of its Behaviour*, edited by Dennis C. Turner and Patrick Bateson, 83-100. Cambridge: Cambridge University Press, 2013.

동물을 사랑한다고 자부하는 사람이라도 모든 동물을 다 사랑하지는 않는다. 모기나 바퀴벌레 같은 곤충까지 갈 것도 없이, 집 안에 큰 시궁쥐가 들어왔을 때 무슨 수를 써서라도 눈앞에서 그것을 치워 버리고 싶지 않을 사람이 몇이나 있겠는가. 도시에서 사는 현대인이라면, 그가 사랑하는 동물이란 주로 반려동물이나 자연 다큐멘터리에서 보는 경이로운 야생동물을 뜻한다. 경이롭지 않은 야생동물이나 가축은 접할 기회가 적고 우리 마음속에서 차지하는 지분도 적다. 누굴 탓하려는 게 아니라 내가 딱 그런 사람이다.

그리고 유해동물pest이 있다. 우리나라에서 공식적으로 '유해야생동물'은 '사람의 생명이나 재산에 피해를 주는 야생동물로서 환경부령이 정하는 종'으로 정의되며, 우리가 잘 아는 멧돼지나 쥐류 외에도 까치, 참새, 집비둘기 등이 포함된다. 이들 종과 그 밖의 몇몇 야생 조수에 대해서는 매년 일정 기간 일정 장소에서 수렵도 허용된다. 이렇게 법령으로 지정된 종이 아니라도, 우리는 인간에게 어떤 식으로든 피해를 끼치는 동물을 유해동물이라고 부르고 그것을 반려동물이나 경이로운 야생동물과는 범주가 다른 존재처럼 여긴다. 유해동물에게 자주 연관되는 단어는 사랑이 아니라 퇴치, 박멸, 구제다.

사랑할 만한 동물과 사랑하기 힘든 동물을 나누는 것이 순전히 인간의 기준이라서 동물들에게는 억울할 것이라는 점을 덮어 두더라도, 실은 그 구분이 쉽지도 않다. 어떤 지역에서 개체 수 과밀로 골칫거리인 동물이 다른 지역에서는 국지적 절멸 위기일 수 있다. 인간에게는 별 피해를 끼치지 않지만 다른 이웃 생물들에게는 막대한 피해를 입히는 동물도 있다. 호주에서는 야생 고양이가 유해동물로 지정되어 있다는 점, 그래서 자연보호구역 내에서는 허가 없이 사살해도 무방하다는 점을 알면 누구라도 반려동물과 유해동물의 경계를 다시 생각해 보지 않을 수 없다.

『나쁜 동물의 탄생』은 열 종의 유해동물을 대표로 내세워서 깊숙이 살펴봄으로써 그들에 대한 우리의 무지와 편견을, 나아가 '유해동물'에 대한 사고 방식 자체를 뒤집는다. 쥐, 뱀, 비둘기처럼 우리가 흔히 떠올리는 종뿐 아니라 코끼리, 곰, 코요테처럼 흔히 멋진 야생동물로 여겨지는 종이나 고양이처럼 흔히 반려동물로 여겨지는 종도 있다. 각 동물의 진화 역사, 생태, 인간과 관계 맺어 온 역사를 알 수 있는 것도 좋지만 뭐니 뭐니 해도 이 책의 제일가는 강점은 저자가 그 동물들을 거의 모두 직접 만나 보았다는 점으로, 그 점에서 이 책은 유해동물과 인간이 대립하는 현장들을 찾아가서 보도한 일종의 르포다. 통계와 이론으로 이해한 현실이 아니라 실제 그 동물에게 피해를 입는 사람들, 그 동물을 최대한 잘 쫓을 방법을 궁리하는 과학자들, 그 동물을 지켜야 한다고 주장하는 보호론자들을 직접 만나서 그들의 상충하는 의견을 청취한 기록이다.

이 혼란스러운 지형에서 얻을 수 있는 결론이 있을까? 저자에 따르면 하나가 있다. 그것은 바로 우리가 유해동물을 동물의 문제로만 여겨서는 결코 이 난제를 풀 수 없다는 것이다. 유해동물은 동물보다 차라리 사람의 문제다. 동물이 우리에게 피해를 입히는 것은 우리에게 뭔가 그들이 원하는 것(주로 먹이나 은신처)이 있기 때문이고, 그들이 다른 곳에서 그 필요를 충족시킬 기회를 우리가 개발과 먹이사슬 교란으로써 차단했기 때문이다. 그러니까 이런 얘기다. 우리가 길가에 밤새 아무렇게나 쓰레기를 내놓으면서도 쥐가 찾아오지 않기를 기대하는 건 뻔뻔한 일 아닌가? 우리가 코끼리를 보호하여 그 개체 수를 불린 건 좋지만, 코끼리와 한 공간에서 사는 사람들이 겪는 농작물 피해를 짐짓 못 본 척하면서도 그들이 아무 피해를 겪지 않는 우리처럼 코끼리를 한없이 사랑만 해 주길 바라는 건 잔인한 일 아닌가? 우리가 생각과 행동을 바꾸지 않은 채 동물만 바꾸려고 해서 해결할 수 있는 문제는 하나도 없다. 사랑만으로도 해결할 수 없다.

이 책을 번역하면서 계속 떠올린 경험이 하나 있다. 몇 해 전 겨울밤, 나는 동네 공원을 산책하다가 야생 멧돼지 네 마리와 마주쳤다. 아무도 없는 산책로를 혼자 걷던 중에 5미터 앞에 멧돼지들이 있는 걸 보고 나는 그냥 우뚝 서 버렸다. 무섭고 놀라서, 휴대폰을 꺼내어 사진을 찍을 엄두는 내지도 못했고 뒷걸음질조차 치지 못했다. 나중에 알아 보니 멧돼지를 자극하지 않고 가만가만 처신한 것은 잘한 일이었다. 덩치가 그다지 크지 않았던 멧돼지 네 마리도 잠시 발걸음을 멈춰서 나를 응시하더니, 이내 다시 천천히 길을 건너서 맞은편 풀숲으로 들어갔다. 나는 낮이고 밤이고 쏘다니던 공원에 멧돼지가 오가는 줄을 그때 처음 알았다. 집에 와서 바로 검색해 보았다. 북악산 자락에 있는 그 공원에는 먹을 것을 찾아 길가로 내려오는 멧돼지가 매년 출몰한다고 했다. 유난히 큰 개체가 자주 나타나는 해에는 사살을 한다고 했다.

나는 그 멧돼지들과 어떻게 공존하면 좋을까? 이 책의 저자가 힘껏 강조하듯이, 공존이 늘 가까이 부대끼며 사는 것을 뜻하진 않는다. 야생동물과 우리가 공존하기 위해서는 오히려 적당한 거리와 무관심이 필요한 경우가 많다. 내가 피해를 입지 않아야 그 멧돼지가 '유해동물'이 되지 않는 것이니, 나는 멧돼지를 만났을 때 피해 없이 지나칠 수 있도록 대응 방법을 숙지해 둘 필요가 있다. 깊은 겨울밤에 혼자서 조심성 없이 공원을 다니는 행동은 자제해야 한다. 만약 내가 관리자라면, 멧돼지가 저지레를 치길 기다렸다가 사후에 사살하는 것을 유일한 대책으로 둬서는 늘 지는 싸움만 하는 셈일 테니 선제적으로 접촉을 줄일 방안을 마련해야 할 것이다. 애초에 싸워서 동물을 이길 수 있다는 생각 자체가 틀렸다. 물론 이런 대처가 말처럼 쉬울 리는 없다. 하지만 정말로 우리가 그들과 공존하고 싶다면 다른 길은 없다는 것을, 이 책을 읽으면 똑똑히 알 수 있다.

'세상에 나쁜 개는 없다'라는 제목의 방송 프로그램이 있다. 아마도 날 때부터 나쁜 개는 없고, 나쁜 보호자와 나쁜 환경이 있을 뿐이라는 뜻일 것이다. 같은 이야기가 유해동물에게도 적용된다는 게 이 책의 주장이다. 그리고 이 책에 수집된 다양한 사례와 통계, 관련자들의 감

정과 신념을 직접 듣는 듯한 생생한 서술은 독자로 하여금 그 주장을
받아들이게 만든다.

2025년 1월

김명남

ㄷ

ㄹ

찾아보기

찾아보기

북트리거 일반 도서

북트리거 청소년 도서

나쁜 동물의 탄생
동물 통제와 낙인의 정치학

1판 1쇄 발행일 2025년 2월 15일

지은이 베서니 브룩셔 | 옮긴이 김명남
펴낸이 권준구 | 펴낸곳 (주)지학사
편집장 김지영 | 편집 공승현 명준성 원동민
책임편집 원동민 | 디자인 정은경디자인
마케팅 송성만 손정빈 윤술옥 이채영 | 제작 김현정 이진형 강석준 오지형
등록 2017년 2월 9일(제2017-000034호) | 주소 서울시 마포구 신촌로6길 5
전화 02.330.5265 | 팩스 02.3141.4488 | 이메일 booktrigger@naver.com
홈페이지 www.jihak.co.kr | 포스트 post.naver.com/booktrigger
페이스북 www.facebook.com/booktrigger | 인스타그램 @booktrigger

ISBN 979-11-93378-36-6 03330

북트리거

트리거(trigger)는 '방아쇠, 계기, 유인, 자극'을 뜻합니다.
북트리거는 나와 사물, 이웃과 세상을 바라보는 시선에 신선한 자극을 주는 책을 펴냅니다.